UM FIM PARA O SOFRIMENTO

Pankaj Mishra

UM FIM PARA O SOFRIMENTO

Tradução de
JOSÉ EDUARDO MENDONÇA

Revisão técnica de
MIRIAN S. R. DE OLIVEIRA

EDITORA RECORD
RIO DE JANEIRO • SÃO PAULO
2011

CIP-BRASIL. CATALOGAÇÃO-NA-FONTE
SINDICATO NACIONAL DOS EDITORES DE LIVROS, RJ

Mishra, Pankaj

M659f   Um fim para o sofrimento / Pankaj Mishra; tradução de José Eduardo Mendonça; revisão técnica de Mirian S. R. de Oliveira. – Rio de Janeiro: Record, 2011.

Tradução de: An end to suffering
ISBN 978-85-01-08109-4

1. Buda. 2. Mishra, Pankaj. 3. Budismo. I. Título.

CDD: 294.3
09-6153   CDU: 294.3

Título original em inglês:
AN AND TO SUFFERING

Copyright © Pankaj Mishra 2004

Todos os direitos reservados. Proibida a reprodução, armazenamento ou transmissão de partes deste livro através de quaisquer meios, sem prévia autorização por escrito. Proibida a venda desta edição em Portugal e resto da Europa.

Direitos exclusivos de publicação em língua portuguesa para o Brasil adquiridos pela
EDITORA RECORD LTDA.
Rua Argentina 171 – 20921-380 Rio de Janeiro, RJ – Tel.: 2585-2000, que se reserva a propriedade literária desta tradução.

Impresso no Brasil

ISBN 978-85-01-08109-4

Seja um leitor preferencial Record.
Cadastre-se e receba informações sobre nossos lançamentos e nossas promoções.

EDITORA AFILIADA

Atendimento e venda direta ao leitor:
mdireto@record.com.br ou (21) 2585-2002.

Precisamos de história, certamente, mas por razões diferentes daquelas do preguiçoso no jardim do conhecimento, embora ele possa nobremente desprezar nossas rudes e toscas necessidades e exigências. Precisamos dela, por assim dizer, pelo bem da vida e da ação.

FRIEDRICH WILHELM NIETZSCHE

Sumário

Mapa 9

Prólogo 11

A invenção do "budismo" 31

O mundo do Buda 85

A morte de Deus 109

O longo caminho para o Caminho do Meio 145

Uma ciência da mente 165

Girando a roda 177

Um pouco de poeira nos olhos 201

Procurando o eu 237

O sermão do fogo 251

Uma política espiritual 261

Impérios e nações 273

Dharmas ocidentais 319

Superando o niilismo 345

A última jornada 353

Comprometido com o vir-a-ser 361

Agradecimentos 375

Notas 377

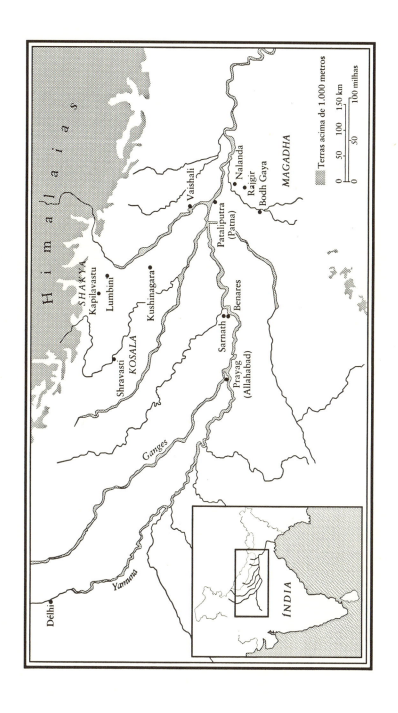

Prólogo

Em 1992, MUDEI-ME para um pequeno vilarejo no Himalaia chamado Mashobra. Mais tarde, no mesmo ano, comecei a viajar pelo interior dos Himalaias, para as regiões de Kinnaur e Spiti, dominadas pelo budismo. Estes lugares ficam muito longe de Mashobra, mas viajar para lá era fácil e barato: ônibus precários que partiam da cidade de Simla, nas vizinhanças, percorriam centenas de quilômetros, através de altas montanhas e vales profundos, até uma cidade próxima da fronteira da Índia com o Tibete. Fiz com frequência essas longas viagens atraído por nada mais que uma vaga promessa de alguma grande felicidade me aguardando no outro lado.

Lembro-me de minha primeira viagem. As monções tinham terminado há pouco, com diversas semanas tediosas de neblina e chuva abruptamente compensadas por uma série de dias claros e frios. Naquela manhã gelada e luminosa, o ônibus estava atrasado e lotado de nervosos peregrinos tibetanos, camponeses e comerciantes, com suas laterais de latão amassadas e poeirentas já marcadas pelo vômito.

A sorte e algum empurra-empurra conseguiram para mim um assento na janela — e então, após aquele bocadinho de luxo, a multidão, a estrada ruim e a poeira não pareceram mais importar. Tudo o que eu via — o sol saltando através de escuras florestas de pinheiros, as espigas de milho alaranjadas secando em telhados de ardósia em casas perdidas em vales imensos e, uma vez, um pequeno quintal iluminado pelo sol com uma pilha de cascas de amendoim no chão tomado de esterco de vacas — parecia levar a uma revelação revigorante.

O dia passou rápido por minha janela. Mas a noite chegou com cautela e o ônibus perdeu parte de sua ruidosa energia ao se empenhar na subida de uma estrada estreita e sinuosa para o vale de Sangla. Nuvens cor-de-rosa e brancas embaçavam os picos gelados das altas montanhas circundantes enquanto o rio na ravina abaixo atroava. O vale enfim se estendeu. As montanhas se tornaram até mais altas e calmas. Longas sombras rastejavam por suas escarpas rochosas e pelos verdes campos de arroz ao lado do rio. Luzes brilhavam incertas através da cerração à frente. Então, uma longa curva na estrada as trouxe para mais perto e revelou-as como lanternas penduradas nos balcões elaboradamente trabalhados e guarnecidos das casas de madeira de dois andares.

O ônibus começou a subir novamente; as casas e os campos ao lado do rio se afastaram. Seixos agora se espalhavam nos declives baixos e estéreis das montanhas, onde vez ou outra uma geleira se transformara em trilhas barrentas. Finalmente, ao cabo de uma estrada pedregosa e erodida pela neve, com o ar se tornando cada vez mais rarefeito e com o Tibete a apenas alguns desolados quilômetros à frente, surgiu um conjunto de casas sombreadas em uma colina.

Eu resfolegava enquanto subia uma estreita rampa de cascalhos. O ar azulado tremulava com os sinos dos templos. Mas o som vinha de algum outro templo, porque naquele — timidamente aninhado sob um carvalho gigante e enfeitado com filas de pequeninas bandeiras brancas de oração — havia apenas um velho agachado sobre um manuscrito ilustrado, um tibetano, provavelmente, julgando por seu rosto e pela escrita no manuscrito, cujas margens ostentavam um vermelho profundo na fraca luz da lamparina próxima dele na plataforma.

O templo, embora pequeno, tinha um telhado muito alto em formato de pagode. As vigas em espigão terminavam em cabeças de dragões de bocas abertas. A porta de madeira entalhada estava entreaberta e eu via o santuário escuro onde, sereno por trás de uma neblina de incenso de doce fragrância, havia uma imagem do Buda revestida de ouro: um Buda sem o aspecto grego ou caucasiano que me era familiar, com um rosto mais cheio, mongólico, mas com a mesma testa alta, os grandes olhos puxados, as orelhas incomumente longas e carnudas, e a expressão sublime à qual faltam suavidade e paixão e que, em vez disso, fala da liberação do sofrimento, duramente conquistada e irrevogável.

Fiquei lá de pé por um tempo até o velho monge levantar a cabeça. Nem curiosidade, nem surpresa ficaram registradas nos olhos estreitos que suas peludas sobrancelhas brancas quase obscureciam.

Não falamos. Não parecia haver nada a dizer. Eu era um estranho para ele, e, embora não soubesse nada do mundo de onde eu vinha, também não se importava. Tinha seu próprio mundo e era completo nele.

Voltou para seu manuscrito, embrulhando-se firmemente em seu xale esfiapado. Grilos cricrilavam na escuridão crescente. De algum lugar vinha um cheiro de feno fresco. Mariposas batiam suavemente contra o vidro engordurado da lamparina.

Permaneci no lugar por um tempo, antes de ser afastado pelo frio, por minha exaustão e fome. Encontrei comida e um lugar para descansar no vilarejo. O longo e estranho dia terminara monotamente, com suas breves visões não resolvidas.

Passei uma noite insone no sótão baixo de um agricultor, com o cheiro de poeira antiga, aranhas mortas e algumas lascas da luz da lua. Já estava de pé no dia seguinte quando os galos começaram a cantar.

Fui imediatamente ao templo, onde havia devotos, budistas ou hindus; eu não estava certo. Mas não se via o monge em lugar algum. A manhã subia por trás das montanhas encimadas de neve. E, subitamente, inundou o vale estreito com uma luz intransigente. Facas afiadas cintilavam no rio. O vilarejo estava desvestido de seu mistério crepuscular. As casas de madeira sem chaminés expeliam densas correntes de fumaça por portas e janelas abertas. Uma longa fila de mulas carregando sacos de batatas pateava a ladeira pavimentada de seixos. Eu estava irrequieto e queria partir. Minha viagem de volta a Mashobra se misturou em minha memória com outras que fiz ao vale de Sangla em anos posteriores. Mas por muitos dias depois, minha mente vagueava pelo templo, para aquele momento na sombra de um carvalho perante o exilado tibetano silenciosamente em sintonia com o imenso vazio a seu redor — eu imaginava a longa jornada que o monge empreendera e pensava, com um tremor involuntário, nos anos errantes que ele conhecera.

Foi por volta dessa época que me interessei pelo Buda. Comecei a procurar livros sobre ele. Cheguei a tentar meditar. Toda manhã, sentava-me de pernas cruzadas no chão poeirento de madeira de meu terraço, de frente para o vale azul vazio e os remotos picos das montanhas ao norte, que, me lembro, ficaram brancos quando aquele primeiro outono deu lugar ao inverno, e as macieiras e cerejeiras em torno de minha casa ficaram descarnadas.

Parece estranho agora que alguém como eu, que conhecia tão pouco do mundo e que ansiava, em algum canto secreto mas tumultuoso de seu coração, por amor, fama, viagens, aventuras em terras distantes, estivesse também pensando em uma figura que contrastava tanto com esses desejos. Um homem nascido 2.500 anos atrás, que ensinou que tudo no mundo era impermanente e que a felicidade consistia em ver que o eu, do qual todos os desejos emanavam, era incoerente e uma fonte de sofrimento e desilusão.

Eu tinha pouco interesse em filosofia ou espiritualidade indianas e, se pensasse nelas, me pareciam pertencer a um passado da Índia despropositadamente longo, estéril e amplamente desconhecido. Não via como podiam acrescentar algo ao estoque de conhecimento — ciência e tecnologia — e ao espírito de investigação racional e curiosidade que haviam construído o mundo moderno.

PRÓLOGO

Meu interesse pelo Buda parece ainda mais estranho quando me lembro do quanto estava encantado então por Nietzsche, entre outros escritores e filósofos ocidentais. Provavelmente, como muitos outros jovens empobrecidos e solitários, me achava envolvido demais pela ideia de que se podia sobrepujar o desespero e conquistar o mundo, por pura vontade, a identidade e a segurança que ele relutava em dar.

Não me lembro de uma crise espiritual que tenha me levado ao Buda. Mas eu não me conhecia bem naquela época — a crise pode ter ocorrido sem que eu tivesse consciência dela. Nos meus 20 e poucos anos, vivia ansiosamente de um dia para o outro, esperando por uma salvação que ainda não conseguia definir.

Antes, naquele ano, eu tinha deixado Délhi e me mudado com uns poucos livros e roupas para Mashobra. Um vilarejo no Himalaia era uma escolha estranha para um jovem indiano como eu, alguém com poucos recursos e um futuro incerto. Mas eu esperava finalmente conseguir, no silêncio e na reclusão das montanhas, poder começar a realizar uma ambição antiga e crescentemente desesperada.

Queria ser um escritor desde que me conhecia por gente. Não me via sendo outra coisa. No entanto, não escrevera muito; nada mais que algumas poucas e malconsideradas resenhas e críticas durante meus três anos na universidade em Délhi. Sentia que tinha desperdiçado meu tempo enquanto a maioria parte dos estudantes dava duro para conseguir um diploma e encontrar um emprego — uma ponte privilegiada para a vida segura e estável do casamento, crianças, férias pagas e aposentadorias que as privações de nossos pais nos tinham prescrito.

Embora estivesse ansioso para deixar Délhi, não queria ficar muito longe de cidades, para as quais me via eventualmente retornando. Parecia importante que um aspirante a escritor não se isolasse da sociedade, da civilização da qual todos os livros, arte e música

{15}

UM FIM PARA O SOFRIMENTO

pareciam emergir. Parte de mim era também suscetível ao ambiente romântico da "estação nas montanhas criado pelos britânicos":* um retiro exclusivo onde a vida desarranjada pelo grande calor das planícies poderia ser recriada em miniatura. Por isso eu fora primeiro a Mussoorie, uma cidade nos contrafortes do Himalaia, apenas para encontrá-la infestada de missionários cristãos e turistas de Délhi. Por isso eu fora então a Simla, que, no século XIX e no início do século XX, fora a capital de verão da Índia britânica.

Os britânicos zelavam por suas mais valiosas possessões imperiais a partir dessa cidade do Himalaia. Também se divertiam muito por lá: bailes, polo, teatro amador e escândalos definiam o mundo autoconfinado que Rudyard Kipling primeiro celebrou em *Plain Tales from the Hills*. Havia poucos livros na Índia britânica que não tentavam evocar os prazeres dessa prestigiada estação na colina. Eu lera esses livros com atenção. Na primavera de 1992, quando fui procurar um chalé barato em Simla, esperava por passeios na alameda, passar brilhantes manhãs nevadas em cafés fracamente iluminados, tardes fuçando em livrarias empoeiradas e noites que morreriam silenciosamente num caminho esquecido e sujo através dos abetos.

Logo me desiludi. Na estrada sinuosa para Simla a partir do terminal ferroviário, Kalka — a estrada que revelava a cada curva outra vista de colinas verdes contra um céu azul —, havia barreiras com sacos de areia. No estado vizinho de Punjab, separatistas *sikhs* vinham lutando havia uma década por seu próprio Estado. Uma insurgência violenta acabara de irromper na próxima Caxemira, de maioria muçulmana. De ambos os Estados chegavam notícias de assassinatos terroristas, bombas, execuções sem julgamentos e tortura — notícias de um mundo que em minha universidade existira apenas em cartazes advertindo sobre bombas em espaços públicos, mas que

---

*"Hill Station", expressão empregada principalmente no subcontinente indiano para designar cidades situadas a altitudes entre 1.000 e 2.500 metros, aproximadamente, que, no período colonial lbritânico, abrigaram inúmeras residências de verão. (*N. da R. T.*)

{16}

PRÓLOGO

agora eram urgentes nos rostos e vozes de policiais que, empunhando rifles automáticos, traziam seu medo para dentro do ônibus lotado naquela estrada nas colinas ao ordenar aos passageiros que abrissem suas bagagens e gritar com aqueles que demoravam a responder.

Na estreita estrada montanhosa, aquelas barreiras disseminavam longos congestionamentos. O ônibus se arrastava através de nuvens negras de diesel e uma cacofonia de buzinas de caminhões e carros. Chegava-se a Simla depois de muitas horas. Vista de longe, de uma curva súbita, parecia um amontoado de caixas de concreto, menos uma estação pitoresca no morro que uma pequena cidade indiana recriada verticalmente entre colinas verdes — e a vista não melhorava muito ao nos aproximarmos.

A economia indiana acabara de despertar de um torpor socialista de quatro décadas. TV a cabo, sorvete Häagen-Dazs e férias para compras em Cingapura ainda estavam a anos de distância para uma classe média emergente. Por ora, principalmente homens e mulheres jovens e ambiciosos das cidades de Délhi e Chandigarh saboreavam sua crescente riqueza em lojas imitando o estilo Tudor e em galerias de *videogames* em Mall Road. Seus tons de pele radiantemente brancos e seus jeans e tênis de grife, seus emblemas de classe e casta davam uma aparência de bem-estar geral, do tipo que os britânicos provavelmente ostentavam no auge de seu poder. Eles davam a Simla um toque de *glamour*. Mas na rua logo abaixo à do Mall Road, agitada por trabalhadores encurvados em andrajos, a cidade começava a se deteriorar, vielas compactadas contra vielas até se amontoar no pé da colina numa miséria favelada de cabanas baixas de folhas de flandres e fossas estagnadas.

Os velhos chalés de madeira do tipo em que eu me vira vivendo (cortinas de musselina nas janelas, roseiras nos quintais) haviam quase desaparecido, queimados — rumores alegavam incêndios criminosos — ou demolidos para dar espaço a prédios de apartamentos. Não havia praticamente lugares baratos para se alugar. Um corretor de

UM FIM PARA O SOFRIMENTO

imóveis letárgico me mostrou alguns dos apartamentos novos com paredes de cimento úmidas que já manifestavam decadência e melancolia. Depois, parou de retornar minhas ligações. Perserverei por uns dias, andando pela cidade, olhando as duas livrarias de Mall Road, comendo em restaurantes caros e me preocupando com dinheiro.

Lembro-me da manhã em que tomei o ônibus para Mashobra, que era descrita como uma "boa área para piqueniques" em meu guia. Esperava apenas matar um tempo antes de começar a lúgubre viagem de volta a Délhi.

O ônibus da Himachal Roadways, meio vazio, não parava de gemer, mesmo muito tempo depois de ter saído da pressão de Simla e de emergir no vale aberto que repousava calmamente sob o sol pálido. Logo estávamos cercados por cedros úmidos e não recobramos nossa liberdade por algum tempo. O inverno cruel permanecera ali na forma de miniaturas de cadeias de montanhas nevadas que ladeavam sujas a estrada sulcada. Em cabanas de chá em pequenas clareiras escuras, homens em trapos de lã se agachavam sobre fogueiras de pinhas.

O ônibus deixou a estrada, vacilou descendo uma rua entre casas cambaleantes de madeira e latão, então parou abruptamente. O motorista desligou o motor cansado, e todos saíram.

Eu fui o último a sair. Depois do calor cáustico do ônibus, o frio veio como um choque. Vi que estava em uma longa cadeia de montanhas, de frente para um vasto abismo preenchido com o mais puro ar azul. A vista geral, se estendendo a longe no oeste, era clara e espetacular: uma fileira rochosa de picos brancos se erguendo sobre diversas camadas de colinas e cumes, todos olhando o profundo vale florestado à minha frente.

Não seria maravilhoso viver ali?, pensei. Cogitei perguntar a alguém sobre imóveis para alugar. Mas o ônibus se esvaziara rapidamente — eu era o único turista nele —, e não havia ninguém em torno

PRÓLOGO

Foi então que notei o telhado vermelho de folhas de flandres de uma casa bastante ampla e o caminho enlameado que parecia levar a ela.

A casa era mesmo grande e vistosa, num velho estilo sem ostentação, com janelas cercando os terraços de seus dois andares — fora construída, soube mais tarde, no começo dos anos 70, quando a madeira dos cedros era abundante e barata. Eu viria a conhecer bem o cheiro de velhos acolchoados e incenso contidos em suas paredes, os cheiros que suplantavam a mudança das estações e evocavam vidas inteiras de virtuosidade, hábitos regulares e piedade religiosa.

Naquela primeira manhã, a casa se erguia confiantemente sobre uma ampla cumeeira, de frente para as montanhas a leste, com as janelas opacas sob o sol. Cestos de peônias pendiam dos beirais. No largo alpendre, algumas pimentas vermelhas secavam sobre um pano amarelo brilhante. Uma janela no segundo andar estava aberta, bem como a porta de entrada que vinha dar em uma escada de madeira.

Bati e ouvi o som surdo de pés descalços no chão. Alguém apareceu na janela do segundo andar: um menino magro. Tentei explicar o que procurava. Ele desapareceu, e logo depois o senhor Sharma desceu as escadas.

Era um homem alto — e parecia ainda mais alto em sua longa capa de lã, que lhe dava um ar de sombria dignidade. Disse a ele — um tanto constrangido, com seu jovem sobrinho me avaliando do primeiro andar — que fora um estudante em Délhi e que agora buscava um lugar nas montanhas onde pudesse ler e escrever por uns anos.

O senhor Sharma me olhou incerto por um momento, então disse que me mostraria um chalé que acabara de construir.

Andamos através de um pomar — eu não sabia então que aquelas eram macieiras, cerejeiras, pereiras e damasqueiros — e chegamos a um estreito esporão no canto da colina. Era lá que ficava o pequeno chalé, diretamente acima de um estábulo de gado e o que pareciam ser cômodos de armazenamento de forragem.

{19}

UM FIM PARA O SOFRIMENTO

O chalé era funcional: no total eram três aposentos, construídos sem ordem ou projeto particular, mas colocados uns perto dos outros. Um banheiro e uma cozinha haviam sido anexados quase como uma reconsideração. Os aposentos ainda cheiravam a serragem — o aroma permaneceu por muitos meses até ser expulso em outubro daquele ano pela fragrância de maçãs recém-colhidas armazenadas na parte inferior deles.

Foi a varanda, no entanto, que me encantou. Logo abaixo havia uma pequena plantação de milho, improdutiva e cuidada por um velho camponês corcunda. A partir da beira do campo, florestas de pinheiros desciam até o vale distante, chegando aos arrozais e às casas de madeira com lustrosos telhados de ardósia bem abaixo, no que parecia ser outra estação e outro clima. Via o pomar do senhor Sharma se me inclinasse para a esquerda. Erguendo o olhar, tinha a mesma visão de quando desci do ônibus — o vale, as montanhas cobertas de neve e o céu que parecia fechado em um transe tão particular que apenas o que se podia fazer era ficar quieto e observar. Em minha mente, já me via sentado na varanda em noites longas, com olhos fixos no mundo que escurecia.

Para minha surpresa, o senhor Sharma me pediu um aluguel simbólico: apenas mil rupias por mês. Esperava mais e já tinha até mesmo começado a pensar em como pagaria o chalé. Ele disse que também viera para Mashobra muitos anos antes, querendo ler e escrever. Seu pai havia criado a primeira faculdade de sânscrito em Simla. O próprio senhor Sharma publicava uma revista mensal em sânscrito, trabalhando em um dos quartos sob meu chalé. Disse que não construíra o chalé para ganhar dinheiro; a função dele era hospedar estudiosos necessitados como eu.

Senti-me desconfortável ao ser chamado de "estudioso". Fora um estudante indiferente, originalmente de comércio, que eu esperava me livraria do papel convencional de médico ou engenheiro estipulado

PRÓLOGO

para indianos não muito bem-sucedidos, como eu. Não escrevera muito e tinha uma ideia vaga do que poderia escrever. Mas não o corrigi — não queria desapontá-lo. Eu havia vivido em condições muito mais precárias na colina em Mussoorie, numa pensão dirigida por missionários cristãos que me viam como um convertido em potencial e que me abordavam em minhas caminhadas noturnas querendo saber do estado da minha alma. Visto assim, eu estava mais perto de ser um estudioso que um cristão.

Isso realmente não interessava mais depois de eu ter mudado para Mashobra — poucos dias depois de minha primeira visita — e, com meus livros e minha dedicação a eles, comecei a parecer algum tipo de estudioso.

Fazia muito frio quando cheguei. Durante parte de minha vida, eu ansiara por aquele tipo de frio extremo. Nas tardes de verão de minha infância, quando um ardente *loo** se enfurecia do lado de fora de janelas e portas sombreadas e todos em minha família dormiam — na *siesta* como parte da capitulação ao calor que esvaziava as ruas de nossa pequena cidade —, eu me espalhava seminu no chão granulado de pedra e lia e relia o *Mahabharata*, oniricamente me transplantando para os picos brancos nos calendários religiosos cafonas nas paredes de nosso velho bangalô na estrada de ferro. Imaginava-me com os irmãos Pandava em seu exílio autoimposto e com os sábios e videntes hindus que eram mostrados meditando perto das geleiras — homens cujas barbas compridas e fartas haviam parecido ao artista do calendário um sinal de sabedoria e autocontrole.

E, agora, eu estava nos Himalaias. Por muitos dias, porém, estive longe de exultar. Sentia-me subjgado pela pálida luz azul que preenchia o vale, delicadamente sombreando as partes baixas das montanhas distantes. Oprimiam-me os silêncios, tão puros que podiam ser

---

*Vento quente e seco que sopra no norte e em partes do oeste da Índia durante os dias de verão. (*N. do T.*)

UM FIM PARA O SOFRIMENTO

rompidos pela tosse apologética do camponês corcunda trabalhando invisivelmente em algum lugar no pomar. Estranhas apreensões pareciam residir na sombra úmida da floresta de pinheiros que eu atravessava caminhando. O cheiro das fogueiras das casas subindo do vale não inspirava memórias de muitas manhãs e noites tomadas de fumaça na cidadezinha de minha infância. Nada, na verdade, parecia ter qualquer associação clara com meu passado.

Era como se o tempo frio em um novo lugar forçasse um outro lado de mim a emergir. Como se eu tivesse me acostumado demais a viver na planície, onde a mesma luz branca ardente descia do céu o ano todo, enfeixando tudo — o eu, assim como as cidades, campos e rios — em uma substância imutável.

Sentia-me particularmente desassossegado à noite. As macieiras nuas no pomar pareciam derrotadas e, quando as luzes de uma centena de casas despercebidas começavam a piscar nas colinas distantes, me vinham à mente fantasias vívidas de segurança e conforto. Ventos cruéis gelados, resíduos de tempestades de neve nas montanhas mais altas, por vezes sopravam através das fendas de caixilhos de janelas e portas e quase extinguiam minha lamparina de querosene. Comprei um aquecedor fabricado localmente em uma das lojas no vilarejo. Mas o fornecimento de energia era errático, e as duas barras mal tinham tempo de esquentar até um fraco laranja antes de a luz apagar de todo. As horas passadas aconchegado sob o iglu dos acolchoados e da bolsa de água quente do senhor Sharma não davam conta de aliviar a malignidade da água da torneira.

Ocasionalmente o senhor Sharma aparecia, depois de supervisionar a ordenha das vacas e pagar ao camponês corcunda. Trazia leite fresco ou chá em copos de aço, que, por conta do frio, sempre tinham uma grossa camada de creme por cima e era consumido em dois ou três goles rápidos. Sentávamo-nos enrolados em grossos xales em meu quarto, em poltronas de vime uma de frente para a outra. O senhor Sharma sentava-se na dele ereto.

PRÓLOGO

Nem sempre falávamos. Na verdade, os silêncios podiam durar consideravelmente. Tornavam-me intranquilo e eu era o primeiro a quebrá-los, frequentemente perguntando a ele se o suprimento de energia se tornaria mais regular, se o encanamento do banheiro poderia ser melhorado logo, se as aranhas grandes que eu via em torno da casa eram venenosas ou — e eu sabia que este assunto o interessava muitíssimo — se havia nevado bastante durante o inverno para ajudar as macieiras.

O senhor Sharma parecia não se dar conta nem do silêncio, nem das minhas perguntas. Quando falava, de seu jeito lento e comedido, era invariavelmente sobre as depredações que a civilização moderna infligia à natureza. Mesmo as neves supostamente eternas das altas cadeias do Himalaia derretiam depressa. O rio Sutlej, que nascia no Tibete e fluía perto, estava poluído. Os declives das colinas, tomados por sacos plásticos. O deflorestamento das colinas não apenas causava terremotos, como terríveis inundações nas planícies. Os seres humanos haviam se esquecido de que também eram parte da natureza. Haviam sido arrogantes o bastante para se julgarem mestres da natureza e ela agora se vingaria deles.

Acho que falava comigo de coisas que ruminava em sua cabeça, mas não podia partilhar com as pessoas com quem vivia: seu pai, Panditji, um octogenário espigado com a aparência e a robusta auto-absorção de um vidente hindu, que fazia sacrifícios rituais e horóscopos; sua mãe carinhosa, que, como a maioria das mulheres de sua geração, não recebera educação formal; ou sua irmã, uma mulher de beleza melancólica que enviuvara alguns anos antes e agora trabalhava em um escritório do governo em Simla.

A nossa diferença de idade era grande — ele tinha então quase 60 anos. Talvez por isso me visse principalmente como um ouvinte e respondesse frugalmente à minha própria curiosidade sobre ele. Eu queria saber mais de seu passado em Simla. Ele conhecera a cidade quando ela ainda era a capital de verão da porção mais abrangente do Império Britânico, e talvez subconscientemente eu quisesse que ele a dotasse do glamour que eu chegara tarde demais para ver.

Mas ele disse não gostar de Simla. De diversas coisas que me falou em diferentes momentos, pareceu que a faculdade de sânscrito de seu pai lhe havia sido de pouca utilidade, e que ele teve de trabalhar na Bishop Cotton School em Simla, dirigida por missionários, ensinando hindi* para filhos dos comerciantes ricos locais, pessoas para as quais ele pode não ter tido muito tempo no passado. Eu tinha a impressão de que o senhor Sharma continha muitas aspirações não realizadas, e que seu modo superformal era um reflexo defensivo de alguém que via o mundo exterior como algo cheio de ameaças à sua dignidade.

O tempo melhorou resolutamente. De manhã havia uma fina camada de geada na terra. Mas as tardes eram mornas. Com frequência, eu me deitava na grama do lado de fora da casa durante as longas horas de sol. Meu livro permanecia fechado enquanto eu me entregava à preguiça. Olhava as nuvens no céu e cheirava a grama e o solo embaixo de mim; a fragrância evocava os silenciosos jardins cobertos de vegetação de minha infância, os locais de retiro onde eu uma vez vira a industriosidade de formigas e caracóis e representei cenas do *Mahabharata*.

Quando eu entrava, os aposentos eram frios, misteriosos e indiferentes. Ainda não haviam se insinuado em meu ser como os muitos quartos rústicos nos quais vivera quando criança, quartos com seus detalhes particulares — a cadeira de vime puída tão convidativa aos sonhos acordado, o aroma seco de um armário, o padrão das rachaduras no chão de pedra — dos quais a separação sempre foi dolorosa.

Comecei a fazer pequenos passeios, até as lojas da rua principal e aprendi mais sobre Mashobra. A maioria dos 2 mil habitantes do vilarejo — agricultores, funcionários do governo de baixo escalão, pequenos comerciantes — tinha pouco dinheiro. Mas não existia

---

*Língua nacional da Índia, derivada do sânscrito. (*N. do T.*)

PRÓLOGO

a miséria encontrada nas planícies indianas. Suas casas, de portas
para a rua, ou escondidas em aleias de cascalho ladeira abaixo, eram
altas e amplas. As únicas pessoas andrajosas na rua eram forastei-
ros desempregados, carregadores da Caxemira e do Nepal, homens
taciturnos e quietos que usavam colares empoeirados em torno do
pescoço. O vilarejo parecia pertencer a si mesmo e havia calmas
manhãs de domingo quando os suaves sinos da velha igreja inglesa
podiam soar insistentes demais.

Um dia, na floresta da colina que se debruçava sobre a vila, dei
com um heliporto e gramados bem-cuidados e me encontrei cercado
por guardas armados. Tinha errado até o antigo retiro dos vice-reis
britânicos, alocado, assim como sua residência muito mais majestosa
em Délhi, para o presidente da Índia, ainda que ele mal a usasse.
Havia casas maiores e mais vazias na estrada que levava ao norte a
partir do vilarejo: velhos bangalôs que se escondiam atrás de cercas
altas e que tinham, além dos tipos de jardins e árvores melancólicos
sobre os quais eu lera em romances e contos de Turguenev, sujos
barracões para os empregados, onde mulheres com rostos mongóis
se agachavam em torno de fogueiras.

A estrada tinha mais surpresas enquanto cortava a floresta de
pinheiros, atravessava uma campina e um velho templo para Kali*
e terminava em uma pousada no alto de uma colina, cujo nome os
habitantes locais pronunciavam Carignano, mas que era Craignano,
local de uma mansão construída no final do século XIX por um
fabricante de doces de Turim.

O senhor Sharma não soube me dizer o que um italiano fazia no
Himalaia no século XIX. Mas sabia que os britânicos mais ricos frequentemente escapavam da hedonista Simla para Mashobra. Também

---

*Kali, "a Negra", é uma divindade hindu feminina que apresenta, por um lado, um aspecto
benigno. É adorada como doadora de bens, dissipadora do temor e protetora contra desastres
materiais. Por outro lado, representa a encarnação do poder destrutivo. Sua atuação aparece,
assim, associada à destruição do universo ao fim de um ciclo. (*N. da R. T.*)

{25}

UM FIM PARA O SOFRIMENTO

ouvira sobre alguns dos indianos que agora eram donos dos bangalôs. Um deles era descendente de um voluptuoso marajá que os britânicos proibiram de entrar em Simla. Um bangalô servia de esconderijo para um príncipe do Nepal. Três décadas antes, uma famosa estrela de cinema de Mumbai comprara uma das melhores propriedades de Mashobra, mas nunca fora vista no vilarejo. Um magnata industrial de Délhi, alguém fugindo de uma tragédia pessoal — a morte de seu jovem filho —, era o mais fiel entre os proprietários dos bangalôs, que eram mantidos em grande parte pelos criados, em sua maioria trabalhadores migrantes de vilarejos distantes.

Senti-me um tanto diminuído por este conhecimento sobre Mashobra. Em dias claros, quando caminhava até o topo da colina com sua casa presidencial e via os picos nevados no horizonte e sentia uma brisa fresca em meu rosto, acreditava que uma nova vida estava começando para mim, na qual eu também teria um direito sobre o amplo estoque de felicidade do mundo. Mas as grandes casas me faziam temer que eu ficasse tão desapontado em Mashobra quanto ficara em Délhi.

Levara de Délhi minha capacidade provinciana de ser facilmente impressionável e uma fome de novas aventuras, possibilidades de crescimento. Em enclaves bem protegidos, achavam-se bibliotecas e livrarias, seções culturais de embaixadas estrangeiras, festivais de filmes e leituras de livros. Havia até — se você tivesse o dinheiro e a confiança — uma dúzia de hotéis cinco estrelas. Mas essas emoções eram temporárias — mais bem possuídas num alto nível de riqueza e segurança, e mantidas depois dos primeiros minutos apenas se, depois de assistir ao novo filme europeu, se voltasse em um carro com ar-condicionado para uma casa com muros altos. Porque sair do auditório refrigerado do British Council para uma noite úmida na calçada destruída com seus pedintes mutilados; empurrar e acotovelar para conseguir espaço em meio ao suor, à sujeira e ao barulho de um

PRÓLOGO

ônibus lotado; e depois observar com uma tola pontada de privilégio os homens encalhados nas paradas do ônibus era ser roubado das novas e frágeis sensações das horas anteriores; era ter de novo ainda a sensação do vazio da promessa da cidade e do anonimato mesquinho das vidas que ela continha; era conhecer a cidade como um local não de prazer, mas de trabalho e luta.

Fiquei de certa forma aliviado ao descobrir que minha associação com os Sharma me conferia um certo status no vilarejo. Estrangeiros me cumprimentavam com *"namaste"* quando passavam por mim na rua. Os homens nas lojas cavernosas, ociosos atrás de sacos abertos de feijões vermelhos, grão-de-bico e arroz, eram atenciosos, prontos a conversar e a oferecer fofocas sobre a política local.

Os próprios Sharma viviam calmamente, exceto quando uma ocasião especial — um festival, um *shradh* (ritual de aniversário de morte) ou um *yagna* (um sacrifício de fogo) — reunia a família espalhada num animado remoinho de lenços de seda, bebês chorando e *puris*, pães sem fermento, chiando de fritos (alguns dos quais chegavam a mim). A irmã do senhor Sharma saía para o escritório em Simla de manhã cedo e voltava pouco antes do crepúsculo. Apenas o senhor Sharma e sua mãe ficavam na casa com suas muitas janelas, que parecia deserta durante a longa tarde. Havia visitantes, pessoas de classe média em carros novos, para as quais os lojistas olhavam com curiosidade. O pai do senhor Sharma, Panditji, que parecia passar a maior parte do dia andando pelo pomar ou inspecionando as vacas apoiado em sua bengala, era, eu descobri, muito conhecido como sacerdote e astrólogo. Pessoas de lugares tão distantes como Chandigarh o visitavam para saber sobre suas perspectivas nesta e na próxima vida — e como melhorá-las. Ele era também o sacerdote pessoal do antigo rei do vizinho distrito de Rampur, cuja carreira política ajudou a impulsionar com elaborados sacrifícios de fogo em seu gramado.

A cada mês o senhor Sharma, trabalhando sem ser visto em sua casa, produzia sua revista em sânscrito, *Divyajyoti*, de uma antiga

{27}

UM FIM PARA O SOFRIMENTO

prensa mantida em um quarto escuro bem abaixo de meu chalé. Ele me disse que a circulação era de quinhentos exemplares e ia para faculdades de sânscrito e instituições na Índia e em outros lugares. Ele escrevia a maior parte da revista durante a primeira metade do mês. Não perguntei sobre o que escrevia, mas imaginei que se pronunciasse sobre amplos temas sociais e políticos do tipo que discutia comigo. Alguns dos artigos podem ter sido comentários sobre um livro de gramática do século V a.C. que ele frequentemente exibia como prova da origem e inspiração divinas do sânscrito.

O senhor Sharma levava as folhas soltas para a prensa, sorrindo desajeitadamente quando eu passava por ele no estreito caminho através do pomar. Na segunda metade do mês, Daulatram, o jovial e hábil homem de rosto redondo, compunha laboriosamente os tipos da versão cursiva, uma figura solitária em um canto do quarto escuro bagunçado por tabuleiros de provas de paquê e varetas de metal: as pontas de seus dedos estavam manchadas de negro quando ele subia ao meu chalé para substituir um fusível ou oferecer alguma fruta recém-colhida. A edição era rodada uma semana antes do dia 15 de cada mês. A prensa começava a zunir alto quando Daulatram ligava a força, e depois, após um incerto início em *staccato*, entrava em um compasso regular, que era tão peculiarmente calmante como o de um trem à noite. Então, na manhã do dia 15, Daulatram caminhava airosamente colina acima até o correio, segurando os exemplares acabados em um pequeno pacote debaixo de seu braço gigantesco.

Os dias adquiriram um ritmo, começaram a passar. Eu era acordado bem cedo pela manhã, com o sol intimidador conseguindo penetrar mesmo pelas grossas e rudes cortinas azuis de minha janela. Logo depois, ouvia uma batida na porta: era o jovem sobrinho do senhor Sharma, com um prato de *parathas** e picles. Era um presente das

---

*Ou *roti*. Pães com orégano, assados na chapa ou na frigideira. (*N. do T.*)

{28}

PRÓLOGO

mulheres da casa do senhor Sharma: sua mãe e sua irmã. Depois disso, o dia se alongava lenta e de certa forma vagamente, embora eu fosse para cama cedo como um bebê, por volta das 21 horas, quando todo o vilarejo já dormia.

Durante anos eu sentira uma excitação ao ver a sentença: "Li toda a manhã." As simples palavras falavam do mais recompensador e puro tipo de lazer. Era o que eu fazia então: lia a manhã toda, sentado na varanda, e depois, no começo da tarde, com o sol alto, subia pela colina, através de um bosque acinzentado de pinheiros, para almoçar numa choça chamada Montu's *dhaba*,* na beira da estrada.

Montu, um homem pesado e corpulento com olhos perpetuamente vermelhos por causa da bebida, dirigia o *dhaba* com sua esposa. Eles viviam em dois aposentos escuros de telhado baixo na parte de trás, abrigados da vista da estrada por um surrado sari de algodão. Durante o almoço eu me sentava sozinho em um banco de madeira, sob um calendário vencido com imagens de Shiva, e lia os artigos severos do *Punjab Kesari*, um diário em hindi local sobre masturbação (ruim para a vista) e jeans (ruim para a circulação do sangue), enquanto Neeraj, o polido filho do casal, trazia *chapattis*** quentes em um pequeno prato de alumínio.

A comida era comum, e o cardápio não variava. Havia frequentemente muito de algo chamado "*dhal**** misto", que era tudo o que Montu podia se permitir em termos de *dhal* nos dias da inflação pós-socialista. Mas toda vez seu filho Neeraj perguntava esperançosamente se eu tinha achado a comida satisfatória e eu tinha de mentir.

Na volta eu parava no correio, um amplo salão poeirento com uma cabine telefônica fora de uso e um velho relógio danificado. Quase sempre havia alguns homens por ali — em sua maior parte criados nas grandes casas vazias — enviando dinheiro para famílias

---

*Restaurantes geralmente com culinária local comuns em beiras de estrada e postos de gasolina na Índia. (*N. do T.*)
**Espécie de *roti*, consumido geralmente com sopa de lentilhas e vegetais com *curry*. (*N. do T.*)
***Sopa de ervilhas com *curry*. (*N. do T.*)

que tinham deixado em remotos vilarejos dos Himalaias. Pediam-me que escrevesse algumas mensagens crípticas nas pequenas bordas dos formulários de envio. "Está tudo bem", eu escrevia em geral, "use este dinheiro para seus remédios. Mando mais em breve". Ou: "Lamento não poder mandar mais dinheiro. Faz tempo que não tenho notícias de você. Estou muito preocupado. Rezo para que você esteja bem. Escreva dizendo que está bem."

Raramente havia alguma correspondência para mim, exceto uma carta ocasional de meus pais e um cheque — pagamento por uma das resenhas que escrevia para me manter. Mas o envelhecido funcionário dos correios sempre me era grato pelo fato de levar por ele algumas cartas para meu senhorio e assim poupá-lo de subir a ladeira íngreme até a casa. Eu, por minha vez, as entregava à mãe do senhor Sharma, sentada costurando junto à janela aberta do segundo andar. Ela se sentava ali desde o final da manhã e atravessava as longas e modorrentas tardes até que o sol desaparecesse atrás das montanhas a oeste, quando as sombras, lânguidas o dia todo, rapidamente invadiam o pomar e o vale, e os suaves picos dourados na distância pareciam reter, brevemente, toda a luz do mundo.

As semanas se passavam. O verão era quente e longo. Alguns pássaros exoticamente coloridos desenhavam círculos preguiçosos no ar azulado o dia todo. À noite, a fumaça subia em nervosas colunas das casas no fundo do vale, onde, mais tarde, os cães começariam abruptamente a latir.

As monções, enfim, chegaram no começo de julho e cobriram tudo com um espesso véu de cinza. A chuva a princípio foi confortante, mas tornou-se insistente e melancólica. Comecei a sentir falta dos dias claros, e acho que foi logo depois que o outono se firmou, com as primeiras de suas longas tardes adornadas, que eu fui pela primeira vez ao interior dos Himalaias.

A invenção do "budismo"

OS DIAS ENCURTAVAM com insinuações do inverno quando voltei do interior dos Himalaias para Mashobra. Quando a primavera chegou, e as estradas foram liberadas, comecei a viajar pelos vales dos rios Spiti e Pin. Lá, em solitários desertos frios, tingidos sempre que a neve derretia em córregos com oásis verdes de campos de ervilha e cevada e zelados por mosteiros de tijolos secos pelo sol nos topos das colinas, vi muitas imagens do Buda. Visitei Tabo e descobri o mais antigo mosteiro da região ainda cheio de lamas, tão vistosos em seus trajes castanhos quanto as bandeirolas de oração tremulando de postes elétricos nas vastidões sem árvores.

Aprendi a reconhecer os murais coloridos e a compreender de alguma forma o simbolismo dos diagramas circulares místicos (*mandalas*) pendurados nas paredes. Percebia de longe a forma característica dos *gompas*, ou mosteiros budistas e, embora me sentisse excluído da fé que expressavam, sobre a qual pouco sabia, comecei a valorizá-los por seu isolamento e distância do mundo conhecido.

Fiquei intrigado também com os monges, por sua simplicidade infantil, sua disposição e serenidade. Atribuí aquelas qualidades ao mundo plano e complacente no qual os monges viviam, até descobrir que alguns deles não só haviam viajado para a Europa e os Estados Unidos, como passaram algum tempo lá. Um deles estudara em um

UM FIM PARA O SOFRIMENTO

mosteiro perto de Lhasa por cerca de vinte anos. Surpreendi-me ao saber que suas cadeiras haviam sido lógica, epistemologia, cosmologia, psicologia e ética conforme interpretadas por textos budistas escritos na Índia ainda no século II d.C.

Comecei a escrever um ensaio de viagem, no qual tentei registrar minha surpresa ao encontrar traços do budismo naqueles remotos vales dos Himalaias. Escrevi sobre os outros tipos de budistas indianos que encontrara antes: eram os *dalits*,* hindus de casta baixa, dos quais milhões haviam se convertido ao budismo desde os anos 1950 numa tentativa de escapar de um hinduísmo opressivamente dominado pelas castas. Tentei descrever como aqueles budistas, politicamente ativos e que não pareciam ter muito interesse em questões espirituais, diferiam dos monges dos mosteiros dos Himalaias.

A pequena livraria em Simla tinha um bom estoque de livros em inglês sobre o budismo — na expectativa, me disse o proprietário, de turistas europeus e americanos que chegavam buscando escrever sobre figuras e temas espirituais e que frequentemente viajavam de Simla para a cidade montanhosa de Dharamshala, residência do Dalai Lama e da comunidade tibetana no exílio.

Um dos livros que ali encontrei foi uma tradução inglesa do *Milindapanha* ("Questões do rei Menandro"), que eu vira mencionado como um texto básico da filosofia budista num ensaio do escritor argentino Jorge Luis Borges. O rei Menandro foi um grego que reinou no noroeste da Índia, hoje Paquistão, no século I ou II a.C. Afirma-se que ele estava entre os governantes da época que adotaram o budismo, ou pelo menos estavam familiarizados com ele. O livro, que foi preservado no Ceilão (atual Sri Lanka) por séculos, consiste nas conversas de Menandro com um velho monge budista chamado Nagasena.

---

*No sistema de castas indiano, um intocável, ou pária. (*N. do T.*)

A INVENÇÃO DO "BUDISMO"

O diálogo sobre o eu individual, que derivava explicitamente das ideias de Buda, impressionou Borges particularmente. Começa com Menandro perguntando a Nagasena seu nome. Nagasena diz que seu nome é "apenas um termo de compreensão geral, uma designação prática. Não há a questão de um indivíduo permanente implícito no uso do nome".

Menandro responde:

—Se não há indivíduo permanente, quem dá a vocês, monges, suas roupas e comida, abrigo e remédios? E quem os usa? Quem vive uma vida de retidão, meditação e chega ao Nirvana? Quem destrói seres vivos, rouba, fornica, mente e bebe álcool?... Se seus colegas monges o chamam Nagasena, o que então é Nagasena? Você diria que seu cabelo é Nagasena? Ou suas unhas, dentes, pele ou outras partes de seu corpo, ou a forma exterior, ou sensação, ou percepção, ou os constructos psíquicos, ou a consciência? Alguma destas coisas é Nagasena? Ou tudo menos elas?

Nagasena responde com um não a todas as perguntas de Menandro.

Menandro diz:

—Então, com todas as perguntas, não encontro Nagasena. Nagasena é um mero som! Com certeza o que Vossa Reverência disse é falso!

Agora Nagasena assume o questionamento. Ele pergunta a Menandro:

—Vossa Majestade, como o senhor chegou aqui: a pé ou em um veículo?

Menandro responde:

—Em uma carruagem.

—Então me diga — pergunta Nagasena —, o que é a carruagem? É a lança?

—Não, Vossa Reverência — responde Menandro.

{33}

UM FIM PARA O SOFRIMENTO

—Ou os eixos, rodas, chassi, arreios, cambão, trave de roda ou as esporas?

Menandro responde que nenhuma dessas partes é a carruagem.

—Então todas essas partes separadas, tomadas juntas, são a carruagem?

Menandro diz novamente que não.

—Quer dizer que a carruagem é algo que não as partes separadas?

—Não, Vossa Reverência — diz Menandro.

—Portanto, com todas as perguntas, Majestade — diz Nagasena —, não vejo uma carruagem. A carruagem é um mero som. O que é então a carruagem? Com certeza o que Vossa Majestade disse é falso! Não há carruagem!

Menandro protesta, afirmando que o que dissera não era falso.

—É por conta de todos esses vários componentes, a lança, o eixo, as rodas e assim por diante que o veículo é chamado carruagem. É apenas um termo de compreensão geral, uma designação prática.

—Bem colocado, Majestade! — responde Nagasena. — O senhor sabe o que significa a carruagem! E é exatamente o mesmo comigo. É por conta dos vários componentes do meu ser que sou conhecido pelo termo de compreensão geral, a designação prática, Nagasena.[1]

Há muitos diálogos assim claros e simples no livro, ilustrando a visão budista da identidade individual como um constructo, uma composição de matéria, forma, percepções, ideias, instintos e consciência, mas sem uma unidade ou integridade imutáveis.

"Penso, logo existo", dissera Descartes; e quando pela primeira vez deparei com aquelas palavras na faculdade, elas expressavam tudo o que me parecia sagrado: indivualidade, a vida da mente. Era confortável acreditar que a mente humana era capaz de agir racional, lógica e livremente sobre o inerte mundo exterior. Estava atraído, também, pela ideia do eu autêntico, que havia tomado dos filósofos existencialistas franceses, por alguma razão muito populares

A INVENÇÃO DO "BUDISMO"

na Índia. Aquelas descrições do eu — como uma entidade discreta moldada por meio do pensamento e da ação racionais — ajudaram a compensar as incertezas (financeiras, emocionais, sexuais) com as quais eu então vivia.

Mas o diálogo entre o rei grego e o monge budista parecia refutar intelectualmente o "eu" cartesiano, implicando que não se pode falar de um eu separado ou mente pensante dentro do corpo, pelo fato de que o eu não é nada além de uma série de pensamentos. Sugeria que o "eu" não era uma entidade estável e autônoma e, na verdade, não era mais que um rótulo convencional para as relações provisórias entre suas partes físicas e mentais em constante mutação. Combinava também melhor com minha experiência: de encontrar incoerência onde supostamente havia um eu, de ser levado por pensamentos, memórias e humores desgarrados — e de pensar que nada existia além daquele fluxo.

Li outros livros. Aprendi rapidamente que, embora o budismo apresentasse com frequência as aparências de outras religiões — rituais e superstições — nos países onde existia, ele era diferente de outras religiões por ser essencialmente uma terapia rigorosa e uma cura para *duhkha*, termo em sânscrito que denota dor, frustração e pesar. O Buda, que significa "o iluminado", não era Deus, ou Seu emissário na terra, mas o indivíduo que conseguira se liberar do sofrimento humano comum e então, por compaixão, partilhara suas percepções com outros. Não atribuíra valor às orações ou à crença em uma divindade; não falara de criação, pecado original ou julgamento final.

Em vez disso, o Buda falara de um sofrimento que era causado pelo homem e, portanto, era erradicável. Confinara-se a seres humanos vivendo cotidianos com desejo, apego, orgulho, inveja e ódio. Analisara o funcionamento dessas emoções e asseverara que elas crescem de uma ânsia por um eu, e de apego a um eu, que não tem existência verdadeira. Desenvolvera técnicas analíticas e contempla-

UM FIM PARA O SOFRIMENTO

tivas que ajudavam a provar que nem o eu nem o mundo fenomenal são entidades sólidas, estáveis e discretas, e que harmonizavam a mente humana com as "coisas como elas são": interconectadas e em estado de mudança.

O Buda era, em termos gerais, um empirista que negava que houvesse quaisquer substâncias fixas sob as aparências; isto é verdadeiro tanto para o que se sente como o eu interior ou ego como para o mundo exterior. Ele afirmava que a experiência, e não a metafísica especulativa, detém a chave para a sabedoria. E pressupôs que a qualidade de toda a experiência humana depende da mente e, portanto, se preocupou em analisar e transformar a mente individual. Ver que alguém não era idêntico a seus pensamentos, à medida que eles despertavam contínua e discursivamente na mente, gerando desejo, ansiedade, medo e culpa, nem era limitado por eles, era estar consciente da possibilidade de controlá-los e de se mover em direção a um novo tipo de liberdade espiritual e intelectual.

O Buda fora, sem dúvida, mais um pensador incisivo e um psicólogo que uma figura religiosa. Ele, e intérpretes posteriores de suas ideias, investigaram em detalhes os conteúdos da consciência humana — localizaram nela uma qualidade de vontade que, quando fortalecida com a meditação, pode se tornar uma barreira efetiva contra a ânsia e o sofrimento.

Mas lendo os tratados budistas sobre a mente, com frequência abstratos e difíceis, eu pensava assiduamente em por que o Buda, ostensivamente o fundador de uma religião, se preocupara com essa espécie de análise árida e íntima do mundo interior da experiência; por que não estendera sua análise ao mundo exterior, tentando estabelecer fundamentos claros, distintos e determinados para o conhecimento e fundara, como Descartes, uma tradição de investigação científica? Certamente, com sua perspectiva racional, o budismo era imune ao tipo de conflito entre religião e ciência que definiu a filosofia ocidental moderna.

{36}

A INVENÇÃO DO "BUDISMO"

Parece que Buda teve outras prioridades e se preocupou quase exclusivamente com o inescapável fato do sofrimento. Mas aqui ele também parece diferir radicalmente dos pais intelectuais do mundo moderno, Rousseau, Hobbes e Marx. Isso por ter presumido oferecer uma cura para o sofrimento humano que não envolvia a reestruturação em larga escala do Estado e da sociedade.

O senhor Sharma, a quem falei de meu crescente interesse no Buda, não tinha muito a dizer sobre o assunto. Ele vinha aparecendo com mais frequência que antes e parecia ter se soltado um pouco. Contou-me mais sobre sua vida. Crescera em um vilarejo perto de Simla, entre macieiras e pereiras. Nunca viveu nas planícies — falava, como se tivesse orgulho disso, de como suas poucas visitas à região haviam sido provações. Quando falava dos Himalaias como um lugar de exílio e refúgio, quando me contou das regiões próximas que os irmãos Pandava haviam visitado milhares de anos antes no *Mahabharata*, parecia não falar muito dos mitos da raça — a ideia das planícies indianas como uma armadilha, com seu implacável calor e poeira —, mas de sua própria vida.

Nunca se casara; a vida em família, com suas obrigações, não era para ele, disse. Mas não parecia totalmente confortável com sua solidão autoimposta. Pensei se ele por vezes se ressentia e desejava, como todos, ter outra vida, mais ativa e frutífera, bem longe do lugar onde havia passado, e agora terminaria, sua vida.

Deu a impressão de estar um pouco surpreso com meu interesse no Buda. Disse que os *dalits*, hindus de casta baixa, que haviam se convertido ao budismo achando que ele era algo oposto ao hinduísmo, haviam jogado o nome do Buda na lama. Isto porque o Buda era, na verdade, a décima encarnação do deus hindu Vishnu e, portanto, parte da tradição hindu e não uma oposição a ela.

Disse a ele que isso era mais mito que história. O Buda pode ter emergido metaforicamente da boca de Brahma, mas indícios coletados por estudiosos britânicos do século XIX provaram que ele fora também um ser de carne e osso, uma figura não menos histórica que

UM FIM PARA O SOFRIMENTO

Jesus ou o profeta Maomé, e que, além disso, ele vivera e morrera não longe de onde estávamos. Disse também ao senhor Sharma que estivera no local do nascimento de Buda no Nepal e vira o pilar de ferro lá erguido por Ashoka, o imperador indiano do século III a.C.

O lugar de nascimento do Buda se chama Lumbini e fica logo ao norte da vasta planície indiana pela qual correm os grandes rios do subcontinente, Ganges e Yamuna. As lendas sobre o Buda o localizam perto do sopé dos Himalaias. Isto dá um ar de romance ao local: montanhas altas, quedas d'água e florestas de pinheiros como pano de fundo da luxuosa infância do Buda.

Mas quando finalmente se chega lá — depois de uma longa e árdua viagem pelo interior da Índia ou do Nepal —, as montanhas altas do norte não são mais que um rumor; na melhor das hipóteses, um resfriamento adicional nas brisas de inverno e uma pálida elevação no horizonte nos dias claros de primavera. A sensação de estar exposto na vasta terra plana nunca desaparece, especialmente no verão, quando, após semanas de calor cruel, redemoinhos de poeira fina e folhas secas se espalham pelos exauridos campos de arroz e os amontoados vilarejos de barro e palha.

Ocasionalmente surgem agrupamentos de mangueiras e pés de tamarindos e lagos: oásis de sombra e frescor, onde o mundo físico reconquista forma e cor. A terra, que parece tão crestada, fica rapidamente verde depois das primeiras chuvas das monções no final de junho ou começo de julho. Dois meses de monções impõem sobre ela uma exuberância indomável. Mas a chuva interminável aborrece, o calor irritante esgota as energias e os rios e correntes habitualmente transbordam de suas margens, tornando a terra uma persistente lama. Apenas durante os meses entre outubro e março o clima para de ser punitivo. Durante todo o dia, uma luz abrandada cai de um céu suavemente azul sobre os campos e vilarejos movimentados. O anoitecer é curto e as noites geralmente são frias.

{38}

A INVENÇÃO DO "BUDISMO"

Em 1985, quando visitei Lumbini, tinha 16 anos. Saíra de casa pela primeira vez e vivia como estudante em Allahabad, um dos centros emergentes nos tempos do Buda e hoje uma decadente e velha cidade provinciana na planície gangética. Viajei a preços baixos e muito lentamente, em trens a vapor ou ônibus rurais e, uma vez, em uma balsa sobre um rio perigosamente lamacento, passando pelos lugares que o Buda, quando era um jovem chamado Siddhartha, sonhara visitar.

Não tenho certeza se atualmente se pode viajar mais depressa. As coisas não mudam muito naquela parte empobrecida do norte da Índia. Quando revisitei Lumbini muitos anos mais tarde, me descobri vagando pela mesma terra deserta, através dos mesmos campos amarelos de mostarda e vilarejos e pequenas cidades esquecidas.

A própria Lumbini não mudou muito. Tem algumas novas construções, principalmente mosteiros dirigidos por budistas do Japão, da Coreia do Sul, da Tailândia e de Mianmar. Novos mosteiros estão sendo construídos nos estilos característicos do sudeste da Ásia. A algumas milhas, há um hotel caro, que recebe em sua maior parte turistas japoneses, e um instituto de pesquisa com uma biblioteca pomposa, mas deserta.

Muito poucos budistas vivem em Lumbini ou nas cercanias, e estes são em sua maioria do sudeste da Ásia. Há um templo com um relevo em pedra de Maia, a mãe de Buda, que foi idolatrada por hindus locais por séculos como uma deusa hindu. As cidades próximas, pobres e esquálidas, estão cheias de santuários de Hanuman, o deus-macaco hindu. Mais para o interior, os minaretes de azulejos azuis das mesquitas, destacando-se da terra plana e poeirenta, proclamam a fé que se originou na distante Arábia. De modo geral, o renascimento budista de nosso tempo, tão concentrado agora nas sociedades ricas do Ocidente, parece ter deixado Lumbini intocada.

Talvez tenha sido por isso que, quando visitei o lugar pela primeira vez — numa melancólica noite de primavera, com a luz esmaecendo,

UM FIM PARA O SOFRIMENTO

mas ainda incisiva e dourada sobre os campos de cana e arroz —, levei algum tempo para perceber onde estava.

Não imaginara que o local de nascimento do Buda fosse um lugar real e acessível até que Vinod, um colega da universidade de Allahabad, me falasse sobre ele. E embora Vinod tenha iniciado toda a viagem com um convite à sua casa ancestral, não longe da fronteira com o Nepal, não estava muito inclinado a visitar Lumbini, que já tinha visto e achara muito desinteressante.

Ele, como eu, queria ir ao Nepal porque era o único país estrangeiro que visitaríamos, ou assim parecia à época. Havia outros estudantes em Allahabad que iam em excursão ao sul do Nepal — viagens que se pareciam mais com surtidas, já que depois de dois dias e noites em ônibus rurais decrépitos e "pensões" infestadas de baratas, nunca se ia mesmo muito além da fronteira. As montanhas permaneciam no horizonte distante e a maior parte das pessoas nunca voltava, tentando suprimir o desapontamento de ter visto um Nepal tão plano e poeirento como a parte do norte da Índia na qual viviam.

Ainda assim a viagem ao Nepal mantinha seu *glamour*. Os estudantes mais ricos compravam um *walkman* fabricado na China e quase todos que conseguíamos ir voltávamos dos barracões de bugigangas na fronteira com pelo menos um boné de beisebol espalhafatosamente estampado que usávamos agradecidamente por um ano ou dois, tentando compensar, ou mais provavelmente disfarçar, nossas calças ordinárias e camisas de terilene.

Vinod pode não ter se interessado muito pelo boné de beisebol. Não combinaria muito bem com o *kurta** bordado de seda de Benares ou com os *churidars*** que ele usava. Teria acrescentado uma frivolidade desnecessária à sua aparência serena e seu jeito calmo.

---

*Camisa longa, que vai até os joelhos, de uso comum na Índia. (*N. do T.*)
**Calças justas de uso comum entre homens e mulheres na Índia, com tecido cortado em um ângulo da trama que as torna elásticas. (*N. do T.*)

{40}

A INVENÇÃO DO "BUDISMO"

Comparado com os estudantes da universidade em geral — gente de famílias pobres rurais ou semiurbanas da planície indo-gangética —, ele parecia bem de vida. Era, eu ouvira, filho único de um rico proprietário de terras. Vivia em uma casa de três cômodos fora do *campus* enquanto a maior parte de nós vivia — em dois ou às vezes três em um quarto — em um dos sujos albergues da universidade.

A maioria de nós alugava bicicletas a 75 centavos de rupia por hora para nos locomovermos pela cidade, enquanto Vinod tinha um riquixá à sua disposição na porta de casa a qualquer hora do dia ou da noite, bem como um cocheiro, um adolescente de casta baixa, que parecia pedalar com vigor adicional quando trazia prostitutas à casa de Vinod, guinando e ultrapassando nas vielas esburacadas com tanta desenvoltura que era difícil distinguir o tilintar do sino da campainha do chacoalhar dos pesados braceletes e argolas nos tornozelos das mulheres muito jovens que ele transportava.

Vinod, que era muito mais velho do que eu, tinha um estilo pessoal plenamente acabado — ou assim parecia a alguém tão tímido e inexperiente como eu, que acabara de sair de uma vida restrita à casa. Lembro que o visitava de tarde para poder espiar as mulheres. Habitualmente o garoto que ficava descansando no riquixá me impedia de subir e eu vagava pelas vielas poeirentas e desertas, ouvindo a entonação solene dos locutores da rádio All India vazando pelas janelas com persianas, até que as mulheres saíssem pela escada estreita, de batom desajeitadamente recém-repassado, piscando sob o sol severo.

Todas as delícias proibidas do sexo permaneciam no quarto de Vinod quando eu subia. Estavam presentes no cheiro misturado de incenso de sândalo e batom barato, em sua cama ondulada, nos buquês de jasmins, já murchando enquanto Vinod, com seu belo rosto perfeitamente composto, e ainda em seu colete sem mangas, inclinava-se sobre uma pequena mesa e cortava uma goiaba em finas fatias.

{41}

UM FIM PARA O SOFRIMENTO

—*Aaiye-ji, aaiye-ji*, entre, entre — diria ele, com 'ji' sempre como uma parte não afetada de sua cortesia. — *Paan layngay na, aap?* Vai experimentar um *paan*,* não?

Eu raramente experimentara o *paan* e não gostava muito de mastigar nem a folha de bétel, nem a de tabaco. As primeiras vezes que eu o encontrei foram num quiosque de *paan* perto da universidade, e ele nunca perdeu a ideia de que eu era um viciado. Ele andava até a janela, a abria e, em vez de gritar por atenção — o menino embaixo parecia nunca tirar os olhos da janela —, fazia seu pedido com calma. Ao fechar a janela — com o quarto de novo tornado enigmático depois do momento de luz monótona, ele se virava e me perguntava:

—O que você está lendo hoje?

Ele mesmo era um leitor fanático. Como muitos estudantes tentando demonstrar um ar moderno e maturidade intelectual, possuía as traduções em hindi de Sartre e Camus. Mas grande parte do espaço das estantes nos aposentos era tomada pelas leituras do "Osho" Rajneesh, o guru internacional dos anos 1970 e 1980, que exaltava ao mesmo tempo o sexo e a meditação, e que Vinod achava ser, como me disse uma vez, um grande filósofo. Havia livros de J. Krishnamurti e diversos panfletos de Swami Vivekananda, monge e pensador d<i século XIX, que em 1893 apresentara o hinduísmo ao Ocidente no Parlamento Mundial das Religiões em Chicago.

Tinha também livros diferentes sobre os vários sistemas de filosofia indiana. Mas estavam mais relacionados a seu curso como estudante de pós-graduação, que ele negligenciava, ficando longe das aulas e vivendo, pelo que eu via, uma vida de lazer intencional: lia pelas manhãs e as mulheres nas tardes eram seguidas por longas sessões de musculação num *akhara*;** as mulheres por vezes voltavam à noite, com o garoto dirigindo com mais cautela o riquixá de capota erguida.

---

*Um enrolado de folhas de noz-de-areca usado como digestivo e refrescante do hálito, seguro por um palito ou cravo, e também oferecido a visitas como gesto de cortesia. (*N. do T.*)
**Literalmente, um lugar de prática, ou academia. (*N. do T.*)

A INVENÇÃO DO "BUDISMO"

A pergunta sobre minha leitura era como tentava responder ao meu fascinado interesse por ele. Fora isso, perguntava poucas coisas sobre mim mesmo. Parecia contido, totalmente consumido pelo momento presente sem nada da ansiedade com a qual o resto de nós — pobres estudantes de perspectivas incertas — ensombrecia o futuro.

No mapa, o Nepal parecia perto de Allahabad, no final de uma curta linha reta para norte, apenas a algumas horas. Mas Vinod e eu saímos de manhã e viajamos grande parte do dia, primeiro de trem e depois de ônibus, sob o céu vazio, passando por cidades de casas de tijolos à mostra, lojas de beira de estrada com potes de vidro sujo cheios de doces grudentos, prédios com cartazes desbotados exortando o planejamento familiar e jovens em oficinas de automóveis com estilos de cabelo antiquados.

No final da tarde chegamos à fronteira. Esperamos lá por um longo tempo, tão lento quanto a longa fileira de caminhões que esperava para entrar no Nepal, que ficava logo além do posto de alfândega e imigração: uma pequena sala escura na frente da qual policiais uniformizados permaneciam meio afundados em seus *charpoys** e da qual motoristas com seus documentos necessários emergiam a cada poucos minutos, voltando rápido para seus veículos em uma agitação triunfante.

Finalmente chegou nossa própria vez, e então o desapontamento que vinha se acumulando o dia todo tornou-se mais agudo quando cruzamos a fronteira e chegamos a uma cidade. Os cartazes, em cima de barracões vendendo produtos eletrônicos baratos, camisetas de náilon e bonés de beisebol, exibiam uma escrita estranha. Alguns dos homens nos agrupamentos eram baixos e tinham traços mongóis. Mas o resto da cena — montes de lixo na beira da estrada, vacas doentes

---

*Catres de cordas entrelaçadas. (*N. do T.*)

{43}

vagando, barracas de comidas fritas, ônibus de metal esfolados —
parecia provocativamente familiar.

A paisagem se esvaziou de novo quando deixamos a fronteira
para trás. Havia pouco tráfego, à exceção de umas poucas carroças
puxadas por burros claudicando sobre os sulcos na beira da estrada.
As montanhas marrons e desmatadas a distância exibiam manchas
de um sol fraco, mas finas faixas de cerração protegiam os vilarejos
de barro e os campos de arroz, e restos de papel branco e sacos de
plástico permaneciam imperturbáveis no chão na frente de bares de
janelas fechadas vendendo cerveja.

O ônibus meio vazio serpeou por estradas estreitas no campo
pelo que pareceram muitas horas. Foi parado algumas vezes, em
frente da barraca costumeira que vendia bebida barata e cigarros.
Vinod dormiu, sentado na fila logo à minha frente, com a cabeça
batendo suavemente na pontuda moldura da janela. Outros passageiros — na maior parte aldeões locais agarrando ansiosamente
trouxas de roupas e malas baratas de papelão contra seus peitos —
também cochilavam, com as cabeças pendendo sobre os ombros.
Eu senti também um pouco do clima soporífico daquela tarde e de
início não me incomodei de abrir os olhos quando o ônibus parou
e o motorista pulou de seu assento, fechando a porta atrás de si
com um estrondo.

Levantei os olhos e vi um estacionamento: um campo de pura
poeira, enegrecido por óleo diesel em alguns locais onde ônibus e
caminhões deviam ter parado e cercado de tendas de comércio do tipo
que tínhamos passado. Vinod ainda parecia dormir. Alguns homens
saíram para urinar. Bamboleavam enquanto soltavam os barbantes
de seus pijamas folgados e se aprumavam, de pernas abertas. Juntei-
me a eles, e foi enquanto estava de pé lá ao lado deles, formando
uma espécie de fileira, urinando num pequeno arbusto de *beshram*
(algodão bravo) e olhando para a frente com algum embaraço, que

vi o monge, as árvores e os edifícios parcialmente construídos a uma distância próxima.

Poderia ter vindo da Coreia ou do Japão — não sabia então diferenciar —, e o edifício em forma de pagode para o qual caminhava era tão difícil de caracterizar como ele. Distanciava-se de nós, indiferente à nossa presença, mesmo à nuvem de pó que os pneus gastos do ônibus levantaram em sua direção e que o envolvia, depositando-se quietamente em seu hábito ocre e sua cabeça raspada.

Ouvi o motorista dizer:

— Cinco minutos e partimos.

Voltei-me para ver Vinod saindo do ônibus, o rosto ainda amarfanhado de sono. Tropeçou ligeiramente ao caminhar até mim e disse:

— *Dekhiye jo dekhna hi, yahi hai Lumbini.* Veja o que tiver que ver. Isto é Lumbini.

Sua voz mantinha a desilusão de sua própria primeira visita. E talvez fosse difícil não esperar mais, e não se sentir enganado, ao ver o local de nascimento do fundador de uma das maiores religiões do mundo precedido apenas por um campo de terra e alguns prédios inacabados.

O ônibus partiria em cinco minutos. Apressei-me atrás do monge. Vi-o entrar em um dos edifícios de forma estranha, isolado por uma cerca, e depois o perdi de vista. Dentro do complexo havia um jardim de desenho complicado, através do qual corria um passadiço estreito de cimento. Segui o caminho, passando por arbustos baixos e cactos, e pequenas poças d'água refletindo tiras do céu.

E então, de súbito, a terra ficou novamente clara, com o sol baixo e enevoado à minha frente, a luz dourada e quieta. Campos verdes de arroz estiravam-se até o horizonte, marcados ocasionalmente por camponesas em roupas radiantes e búfalos negros com couros cintilantes.

Vi à minha esquerda um estranho outeiro — um montículo arqueológico. Imediatamente a minha frente, em uma configuração aparentemente perfeita, havia um tanque retangular, uma grande

UM FIM PARA O SOFRIMENTO

sal* drapeada com bandeirolas de oração do tamanho de lenços e o que pareceu à primeira vista um templo de teto baixo com uma longa varanda com pilares.

Voltei-me para ouvir um canto suave. Vinha de um edifício atrás de mim — mosteiros, finalmente me dei conta. Caminhando, vi o monge. Estava nos degraus cobertos de musgo verde do tanque, as mãos cruzadas, a cabeça inclinada; a água esverdeada e móvel à sua frente refletia os ramos entrelaçados da sal à sua volta.

Não se mexeu quando passei por ele a caminho do pilar branco que eu vira além do tanque e da sal. Em torno da feia cerca de aço, que o circundava e estava decorada por bandeirolas de oração, havia alguns vasos de barro sem flores, com pontas de incenso projetando-se de sua terra seca. O pilar era de pedra, com muitas rachaduras em sua grossa circunferência. Na sua base havia uma inscrição numa escrita desconhecida. Uma pequena placa de metal, de pintura branca desbotada e descascada, trazia uma tradução e algumas outras informações.

Dizia que o pilar fora erigido por ordem de Ashoka, o grande imperador indiano do século III a.C., que abraçou as ideias do Buda e instituiu a não violência como política de Estado.

A tradução da inscrição dizia:

> Vinte anos após sua coroação, o rei Devanampiya Pryadarsi (amado dos deuses) visitou este local em pessoa e aqui orou porque o Buda, sábio dos Sakyas, aqui nasceu. Ele ordenou que um muro de pedra fosse construído em torno do local e erigiu este pilar de pedra para comemorar sua visita. Declarou o vilarejo de Lumbini livre de impostos e obrigado a pagar apenas um oitavo de sua produção como imposto sobre a terra.[2]

Shorea robusta, uma árvore semelhante ao eucalipto comum na planície indo-gangética e uma das mais importantes economicamente na Índia. (*N. do T.*)

{46}

Ashoka! Raramente se passara um dia em minha vida adulta sem que eu encontrasse o nome ou as obras de Ashoka de alguma forma. Os leões e as rodas entalhados sobre alguns de seus pilares são o timbre do governo da Índia. Estão em notas de rupias, em tapumes públicos, nos documentos oficiais e nos anúncios de jornais. Mas o pilar foi tão inesperado, e tão miraculosa a presença de Ashoka e dos sinais sobreviventes de sua generosidade e bondade na remota terra do nascimento do Buda, que eu tive de ler a tradução de novo para confirmar que não cometera um erro.

Ashoka estava entre os grandes nomes que me ensinaram a reverenciar na escola. Meus livros didáticos o apresentavam como o primeiro patrono imperial do Buda, e sua vida, uma espécie de lenda religiosa. Foi um conquistador particularmente brutal, que no final de sua invasão genocida do leste da Índia se converteu ao budismo, colocou os recursos de seu vasto império à disposição dele, realizou um importante concílio de monges budistas, no qual se determinou a forma futura dos ensinamentos do Buda, do *dharma* e enviou missionários budistas ao Afeganistão e à Ásia Central. A conversão de Ashoka ao budismo, concluíram os livros, fora o evento mais significativo da história da cultura asiática.

Li sobre Harsha, o imperador indiano do século VII d.C., que o peregrino chinês Hiuen Tsang descreveu como um promotor generoso do budismo. Li também sobre o próprio peregrino budista chinês Hiuen Tsang, que fizera uma extraordinária viagem à Índia no mesmo século.[3] Os livros de história tinham uma ilustração dele, carregando o que parecia ser uma mochila e um guarda-sol. Enfatizavam também o cosmopolitismo da universidade budista de Nalanda, onde Hiuen Tsang estudara e onde se ensinavam aos jovens gramática, medicina, mecânica, ética e filosofia.

No milênio depois de Cristo, as ideias do Buda já tinham viajado até a China, a Coreia e o Japão, bem como para muitos outros países

UM FIM PARA O SOFRIMENTO

da Ásia, onde assumiram novas formas. Na China, haviam substituído até mesmo as influências poderosas dos sábios locais, Confúcio e Lao-Tzu. Uma tradução chinesa do *Sutra de diamante*, um texto budista indiano, foi o mais antigo livro conhecido impresso no mundo. O budismo já era a religião de Estado da China no século VII, quando Hiuen Tsang trouxe consigo manuscritos raros da Índia. O budismo era uma força igualmente poderosa no Japão e no sudeste da Ásia.

Obviamente, o Buda fora um dos grandes homens, senão o maior dos homens nascidos na Índia. Mas eu teria dificuldade de distinguir claramente entre suas ideias e as de, digamos, Mahatma Gandhi, Pandit Nehru ou Rabindranath Tagore.

Eu fora rápido ao corrigir o senhor Sharma quando ele afirmou que o Buda emergira da boca de Brahma. Falara-lhe confidencialmente sobre minha visita a Lumbini e o pilar de Ashoka, que eu não esperara de jeito nenhum encontrar. Eu não podia admitir que por um longo tempo não soubera muito mais sobre o Buda do que ele.

Tendo crescido no norte da Índia nas décadas de 1970 e 1980, eu havia sido apresentado a um esboço muito geral da vida do Buda. Ele fora o jovem descendente de um clã dominante chamado Shakya em uma remota cidade-estado no norte da Índia, levando uma vida ociosa e com algum luxo, quando a exposição súbita à velhice, doença e morte o levaram à dúvida e à introspecção e depois ao abandono de sua mulher e seu filho e a uma procura solitária da sabedoria. Praticara o extremo ascetismo, com o qual viera a se desiludir, antes de uma noite descobrir o "caminho do meio" entre a automortificação e a vida sensual. Fizera seu primeiro sermão perto de Benares, onde também encontrara seus primeiros discípulos, e criara o *sangha*, a ordem monástica que mais tarde espalhara seu *dharma* pelo mundo. Então, perambulara pelo norte da Índia pelo resto de sua longa vida, falando tanto a reis quanto a cidadãos comuns sobre as causas e a cura do sofrimento, antes de alcançar o *nirvana*, ou a liberação do renascimento.

{48}

Esta história batida, sem nenhum detalhe específico, era uma razão pela qual eu, como o senhor Sharma e a maior parte dos hindus na Índia, pensava em Buda como um deus hindu, uma encarnação de Vishnu, assim como Rama e Krishna, e não como uma figura histórica. Eu não sabia então que fora precisamente esta noção do budismo, como uma ramificação do hinduísmo, aquela que havia sido raivosamente rejeitada pelos *dalits* convertidos ao budismo. Eles queriam se libertar do hinduísmo e afirmavam publicamente durante sua cerimônia de conversão que "não acreditavam que o Senhor Buda fosse uma encarnação de Vishnu".

Os *dalits* estavam parcialmente corretos. Muito do que hoje conhecemos sobre o hinduísmo — os cultos dos deuses Vishnu e Shiva, a *Bhagavadagita* — tomou forma apenas depois do tempo do Buda e não foi chamado de hinduísmo até o século XIX. Mas era verdade que o Buda rompera com a ortodoxia religiosa de seu tempo, que se constituía principalmente de rituais destinados a apaziguar os deuses da natureza e assim permitir que a elite hereditária dos sacerdotes que os conduziam, os brâmanes, reivindicasse uma condição superior (*varna*) à dos guerreiros (*kshatriya*), dos mercadores (*vaishya*) e dos servos (*shudra*). E ele o fizera de maneira não menos radical do que Cristo ou Maomé haviam rejeitado os sistemas religiosos de suas épocas. Mas não oferecera um novo Deus exclusivo ou uma teoria da criação em substituição às crenças anteriores. Embora atraísse seguidores, não se intitulou líder e se recusara a nomear um sucessor para assumir seu lugar depois de sua morte. E nem exigira fidelidade das massas, como muitos outros fundadores de religiões.

Rejeitara a especulação abstrata, então popular entre filósofos brâmanes, sobre a natureza da realidade e da alma. Em vez disso, falara sobre a experiência humana comum: sobre a instabilidade do eu individual e do mundo, de nosso desejo por coisas de natureza impermanente como gerador de frustração — tornando a vida um descontentamento perpétuo — e sobre como os indivíduos humanos

UM FIM PARA O SOFRIMENTO

podiam alcançar a liberação, o *nirvana*, libertando-se da cobiça, do ódio e da ilusão. Havia localizado o sofrimento na crença humana na solidez do eu e do mundo fenomênico. Afirmara que os indivíduos podiam evitar o sofrimento por meio da consciência, intensificada pela meditação, de que o eu era constituído fundamentalmente, e mantido em fervura de desejo, desapontamento, medo e ressentimento.

Buda qualificara a liberação do sofrimento como o único objetivo espiritual válido, e, ao enfatizar a prática rigorosa e regular, em vez de a crença complacente, o budismo se abrira para pessoas de todas as fés, classes e castas. Isso distinguiu claramente o Buda do culto de divindades e sacrifício e da manutenção da hierarquia social de que se constituíam essencialmente a religião e a ideologia bramânicas principalmente se constituía — então e mais tarde.[4]

O Buda não atacou diretamente os brâmanes nem sua visão de mundo. Mas advertiu os indivíduos de que os rituais não lhes eram úteis e tentou torná-los conscientes e responsáveis por sua própria salvação. Insistiu que a virtude e a salvação estavam abertas a pessoas de todas as classes. É por isso que, segundo uma conjetura erudita, brâmanes inseguros atacaram e minaram o budismo na Índia, antes mesmo de invasores turcos no século XII saquearem os poucos mosteiros budistas que lá restavam.

Mas a história é necessária para que se façam especulações bem fundamentadas. Não apenas o budismo, mas a religião na qual eu nascera, o hinduísmo, também parecia não ter história. À diferença do islamismo ou do cristianismo, não tinha um fundador ou uma Igreja. Não havia uma data concebível que se pudesse ter como seu início, e o budismo parecia não ter produzido, durante sua longa existência, personalidades ou instituições influentes o bastante para ingressar no registro histórico. Foi assim que, na minha tenra infância, mito e lenda tornaram-se meus guias para o mundo.

Vivendo em uma cidade pequena que não tinha livraria ou biblioteca, a literatura indiana clássica que encontrava em casa era quase

A INVENÇÃO DO "BUDISMO"

a única coisa que eu lia. Mas mesmo que tivesse procurado histórias do Buda, teria encontrado lendas, em sua maioria. Havia poucos registros arqueológicos ou textuais sobre a Índia antiga, particularmente sobre os séculos VI e V a.C., quando o Buda supostamente vivera. Não apenas a historicidade do Buda era mais obscura que a de Jesus — não houvera um Paulo entre os seus seguidores para institucionalizar seus ensinamentos e dar-lhes um cunho evangélico.

O ponto de vista do próprio Buda era de que os indivíduos tinham de constatar dentro de si mesmos a verdade do que ele dizia. Foi por isso que ele não nomeou sucessores nem procurou institucionalizar seus ensinamentos. Em seus retiros durante a estação das chuvas, respondia a perguntas específicas de leigos e monges e pronunciava sermões e discursos. Tinha com eles diálogos do tipo que se supunha que Sócrates mantivera. Não deixou escritos; não é certo que fosse letrado. Os seguidores do Buda, muitos dos quais monges ou *bhikshus*, fizeram um concílio logo após sua morte para recitar e autenticar seus ensinamentos. Houve outro concílio um século mais tarde, mas os ensinamentos não foram escritos em folhas de palmeira por pelo menos outro século. E quando o foram, apareceram em páli, uma variante do sânscrito que Buda não utilizara.

A coleção desses textos em páli, chamados de *Tripitika* (Os Três Cestos), contém os discursos do Buda e suas prescrições para a disciplina monástica. Mas oferecem apenas uma narrativa desconexa de sua vida. Enquanto o budismo se espalhava pela Ásia, surgiram muitos movimentos e escolas, cada um deles reivindicando possuir a versão original e definitiva da vida e dos ensinamentos do Buda. O movimento conhecido como Mahayana (O Grande Veículo), que surgiu no noroeste da Índia em torno do século II d.C. e viajou para o Tibete, a Ásia Central, a China, a Coreia e o Japão, produziu seu próprio e extenso cânone, que afirmava ser superior ao cânone encontrado num movimento mais antigo, o Theravada (Caminho dos Anciãos), de Sri Lanka, Tailândia, Camboja e Mianmar. Um estudo

{51}

comparativo desses cânones não vai muito longe. As tradições tibetana e chinesa do Mahayana têm, confusamente, versões diferentes até dos acontecimentos mais importantes da vida do Buda. Em algumas delas nem sequer é certo que Buda fosse chamado de Siddhartha Gautama pelos membros de seu clã, os *Shakya*. Certamente, nenhum deles é uma leitura fácil.

A primeira biografia conhecida, ou hagiografia, aparentemente foi produzida no século II a.C. *Buddhacarita*, uma versão mais detalhada e literária de um poeta sânscrito chamado Asvaghosha, foi escrita já no século II d.C. e é considerada uma obra-prima da poesia em sânscrito.[5] Foi também por volta do século II d.C. que os *Jatakas*, coleção de histórias no cânone páli sobre as vidas anteriores do Buda, foram compilados em verso. Estas versões embelezadas de sua vida encorajaram escultores e pintores a retratá-lo, mais memoravelmente nas pinturas das cavernas de Ajanta, oeste da Índia, nos séculos III, IV e V d.C. Antes, ele fora representado por pegadas, uma árvore, uma roda ou um trono vazio, como nos baixos-relevos do grande *stupa* (monte religioso sagrado), em Sanchi, na Índia Central.

A vida do Buda nunca foi tão importante para os budistas quanto as biografias de Jesus e Maomé o foram para os cristãos e muçulmanos. Para alguns dos primeiros budistas, o homem conhecido por seu nome de família de Siddhartha Gautama, ou Shakyamuni (o Sábio dos *shakya*), era apenas a última de milhares de encarnações de Budas, ou a versão acabada dos Bodhisattvas (Budas do vir-a-ser) que ele fora em outras vidas. E seu ensinamento, o *dharma*, era tido como mais importante que sua vida ou personalidade, que de qualquer forma eram inacessíveis.

Nos livros mais novos sobre o budismo que vi na livraria, quando vivi em Simla anos depois, os eruditos ainda se preocupavam — e discutiam — se podíamos saber ao certo o ano de nascimento do Buda, convencionalmente estabelecido como 566 a.C., ou se ele, ou seus discípulos, havia dito as coisas atribuídas a ele em textos bu-

A INVENÇÃO DO "BUDISMO"

distas compilados muito depois de sua morte. Os livros também me diziam que a visão do Buda — da impermanência dos fenômenos e do caráter ilusório do eu — encontrou aceitação mais ampla apenas dois séculos depois de sua morte e que, até então, ele fora apenas um entre muitos novos pensadores que surgiram no norte da Índia nos séculos VI e V a.C.

Os livros que li sobre o Buda em Mashobra haviam quase todos sido escritos na Europa ou nos Estados Unidos. No século XIX, estudiosos ocidentais tinham descoberto o Buda por meio de novas disciplinas da história e da filologia. Foi uma conquista imensa. O Ocidente quase nada sabia do budismo durante sua própria evolução a partir das colônias gregas na Ásia Menor, onde seus primeiros filósofos surgiram, também no século VI a.C., até as revoluções industrial e política que reformataram drasticamente o mundo no século XIX.

Sem o conhecimento esclarecedor dos estudiosos ocidentais, o Buda, para mim, teria permanecido apenas um dos muitos sábios da Índia, com alguma sabedoria antiquada e possivelmente dúbia a oferecer. Teria ficado mergulhado no mito e na lenda, uma medida do que eu considerava o atraso intelectual da Índia, sua incapacidade de lidar racionalmente com seu passado, que parecia não menos danosa que seu subdesenvolvimento econômico e político. E talvez eu não tivesse ido muito longe com meu interesse pelo Buda se não tivesse sabido de sua redescoberta pelo Ocidente no século XIX ou como muitos escritores europeus e americanos que eu admirava o haviam elogiado.

Na verdade, o Buda parece ter inspirado algo como um culto na Europa e América do século XIX e começo do XX, especialmente entre os artistas e intelectuais. Schopenhauer falou com frequência e admiração do budismo no final de sua vida e chegou mesmo a afirmar que ele e seus seguidores eram os primeiros budistas europeus. Wagner planejou escrever uma ópera sobre o Buda. Nos Estados Unidos,

{53}

UM FIM PARA O SOFRIMENTO

Henry David Thoreau traduziu uma versão francesa de um texto budista, o *Lotus Sutra*, para o inglês. O escritor alemão Hermann Hesse escreveu *Siddhartha* (1922), um romance sobre a renúncia do jovem Buda, abraçado pelos jovens europeus e americanos dos anos 1960, desencantados com o que consideravam o materialismo agressivo de suas sociedades.

Em seus últimos livros, Nietzsche renovou seu ataque ao cristianismo comparando-o ao budismo, que achava ser um produto sutil de civilizações velhas e exaustas. Rainer Maria Rilke carregava consigo um pequeno busto do Buda.

Não apenas poetas e filósofos, mas também cientistas e etnólogos haviam falado bem do Buda. Albert Einstein chamara o budismo de religião do futuro, uma vez que era compatível com a ciência moderna. O antropólogo francês Claude Lévi-Strauss terminou suas memórias, *Tristes trópicos* (1955), com um elogio extraordinário ao Buda: "O que mais, de fato", escreveu ele, "aprendi com os mestres que me ensinaram, os filósofos que li, as sociedades que visitei e mesmo com a ciência que é o orgulho do Ocidente, a não ser uns pequenos fragmentos de sabedoria que, todos somados, coincidem com a meditação do Sábio ao pé da árvore?"[6]

Nem todo mundo encontrou sabedoria ou redenção no Buda. Ele muitas vezes foi visto como alguém fundamentalmente oposto aos valores ocidentais de indivualidade e racionalidade. Nietzsche admirava o Buda, mas o via como uma tentação perigosa para os europeus do século XIX — que ele pensava estarem em confronto com um mundo sem sentido depois de negarem Deus e a moralidade tradicional — e possivelmente podiam buscar refúgio no "niilismo passivo" do Buda.

Em 1922, quando tinha 31 anos, o poeta russo Osip Mandelstam publicou um ensaio no qual deplorava o que via como influência disseminada do budismo na cultura ocidental do século XIX. Ele denunciou o "conforto do *Nirvana*", já que ele não permitia "nem um

A INVENÇÃO DO "BUDISMO"

único raio de cognição ativa".[7] Via o budismo na formação dos "mastros metafísicos" da "religião burguesa do progresso" do século XIX.

Ao budismo inerte e anti-intelectual, Mandelstam opunha o "intelecto esquemático" e o "espírito de expediência" que encontrou em filósofos do Iluminismo francês. Esperava que o século XX deixasse para trás as aberrações do XIX e retornasse à robusta racionalidade intelectual do século XVIII, aos valores do Iluminismo.

No entanto, as fontes de informação que Mandelstam tinha sobre o budismo eram inevitavelmente limitadas e não confiáveis nos anos 1920. A maioria dos europeus do período era muito mais familiarizada com sua própria religião burguesa do progresso, que iria assumir a forma revolucionária na Rússia, do que com religiões e filosofias do Oriente. Foi apenas no começo do século XIX que estudiosos na Europa começaram a examinar as práticas religiosas que visitantes europeus afirmavam ter visto na China, Coreia, Tailândia, Mianmar, Sri Lanka e outros países asiáticos. Em torno de 1820, cunharam o termo "budismo" numa tentativa de categorizar o que parecia ser uma reverência disseminada a uma figura chamada o Buda. Em 1844, Eugène Burnouf, acadêmico do Collège de France, publicou *Introduction à l'histoire du bouddhisme indien*, primeira tentativa abrangente de explicar os ensinamentos do Buda disponível no Ocidente.

O livro andou rapidamente pelo mundo. Foi resumido no mesmo ano pelo *The Dial*, jornal iniciado por Emerson e Thoreau na Nova Inglaterra. Inspirou, entre outros, Schopenhauer, cuja leitura abertamente pessimista e altamente enganosa do Buda influenciou, por sua vez, Nietzsche, ajudando a associar o budismo com palavras vagamente ameaçadoras como "nada", "vazio" e "extinção".

Essas palavras parecem ter influenciado o jovem leitor argentino de Schopenhauer, Jorge Luis Borges. Em 1922, em um de seus primeiros ensaios, intitulado "La nadería de la personalidad", Borges escreveu sobre o budismo. O escritor, que tinha então 23 anos, atacou o século

{55}

UM FIM PARA O SOFRIMENTO

XIX na Europa por seu "individualismo romântico ego-centrado e ruidoso" e citou com aprovação um livro alemão sobre o budismo para apoiar sua afirmativa, muito repetida no ensaio, de que "não havia um eu como um todo".[8]

Borges repudiou este ensaio precoce ao escrever mais tarde e com mais conhecimento sobre o budismo. Tanto Borges quanto Mandelstam provavelmente confiaram em suas visões de jovens do budismo como uma religião irracional e niilista para neutralizar os então prevalecentes preconceitos europeus em favor do que era racional e afirmativo da vida.

É também verdade que era improvável que Mandelstam e Borges tivessem encontrado muitos budistas na São Petersburgo ou na Buenos Aires dos anos 1920, quando dificilmente havia budistas reais na Europa Ocidental ou nos Estados Unidos, à parte alguns budistas zen do Japão. Foi apenas depois da Segunda Guerra Mundial que refugiados tibetanos e praticantes americanos e japoneses do zen estimularam um interesse novo e mais profundo no budismo, como um caminho possível além dos excessos da racionalidade e do individualismo.

Mas quando as encontrei pela primeira vez, estas observações de Mandelstam, Borges e de outros não me permitiram compreender muito bem o significado do Buda ou do budismo. Foi bem mais tarde que os vi como parte de uma introspecção intelectual que se seguira ao grande sucesso material do Ocidente no século XIX, um autoquestionamento que se intensificou depois que os meios para este sucesso — nacionalismo, expansão imperial, avanços tecnológicos — foram vistos como condutores à catástrofe da Primeira Guerra Mundial.

Ainda assim, eu estava fascinado então pelo fato de que alguns dos grandes escritores e intelectuais do Ocidente não apenas haviam se engajado, como também foram sensíveis às ideias expressas dois mil e quinhentos anos antes por um obscuro sábio indiano sob uma árvore.

A INVENÇÃO DO "BUDISMO"

Foi por volta desta época, em um ocioso sonho acordado, que pensei pela primeira vez em escrever um livro sobre o Buda: um romance histórico. Embora uma parte de mim enjeitasse a provável dificuldade da empreitada, eu me excitava com a jornada da imaginação que um livro sobre o Buda parecia requerer: leituras de antigas filosofias, lembranças de impérios e conquistadores, as coisas mais duradouras que grandes homens em tempos desconhecidos haviam feito ou dito. Pensei, em meu otimismo, que minha pesquisa para o romance iria preencher uma grande lacuna em meu conhecimento do passado da Índia, e me dar um sentido histórico que eu sentia me faltar.

Eu me via livremente lendo e escrevendo em Mashobra durante alguns anos. Não poderia saber, então, que seria impossível entender o Buda ou seus ensinamentos apenas de livros — e que eu teria de deixar Mashobra e entrar em um mundo mais amplo, viajar para lugares tão diferentes quanto Caxemira e Estados Unidos, Inglaterra e Afeganistão, aprender a ver de modo diferente os escritores e intelectuais ocidentais que idolatrava, antes de poder começar a entender Buda, seus ensinamentos e a relevância especial deles nesses tempos problemáticos e desconcertantes dos quais sua própria época parecia, pelo menos superficialmente, tão remota.

Nunca tivera uma mente religiosa, pelo menos nunca como meus pais ou o senhor Sharma, que passava grande parte de suas manhãs numa elaborada reverência perante ídolos e calendários de vários deuses e deusas. Não sentia que podia entrar na religião e nos rituais da mesma forma que uma geração indiana mais antiga entrara, levando uma vida rural simples. Mas, embora não achasse que a autoabsorção mística fosse a melhor maneira de abordar uma realidade histórica objetiva, comecei a meditar, pensando que de alguma forma aquilo me ajudaria a entender o Buda.

Minhas tentativas de meditação não duraram muito. Conseguia me concentrar em minha respiração e bloquear todos os pensamentos

{57}

UM FIM PARA O SOFRIMENTO

de minha mente por até dois minutos antes de a represa se romper. Estava mais absorvido pelos livros que encontrara em Simla, as muitas reedições de relatos europeus sobre a Índia do século XIX: cartas, memórias, diários de viagens e ensaios expositivos. Muitos deles refletiam a descoberta da Índia pela Grã-Bretanha no século XIX, quando funcionários coloniais, trabalhando em grande medida por conta própria e em locais isolados do país, revelaram pela primeira vez a um público mundial a arte, a religião e a filosofia da Índia antiga. De suas fontes antiquadas e sua prosa engomada discerni o amador inglês ou escocês com seu sola topi* supervisionando uma escavação no meio de uma planície exposta ou debruçado, sob luzes fracas, sobre uma escrita desconhecida numa varanda envolta de buganvílias em um bangalô.

Entre as maiores descobertas destes arqueólogos e estudiosos amadores estava a das origens do Buda na Índia. Era compreensível que a Europa interpretasse mal o Buda ou permanecesse sem conhecê-lo. O fato mais chocante foi o quase total desaparecimento do budismo da Índia.[9]

Não estava claro o que havia acontecido. Na China do século IX, os descontentes seguidores de Confúcio e Lao-Tzu haviam finalmente conseguido tirar o Buda da predileção imperial. Estudiosos fizeram especulações semelhantes sobre a Índia, onde, segundo eles, houve uma forte reação dos brâmanes contra a influência crescente do budismo. Há registros confiáveis de governantes na Caxemira e Bengala destruindo templos e mosteiros budistas. O povo nômade conhecido como huno já saqueara mosteiros no noroeste da Índia no século V. E depois os invasores turcos trouxeram seu próprio zelo iconoclástico à Índia nos séculos XII e XIII.

As ideias do Buda foram a influência dominante sobre a filosofia, a literatura, a arte e a arquitetura na Índia antiga por mais de

---

*Chapéu em formato de capacete, feito de cortiça, geralmente de cor branca. (*N. do T.*)

{58}

A INVENÇÃO DO "BUDISMO"

1.500 anos após sua morte. Mas os indícios da civilização budista na Índia — milhares de inscrições, *stupas*, santuários escavados na rocha, mosteiros, sem mencionar incontáveis pinturas, esculturas e emblemas — ainda esperava descoberta e identificação no começo do século XIX. Embora os tratados do Buda sobre lógica pudessem ser encontrados na Mongólia e na Sibéria, nem um único texto do budismo havia sido preservado em nenhuma das línguas indianas. Como lentamente descobri, o único lugar indiano onde o budismo sobrevivera no último milênio e onde ainda era reverenciado eram as montanhas próximas ao Tibete, que eu via diariamente de minha varanda em Mashobra.

Desejei então ter sabido disso antes. Mas embora vivesse entre eles, eu ainda não conseguia associar os Himalaias aos homens e acontecimentos reais do passado. Eles pertenciam exclusivamente aos eventos semimíticos do *Mahabharata*. Mesmo os mosteiros budistas, que fervilhavam com velhos e jovens lamas e eram claramente o trabalho de homens inspirados pela fé, pareciam parte do cenário natural dos Himalaias indo-tibetanos. Nunca me perguntara como eles haviam brotado naquelas regiões inóspitas. Eu tinha as datas relevantes e alguns fatos gerais: por exemplo, que o mosteiro de Tabo fora estabelecido em 996 d.C. Mas não conseguia ligar esta informação a nada.

Foram os livros de viagem dos Himalaias budistas que me fizeram ver que aqueles lugares que eu considerava remotos, até mesmo meio fantásticos, haviam sido visitados, e seus mistérios — os mistérios antes intrigantes do Buda e do budismo — revelados, quase dois séculos antes, pelos europeus.

Entre os primeiros desses visitantes no século XIX estava Victor Jacquemont, um jovem botânico de Paris que investigava a história natural da Índia. Um dia, em Simla, encontrei dois volumes de suas cartas, muitas delas escritas por ele dos Himalaias indianos para seus parentes na França. Eu acabara então de retornar de uma das

UM FIM PARA O SOFRIMENTO

minhas primeiras viagens às regiões budistas fronteiriças com o Tibete e fiquei fascinado pelas referências de Jacquemont às suas viagens aos mesmos lugares e a Simla, que ele visitara logo após ela ter sido fundada, em 1820.

Muitas das cartas de Jacquemont da Índia lembram a escrita de viagem de uma era posterior. São relatos do exótico, destinados a dar prazer e a provocar inveja entre pessoas que se sentem aprisionadas em lugares muito menos excitantes. Jacquemont provavelmente exagerou no hiato que sentiu entre a vida que deixara para trás em Paris e sua época na Índia, entre marajás e dançarinas. Ele frequentemente descamba para o esnobismo — havia muita coisa na Índia que não estava à altura de sua necessidade em termos de beleza, refinamento e racionalidade. Parece ter conversado apenas com os grandes indianos, marajás e brâmanes. Mas sua inteligência e curiosidade redimem até seus ocasionais destemperos petulantes — e o tornaram popular entre os impassíveis imperialistas que encontrou em locais distantes e impressionaram Ranjit Singh, o poderoso marajá sique do Punjab, o bastante para ele oferecer a Jacquemont o vice-reinado da província da Caxemira.

Antes, viajantes europeus haviam sido escassos na Índia.[10] No começo do século IV a.C., a colônia grega de Báctria, no que é hoje conhecido como Afeganistão, mandou um embaixador chamado Megastenes para a cidade indiana de Pataliputra, perto de onde o Buda vivera. Durante o tempo em que esteve ali, Megastenes compilara o primeiro relato ocidental sobre a Índia, cujos fragmentos sobreviveram e foram encontrados nos escritos de historiadores e geógrafos romanos como Arriano e Estrabão.

Roma teve um intenso comércio com a Índia, particularmente nos três primeiros séculos depois de Cristo. Ideias viajavam pela Rota da Seda e por outras rotas à Índia: o cristianismo e o islamismo a leste e ciências e filosofias indianas a oeste. O próprio Buda tocou o Ocidente na forma de uma história deturpada sobre dois santos cristãos, Barlaão e Josafá, fonte original para o que provavelmente foi a biografia popular de Buda por Asvaghosha, o *Buddhacarita*.

Afirma-se que o polemista cristão Clemente de Alexandria encontrou-se no século II d.C. com alguns comerciantes indianos que identificaram suas práticas religiosas de formas que agora os fazem parecer seguidores do Buda. Mani, o fundador persa do maniqueísmo no século III, que influenciou o jovem Santo Agostinho e permaneceu entre os cátaros da Provença medieval, passou um tempo na Índia e supostamente absorveu influências budistas. Mas houve pouco contato entre a Índia e o Ocidente durante vários séculos, já que primeiro o Império Romano se desintegrou e os árabes vieram a dominar a Índia e partes da Europa.

Durante a Idade Média, houve o visitante ocasional à Ásia, como Marco Polo, que serviu na corte de Kublai Khan, o mais budista dos imperadores mongóis. O tráfego para a Índia cresceu apenas depois de os europeus descobrirem, no século XVI, a rota marítima para a Ásia e inaugurarem sua grande era de exploração e conquista. Comerciantes e diplomatas estabeleceram centros comerciais, seguidos por missionários da contrarreforma que esperavam compensar as perdas na Europa protestante convertendo Índia e China à sua fé. Alguns jesuítas conseguiram chegar ao Tibete no século XVII e relataram ter encontrado noções budistas sobre o eu.

Houve alguns viajantes franceses na Índia nos séculos anteriores à visita de Jacquemont. Em seu *Essay on the Manners and Spirits of Nations* (1754), Voltaire se baseou no testemunho de dois intrépidos viajantes franceses, Jean-Baptiste Tavernier e François Bernier, que tentaram ambos escrever relatos ambiciosos dos últimos dias do império mongol na Índia. Bernier chegou até a Caxemira, um lugar que poucos europeus conheciam. Ele deu não apenas aos franceses, mas aos europeus, a primeira imagem competente da Índia, ainda

UM FIM PARA O SOFRIMENTO

que parcialmente correta: um lugar de despotismo oriental perene, onde o govervante possuía tudo em seu reino.

Jacquemont, cujo pai era um filósofo no molde recém-criado pelo Iluminismo francês, só podia ser diferente de Bernier e de outros viajantes anteriores. O Oriente para o qual Jacquemont viajou pode ter sido perene ou dormente, mas a Europa de onde viera mudara depois de suas revoluções política e industrial — e estava mudando mais radical e rapidamente que em qualquer outra época nos dois milênios prévios.

Em menos de um século, a França passara pelo Iluminismo, pela Revolução e depois pelo império napoleônico. Vira a ascensão de uma classe burguesa cujas aspirações de mobilidade social e intelectual subitamente não eram mais restritas por religião, ancestralidade ou qualquer outra força tradicional. Membros desta classe ambiciosa queriam livrar-se da opressão do clero, da nobreza e da monarquia. Seus grandes pensadores e ideólogos falavam dos direitos do homem; afirmavam que o homem, longe de ser culpado, como o cristianismo supusera, era essencialmente bom e não precisava mais acreditar em uma ordem transcendente nem a ela aspirar. Isso porque, com a razão e a ciência a seu lado, ele tinha a capacidade de mudar o mundo no qual vivia.

Foi essa nova religião de racionalidade e progresso — a crença no potencial humano de realizar o tipo de maravilhas que antes eram prerrogativas apenas de Deus — que os exércitos de Napoleão Bonaparte rapidamente exportaram para Europa e, mais tarde, para muitas outras partes do mundo, tornando a Revolução Francesa o primeiro evento verdadeiramente universal da história. Três décadas antes de Jacquemont chegar à Índia, Napoleão invadira o Egito com uma equipe de cientistas e autorizara um gigantesco projeto de pesquisa, que resultara nos vinte e quatro volumes da *Description de l'Egypte*. O próprio Jacquemont foi um dos homens enviado no começo do século XIX para percorrer o mundo pelo Jardin des

{62}

A INVENÇÃO DO "BUDISMO"

Plantes em Paris a fim de coletar amostras da flora e da fauna então desconhecidas da ciência ocidental.

Este enérgico engajamento europeu com o mundo, para o qual Descartes fornecera a plataforma intelectual, produziu conhecimento e apoiou o poderio europeu. Com o tempo, levou a Europa ocidental do século XIX à conquista da Ásia e da África e a impérios muito maiores do que os romanos poderiam ter concebido. Mesmo Marx foi obrigado a descrever rapsodicamente as conquistas da burguesia europeia, profetizando ao mesmo tempo — erroneamente — sua derrocada. De maneira reduzida, mas importante, Jacquemont incorporou a confiança rapidamente crescente da burguesia europeia de que o mundo pertencia a ela.

Jacquemont parecia representar o jovem obstinado da literatura francesa com o qual eu tentava me identificar — os tipos nietzschianos que sempre conseguiam, enfrentando grandes adversidades, aproveitar o dia e controlar seus destinos. Aos 20 anos, ele já havia tido um caso com uma famosa cantora de ópera e viajara para o Haiti e a América do Norte. Ainda não tinha 30 quando, no começo de 1828, partiu para a Índia, o país que os rivais tradicionais da França, os britânicos, haviam acabado de subjugar politicamente. Chegando a Kolkata, a principal cidade da Índia britânica e atualmente a designação mais utilizada para se referir à cidade de Calcutá, encontrou elegantes mansões às margens de rios, cheias de colonos britânicos entediados.

Muitos destes homens haviam deixado a Grã-Bretanha em busca de uma carreira ou de fortuna fácil na Índia. Antes de o comércio tornar-se controlado pelo governo no século XIX, o comércio britânico com a Índia se assemelhava mais a uma roubalheira. Muitos dos colonizadores estavam ansiosos para fazer sua dinheirama e voltar tão rápido quanto possível, antes da chegada das doenças tropicais, para uma casa confortável no interior da Grã-Bretanha. Mas Jacquemont descobriu que, no todo, a "pérfida Albion" se comportava melhor na Índia que na Europa. "Certamente, vejo os ingleses, em sua maior parte", escreveu ele a Prosper Mérimée, outro de seus amigos literatos, "numa luz mais vantajosa do que se exibiram a você".[11]

Em Kolkata, aprendeu hindustâni com um brâmane de Benares e tornou-se amigo de lorde Bentick, o governador-geral reformista da Índia, cuja piedade e retidão lembraram Jacquemont os quacres da Pensilvânia e com quem conversou sobre religião com seus costumeiros "ceticismo e incredulidade". No final do outono de 1829, deixou Kolkata com uma corte de servos e uma pilha de apresentações para diversos funcionários britânicos em toda a Índia. Cruzou as planícies do norte da Índia, passando pelas cidades de Benares, Agra, Délhi e Dehradun, a caminho dos Himalaias, onde disse a seu pai que esperava viver por quatro meses, à "altitude de nove ou dez mil pés acima do nível do mar, num país onde os verões são como os da Hungria, e os invernos, como os da Lapônia".[12]

Em junho de 1830, Jacquemont chegou a Simla. "Você não vê Simla em seu mapa?", escreveu a seu pai. "Um pouco ao norte dos 31 graus de latitude e um pouco a leste dos 77 graus de longitude, a algumas léguas do Sutlej. Não é curioso, num lugar como este, jantar fartamente, beber uma garrafa de vinho branco e outra de champanhe toda noite — o café Mocha é delicioso — e receber os jornais de Kolkata todas as manhãs?"[13]

Era curioso: a aparição do que Jacquemont chamou de "a abundância, o luxo e as riquezas da civilização europeia" a mais de dois mil metros de altura nos Himalaias. Chegando a Simla quase dois séculos depois de Jacquemont e quase cinquenta anos depois de os britânicos saírem da Índia, vi apenas traços da Europa. A ocupação pelos antigos nativos, a classe média indiana, parecia completa. Sobrara algo pungentemente incongruente nas lojas com frentes em estilo Tudor, parecendo de brinquedente; no hotel chamado "Gaiety", nos hotéis chamados Chapslee e Sherwood e no passeio pela alameda que advertia sobre multas altas para indianos que cuspissem sumo de tabaco na rua mais limpa da cidade.

A INVENÇÃO DO "BUDISMO"

Muito do aspecto de conto de fadas de Simla devia sua origem ao anfitrião de Jacquemont, C. P. Kennedy, um capitão de artilharia, que então cuidava de interesses estratégicos britânicos numa região remota do território britânico na Índia.[14] Como Jacquemont o descreveu a Prosper Mérimée, Kennedy tinha poder ilimitado sobre uma vasta região e era "mais um rei dos reis que o próprio Agamenon, sem nenhum Aquiles como opositor entre os pequenos rajás da montanha, seus vassalos".

Kennedy dera com a locação de Simla logo após os britânicos tirarem a região à força dos gurkhas do Nepal na guerra anglo-nepalesa de 1814-1816. Imediatamente viu suas possibilidades. As vistas eram lindas, os meses de verão, agradáveis, e o outono, frio. Em 1822, Kennedy alistou centenas de cules, que derrubaram os cedros e carvalhos e construíram um chalé empoleirado numa ampla cumeeira voltada para os picos nevados: foi a primeira casa de Simla. Outros funcionários britânicos rapidamente o seguiram. Em 1827, lorde Bentick tornou-se o primeiro de muitos governantes britânicos na Índia a passar um verão em Simla. Com ele, chegou a maquinaria oficial da Índia britânica. A cidade de Simla surgiu, escreveu Jacquemont, "como por encanto".

Jacquemont não deixou de desfrutar ao máximo seus raros prazeres. Havia com o capitão Kennedy outros oficiais britânicos, solteirões solitários, deliciados de terem com eles um europeu novo e amigável. Cuidado por seus generosos anfitriões, Jacquemont se ocupou de "cafés da manhã elegantes e rebuscados", trufas do Périgord, vinho do Reno e champanhe, enquanto em suas cartas à França afirmava estar apenas relaxando um pouco antes de se atirar em meses de duro trabalho solitário no interior dos Himalaias.

Jacquemont deixou Simla "restaurado", escreveu ao pai, com seu "vigor costumeiro" e planejando subir até a fronteira do Tibete. Acompanharam-no um cozinheiro, um camareiro e uma legião de soldados gurkhas. Em Sarahan, foi recebido em meio a um tornado

{65}

UM FIM PARA O SOFRIMENTO

pelo rei de Bushair e presenteado com um saco de almíscar. Poucos dias depois cruzou o Sutlej, a caminho das partes budistas e menos habitadas de Kinnaur, para um dos mais improváveis encontros que abundavam no século XIX, a era das explorações europeias.

"O Buda, aqui", relatou Jacquemont ao pai de Kinnaur, "começa a se apropriar das nuvens de incenso às quais Brahma tem direito exclusivo no lado indiano dos Himalaias"[15]. Jacquemont não disse o que o fazia pensar assim. As coisas mudaram tão pouco em Kinnaur que ele pode ter visto o que vi mais de cento e cinquenta anos depois: um velho lama agachado sobre um velho manuscrito num templo que parecia hindu, mas que, na verdade, era budista. Ou pode ter passado a noite em um escuro mosteiro no topo de uma montanha e acordado na manhã seguinte com os ecos de um gongo e descido os corredores de telhado baixo cheios de fumaça de incenso e do canto suave dos monges.

A referência casual de Jacquemont aos Himalaias budistas quase obscurece o fato de que nos anos 1830 o Buda ainda era um dos muitos mistérios da Índia. No início do século XIX, muito do passado pré-islâmico da Índia — os pilares de pedra e os *stupas* budistas do imperador Ashoka, a escultura indo-grega do Afeganistão, os templos eróticos de Khajuraho — ainda permanecia enterrado, oculto em florestas ou na terra. Havia apenas algumas pistas de sua existência. Jacquemont disse a seu pai que não "tinha dúvidas", em sua própria mente, "de que os brâmanes possuíam muito mais informações para as quais agora desconhecem", e que "nesse aspecto a Índia lembra o Egito".

Não estava sozinho ao pensar dessa maneira. Um país sem contato com seu passado: era assim que a Índia também era vista por seus conquistadores britânicos, que avocaram a si mesmos recobrar suas culturas e religiões, e cujos feitos foram comemorados nos livros que encontrei em Simla. Em 1784, um juiz chamado William Jones

A INVENÇÃO DO "BUDISMO"

instituiu a Sociedade Asiática de Bengala em Kolkata. Jones, que aprendeu um total de 28 línguas, confirmou a similaridade entre o grego e o sânscrito. James Prinsep, um arquiteto, decifrou a antiga escrita indiana *Brahmi*, ancestral da maior parte das escritas indianas, que os britânicos encontraram em pilares e rochas ao longo do sul da Ásia, e deparou-se pela primeira vez com Ashoka, o primeiro grande patrono do budismo. Mais tarde, no século XIX, Alexander Cunningham, um oficial do exército, escavou o local perto de Benares onde o Buda pronunciou seu primeiro sermão.

A maioria dos exploradores trabalhava para a administração britânica na Índia e em geral não eram eruditos treinados. Alguns eram filisteus e vândalos, que provocaram mais dano a monumentos existentes ou recém-escavados que séculos de decadência e negligência. Os melhores entre eles, como Jones e Prinsep, eram motivados pela possibilidade de que a região singular que vieram a governar pudesse ter sido um dia uma civilização tão notável quanto as da Grécia e de Roma.

Trabalhavam com intuição e premissas que geralmente eram frágeis. Sabia-se muito pouco da Índia antiga. Mesmo quando encontravam monumentos e textos, muitas vezes faltava-lhes a experiência ou o conhecimento para estabelecer as conexões corretas. Quando, em 1820, o capitão do exército britânico chamado E. Fell descobriu o grande *stupa* budista de Sanchi nas florestas da Índia central, a princípio não estava seguro a qual religião ele pertencia. Era antigo demais para ser muçulmano. Sua suspeita de que era budista não foi auxiliada pelo fato de que não havia budistas à vista na Índia. Na época, sequer estava claro que as fés seguidas na Tailândia, em Mianmar e no Ceilão eram versões da mesma religião. Os estudiosos britânicos da Sociedade Asiática em Kolkata ainda pensavam que o Buda fora egípcio ou etíope — ou talvez um outro nome para o deus nórdico Woden.

As pistas para uma origem indiana do Buda eram muitas, mas confusas. Na última década do século XVIII, um naturalista e

{67}

UM FIM PARA O SOFRIMENTO

agrimensor britânico chamado Francis Buchanan visitara Mianmar, onde conhecera budistas que lhe afirmaram que o Buda era indiano. Ele encontrou provas disso alguns anos depois, quando seu trabalho o levou à antiga cidade de Bodh Gaya, no estado de Bihar, no leste da Índia. Os budistas não viviam mais entre as ruínas seculares que ele viu. Os hindus veneravam as estátuas do Buda, que há muito faziam parte do panteão hindu, mas os brâmanes eram responsáveis pelas orações no templo piramidal que lhe pareceu budista em origem e inspiração.

Os habitantes locais contaram a Buchanan sobre estranhos peregrinos de terras distantes que vinham às ruínas e que reverenciavam um deus chamado Gautama. Buchanan deu-se conta de que Gautama era o Buda e reconheceu que os peregrinos eram da Birmânia. Mas ele ainda não sabia que Bodh Gaya era onde Buda atingira a iluminação sentado sob um pipal.

Buchanan provavelmente não teria usado a palavra "iluminação" para definir a revelação do Buda: à época, a palavra tinha conotações muito diferentes para os europeus e era associada não tanto com religião, mas com sua rejeição em favor de uma perspectiva racional e materialista. O interesse crescente dos britânicos pelo Buda raramente era alimentado por um sentimento religioso, ou por descontentamento com as condições existentes e desejo de salvação que havia levado povos antigos a seus questionamentos filosóficos e espirituais. Brian Houghton Hodgson, o oficial britânico que fez mais que qualquer outro pela descoberta ocidental do budismo, terminou seus dias na Grã-Bretanha, como um aristocrata rural, caçando com cães.

Hodgson mal tinha 18 anos quando chegou à Índia em 1818 para servir como administrador. Problemas de saúde o forçaram a passar muito de seu tempo no clima frio dos Himalaias. Como único representante britânico no Nepal, que era em parte budista, Hodgson passou, talvez por tédio, a colecionar manuscritos sânscritos e tibetanos e a interpretá-los com a ajuda de um budista local que conheceu

{68}

A INVENÇÃO DO "BUDISMO"

em Katmandu. Ficou impressionado com o fato de que o budismo ainda existisse como religião e cultura e também pelo fato de que todos os nomes de lugares nos relatos da vida do Buda parecessem ser indianos. Mas não conseguiu levar a pesquisa muito longe, em parte por não ser apoiado pelas instituições educacionais britânicas de conhecimento, em parte porque sentiu desprezo pelo que encontrou nos textos: o que chamou de os "intermináveis e puros absurdos da religião e da filosofia do Buda".

É por isso que a importância de Hodgson hoje reside não nos ensaios que escreveu nos anos 1820 sobre a doutrina budista, mas nos manuscritos que coletou e mandou em grande quantidade para a Europa, onde formaram, particularmente no Collège de France, em Paris, a primeira fonte erudita de conhecimento ocidental sobre o budismo. Um erudito do Collège de France chamado Eugène Burnouf recebeu a maior parte da dádiva de Hodgson, que usou em seu livro *Introduction à l'histoire du bouddhisme indien*.[16]

Os estudos solitários de Hodgson, a indiferença geral britânica e sua própria atitude complacente com o tema de suas pesquisas constrasta fortemente com a grande energia intelectual que marcou as primeiras transmissões do budismo a povos fora da Índia. Quando, no século I d.C., os primeiros estudiosos budistas da Índia chegaram à China, eles logo foram recebidos por equipes de tradutores. Com suas tradições literárias e filosóficas, a China estava bem equipada para absorver e disseminar o budismo. O entusiasmo chinês por distribuir textos budistas foi o que fez nascer tanto o papel quanto a impressão. Não é de surpreender que tenha sido uma forma particularmente chinesa de budismo, alimentada pelo contato com a Índia, que viajou para a Coreia e o Japão nos séculos IV e VI respectivamente.

Diferentemente de Hodgson, os primeiros estudiosos do budismo não eram diletantes. Nagarjuna, o pensador do sul da Índia, cujos muitos trabalhos filosóficos em sânscrito levaram à ascensão do mo-

{69}

UM FIM PARA O SOFRIMENTO

vimento Mahayana no século II d.C., também era um monge. Assim como o eram os filósofos Asanga e Vasubhandhu, que viveram perto do que é hoje a cidade de Peshawar, no Paquistão, e Dignaga, considerado o fundador do sistema indiano de lógica. O Buda rejeitara a noção de uma linguagem sagrada ou divinamente inspirada. E assim, ao contrário da Bíblia, que não foi plenamente traduzida para vernáculos europeus até o século XVI, os textos budistas em sânscrito, principalmente da tradição Mahayana, atraíram tradutores desde a primeira vez em que foram compilados.

No século IV d.C., Kumarajiva, um monge da Ásia Central, foi convidado pelo imperador chinês para traduzir textos em sânscrito para o mandarim, ele traduziu, entre outras coisas, o *Lotus Sutra*, do qual, como vimos, Thoureau produziu no século XIX uma versão inglesa. Por volta da mesma época, o erudito indiano Buddhaghosa viajou ao Sri Lanka e organizou um compêndio dos ensinamentos do Buda chamado *Vishuddhimagga (Caminho da purificação)*. Paramartha, monge do oeste da Índia, viajou até a China por mar no ano 546 d.C. e passou o resto de sua vida fazendo traduções de textos do Mahayana. O monge do século VIII Santarakhshita, do noroeste da Índia, tornou-se figura importante do budismo tibetano por suas traduções para o tibetano. Hiuen Tsang foi apenas um dos viajantes chineses e coreanos durante os séculos VII e VIII d.C. que passaram muitos anos em mosteiros e universidades indianas, estudando textos budistas e traduzindo-os.[17]

Hodgson parece ter sido como Jacquemont, que desconfiava da religião tradicional e adorava o deus do século XIX, o da razão e da ciência. Essas atitudes eram então razoavelmente convencionais. Muitos pensadores utilitários e filósofos racionais na Grã-Bretanha desdenhavam a religião e a filosofia indianas e exigiam que os governantes britânicos no país forçassem os nativos a adotar o modo de vida europeu. O mais famoso entre estes foi o historiador Thomas

{70}

A INVENÇÃO DO "BUDISMO"

Babington Macaulay, que argumentou decisivamente durante um debate crucial sobre a educação na Índia que a civilização e a cultura indianas eram bárbaras e que o melhor caminho para os indianos era abandoná-las e adotar a civilização inglesa, cuja superioridade era evidente.[18]

Jacquemont veio a desprezar a efêmera tentativa britânica de entender a Índia por meio do conhecimento de suas línguas clássicas. "O sânscrito não levará a nada além do sânscrito", continuava insistindo em suas cartas para casa. "Serviu apenas para a produção de teologia, metafísica, história misturada com teologia e outras coisas da mesma espécie: um absurdo triplo para seus criadores, consumidores e, principalmente, para os consumidores estrangeiros."[19]

Jacquemont tinha uma péssima opinião da filosofia e da literatura orientais em geral. Em uma carta para o pai, zombou dos "poemas insípidos e cansativos" dos persas Hafiz e Saadi, que haviam influenciado fortemente Goethe, e julgou fúteis os esforços de August Wilhelm von Schlegel, o filósofo e crítico alemão, que, no mesmo período em que Jacquemont coletava espécimes de história natural na Índia, criava uma prensa em sânscrito em Bonn e publicava traduções da *Bhagavadagita* e do *Ramayana*. Os esforços de Schlegel em Bonn encorajaram muito os estudos de sânscrito na Europa. Ele seguiu seu irmão, Friedrich Schlegel, e Novalis, entre os românticos alemães que olhavam para a Índia buscando alívio espiritual de uma Europa que, ao adotar a religião burguesa do progresso, estava perdendo sua alma.[20] Esperava que o estudo da Índia clássica trouxesse uma nova Renascença, na mesma escala daquela baseada na antiguidade grega e romana, que aparentemente tirara grande parte da Europa Ocidental da Idade Média.

Jacquemont não se impressionou. "O absurdo em Benares e aquele da Alemanha não têm uma semelhança familiar?", perguntou. "Adotamos na Europa", ele escreveu a um amigo em Paris,

{71}

UM FIM PARA O SOFRIMENTO

uma noção completamente falsa dos hábitos intelectuais reais das nações indianas. Geralmente supomos que são inclinados a uma vida ascética e contemplativa e, por cima da fé de Pitágoras, continuamos a vê-los como extremamente ocupados com a metamorfose de suas almas após a morte. Eu lhe asseguro, senhor, que a metempsicose é a última de suas preocupações: eles aram, semeiam e irrigam seus campos, colhem e recomeçam a mesma ronda de trabalhos; trabalham, fumam, comem e dormem sem ter nem o desejo nem o tempo para prestar atenção a este absurdo ocioso, que os tornaria apenas mais desgraçados, e cujo próprio nome é desconhecido da maior parte deles.[21]

Esta era a brusca apreciação vulgar de um viajante que achava que não podia ser enganado. Jacquemont estava em parte certo. Preocupassem-se ou não com a salvação neste ou no outro mundo, a maioria dos indianos então sabia nada ou muito pouco dos hinos, invocações e formas litúrgicas dos quatro Vedas e do idealismo filosófico dos *Upanishads*, que pessoas na Europa tinham como a própria essência da civilização indiana. Estes textos haviam há muito tempo sido monopolizados por uma minoria elitista de brâmanes que guardava zelosamente seu conhecimento do sânscrito. Alguns desses brâmanes educaram estudiosos britânicos amadores, que esforçadamente estudaram o cânone do que supunham ser a tradição indiana antiga e conseguiram ficar em grande parte ignorantes das tradições mais numerosas, não textuais, do sincretismo religioso e das tradições filosóficas da Índia — por exemplo, os cultos devocionais populares, os templos sufi, os ritos e as lendas que variavam através da Índia e formavam a visão de mundo da maior parte dos indianos.

Jacquemont afirmava ter uma ideia melhor do que consistia o conhecimento verdadeiro. Certamente não estava no passado distante nem no tipo de especulação abstrata à qual se permitiram os indianos antigos. Consistia em fatos verificáveis pela observação e experiência: em ciência.

{72}

A INVENÇÃO DO "BUDISMO"

"Meu pai", escreveu Jacquemont perto do final de sua visita, "talvez se sinta desagradado de eu não lhe levar de volta algum sistema profundo de metafísica indiana, mas no momento estou em um barco que desce o Ganges de Délhi a Calcutá, carregado de coisas mais reais que as *essências reais*: são os arquivos de história física e natural dos países que visitei até aqui."[22]

Jacquemont jamais perdeu o exaltado senso de si mesmo e da Europa que representava. Em março de 1832 encontrava-se a caminho de Mumbai. De lá esperava pegar um navio para a França, quando encontrou com o governador geral Bentinck e sua esposa. Embora estivessem no meio do deserto de Rajasthan, foram tratados com "todos os luxos e refinamentos da Europa". Jacquemont e Bentinck jantaram juntos e falaram sobre a Inglaterra e seus "prováveis destinos". Falaram também da Europa e concluíram exclamando, como Jacquemont relatou,

> como era estranho nosso encontro ali, e falar sobre aquela coisas. Ele, um homem da Inglaterra, um em meio à multidão lá, e aqui o governante absoluto da Ásia; eu, quietamente engajado em minhas pesquisas filosóficas entre tribos bárbaras. Sorrimos à ideia das combinações que trouxeram tais circunstâncias extraordinárias, que surgem principalmente do acaso e da necessidade. Como se entende pouco este fenômeno político na Europa.[23]

Seu encontro mais extraordinário na Índia aconteceu em um vilarejo chamado Kanum, perto da fronteira de Kinnaur com o Tibete, não muito após ter deixado o luxuoso refúgio do capitão Kennedy em Simla para passar alguns meses no interior dos Himalaias. Sabia parcialmente o que esperar quando cruzou o rio Sutlej para as partes budistas de Kinnaur. "Em Kanum", escreveu ao pai, "logo verei aquele incrível e original húngaro, M. Alexander De Körös, do qual o senhor sem dúvida ouviu falar. Ele vive há quatro anos sob o

UM FIM PARA O SOFRIMENTO

nome muito modesto de Secunder Beg, ou seja, Alexandre, o Grande, vestido em estilo oriental."

O capitão Kennedy já advertira Jacquemont sobre o excêntrico húngaro que supostamente andara a pé da Europa até a Índia. De Körös aparecera em Simla havia três anos, vestido em andrajos e parecendo um espião russo. Kennedy tivera de detê-lo até checar suas credenciais com seus chefes em Calcutá. De Körös passou alguns meses ressabiado entre os solteirões boêmios de Simla antes que lhe permitissem partir.

Em Simla, ficou com James Gerard, um médico do exército britânico que mais tarde encontrou De Körös no vilarejo de Kanum e relatou que ele estava estudando textos tibetanos, "vivendo como os sábios da antiguidade, sem nenhum interesse em qualquer outro objeto ao seu redor além de suas ocupações literárias" e "altamente encantado com as perspectivas de revelar ao mundo aquelas vastas minas de riquezas literárias". Tal austeridade não impressionou Jacquemont, cuja atitude perante De Körös refletia o refinado desdém parisiense ao rústico leste europeu. Mas as obsessões de De Körös pertenciam tanto à Europa de seu tempo quanto as de Jacquemont.

Ele nascera em 1784 num pequeno vilarejo no sopé dos Cárpatos húngaros, um lugar frio e ventoso, provavelmente não muito diferente dos vilarejos do interior dos Himalaias, onde passou grande parte do final de sua vida. A lenda liga seus ancestrais, os Szekeley, aos hunos, o ainda obscuro povo nômade que invadiu a Europa no século IV d.C. Mas a Hungria de De Körös era sujeita ao império Habsburgo e suas classes educadas, ao tempo de seu nascimento, estavam apenas começando a sentir o nacionalismo rebelde que já havia deflagrado as revoluções francesa e americana e que estava prestes a remodelar a Europa como um todo. Quando De Körös começou sua educação, a cultura e a língua húngaras, ambas completamente diferentes das culturas europeias ao redor, atraíam uma

A INVENÇÃO DO "BUDISMO"

nova forma de atenção das elites do local. A questão "quem são os húngaros?" tornara-se agora urgente.

Os húngaros que queriam se separar da Áustria imperial e reivindicar uma identidade única para eles mesmos preferiam pensar que seus ancestrais haviam vindo da Ásia Central. A noção de que os húngaros eram cavaleiros orgulhosos das estepes da Ásia central batia com o próprio sentimento caro a De Körös de estar ligado a Átila, o Huno, cujos exércitos invasores danificaram seriamente um já frágil Império Romano no século V.

Um jovem erudito asceta, De Körös fez um voto de dedicar sua vida a descrobir "as origens obscuras de nossa terra". Na universidade em Göttingen, o erudito orientalista Johann Eichhorn o encorajou a estudar os povos da Ásia Central. Lá ele aprendeu diversas línguas — ao que se sabe, conhecia dezessete no total — e tornou-se ainda mais determinado a viajar para a Ásia Central e descobrir o amálgama intelectual de seu patriotismo húngaro.

Ao partir finalmente para a Ásia no final de 1819, aos 31 anos, mirava alto. Seu destino final era o que agora conhecemos como as repúblicas da Ásia Central e a parte mais ocidental da China. Pretendia viajar primeiro para a capital otomana de Constantinopla e estudar lá os textos dos geógrafos medievais árabes. Mas notícias de uma epidemia na cidade o fizeram ir para Alexandria, de onde foi, em lentos estágios, até Aleppo, na atual Síria.

Em Aleppo, adotou trajes asiáticos, inventou para si um novo nome — Secunder Beg, versão persa de Alexandre, o Grande —, descreveu-se como um armênio e juntou-se a uma caravana que se dirigia a Bagdá. No outono de 1820 chegou a Teerã, onde passou alguns meses estudando persa e se convencendo, por meio de seus estudos de textos árabes, de que sua terra ancestral seria encontrada em Bukhara, agora no Uzbequistão, ou em Yarkand, na bacia do Tarim, uma área logo ao norte do platô tibetano e agora parte da província tibetana de Xinjiang.

{75}

UM FIM PARA O SOFRIMENTO

Mas suas viagens foram repetidamente frustradas pelos rumores de exércitos russos, que então avançavam rapidamente pela Ásia Central. Em 1822 ele estava na Caxemira, sem conseguir convencer ninguém a levá-lo através do Tibete até Yarkand, quando se encontrou com William Moorcroft, em outro dos auspiciosos encontros da Índia do século XIX.

Moorcroft foi o primeiro veterinário qualificado da Inglaterra. Uma especulação financeira desastrosa o forçou a ir para a Índia, onde administrou o haras da Companhia das Índias Orientais, e mais tarde se tornou o primeiro grande explorador das faces ocidentais dos Himalaias. Quando conheceu De Körös, havia passado dois anos indo e voltando entre o vale da Caxemira e o platô de Ladakh, ao norte, tentando chegar a Yarkand e Bukhara. Afirmava estar preocupado com o declínio da qualidade dos cavalos na Índia e queria encontrar uma raça superior na Ásia Central, do tipo que imaginava que Átila, o Huno, e seu exército deveriam ter usado. Como De Körös, foi impedido pela proibição chinesa de viajantes ocidentais no Tibete. Mas os comerciantes da Caxemira provavelmente tinham suas próprias razões para se recusar a ajudá-lo. Moorcroft era intrigante, um jogador prematuro do que veio a ser conhecido como o "Grande Jogo" da Ásia Central, envolvendo as ambições dos impérios britânico, otomano e russo.

Ela era obcecado pelo Império Russo, particularmente pela possibilidade de que as ambições russas na região minassem o poder britânico. Suspeitava de que o marajá sikh do Punjab, Ranjit Singh, que então controlava a Caxemira, conspirava com os russos contra os britânicos. Mais tarde, por conta própria, tentou fazer, sem sucesso, com que Ladakh se rendesse aos britânicos e não a Rajit Singh. O esforço lhe custou uma reprimenda de seus superiores britânicos, que não desejavam perturbar o marajá sikh.

{76}

A INVENÇÃO DO "BUDISMO"

Mas Moorcroft persistiu. Imediatamente viu oportunidades no andrajoso húngaro que afirmava ser armênio. Convidou De Körös a se juntar a sua *entourage*. Viajaram juntos pelos oito meses seguintes, passando tempo tanto na Caxemira quanto em Ladakh. Logo que se conheceram, Moorcroft deu a De Körös seu exemplar de um livro sobre o Tibete, o *Alphabetum Tibetanum*, que era então o único livro em língua europeia sobre o país. Uma coleção de fatos e fábulas, baseada em registros de missionários, fora publicada por um padre romano em Roma, em 1762. Grande parte dele era uma adivinhação: entre outros erros significativos, o livro identificava a região do Tibete como maniqueísta, a religião havia muito esquecida da Pérsia pré-islâmica supostamente influenciada pelo budismo.

De Körös estudou o *Alphabetum Tibetanum* durante seus meses na Caxemira, ao mesmo tempo que aprendia tibetano básico com um habitante de Ladakh de fala persa e traduzia cartas em russo que Moorcroft conseguia interceptar. Moorcroft encorajou De Körös a abandonar sua ideia de viajar para a Ásia Central e, em vez disso, melhorar suas habilidades acadêmicas aprendendo tibetano no território indiano do Himalaia fronteiriço ao Tibete. Falou a De Körös do imenso favor que faria à Europa compilando com acurácia o primeiro dicionário e gramática da língua tibetana.

Moorcroft sem dúvida queria lisonjear De Körös. Mas ele provavelmente também percebia que os britânicos precisavam de mais que um conhecimento superficial de tibetano como primeiro passo para impedir que o país caísse nas mãos dos russos. Deu dinheiro a De Körös para que empreendesse sua pesquisa, escreveu apresentações para Ladakh e os funcionários britânicos e também apelou por assistência financeira da Sociedade Asiática de Bengala.

Moorcroft era tão persuasivo que até De Körös conseguiu se convencer de que os textos tibetanos podiam conter algo sobre as origens dos povos húngaros. Em maio de 1823, De Körös deixou Srinagar em direção a Leh, de onde viajou a pé por nove dias até um monastério

{77}

UM FIM PARA O SOFRIMENTO

em Zanskar, a parte mais remota de Ladakh, onde o frio mantinha os habitantes dentro de casa grande parte do ano. Lá, num cubículo sem aquecimento, passou dezesseis meses com o lama local, Phuntsog, uma autoridade erudita no budismo tibetano. Sentados juntos sob mantas de pele de carneiro, De Körös e Phuntsog se revezavam descobrindo as mãos para virar as páginas de manuscritos tibetanos.[24]

De Körös provavelmente não sabia que estava apenas começando a ler a maior coleção de literatura budista, que compreendia cerca de cem volumes, a maior parte deles transcrições do sânscrito de textos que haviam sido perdidos na própria Índia. O budismo havia chegado ao Tibete, via Índia, apenas no século VII, tempos depois de sua chegada à Ásia Central. Desde o começo assumira um caráter diverso, influenciado pela forma de budismo chamada Vajrayana (veículo de diamante), que surgiu na Índia mais ou menos na época em que foi adotada por muitos dos monges indianos que levaram o budismo ao Tibete.

Lidava com magia, simbolismo, rituais esotéricos e até mesmo com desejo sexual como meios de iluminação. Considerava crucial o papel do guru, ou professor, na prática espiritual e não exaltava muito o *bhikshu* (monge) em detrimento do *upasak* (leigo). Os tibetanos reverenciavam muitos tipos diferentes de Budas e imagens de Bodhisattvas como Manjusri e Avalokiteshvara. Usavam mandalas e mantras como auxiliares da meditação. Foi esta forma de budismo que mais tarde fez com que a terra parecesse mágica e misteriosa aos olhos dos visitantes estrangeiros.

Em outubro de 1824, De Körös decidiu que não podia mais suportar outro inverno em Zanskar e partiu para o vale do Kulu, no sul. Esperava que lá Phuntsong se juntasse a ele para continuar sua educação. Mas o lama jamais apareceu. A neve fechou as passagens de Zanskar, e De Körös, agora sem opção, terminou por viajar para o posto avançado britânico em Simla, onde esperava fazer uso das apresentações de Moorcroft.

A INVENÇÃO DO "BUDISMO"

Foi dessa maneira que o anfitrião de Jacquemont em Simla, o capitão Kennedy, recebeu o estranho viajante solitário da Hungria em um dia no final de 1824. De Körös esperava ser recebido como um pródigo erudito da Europa, trabalhando pelo avanço do conhecimento das tribos bárbaras; queria ser reconhecido no papel que Moorcroft criara para ele. Não imaginava como sua ideia soava implausível aos ingleses: um estudioso húngaro procurando suas origens na Ásia Central e esperando aprender tibetano, uma língua da qual poucos estrangeiros haviam ouvido falar. Moorcroft àquela altura já estava fora da Índia fazia anos, e seu patrocínio de De Körös parecia aos ingleses tão indesejável quanto suas intrigas antirrussas em Ladakh. Kennedy libertou De Körös da prisão domiciliar apenas depois de cinco meses, tempo que levou para checar as credenciais do húngaro na distante Calcutá.

Nessa época, De Körös já estava fatigado dos espirituosos solteirões de Simla e ansioso para retornar aos seus estudos de língua e literatura tibetanas. Partiu de novo para Ladakh, desta vez armado com um pequeno estipêndio da Royal Asiatic Society. Mas patinhou durante o ano que se seguiu, primeiro não conseguindo encontrar Phutsong, e depois o descobrindo menos que cooperativo. Nesse meio-tempo, os britânicos em Calcutá ouviram falar da publicação de um dicionário tibetano compilado por um missionário batista, decidiram que os trabalhos de De Körös haviam sido esvaziados e cancelaram seu estipêndio. De Körös, de volta a Simla, protestou que o dicionário não tinha merecimento e que seus esforços ainda eram necessários. Outros estudiosos em Calcutá inesperadamente lhe deram razão, e em 1827 De Körös recuperou o estipêndio britânico.

Em 1825, De Körös visitara Kanum, um vilarejo no rio Sutlej próximo da fronteira com o Tibete, pensando em lá aprender tibetano. O mosteiro local, chamado Kangyur, que havia sido criado no século XI, tinha muitos manuscritos, mas De Körös achou os lamas desapontadoramente hindus em termos de aparência e com pouco

{79}

UM FIM PARA O SOFRIMENTO

conhecimento de tibetano. Ainda assim, depois de recobrar seu estipêndio em 1827, retornou a Kanum e passou lá os três anos seguintes. Desta vez Phuntsog estava com ele, e as condições de trabalho eram melhores do que as que tinha suportado em Zanskar. Ele tinha seu próprio chalé. A paisagem era menos árida e até salpicada com o verde de florestas de pinheiros e de damasqueiros.

Uma tarde, no outono de 1993, caminhei até Kanum. Das margens do rio, que corria rápido, as casas de barro acinzentadas na colina pareciam desabar umas sobre as outras. De perto, o agrupamento de construções de teto baixo com janelas pequenas insinuava a presença de ventos fortes. Crianças de rostos frios e corados olhavam de aposentos aparentemente desguarnecidos. O mosteiro, com o telhado em forma de pagode, cheirava a manteiga rançosa, e os refugiados tibetanos ali pareciam estranhamente alegres em seus óculos de sol.

Foi lá que Jacquemont encontrou-se com De Körös no verão de 1830. Conhecia a espinhosidade de De Körös pelo capitão Kennedy e outros em Simla. Apropriadamente, primeiro escreveu a De Körös informando de sua chegada e solicitando um encontro. De Körös, que provavelmente se encontrava solitário, apareceu quase instantaneamente em seu acampamento, parecendo-se, relatou Jacquemont, com um "pastor tártaro". Além disso, revelou uma excentricidade que desenvolvera em sua grande solidão, recusando-se a se sentar na presença de Jacquemont. Ele disse não se julgar igual a um francês. Jacquemont não conseguiu persuadi-lo do contrário. No dia seguinte, Jacquemont visitou De Körös em seu chalé e o encontrou transcrevendo tibetano em uma mesa baixa de madeira, cercado de livros e papéis. De Körös mais uma vez insistiu em ficar de pé. Jacquemont, que era muito mais alto que De Körös, teve de abaixar a cabeça para evitar bater com ela no teto baixo do chalé. Finalmente desistiu e sentou-se, mesmo com o húngaro permanecendo de pé à sua frente.

{80}

Mais tarde, De Körös mostrou-lhe o mosteiro, cujos manuscritos eram parte do grande cânone tibetano. Jacquemont falou com desprezo de seu conteúdo: "É o bastante para colocá-lo a dormir em pé!", escreveu ao pai. "Há cerca de vinte capítulos sobre o tipo de sapatos que os lamas devem usar... dissertações eruditas sobre as propriedades das carnes de grifos, dragões, unicórnios e sobre as virtudes admiráveis do chifre do cavalo alado."

Os nove anos de reclusão monástica de De Körös nos Himalaias não foram, no entanto, inteiramente infrutíferos. As conexões do Buda com a Índia só seriam estabelecidas definitivamente anos mais tarde, mas De Körös conseguiu provar que o budismo tibetano, como todos os outros budismos do mundo, havia se originado na Índia, e que grande parte do cânone tibetano, chamado Kangyur, consistia em traduções de textos em sânscrito. Foi um feito considerável, quando o Tibete era tanto um mistério quanto o Buda.

Dois anos depois de ter encontrado De Körös, Jacquemont viajou para Mumbai para embarcar com destino à França. Escolheu caminhar pelas planícies indianas, que descrevera muitas vezes como melancólicas e desoladas. Era alto verão, tempo de doenças, e em algum momento Jacquemont contraiu uma febre. Mais tarde, desenvolveu um abscesso no fígado. Ficou vários dias sem dormir. Enquanto tentava se recuperar na cidade de Pune, no oeste da Índia, escreveu que "um viajante da minha linhagem tem diversas maneiras de fazer o que os italianos chamam de um fiasco, mas o fiasco mais completo é morrer na estrada".

Jacquemont sabia que não veria a França de novo. Mas não era de seu feitio prantear ou entrar em pânico. Suas últimas cartas são graciosas despedidas. Tentou assegurar sua família de que estava sendo cuidado por ingleses atenciosos. "A pontada mais dolorosa", escreveu em sua carta final para o irmão, "para aqueles que amamos

UM FIM PARA O SOFRIMENTO

é que, quando morremos em uma terra distante, eles imaginem que nas horas derradeiras de nossa existência estejamos abandonados e despercebidos."

Jacquemont teve sorte, tanto na morte como na vida. Moorcroft teve destino mais amargo. Partira para Bukhara via Afeganistão em 1824, logo depois de ter despachado De Körös em direção aos Himalaias budistas. Foi preso em Kunduz pelo chefe local, passou seis desconfortáveis meses na cadeia e teve de subornar para sair de um confinamento ainda mais longo. Chegou finalmente a Bukhara, onde foi o primeiro visitante europeu em duzentos anos. E até, segundo relatos, obteve os cavalos de alta qualidade atrás dos quais originalmente viajara. Mas mais tarde, naquele ano, desapareceu em seu caminho de volta para a Índia. Houve rumores de morte por febre ou envenenamento. Viajantes que mais tarde seguiram a rota deste que foi o maior dos primeiros exploradores dos Himalaias encontraram muitas histórias diferentes. Mas ninguém jamais viu Moorcroft de novo. Seus planos prescientes de abrir novas rotas comerciais através de Ladakh, frustrando os russos, permaneceram inconclusos por décadas.

Seu protegido, De Körös, viveu por mais tempo. Quando Jacquemont o viu em Kanum, De Körös estava no final de sua longa penitência nos Himalaias. Poucos meses depois deixou Kanum, carregando consigo caixas de manuscritos e textos tibetanos impressos. Foi direto para Kolkata, onde nos onze anos seguintes supervisionou a produção de uma nova gramática e de um nome dicionário da língua tibetana, aprendeu novas línguas e catalogou textos em tibetano e sânscrito que chegavam do representante britânico Hodgson em Katmandu, Nepal.

Viveu em Kolkata como vivera nos Himalaias: como um ermitão, sobrevivendo de chá e arroz cozido. Em 1842, aos 58 anos, finalmente partiu de novo em sua busca original, que Moorcroft interrompera duas décadas antes. Agora queria chegar a Lhasa, onde achava que

A INVENÇÃO DO "BUDISMO"

tudo ficaria claro sobre as origens dos povos húngaros. Mas contraiu malária a algumas centenas de quilômetros de Kolkata e morreu no recanto montanhoso de Darjeeling.

É improvável que De Körös tenha encontrado muitos traços da Hungria em Lhasa ou Yarkand. Estudiosos europeus estavam afirmando, mesmo quando ele ainda vivia — e tinham razão —, que os húngaros eram linguística e etnicamente mais próximos dos finlandeses que dos povos da Ásia Central. Ele não foi nem mesmo o primeiro europeu a aprender tibetano ou a viajar pelos Himalaias tibetanos. Os jesuítas haviam estabelecido uma missão no Tibete já em 1628. E quando, em 1904, foram publicadas na Itália as memórias de um jesuíta da Toscana, chamado Ippolito Desideri, tornou-se claro que ele visitara Lhasa em 1716, mais de um século antes de De Körös conseguir chegar às terras fronteiriças de Kinnaur e Ladakh. Desideri passou cinco anos no Tibete, estudando textos tibetanos e o que chamou de "falsa religião" do "Bod", particularmente a doutrina central budista do vazio.

Por volta da mesma época, um emissário de Pedro, o Grande, que fora enviado para descobrir ouro, encontrou estátuas de bronze do Buda e páginas soltas em tibetano em um templo budista na Sibéria. As páginas em tibetano foram parar em São Petersburgo, onde um perplexo Pedro enviou uma delas para que um estudioso alemão a traduzisse. As páginas finalmente chegaram a um especialista em Paris, que se encontrava ocupado catalogando milhares de textos chineses enviados por missionários jesuítas. A página foi traduzida para o latim com a ajuda de um dicionário tibetano-latim compilado por um missionário capuchinho no Tibete e enviada a Pedro em 1724. De lá a página foi enviada à Sibéria, onde foi traduzida para o mongol. Em seu retorno a São Petersburgo foi traduzida para o russo e depois de volta para o latim. Em 1767, foi traduzida mais uma vez por um padre católico em Roma que a incluiu em seu *Alphabetum*

{83}

Tibetanum: o livro que Moorcroft portava quando encontrou De Körös e que se tornou a introdução do último ao Tibete.

Essa foi a ampla e complicada teia de aprendizado descrita pelos livros que li durante meu primeiro outono em Mashobra, livros escritos pela nova sede europeia de conhecimento e conquista. Esse trabalho erudito não apenas havia tocado, como envolvera meu próprio mundo. Um húngaro buscando a base intelectual de um nacionalismo esperançoso; um veterinário inglês procurando cavalos e também o avanço de objetivos imperalistas britânicos; um botânico francês coletando espécimes por encomenda de um prestigoso instituto europeu — uns poucos e improváveis homens com motivos diversos, não muito budistas, encontraram-se em um dia e se exauriram nas montanhas que eu via de minha sacada, ajudando a criar as primeiras apreciações ocidentais do Buda.

O mundo do Buda

A IDEIA OCIDENTAL DE história pode ser muito sedutora, com sua promessa de acrescentar uma dimensão e validação emocional e espiritual à nossa vida limitada — por sua capacidade de iluminar o passado e o futuro. É especialmente atraente quando você se imagina do lado certo dela e se vê, da maneira que Jacquemont, Moorcroft e De Körös se viram, como parte de uma marcha rumo ao progresso. Ter fé na história é infundir esperança na paisagem mais inerte e um vislumbre de possibilidade mesmo nas circunstâncias mais adversas.

Lendo sobre esses viajantes europeus, invejei a capacidade deles de inserir sua existência pessoal num fluxo impessoal de eventos. Muitos anos depois, sentado numa colina no Afeganistão devastado pela guerra, onde o fundamentalismo moderno do Talibã despejara sua ira política sobre estátuas do Buda, tentei imaginar a colônia grega de Bactria, como aquele lugar fora um dia chamado, onde monges budistas estabeleceram mosteiros e universidades e de onde as ideias do Buda de desapego e compaixão viajaram para o Ocidente.

Pensei então que se precisava apenas de informação histórica correta para ver adiante e para trás no tempo. Mas há locais nos quais a história trabalhou por muito tempo, e nem futuro ou passado podem ser vistos com clareza em suas ruínas ou vacuidade.

*

UM FIM PARA O SOFRIMENTO

Voltando naquela noite de Lumbini, de minha primeira, breve e quase inadvertida visita ao local de nascimento do Buda, o ônibus quebrou da forma irreparável como sempre ameaçara fazer, a apenas alguns quilômetros da cidade onde se vendiam os bonés de beisebol, juntamente com produtos contrabandeados da China. Vinod estava entre os passageiros que saíram e ficaram observando o motorista fuçar sob o capô. Alguns dos passageiros homens vadeavam pelas margens da estrada à beira de um canavial, levados ao furto pelo tédio. Outros começaram a caminhar com mais propósito para o que parecia, através da fumaça que se erguia da terra, um pequeno vilarejo em um bosque de figueiras-de-bengala além dos campos de arroz ao norte.

Um carro de boi passou por nós lentamente, guiado por um velho com um turbante branco, levando na parte traseira mulheres de véus curtos ajoelhadas em um semicírculo. Depois disso a estrada permaneceu deserta. O sol declinava quietamente no céu claro, e muito rapidamente a noite caiu sobre a terra plana.

Tivemos de esperar na beira da estrada durante horas antes de o caminhão chegar e nos levar à cidade próxima. Imperturbada por estas distrações, minha mente permanecia fixa no pilar de Ashoka, no templo e na grande árvore em Lumbini. Silenciosamente, repetia: "O Buda aqui nasceu e Ashoka esteve uma vez em visita." Mas a terra escura e vazia parecia ter absorvido em si mesma aqueles homens famosos de forma tão plácida como absorvera os vilarejos e os campos.

Era difícil imaginar que florestas densas um dia haviam crescido onde agora ficavam os campos de arroz e algumas árvores; que essas florestas guardavam as margens dos pequenos rios que emergiam das geleiras dos Himalaias e atravessavam as planícies antes de se juntar ao Ganges e ao Yamuna.

Ainda assim, as histórias da Índia antiga afirmam que grande parte da planície indo-gangética era coberta de florestas de monções, e a imagem que me vem à mente é a da floresta tropical amazônica. Não é claro quem viveu nessas florestas. A Índia continha então

{86}

O MUNDO DO BUDA

vários grupos étnicos e linguísticos, dravidianos, sino-tibetanos, austro-asiáticos etc. Os povos da floresta provavelmente eram caçadores e coletores, incapazes de viajar ou ver um caminho à frente até encontrarem os nômades e pastores do oeste que se estabeleceram nas planícies indo-gangéticas no primeiro milênio a.C.

Os novos povos supostamente vieram das estepes ao norte e a leste do mar Cáspio, de onde também se espalharam pela Pérsia e mais além a oeste. Falavam uma forma primitiva de sânscrito, identificada como parte da família indo-ariana que inclui as línguas faladas na Índia, no Irã e na Europa. O nome ariano é derivado do sânscrito *arya* (nobre) e passou a ser usado para designá-los.

Estavam ultrapassando a vida simples de colher alimentos e domesticar gado e aprendendo a usar ferro e bronze quando, no segundo milênio a.C., começaram a se mudar em grandes quantidades para partes do que hoje se conhece como Paquistão e Afeganistão. Provavelmente nesses locais, ao longo do rio Indo, encontraram traços ou ruínas de uma civilização que floresceu no terceiro milênio a.C. e que depois se extinguiu, de forma ainda não conhecida, no começo do segundo milênio.

A arquitetura e a arte remanescentes revelam que a civilização do vale do Indo foi tão sofisticada quanto as quase contemporâneas civilizações do Egito e da Mesopotâmia. Talvez os migrantes arianos tenham interagido com esses povos da planície do Indo. Armados com cavalos, arcos e flechas e carruagens, podem até ter conquistado suas cidades bem planejadas e as escravizado. Os arianos certamente parecem ter se envolvido em conflitos com os habitantes autóctones do subcontinente indiano. Seja qual for o caso, sua própria e característica civilização — cidades, sistemas políticos e econômicos, arte e literatura — chegou bem mais tarde, muito depois de terem penetrado a leste na planície indo-gangética.

A maior parte de nosso conhecimento sobre esses arianos vem da primeira das escrituras indianas, os Vedas, que consistem em hinos,

{87}

encantamentos, fórmulas litúrgicas e argumentos teológicos. Compostas inicialmente por volta de 1500 a.C., alcançaram sua forma final um milênio mais tarde, perto da época do nascimento do Buda.[1]

A palavra "veda" refere-se ao conhecimento sagrado — o conhecimento da realidade última, que não é revelada, como no islã ou no cristianismo, mas que sempre existiu. É supostamente eterna e foi ouvida pelos grandes sábios, principalmente brâmanes, que primeiro surgiram como a classe privilegiada de homens dedicados a memorizar os Vedas e os transmitir oralmente e que mais tarde se tornaram as autoridades máximas em questões espirituais e religiosas.

O primeiro dos Vedas é o Rig Veda. Ele sugere que os primeiros arianos podem ter se estabelecido inicialmente em uma região que abrange o leste do Afeganistão e pela bacia indo-gangética, e que podem ter sido tanto pastores como agricultores. Suas divindades eram fenômenos naturais personificados, como Agni (deus do fogo), Varun (água), Vayu (vento), Surya (sol) e Yama (morte). Seu principal deus e herói parece ter sido Indra, um senhor da guerra arruaceiro e lascivo, que corresponde ao deus grego Zeus. Descreve-se Indra usando um raio para matar os demônios e libertando as águas que eles haviam aprisionado — este talvez seja um relato de um conflito ocorrido entre os arianos e os habitantes locais nas terras secas do noroeste da Índia. Indra também pode ter liderado os arianos védicos na destruição das cidades muradas e cidadelas das culturas superiores remanescentes que encontraram nos locais da civilização do vale do Indo. Hinos posteriores do Rig Veda falam dos arianos vencendo batalhas contra povos autóctones de pele mais escura chamados dasyus, com os quais também teriam se misturado.

Estes primeiros indianos matavam o gado para alimento e para os elaborados ritos de sacrifício prescritos pelos Vedas. Também comiam carne em ocasiões especiais. A vaca, hoje considerada sagrada na Índia, não poderia tê-lo sido para nômades e pastores. Foi apenas depois de eles terem se estabelecido e se voltado para a agricultura que

O MUNDO DO BUDA

começaram a dar um valor ligeiramente maior à vaca, que produzia leite, ghee (manteiga clarificada), iogurte e estrume e ainda podia ser usada para o arado e o transporte.

Os hinos dos Vedas posteriores enfatizam também como metais e agricultura, particularmente a cultura do arroz, tornaram-se cada vez mais importantes: nas preces contidas no *Yajurveda*, os arianos pediam aos deuses leite, seiva, mel, arroz, cevada, gergelim, feijão, ervilhas, trigo, lentilhas, bronze, chumbo, ferro e cobre; acima de tudo, rezavam pela libertação da fome.

Parte importante da religião védica tratava do sacrifício e da magia. Fora construída em torno da simples ideia do apaziguamento: o oferecimento ritual de coisas — principalmente comida — na espera de dádivas maiores. Mas era também baseada numa profunda suposição de interdependência, de um cosmo onde a vida circula em formas sempre renovadas — o que os Vedas chamam de *rta*, o curso da natureza, a base de toda a vida e do mundo.

Para os arianos, os rios fluíam e o sol, a lua e as estrelas seguiam seus cursos devido principalmente a *rta* — o conceito similar àquele implicado por Pitágoras quando chamou o mundo de *kosmos* — e o sacrifício aos deuses tinha a intenção de afirmar a unidade e a coerência dessa ordem cósmica.

Havia rituais domésticos — a maior parte das casas tinha uma lareira ou um pequeno altar —, mas também grandes eventos públicos. Os intermediários eram brâmanes, os únicos que possuíam as fórmulas verbais corretas com as quais pedir aos deuses mais gado, alimentos e prosperidade — os primeiros indianos, enfrentando problemas de subsistência, só podiam ser materialistas. O conhecimento especializado deu aos brâmanes seu poder como uma classe sacerdotal indispensável — um poder que sobreviveria por séculos, dando à sociedade indiana sua mais influente e duradoura classe e ideologia.

Agni, ou o fogo, era tão crucial nos ritos de sacrifício como o recitar correto dos mantras. Era o mediador entre o suplicante e

{89}

UM FIM PARA O SOFRIMENTO

o suplicado, levando as coisas sacrificadas para os deuses acima.[2] A veneração de Agni também simbolizava a capacidade ariana de destruir e plantar florestas e a evolução da existência primitiva que haviam levado em suas terras de origem na Ásia Central.

Os arianos védicos encontraram novos desafios ao avançarem em direção leste por volta de 850 a.C., para as terras chuvosas da planície indo-gangética. As florestas podiam ser queimadas e os animais que as habitavam, mortos — os triunfos repetidos das necessidades humanas sobre a ecologia são celebrados no épico *Mahabharata*. Mas a organização social necessária para ocupar a terra limpa de florestas ainda não era disponível a um povo tribal.

A origem do sistema de castas é atribuída a esse período.[3] Pode ter começado como uma simples divisão de trabalho, necessária pelas exigências complexas de um povo tribal durante sua transição do nomadismo e pastoreio para uma vida sedentária. Mas os brâmanes, tentando assegurar para si um alto status permanente, buscaram criar uma hierarquia de classes estrita e chegaram a excogitar uma sanção divina para ela nos textos que controlavam. O Rig Veda falava da divisão da sociedade em quatro partes: as quatro classes (*varna*) aparentemente se originaram dos quatro membros do corpo divino primordial.

O nascimento determinava o lugar de alguém na sociedade ideal dos brâmanes — uma visão que lhes interessava e que, poderosa, durante séculos foi parcialmente realizada pelo sistema indiano de castas (*jati*), podendo ter ganhado força durante o tempo do Buda. O grupo social mais baixo era o dos *shudras*, os aborígines de pele escura ou mestiços, que pertenciam ao sistema tribal, mas eram pouco melhores que servos sem os direitos de pertencimento das três outras castas superiores: os *kshatriyas*, que forneciam os governantes e guerreiros; os brâmanes, que eram sacerdotes, pensadores e legisladores, e os *vaishyas*, proprietários de terras, mercadores, banqueiros e que

{90}

O MUNDO DO BUDA

mais tarde produziram o excedente de alimentos que permitiu que a sociedade ariana deixasse suas origens tribais.

O sistema naturalmente beneficiava os três *varna* superiores, particularmente os brâmanes, que guardavam zelosamente sua profissão de especialistas. Durante séculos eles não escreveram os hinos dos Vedas, mas os transmitiram oralmente apenas para outros brâmanes a fim de impedir que membros de outras castas os aprendessem. Eles também enriqueceram e ganharam mais poder por causa da natureza progressivamente elaborada de suas cerimônias e rituais.

Quanto mais tempo um povo nômade vivia em um lugar, maior necessidade sentia de relações internas novas e estáveis. Um dos primeiros sistemas políticos da Índia pode ser visto nos novos arranjos a que os arianos chegaram enquanto tentavam se governar e defender. Uma família governante ou uma confederação de famílias governantes de um mesmo clã buscava novas formas de estabilidade e identidade depois de uma presença prolongada em determinada região. Eles formalizavam a posse do teritório dando-lhe seus nomes e estabeleciam estruturas administrativas básicas de recolhimento de impostos e bem-estar social. Foi assim que os pequenos Gana Sangha, repúblicas tribais, e os primeiros grandes reinos do norte da Índia vieram a existir.

Ainda não era um mundo complexo e dividido em estratos, que permaneceu invariável por centenas de anos até que novos vilarejos e cidades começassem a se desenvolver, por volta do século VI. Em contraste com os Vedas, que descrevem uma sociedade fundamentalmente rural, os textos budistas revelam que o Buda nasceu em uma civilização urbana. À época de seu nascimento, no século VI, muitas das florestas que cobriam a planície haviam sido derrubadas e substituídas por fazendas e pastos. Alguns dos assentamentos haviam crescido, se tornado grandes vilarejos e mesmo cidades. Para os habitantes a vida nômade de seus ancestrais arianos já devia ter se tornado matéria de lenda e mito.

UM FIM PARA O SOFRIMENTO

Essa segunda onda de urbanização no norte da Índia após a civilização vale do Indo era confinada, em sua maior parte, aos territórios a leste do rio Indo e próximos dos rios Ganges e Yamuna e de seus afluentes. As razões pela qual surgiu são comuns à aparição de civilizações urbanas em qualquer outro lugar: o crescimento do excedente agrícola.

Em algum ponto, a produção agrícola na rica planície banhada pelo Ganges e pelo Yamuna começou a ser maior do que era necessário à população local, muito além do que a vida primitiva do passado requeria. Jazidas de ferro provavelmente foram descobertas em partes do leste da planície indo-gangética. O superávit produzido com a ajuda de inovações como o arado de ferro e técnicas de irrigação podia ser investido em trocas comerciais.

Grandes centros urbanos surgiram inicialmente como mercados. Foi ali que pela primeira vez se usou dinheiro como unidade de troca no norte da Índia. Alguns lugares parecem ter adquirido tamanho e importância em virtude de serem locais sagrados. Cidades como Benares podem ter devido sua ascensão à sua posição na rota do rio através do norte do país. Muitas dessas cidades, como Indraprastha, local da atual Délhi, eram vilarejos que haviam se expandido depois de terem se tornado centros políticos ou administrativos.

As pessoas nessas cidades tinham origens diferentes e seguiam ocupações diversas. Os Vedas tardios referem-se a joalheiros, ourives, metalúrgicos, fabricantes de cestas, tecelões, tintureiros, carpinteiros e oleiros. Os textos budistas, que são nossa maior fonte de informação sobre a urbanização da planície indo-gangética, listam cerca de vinte e cinco profissões.

A hierarquia do *varna*, imposta pelos brâmanes, que havia definido o mundo por tanto tempo, perdeu sua autoridade nas cidades. Na sociedade agrária do passado, havia se proposto como uma explicação completa não apenas do que os seres humanos faziam, mas também do que eles eram. Assim, por exemplo, um brâmane não era

O MUNDO DO BUDA

um sacerdote só porque celebrava rituais; era inatamente abençoado com virtude, conhecimento e sabedoria. Um servo não era apenas alguém que executava tarefas menores; sua própria essência era a pobreza e a fraqueza.

Mas nas cidades, onde o dinheiro era a nova medida de valor e os mercadores desfrutavam de um poder sem precedentes, um guerreiro podia ser simplesmente alguém pago para lutar. Como relata um dos discursos budistas, o rei de um Estado tem de julgar um criminoso de acordo com a natureza de seu crime, independente de seu *varna*. Um brâmane bem-nascido podia ser empregado por um mercador malnascido. A ascensão de uma economia urbana trouxe mudanças dramáticas por expor a velha hierarquia social como construção humana, e por forçar os seres humanos a se redefinirem. Mais tarde, permitiu que o Buda se dirigisse a um público mais amplo, não apenas a um *varna* ou outro, e falasse de uma natureza humana básica independente de papéis sociais ou religiosos que poderia, com o esforço correto, chegar à sabedoria e à bondade.

A ampliação do horizonte do que os seres humanos podiam fazer foi acompanhada do crescimento em tamanho e complexidade das comunidades onde viviam. Condições políticas e sociais no que os textos budistas chamam de País do Meio, ou a planície central indogangética, haviam se desenvolvido pouco antes do nascimento do Buda.[4] Havia quatro reinos principais e, entre eles, repúblicas tribais independentes e pequenas cidades-estado no País do Meio, em geral governadas por membros do *varna kshatriya*, formando uma oligarquia ou um conselho de anciãos e nomeadas em homenagem a eles.

Existiam mais cidades nos reinados — centros de cosmopolitismo que, como se constatou mais tarde, eram território fértil para o crescimento do budismo. A capital de Kosala era Shravasti, onde o Buda mais tarde passaria muitas monções em um mangueiral doado a ele por um rico mercador. As outras cidades importantes no reino eram Saket e Benares. Seu vizinho a leste — e rival — era o reinado

{93}

UM FIM PARA O SOFRIMENTO

rico em ferro de Magadha, em cuja capital, Rajagriha, o Buda também passou muitos anos e que durante sua vida se tornou o primeiro grande império da Índia. Um dos menores reinos era Vamsa, que continha as cidades de Kosambi e Prayag (Allahabad). Mais a leste estava Avanti, que o Buda parece não ter visitado.

Na época em que o Buda atingiu a maioridade, o poder havia começado a se deslocar das repúblicas tribais e cidades-estado independentes para as monarquias centralizadas. Ao contrário de suas congêneres na Grécia, as cidades-estado indianas não tinham a geografia a seu lado. Durante a vida do Buda, os dois maiores reinos em torno do Ganges engoliram a maior parte das menores cidades-estado e repúblicas tribais. Pouco antes de sua morte, o reino de Kosala, que ficava a nordeste do Ganges, conquistou o próprio povo do Buda, os Shakyas.

O fim das unidades políticas menores e a crescente sujeição de seres humanos à autoridade remota do Estado burocrático foram mudanças tão momentosas na Índia quanto o fim das cidades-estado na Grécia. O Buda aceitou que as grandes monarquias e os Estados centralizados eram inevitáveis e formulou o ideal de "um governante moral universal". Mas nunca deixou de apoiar a pequena república, como aquela na qual viveu, como um modelo de democracia direta, e modelou a ordem monástica, o *sangha*, com base nela.

O Buda nasceu Gautama Siddhartha, que significa "aquele que realiza seu propósito", em uma dessas repúblicas. Seu clã, os Shakyas, que eram *kshatriyas*, controlavam o que agora são as fronteiras entre Índia e Nepal, uma região de 2 mil quilômetros quadrados. Os Shakyas ficavam na porção mais ao norte da civilização que se desenvolvia rapidamente em torno do Ganges, e na época do nascimento do Buda não eram autônomos e independentes como antes. Pagavam tributo ao reinado de Kosala e eram dependentes do comércio com as cidades do Sul.

O MUNDO DO BUDA

A sua capital era Kapilavastu. Ainda não está claro onde ficava. Os peregrinos chineses Fa Hien e Hiuen Tsang afirmaram tê-la visitado nos séculos V e VII d.C., respectivamente. Relataram ter visto um lugar desolado com alguns monges e ruínas, uma das quais identificaram ambiciosamente como do palácio do pai do Buda. Os exploradores e arqueólogos europeus que seguiram a pista da rota adotada pelos peregrinos chineses acabaram escavando em dois locais diferentes, um na Índia e outro no Nepal. As escavações em ambos os lugares produziram evidências convincentes em favor de cada um deles. Arqueólogos da Índia e do Nepal ainda disputam a localização exata de Kapilavastu.

Se Kapilavastu era como outras cidades indianas do século VI a.C., então provavelmente era de forma retangular e defendida por um fosso e muros de barro. O palácio do rei ficava no centro de uma rede de ruas e tinha dois ou três andares. A sala do conselho, onde os cidadãos eminentes da cidade se reuniam, ficava em frente ao palácio. Os muros da cidade também incluíam um local para ritos de sacrifício e as residências dos brâmanes. As lojas e oficinas das profissões eram separadas. Cada profissão tinha sua própria rua: vendedores de arroz em uma delas, entalhadores de marfim em outra. Textos budistas mencionam a presença em cada cidade de poderosas cortesãs, que eram artisticamente dotadas e responsáveis pela educação cultural e sentimental de muitos jovens ricos. Longe do centro da cidade, em barracos de argila e bambu, viviam os trabalhadores e servos: pedreiros, carpinteiros, lavadeiras, açougueiros etc. Os homens mais pobres viviam em parques fora dos muros da cidade, onde ficavam os sem-teto, mendigos diversos e ascetas viajantes.

A cidade era separada dos sopés dos Himalaias ao norte por florestas cheias de tigres e elefantes. O jovem Buda pode ter visto um pálido contorno dos grandes picos dos Himalaias em dias excepcionalmente claros. A oeste ficava a cidade de Shravasti, capital do poderoso reino de Kosala. Chegava-se a ela por um caminho que os textos budistas chamam de Uttarpatha (rota do norte), no qual caravanas de carros

{95}

UM FIM PARA O SOFRIMENTO

de boi carregadas de bens e escoltadas por soldados do rei de Kosala trafegavam na maior parte do ano.

As caravanas nem sempre paravam em lugares relativamente pequenos como Kapilavastu, mas prosseguiam rumo a cidades e vilarejos no leste e cruzavam o Ganges até Rajagriha. Quando jovem em Kapilavastu, o Buda ouvira que barcos singravam o Ganges para as cidades de Benares e Prayag (Allahabad) e sonhara viajar a lugares que para ele pareciam impossivelmente distantes.

O pai do Buda era Suddhodhana. Lendas posteriores o chamam de grande rajá, ou rei, mas provavelmente ele era um membro da classe *kshatriya* que governava os Shakyas por rodízio ou eleição: um chefe de tribo e não um rei, com um pequeno território sob seu controle e sem muita estrutura administrativa.

Os sonhos de viagem de seu filho o divertiam. Ele disse a Siddharta que *kshatriyas* como ele, membros da classe governante, não vagavam pelo mundo como um *parivrajaka* (renunciante), ou tropeiros e mercadores. Esperava que seu filho cuidasse da propriedade rural da família e crescesse hábil no manejo das armas, para que também pudesse ser eleito chefe e receber sua herança real. E, ao dizer isso, o pai de Siddhartha apontava a cidade de Kapilavastu com seu ajuntamento de casas de argila e cabanas de bambu e os campos de arroz estirando-se em ambas as direções.

Suddhodhana, que se casara com duas irmãs, Maya e Mahaprajapati, tinha uma postura protetora em relação a seu filho. Mais tarde, o Buda falou aos seus discípulos sobre sua educação:

> Eu era delicado, extremamente delicado, delicado demais. Fizeram três tanques de lótus para mim na casa de meu pai: lótus azuis em um, vermelhos em outro e brancos no terceiro. Não usava sândalo que não viesse de Benares e minhas roupas — túnica, robe, capa — eram feitas de tecidos de Benares. Noite e dia eu era protegido por

{96}

O MUNDO DO BUDA

uma sombrinha para me resguardar do frio e do calor, da poeira e das ervas daninhas e do orvalho. Tinha três palácios, um para a estação fria, outro para a quente e outro para a chuvosa. Durante os meses de chuva, me fechava no alto do palácio e nunca descia. As únicas pessoas ao meu redor eram as garotas menestréis. Eu nem mesmo pensava em deixar o palácio. E enquanto em outras casas as pessoas ofereciam um caldo de cascas de arroz aos escravos e trabalhadores, na casa de meu pai dávamos aos escravos e trabalhadores tigelas cheias de arroz e carne.[5]

Parte da ansiedade de Suddhodhana com relação a seu filho pode ter tido a ver com as circunstâncias do nascimento dele. A história do Buda, em diversas tradições biográficas, é que sua mãe, Maya, teve um sonho no qual via um elefante entrar em seu flanco enquanto ela dormia. Os especialistas brâmanes que Suddhodhana consultou previram que ela daria à luz um filho que, ou viveria a vida de um chefe de família, ou se retiraria do mundo e removeria dele o véu de ilusão. Logo após, Maya engravidou.

De acordo com o *Nidanakatha*, a introdução aos *Jatakas*, ela tinha 40 anos e estava grávida de dez meses quando deixou Kapilavastu para ficar com seus pais na cidade vizinha de Devadaha. Supõe-se que para a ocasião Suddhodhana tenha mandado pavimentar a estrada; mesmo assim, para Maya deve ter sido uma viagem acidentada, a cavalo ou carro de boi. Ela não tinha viajado muito quando viu o jardim de Lumbini e disse a seu séquito para parar. Banhou-se em um tanque e, enquanto se encontrava de pé debaixo de uma sal, entrou em trabalho de parto. Permaneceu de pé e pariu um bebê, reza a lenda, de seu lado direito. Maya retornou para Kapilavastu consideravelmente enfraquecida, onde morreu sete dias depois, deixando sua irmã, Mahaprajapati, para cuidar do futuro Buda.[6]

O relevo de pedra dentro do templo em Lumbini mostra Maya segurando o ramo de uma sal com a mão direita. Na parte baixa do

{97}

UM FIM PARA O SOFRIMENTO

relevo, há uma figura menor do jovem Buda com o braço direito erguido e a perna direita esticada para a frente. Parece uma imagem hindu, e em minha segunda visita a Lumbini, vi hindus da Índia a venerando. As figuras de pedra foram revestidas com pó vermelho, do tipo que se vê em ídolos de deuses hindus, e havia cravos-de-defunto aos pés do Buda.

Isso refletia uma tradição antiga de veneração. A natureza sincrética da religião indiana havia permitido que os hindus absorvessem até o Buda em seu panteão. Assim como os primeiros visitantes britânicos a Bodh Gaya, local da iluminação do Buda e de um velho templo, os primeiros arqueólogos que chegaram a Lumbini nos anos finais do século XIX descobriram que os ídolos em seu interior eram reverenciados por hindus locais, que se referiam ao relevo de Maya como "Rummendei", o nome de uma divindade local. O templo também fora usado para a prática de sacrifícios não budistas.

As primeiras religiões indianas criadas por nômades e pastores precederam e sobreviveram ao budismo por vários séculos. E talvez o mais marcante nelas não seja tanto sua sofisticação quanto sua sobrevivência em tempos modernos. Os primeiros versos que me ensinaram quando eu era criança foram do Gayatri mantra, que remonta ao milênio II a.C., embora eu me lembre bem melhor de "Baa Baa, Black Ship". Lembro-me de festas em casas estranhas, onde, depois de um *yagna** comemorando um funeral, eu me sentava em fila com outros brâmanes jovens e solteiros, era servido de comida rica em manteiga em pratos de estanho. O sacerdote brâmane, que em geral era corpulento, sentava-se na extremidade e comia sôfrega e ruidosamente.

Lembro-me também dos *yagnas* nas manhãs de domingo de minha infância, quando meu pai, recém-banhado e de peito nu, sentava-se no chão da sala de estar e derramava *ghee* em um pequeno fogo sobre um queimador enquanto cantava hinos em sânscrito.

---

*Ritual de oferta ou sacrifício. (N. do T.)

O MUNDO DO BUDA

Não estou certo do que ele pedia aos deuses. Mas a fumaça adocicada preenchia a casa por horas, junto com uma sensação estranhamente perturbadora de que algo sagrado e primordial fora reafirmado dentro de suas paredes. E meu pai parecia familiar e acessível apenas na manhã seguinte, quando voltava às suas roupas de trabalho ocidentais e saía para inspecionar os trilhos da estrada de ferro.

Vivendo em uma cidade ferroviária, em meio a uma paisagem de ferro e aço, tínhamos nos afastado muito do mundo dos profetas védicos e de sua sensação de incerteza, sua angústia de viver precariamente em um universo grande e desconhecido. Mas nós ainda precisávamos afirmar o sentido de um mundo profundamente interdependente, com seus ritmos cíclicos de nascimento e morte, ascensão e queda, integração e desintegração.

Esses rituais propiciatórios dos deuses também eram praticados durante o tempo do Buda. Mas tornaram-se complicados, e os brâmanes que os oficiavam haviam se tornado mais exigentes e arrogantes. Eles e suas cerimônias haviam começado a perder seu apelo para muitas pessoas, que agora viviam em vilarejos e cidades, em condições muito diferentes daquelas nas quais os primeiros arianos haviam formado seu pacto com a natureza.

Para muitos deles, a linguagem, que antes era exclusiva dos brâmanes, tornara-se recentemente disponível como um recurso de atividade intelectual. Em um dos diálogos de Platão, *Crátilo*, Sócrates discute se o nome de uma coisa está vinculado a ela como sua parte natural ou lhe é arbitrariamente imposto pelos seres humanos. A discussão para nós não faz sentido até levarmos em consideração o modo de pensar dos povos pré-modernos: sua incapacidade de separar os nomes das coisas.

Quando pressionado por Sócrates, Crátilo oferece uma explicação sobrenatural: "Algum poder maior que o humano colocou

{99}

UM FIM PARA O SOFRIMENTO

os primeiros nomes nas coisas, de modo que inevitavelmente eles devem ser os corretos."

Era assim que os indianos antigos viam as coisas. Para eles, no começo era o verbo, ou os Vedas, mas apenas alguns grandes sábios tinham privilégio suficiente para recebê-lo. Já que os Vedas eram eternos e incriados — e existiam antes do mundo ao qual se referiam, sua linguagem era a própria essência da realidade, parte da unidade total da vida. Não criava distanciamento do mundo; e talvez nenhum distanciamento fosse necessário.

Na verdade, a palavra tinha um tipo diferente de poder na cultura oral. Assim como a Bíblia não fora traduzida e disponibilizada a um público mais amplo pela Igreja católica, também os Vedas permaneceram posse exclusiva dos sacerdotes, os brâmanes, cujo elevado status residia no fato de que apenas eles podiam recitar corretamente hinos, encantamentos e feitiços védicos e, portanto, estabelecer um vínculo com os deuses.

Os seres humanos, que antes dependiam da natureza e não eram independentes do mundo o bastante para poder analisar ou enumerar suas propriedades, haviam se tornado parcialmente, em seus novos cenários urbanos, os realizadores do mundo. Sacrifícios não forneciam resposta para as novas questões perturbadoras que eles agora encaravam: Como o mundo veio a existir? Existe uma alma? Quem sou eu? O que é um eu?

Há até mesmo um hino no primeiro Veda, o Rig Veda, chamado o "Hino da Criação", que especula sobre as origens da criação, sobre o deus que precede todas as formas deificadas da natureza, e conclui com esta eloquente afirmação de dúvida:

> Mas, afinal, quem sabe e pode dizer
> De onde tudo veio e como a criação aconteceu?
> Os próprios deuses vieram depois da criação,
> E então quem sabe de verdade de onde ela surgiu?

Ele, de quem toda esta grande criação veio,
Ele, tenha a fabricado ou não,
Ele, que a tudo vê do mais alto céu,
Ele sabe — ou talvez nem mesmo ele saiba.[7]

Os gregos que viviam nas cidades prósperas da Jônia na costa da Ásia Menor haviam levantado a mesma simples questão — "Qual é a essência da vida?" — e chegado a diversas respostas. Para Tales, era a água; para Anaximandro, ar. Na Índia, eram os pensadores das *Upanishad*, uma série de exposições, que tentaram se mover além do mundo visível, dando início assim à filosofia indiana.

Um diálogo entre um pai e seu filho na *Chandogya Upanishad*, completado antes do nascimento do Buda, sugere o novo tipo de especulação abstrata que florescia na época:

—Traze-me um figo.
—Aqui está, senhor.
—Divida-o.
—Está dividido, senhor.
—Que vês?
—Sementes muito pequenas, senhor.
—Divida uma delas.
—Está dividida, senhor.
—E agora, que vês?
—Nada, senhor.
—Meu filho — disse o pai —, o que tu não percebes é a essência, e nessa essência existe a poderosa figueira. Acredita-me, meu filho, naquela essência está o Eu de tudo que é. Aquilo é a Verdade, aquilo é o Eu. E tu és aquele Eu.[8]

As *Upanishad* tentaram explicar a multiplicidade do mundo relacionando-o a uma realidade última subjacente, à qual deram o nome de *brahman* e que acreditavam permear tudo. Para elas, o su-

UM FIM PARA O SOFRIMENTO

jeito é uma alma, o *atman*, que sobrevive mesmo depois que o corpo onde temporiamente reside perece — a ideia de renascimento faz sua primeira aparição na Índia nas *Upanishad*. Mas o *atman* não é uma entidade individual, embora possa assim parecer; está presente em todas as coisas. A fórmula famosa é *tat tvam asi* (tu és aquilo). A libertação, ou *moksha*, consiste em reconhecer que o *atman* é idêntico a *brahman*, a realidade última. Conhecer *brahman*, a unidade essencial de toda aparência, é estar liberto.

Isso é muito semelhante ao que Pitágoras pensou no sul da Itália no começo do século VI a.C. Ele acreditava na imortalidade da alma humana, que afirmava viajar através de uma série de encarnações em corpos humanos e não humanos. O homem era mortal, mas sua alma era parte do cosmo eterno e divino; e seu objetivo adequado na vida era se purificar e se tornar parte da harmonia cósmica da qual havia se separado.[9]

Os indianos religiosos eram propensos a chegar a essa união por meio de uma forma de autodisciplina rigorosa chamada, genericamente, de *yoga*.[10] A meditação era um dos métodos usados para adquirir controle sobre as emoções e paixões. Sentado imóvel em um local retirado, o *yogi* tentava desapegar sua mente perenemente desatenta e forçá-la a concentrar-se em si mesma. O outro método era a mortificação da carne: o corpo era exposto a extremos de calor e frio, até mesmo à dor severa — o Buda praticaria essa forma de ascetismo, desencantando-se com ela.

A ideia mais importante a emergir das *Upanishad* foi o renascimento. O *Rig Veda* descreve os homens vivendo apenas uma vida; o pós-morte era visto, como no islã e no cristianismo, em termos simples de punição e recompensa. Mas as *Upanishad* falam pela primeira vez claramente da transmigração das almas, a mais importante das conjeturas religiosas indianas, de acordo com a qual a morte destrói apenas o corpo, não a alma, que reaparece em outro corpo.

O MUNDO DO BUDA

A teoria do renascimento semeou aquela do *karma* (literalmente "ação"), que o Buda reelaboraria de formas radicais.[11] De acordo com ela, o desejo leva os homens a agir. Suas ações só podem ter resultados determinados. Mas os resultados podem não aparecer todos em uma vida. São revelados na próxima vida e em outras além, da mesma forma que esta vida manifesta os resultados de ações realizadas em vidas anteriores.

Inicialmente, a teoria afirmava tão somente que a felicidade e a tristeza eram causadas pela conduta de alguém em vidas passadas. A primeira das *Upanishad*, a *Brhadaranyaka*, afirma:

> O que um homem vem a ser depende de como age ou como se conduz. Se suas ações são boas, ele se tornará algo bom. Se são más, se tornará algo mau... E assim as pessoas dizem: "Uma pessoa aqui consiste simplesmente em desejo." Um homem decide de acordo com suas resoluções, e vem a ser de acordo com sua ação.[12]

As implicações dessa visão de mundo estendiam-se a cada esfera da atividade humana na Índia clássica. A poética sânscrita supõe que a leitura individual e a resposta sensível a um poema trazem à tona as experiências das vidas passadas, e que uma leitura indiferente do indivíduo pode ser atribuída a uma experiência prévia insuficientemente refinada.

Essa lei do *karma* pode ter sido a primeira explicação amplamente aceitável do sofrimento humano, e permanece popular em todo o mundo. Na Índia, raramente vinha separada de obrigações sociais e religiosas. Os brâmanes ordenavam a todos os homens que seguissem seus deveres de casta e obedecessem às hierarquias sociais. Nessa visão de mundo rígida, era trabalho do carpinteiro trabalhar com madeira e do brâmane celebrar sacrifícios. Os papéis não eram intercambiáveis e apenas ater-se às fronteiras prescritas poderia trazer promoção. Como diz a *Chandogya Upanishad*:

Agora as pessoas que aqui têm comportamento agradável podem esperar entrar em um útero agradável, como o de uma mulher da classe brâmane, *kshatriya* ou *vaishya*. Mas pessoas de mau comportamento podem apenas esperar entrar em um útero mau, como aquele de um cachorro, um porco ou uma mulher pária.[13]

Os brâmanes mais tarde propuseram que a vida devia ser vivida em quatro fases diferentes, ou *asramas*: o estudante casto tinha de se casar, tornar-se um chefe de família e então gradualmente se retirar para a contemplação religiosa antes de se tornar um asceta errante. Os brâmanes eram especialmente entusiastas dos chefes de família, já que seu próprio sustento dependia de homens desejando e agindo, produzindo e reproduzindo na sociedade.

Uma vez fortalecida pela ideologia bramânica, a teoria do *karma* não apenas não oferecia aos homens fuga do mundo, mas ainda os atava mais firmemente ao interminável ciclo de ações e consequências. Não prometia nenhum caminho mais claro de salvação que a compreensão da unidade essencial do universo. Não é de surpreender que houvesse homens que procurassem rejeitar totalmente a ideia do *karma*, junto com a ordem social definida pelos brâmanes. Eram os *sramanas*, os errantes sem-teto e buscadores espirituais produzidos pela nova civilização urbana. O Buda foi o maior desses *sramanas*, que ocasionariam algo como uma revolução nas ideias do Norte da Índia.

Ao contrário dos errantes sofistas da Grécia, a quem superficialmente lembravam, esses buscadores não ofereciam nenhum guia prático de como viver e se dar bem no mundo. Na verdade, enfatizavam a renúncia à vida ativa: era o melhor caminho para fora da armadilha do *karma*, de vida e sofrimento intermináveis. A base da religião sacrifical havia sido o desejo pelo mundo. Mas o mundo, com seus levantes sociais e econômicos, suas guerras e rivalidades, provara ser um lugar desestabilizador.

O poeta grego Hesíodo, do século VIII, evocou tal mundo cheio de dois tipos de contenda em seu *Os trabalhos e os dias*:

A contenda não é um filho único. Sobre a terra
Duas contendas existem: uma apraz aqueles
Que a conhecem, e os outros a culpam.
Diferem suas naturezas, porque o cruel
Alimenta as batalhas e a guerra; não conquista amor
Mas força os homens, pela imortal vontade,
A pagar o respeito devido à deusa opressiva.
A outra, primeira criança nascida da Noite mais negra,
Foi feita por Zeus, que vive no alto,
A criar as raízes da terra e a ajudar o homem.
Ela leva até mesmo os preguiçosos a trabalhar;
Um homem se torna impetuoso ao ver o outro rico
De arar, plantar, arrumar sua casa;
E assim vizinho rivaliza com vizinho na corrida
Pela riqueza: esta contenda é boa para os mortais —
Oleiro odeia oleiro, carpinteiros competem,
E mendigo luta com mendigo, bardo com bardo.[14]

Hesíodo via desejo, inveja e conflito como parte da ordem natural das coisas. No século VI a.C., o filósofo Heráclito zombou daqueles que buscavam a estabilidade e a permanência no mundo. Tudo, afirmava ele, estava em constante fluxo. A guerra era a mãe de tudo e a contenda era a justiça. Bem e mal eram um, e qualquer coisa que vivesse o fazia pela destruição de outra.

Os errantes ascetas indianos que viam sua estável sociedade ritualística rachar sob a pressão de novos modos de vida não eram menos radicais e irrequietos. Muitos deles eram solitários, vivendo nas profundezas de florestas. Outros se torturavam — exibicionistas como aqueles ainda vistos em feiras religiosas na Índia, deitados em camas de pregos ou andando descalços sobre brasas. A maior parte deles

UM FIM PARA O SOFRIMENTO

buscava o poder — o tipo de poder mágico não mais disponível por meio dos sacrifícios. Mas alguns buscavam também o conhecimento.[15]

O texto budista *Digha Nikaya* menciona seis dos pensadores radicais pós-*Upanishad*, que na época do nascimento do Buda vagavam sem parar pelo norte da Índia, incitando o debate e a discussão com seus pontos de vista provocadores. O mais radical entre eles era um materialista chamado Ajita Kesakambala, contemporâneo do Buda, que negava até a transmigração, declarando taxativamente:

> Não há [mérito] em esmolar, em sacrifícios, ou em oferendas, nenhum resultado ou aprimoramento de feitos bons ou maus. Não há passagem deste mundo para outro... Não há ultravida... O homem é formado de quatro elementos: ao morrer, o agregado da terra retorna ao agregado da terra, a água à água, o fogo ao fogo, enquanto os sentidos devanescem no espaço. Quatro homens apanham o corpo: mexericam [do homem morto] até o local do enterro, onde seus ossos assumem a cor das asas de uma pomba e seu sacrifício termina em cinzas.

Makkhali Gosala, chefe da seita dos Ajivikas, que precedeu o Buda e sobreviveu por cerca de dois mil anos, afirmava que *niyati*, ou o destino, controlava tudo:

> Todos os seres, tudo que respira, tudo que nasce, tudo que tem vida, não tem poder, força ou virtude, mas é fomentado pelo destino, pelo acaso e pela natureza... Não adianta trazer à fruição um *karma* imaturo, nem exaurir um *karma* já amadurecido por conduta virtuosa, votos, penitência ou castidade... Assim como um novelo, quando atirado, se desenrolará até o final, assim tanto o tolo como o sábio seguirão seus cursos e terão um fim de sofrimento.

Havia até mesmo um atomista chamado Pakudha Kacchayana, um precursor do grego Demócrito, que afirmava haver sete catego-

{106}

rias elementares, os corpos de terra, água, fogo, ar, alegria, tristeza e vida, que não eram "feitos ou ordenados, causados ou construídos" e eram "eternos como o pico de uma montanha, estáveis como um pilar de pedra". Ele chegou a declarar que mesmo quando "alguém corta a cabeça de outro com uma espada afiada, não lhe tira a vida. A espada apenas intervém entre os sete agregados".

Um mestre antibramânico, Purana Kassapa, afirmava intransigentemente que não existia algo como pecado ou conduta virtuosa. Como disse: "Mesmo se com um disco afiado como uma navalha um homem reduzisse toda a vida na terra a uma simples pilha de carne, não cometeria pecado, nem dele o pecado se aproximaria."

O mais famoso entre esses homens era Mahavira, também contemporâneo do Buda, que deixara sua família quando jovem para se tornar um asceta errante. Mahavira rejeitava a autoridade dos brâmanes e enfatizava que a vida equilibrada, baseada nos princípios da não violência e da frugalidade, era a única libertação do ciclo de renascimentos. Seus seguidores, chamados de jainistas, tornaram-se conhecidos por sua grande presença no comércio e nos ofícios. Eles permanecem entre os comerciantes mais bem-sucedidos e filantrópicos da Índia.

Esses novos mestres espirituais não desafiavam a ortodoxia bramânica apenas por meio da especulação abstrata. Formavam seitas e prescreviam seus próprios exercícios mentais e espirituais. Os brâmanes tinham feito da renúncia a última fase de suas vidas de quatro fases, considerando-a apropriada aos membros idosos e improdutivos da sociedade. Mas os pensadores heterodoxos enfatizavam a importância de desistir do lar, da família e das posses cedo na vida — e de abraçar o celibato e a pobreza. Repetiam que cada indivíduo tinha de realizar a verdade pessoalmente por meio da longa prática do ascetismo ou da meditação.[16]

Muitos dos que seguiram os novos gurus e deixaram casa e família tornaram-se *sadhus* errantes, ou mendicantes, indiferentes ao tempo, à sujeira e à dor — são o primeiro exemplo conhecido de ascetismo organizado na história. Impressionada com sua renúncia e dedicação, a população em geral os alimentava e acolhia. Essa tradição de hospitalidade a buscadores espirituais prossegue na Índia rural de hoje. no norte da Índia, em 326 a.C., Alexandre, o Grande, aparentemente encontrou alguns desses ascetas, a quem chamou de gimnosofistas (filósofos nus). Milhões deles ainda podem ser encontrados em festivais e feiras hindus nas cidades de Hardwar, Allahabad ou Ujjain. A presença deles era abundante o bastante para que um emissário grego no século III notasse que, na Índia, as duas importantes seitas filosóficas eram os brâmanes e os *sramanas*.

Esses filósofos sem-teto viajaram através do norte da Índia, ocasionalmente se reunindo em bosques e parques fora das grandes cidades indianas da época. Lá, debatiam uns com os outros de uma forma relaxada e democrática que deve ter sido vista como um claro contraste à formalidade estéril do ritual inspecionado pelos brâmanes. Grandes audiências se reuniam em torno dos *sramanas*. O jovem Siddhartha estaria muitas vezes em meio às multidões no parque fora de Kapilavastu, recebendo e absorvendo as ideias que mais tarde modificaria.

A morte de Deus

ESSA FOI A VIGOROSA contracultura que surgiu na Índia no século VI a.C. — os tempos turbulentos em que o Buda apareceu. Como os *beatniks* e os *hippies* de uma era recente, as pessoas deixavam suas casas e profissões, insatisfeitas com suas vidas reguladas de trabalho, e saíam de uma seita de *sramanas* para outra, de um guru para o próximo. Os homens que os conduziram foram os primeiros pensadores cosmopolitas da Índia, desembaraçados de fronteiras de castas ou outras considerações provincianas, que se tornaram conscientes de que os seres humanos são unidos por certos dilemas compartilhados. Esses primeiros dissidentes ao mesmo tempo rejeitaram e refinaram o que hoje conhecemos como os traços característicos da religião indiana: transmigração, não violência, ascetismo organizado e misticismo. Eles começaram o processo, que o Buda desenvolveu grandemente, de levar a Índia de um nível especulativo — dos Vedas e *Upanishad* — a um nível ético.

Isso talvez fosse inevitável. Os arianos védicos haviam vivido em um mundo simples. Como todos os povos primitivos vivendo da terra, haviam conhecido uma proximidade especial com a natureza, na qual encontraram suas divindades e leis. O sacrifício os ajudava a manter seu pacto com a natureza e garantia a preservação de *rta*, a ordem cósmica. Mas quando se expandiram para o norte da Índia

UM FIM PARA O SOFRIMENTO

e incorporaram a língua e os modos de vida de povos não arianos que encontraram, os encantamentos e feitiços contidos nos Vedas acabaram fornecendo poucas respostas aos novos problemas de convivência. O sacrifício funcionara para uma sociedade estática e homogênea. Não conseguia responder à mudança e à diversidade. Veio a parecer obsoleto, enquanto a moralidade comunitária das sociedades coesas em que viviam se rompia. Os brâmanes, que eram pensadores, assim como sacerdotes, responderam à mudança de sua condição propondo o *karma* como uma explicação das desigualdades sociais e do sofrimento que elas causavam. A essas pessoas que se encontraram gradualmente por sua própria conta em um mundo hostil e sentiram os primeiros movimentos melancólicos da individualidade foi oferecido o consolo de verem a si mesmas como parte de uma realidade maior, o *brahman*.

Mas para muitas pessoas esse tipo de salvação evidentemente não era o bastante. E o *karma* parecia-se demais com um arrimo para uma estrutural social que supostamente era parte da ordem cósmica, mas que, na verdade, era uma tentativa da elite de racionalizar a opressão e a injustiça.

Nos novos centros urbanos, onde os *vaishyas*, ou mercadores, pareciam mais poderosos que os brâmanes e os *kshatriyas*, a própria antiga estrutura social encontrava-se ameaçada. Neles, a unidade e a moralidade da sociedade ariana rural podiam apenas ser uma lembrança. As pessoas estavam mais solitárias e não podiam controlar suas vidas seguindo leis morais que pareciam não ter sanção divina. Em uma das *Upanishad*, assim falou um rei sobre as tumultuadas mudanças: "[Grandes heróis e reis poderosos] tiveram de abrir mão de sua glória; vimos as mortes de [semideuses e demônios]; os oceanos secaram; montanhas desabaram; a estrela polar está abalada; a terra afunda; os deuses perecem. Sou como um sapo em uma fonte seca".

Foi nesse contexto de insegurança generalizada que os pensadores radicais, os *sramanas*, surgiram, recusando o *karma*, denunciando o

A MORTE DE DEUS

ritual, rompendo ontensivamente com a tradição e ensinando o que os brâmanes devem ter percebido no mínimo como um perigoso niilismo:

> Quando finalmente forem abolidas todas as observâncias e todos os costumes dos quais dependem os poderes dos deuses, sacerdotes e redentores; isto é, quando a moralidade no velho sentido tiver morrido, então chegará — bem, o que chegará?[1]

Escrevendo em 1881, Nietzsche afirmava que a Europa estava, depois de sua longa história, apenas alcançando a trágica lucidez sobre os assuntos humanos aos quais a Índia havia chegado antes do Buda. Em sua visão da história espiritual indiana, os sacerdotes brâmanes que começaram como mediadores junto aos deuses acabaram por substituí-los. Mas então os deuses e os próprios mediadores já haviam sido colocados de lado, e o mundo de valores transcendentes, abolido, quando o Buda chegou para pregar uma "religião de autorredenção".

Nietzsche tratou o Buda com empatia, em contraste com sua recusa brusca e até brutal de algumas das grandes figuras da filosofia europeia: Sócrates, Santo Agostinho, Kant e Hegel. Ele foi particularmente veemente em sua distinção entre budismo e cristianismo:

> É uma centena de vezes mais realista que o cristianismo — tem a herança de uma colocação fresca e objetiva de problemas de sua composição, chega depois de um movimento filosófico que durou centenas de anos; o conceito "Deus" já está abolido quando aparece... não fala mais da "luta contra o *pecado*, mas, bem de acordo com a realidade, da luta contra o *sofrimento*. Já tem — e isso o distingue profundamente do cristianismo — a autoilusão dos conceitos morais por trás dele — está, em minha linguagem, *além* do bem e do mal.[2]

Nietzsche via sua posição na Europa semelhante àquela do Buda na Índia. Afirmava estar na extremidade de dois milênios de desilusões

UM FIM PARA O SOFRIMENTO

europeias, quando os filósofos, não menos que os homens comuns, haviam exaltado um outro mundo imaginário às expensas de suas vidas na terra. Segundo ele, os europeus haviam perdido a arte de viver no mundo ao pressupor a vida eterna como boa e a vida terrena como má, ao demonizar paixões e instintos e exaltar o conhecimento abstrato — sem, de fato, terem feito nenhum julgamento moral. Estavam longe de viver tão naturalmente como pensava que os gregos um dia haviam vivido, no mundo de intermináveis mudança e luta que Hesíodo e Heráclito haviam celebrado.

Em vez disso, durante séculos os homens na Europa tentaram dar sentido às suas vidas e ao mundo em que viviam postulando conceitos tais como Deus, alma, lei moral, ser e unidade. O cristianismo, para Nietzsche, era a maior das ilusões construídas pelo homem:

> Nada, a não ser *causas* imaginárias ("Deus", "ego", "espírito", "livre-arbítrio" — ou "arbítrio não livre"): nada além de efeitos imaginários ("pecado", "redenção", "graça", "punição", "perdão dos pecados").[3]

O cristianismo ajudara os homens a colocar o bom e o real em outro mundo e a estigmatizar seus desejos e paixões naturais na terra como irreais e maus. Esse erro finalmente fora exposto, parcialmente pelos homens que no curso de séculos perseguiram a verdade no mundo real e descobriram, por meio de seu crescente uso da ciência e da razão, que "o mundo aparente é o único existente" e que o "chamado mundo 'real' fora apenas mentirosamente acrescentado". Segundo Nietzsche, a autoilusão não podia mais ser sustentada nas condições políticas e sociais do século XIX, entre os avanços prodigiosos da ciência e da indústria, de impérios e Estados-nação:

> Olhar para a natureza como se ela fosse prova da bondade e do cuidado de um deus; interpretar a história em honra de alguma

razão divina, como um testemunho contínuo de uma ordem moral mundial e de um propósito moral último; interpretar suas experiências como os povos devotos longamente interpretaram as deles, como se tudo fosse providencial, um sinal, destinado e ordenado para o bem da salvação da alma — isso agora acabou.[4]

Aqui, Nietzsche falava em parte de sua própria experiência. Nascido em 1844, filho de um pastor luterano, ele tornou-se parte de um mundo rápida e impiedosamente transformado pela burguesia da Europa Ocidental sob a égide da ciência e da razão. Aquele se tornava um mundo marcado por motores a vapor, fábricas, estradas de ferro, zonas industriais, cidades tomadas de cortiços, jornais, telégrafos, telefones, meios de comunicação de massa, novos Estados-nação, capital multinacional, movimentos sociais de massa e um crescente mercado mundial.

As ciências naturais revelavam o mundo em termos das leis da mecânica e da energia. O homem não buscava tanto o sentido do mundo, mas sim como ele funcionava, para poder transformá-lo conforme sua conveniência. Charles Darwin havia substituído Deus pelo macaco como objeto da investigação humana. A história oferecia sua própria explicação secular de como as sociedades humanas vieram a existir.

Em meio a essas mudanças, os europeus acharam difícil permanecer cristãos honestos — assim como os brâmanes um dia haviam lutado para permenecer brâmanes nos novos centros urbanos do norte da Índia:

> O que o cristianismo chama de "o mundo"? Ser um soldado, um juiz, um patriota; defender-se; cuidar da própria honra; buscar suas próprias vantagens; *ser orgulhoso*: cada prática de cada momento, cada instinto e cada avaliação traduzida em ações é hoje anticristã.

UM FIM PARA O SOFRIMENTO

Tais eram as condições da vida moderna, definidas pelo conflito de indivíduos buscando seus próprios interesses, o que para Nietzsche revelava as frágeis fontes humanas, e não divinas, da moralidade cristã. Essas condições transformaram os seres humanos em niilistas apesar de si mesmos. Não é que Deus não existisse — Nietzsche não estava interessado em tecer argumentos teológicos contra Deus. É que os homens, com suas próprias ações, haviam tornado Deus supérfluo.

Em *A gaia ciência*, Nietzsche descreveu o louco que entra correndo em um mercado, procurando Deus, e é recebido com risos. "Onde está Deus?", grita ele. "Bom, vou lhe dizer. *Nós o matamos* — você e eu."

Mas para Nietzsche, "muitos deuses novos ainda são possíveis". Ele achava que novas ilusões seculares estavam à mão no século XIX para substituir as metas e os valores obsoletos da religião e para explorar a vulnerabilidade espiritual dos europeus. Estas incluíam as religiões da ciência, do socialismo e do igualitarismo. Pediam outra espécie de fé cega, desta vez nos ideais do livre comércio, do progresso, da democracia, do socialismo, da justiça e da igualdade — todos os quais Nietzsche denunciou como ideais degradados e disfarçados do cristianismo.

Para ele, eram respostas totalmente inadequadas ao que viam como o problema aparentemente insuperável do niilismo. Em busca da verdade, os homens se viram despojados de suas mais antigas ilusões — estes valores, objetivos e convicções originados da fé em um chamado "mundo verdadeiro", que lhes dava um propósito e um significado na terra e que eles haviam usado para criar a ordem política e moral. Eles agora enfrentavam uma aterrorizadora falta de sentido. Nietzsche temia que o espírito de desespero e destruição niilistas pudesse arruinar a Europa depois da morte de suas antigas convicções morais.

"A história que tenho a contar", escreveu, "é a história dos próximos dois séculos... Há muito tempo toda a nossa civilização vem se movendo, com uma intensidade atormentada que cresce a cada década, como se em direção a uma catástrofe: irrequieta, violenta,

A MORTE DE DEUS

tempestuosamente, como um rio poderoso desejando o fim de seu curso, sem parar para refletir e, na verdade, temendo a reflexão."[5] Ele afirmava que o mundo estava entrando em uma "era de guerras, revoltas, explosões monstruosas" e que "haverá guerras como nunca foram travadas na terra" — uma de suas visões vívidas e extravagantes do desastre que acometeria o século XX.

Grande parte do aspecto profético de Nietzsche passou despercebido por mim da primeira vez que o li quando estudante em Allahabad. Não sabia de sua reputação então como um favorito dos adolescentes na Europa e nos Estados Unidos — na verdade, poucos estudantes ao meu redor na universidade de Allahabad saberiam quem era Nietzsche. Achei seus curtos aforismas sobre arte, morte e tédio mais fáceis de compreender que os ataques elaboradamente concebidos contra Sócrates, o cristianismo e Kant, ou seu elogio frequente, ainda que cauteloso, do Buda.

Eu era fortemente influenciado pelo drama interior que ele muitas vezes confessou — o drama que culminou em seu colapso mental doze anos antes de sua morte. Uma frase sobressaía, em particular. Ele a havia escrito em um claro inverno em Gênova, após um período de dor e doença: "Não, a vida não me desapontou. Na verdade, eu a acho mais verdadeira, desejável e misteriosa a cada ano — desde o dia em que o grande libertador me conquistou: o pensamento de que a vida poderia ser uma experiência para quem busca o conhecimento."[6]

Vinod me perguntava muito sobre ele. Tornara-se curioso depois de ler sobre Nietzsche num livro do autodenominado Deus, "Osho" Rajneesh. Ficou muito impressionado com um aforisma que li para ele um dia. "A vida", escrevera Nietzsche, "é essencialmente apropriação, injúria, dominação do que é alheio e mais fraco; supressão, vicissitudes, imposição de formas, incorporação ou, no mínimo, exploração."

Vinod imediatamente copiou as linhas em um pequeno caderno de notas que levava no bolso de sua *kurta*. Mas atrapalhei-me quando

{115}

me pediu que explicasse a filosofia de Nietzsche. Tinha vergonha de dizer-lhe que não entendia a maior parte do que lera dele e que tinha um grande problema com a palavra que ele parecia usar com mais frequência: niilismo.

Nietzsche muitas vezes sugeria que a crença no progresso histórico e na ciência moderna — artigos de fé para mim e para indianos educados como eu — era uma forma de niilismo. Isso era tão perturbador quanto a personagem Bazarov no romance *Pais e filhos*, de Turguenev, definido como um niilista não apesar de sua crença no progresso e na ciência, mas por causa dela.

Mais do que aquilo sobre o que escrevera, era a imagem que Nietzsche mostrava — a do pensador solitário, lutando com o que Thomas Mann em *Morte em Veneza* descrevera como "as tarefas impostas a ele por seu ego e por sua alma europeia" — que inicialmente atraía. Ele era parte de minha alta concepção da Europa e do Ocidente em geral — a ideia que Vinod também tinha e a partir da qual tirava suas conclusões sobre o papel de pessoas como Buda e Gandhi na Índia.

Anos mais tarde, quando vivia em Londres, essa imagem romântica de Nietzsche começou a se dissolver. Sabia mais sobre a Europa do século XIX: como dera forma a grande parte do mundo e, portanto, às minhas próprias circunstâncias. A paisagem física e emocional na qual Nietzsche se movimentara tornou-se mais vívida. Comecei a compreender o que ele quisera dizer quando comparava sua posição nos tempos modernos com a do Buda na Índia clássica: como ambos haviam vivido em tempos de violentas mudanças e confrontado, de formas diferentes, o fenômeno do niilismo.

Lembrei-me também do significado do que Vinod me dissera em uma madrugada no terraço da casa de seus pais. Era sua própria experiência de niilismo, que eu então era muito jovem para entender, mas que permaneceu em minha memória por um longo tempo.

Naquela noite, depois que nosso ônibus quebrara, esperamos algumas horas antes de sermos resgatados por um caminhão que passava. Só na manhã seguinte chegamos à cidade onde eram vendidos os produtos contrabandeados da China. Lá, comprei um boné vermelho de beisebol enquanto Vinod me lançava um ligeiro olhar de deboche. De lá viajamos para a fronteira, de onde outro ônibus nos levou mais para o interior na Índia, por estradas cada vez mais estreitas e esburacadas. Parou onde as chuvas da última monção haviam levado uma ponte sobre um rio normalmente estreito. Uma balsa improvisada nos levou através das águas marrons e lodosas do rio. Do outro lado havia uma tonga.*

Chovera cedo naquela tarde. Os barracos de teto de sapé dos vilarejos pareciam danificados, os lagos sob os arvoredos de mangueiras estavam cheios e barrentos, e poças enganosamente rasas formavam-se nos sulcos e buracos da estrada, onde os grossos pneus da tonga mergulhavam com um terrível som triturador. O condutor usava seu chicote, e o cavalo agitava-se nervosamente para o lado, borrifando água sobre nós.

Os poucos pedestres caminhavam muito lentamente, tateando o chão com grandes guarda-chuvas pretos rotos, levantando cuidadosamente seus *dhotis*** com uma das mãos. Crianças nuas colocavam barquinhos a flutuar nos buracos maiores da estrada; a lama envolvia suas pernas marrons como se fossem calças. Quando nos aproximamos, avaliaram-nos com o olhar — naquelas partes o veículo que usávamos era coisa de homens ricos —, e seus olhos furtivos pareciam temerosos à medida que chegávamos mais perto.

A energia fora cortada e havia lamparinas acesas na casa de Vinod quando finalmente a tonga parou do lado de fora. Vi palidamente o contorno de uma casa retangular de dois andares, pintada de branco com um teto plano, no meio de uma grande área desarborizada.

Vinod chamou alguns nomes na escuridão, e criados — aparições silentes de branco — abruptamente surgiram para apanhar nossa

---

*Carroça puxada a cavalos. (*N. do T.*)
**Peça de vestuário composta de um tecido enrolado em torno da cintura, semelhante a um sarongue. (*N. do T.*)

UM FIM PARA O SOFRIMENTO

bagagem. No primeiro aposento em que entramos, um homem estava sentado em uma cadeira baixa de vime, com sua longa e fina sombra chanfrando a parede pela lamparina colocada próxima dele. Ele se levantou assim que viu Vinod.

O pai de Vinod era alto, com uma massa inesperada de cabelos brancos e uma face vincada que sugeria uma velhice intensa e atormentada, embora ele não devesse ter mais de 50 anos. O gesto que fez para seu filho foi de respeito e deferência. Vinod fez que ia tocar seus pés, mas passou por ele sem dizer nada. Eu tirara meu boné assim que vira seu pai, e agora seguia Vinod com certo embaraço, passando por seu pai e chegando ao pátio interno.

No parapeito de um poço velas se agitavam corajosamente, delineando um grande pé de manjericão sagrado e fazendo o reboco erodido das paredes caiadas parecer uma gigantesca cicatriz. Cada quarto que dava para o pátio parecia conter seu próprio e pálido brilho e suas sombras tremeluzentes. No quarto a que fui introduzido, desmobiliado exceto por uma estreita cama de cordas com um colchão enrolado, uma vela repousava ao lado de varetas de incenso numa prateleira sob o retrato emoldurado e decorado com uma guirlanda de uma jovem mulher. A guirlanda era de plástico e a luz sob a foto expunha as rachaduras empoeiradas das flores. A beleza da mulher morta, com grandes olhos claros e lábios grossos, parecia dominar o quarto.

A mulher era a irmã de Vinod. Ele tinha uma foto menor dela, emoldurada, pendurada em seu quarto em Allahabad. Eu percebi que Vinod deixava a foto virada para baixo enquanto estava com uma prostituta. Eu uma vez perguntara sobre ela, e Vinod parecera não ouvir minha pergunta. Obviamente, era uma coisa sobre a qual não queria falar.

Vinod e eu nos banhamos no pátio, perto do poço de onde um criado trazia baldes de refrescante água fria. O pai de Vinod apareceu e nos observou enquanto nos enxugávamos, com um ar de terna solicitude em seu rosto. Dessa vez, também, Vinod mal reconheceu sua presença.

{118}

A MORTE DE DEUS

Mais tarde, comemos na longa e estreita cozinha, sentados em banquinhos baixos no chão de pedra. No canto extremo, um idoso virava *rotis* sobre um forno de lenha, e sua pele marrom brilhava com a transpiração. A mãe de Vinod sentou-se à nossa frente, sua postura que sugeria ao mesmo tempo resignação e tranquilidade, com uma das mãos segurando a cabeça e a outra movendo lentamente um leque de fibras de coco. Perguntou sobre nossa viagem, sobre a vida em Allahabad. Vinod mal disse uma palavra. Eu me vi respondendo a ela, ligeiramente desconcertado por sua semelhança com a filha morta.

Depois subimos ao terraço. As nuvens haviam desaparecido e o céu da noite brilhava indiferente acima de nós. Ruídos estranhos vinham constantemente da vegetação rasteira, cães uivavam a distância e de repente tudo silenciou — o único som era o da água pingando do teto no chão úmido.

Senti um arrepio de solidão, e àquele sentimento se misturava a estranheza da noite na grande casa sombria no meio do nada, com os pais amorosos e o filho silencioso. E talvez tenha sido o lugar e a disposição que engendrava que me levou a perguntar a Vinod o que eu não ousaria perguntar em nenhum outro momento: sobre a mulher cuja foto estava pendurada no quarto.

Ele ficou quieto. E quando começou a falar, não parou e falou com muito mais franqueza de que jamais o fizera. Não esperava minha resposta, mas não acho que eu tivesse muito a dizer.

Ele disse:

—Sei que você me perguntou isso antes. O que posso dizer sobre a foto? É Sujata, minha irmã que se casou com um homem de negócios em Mumbai. Ela foi atormentada por seu marido e pela família dele por não levar um dote suficiente, embora meus pais tenham dado a eles um carro e centenas de milhares de rupias em dinheiro. Um dia, um ano após o casamento, eles jogaram querosene sobre ela e a queimaram viva. Era um caso de polícia, mas a família do marido afirmou que ela cometera suicídio. Subornaram o legista. Seu marido se casou de novo.

{119}

UM FIM PARA O SOFRIMENTO

"Mas não quero chocá-lo ou perturbá-lo. Foi por isso que não falei antes. E também porque vim a sentir que não há nada chocante na morte dela. Acontece todo dia. É parte de nosso mundo. E não há nada que possamos fazer a respeito.

"Tenho muitos amigos em Allahabad que me perguntam a mesma coisa sobre a foto. Eu nunca os trouxe aqui. Sei que me fariam a mesma pergunta e sei que não entenderiam por que não fizemos nada para salvar a vida dela nem para punir o marido. Alguns acham que é um caso de honra familiar, que se pode resolver com um revólver. Mas esse é um pensamento feudal primitivo, que no final de contas nos trouxe a esta situação.

"Talvez você me entenda quando lhe disser que todos nós nascemos com certas vantagens e desvantagens, e que depende de nós fazer algo delas. Onde nasci, não me faltou muito. Veja esta terra, esta casa que meus ancestrais construíram. Para você que viu outros lugares, cidades grandes como Délhi, pode não parecer nada, mas para o povo daqui, essas coisas significam riqueza e êxito. Você viu como as pessoas nos olhavam enquanto viajávamos na tonga. Elas sabem quem eu sou, quem meu pai é. Esse é o tipo de reputação que minha família tem.

"Enquanto crescia, achava nosso poder natural. Fui à escola em um vilarejo próximo. O mestre costumava dar aulas debaixo de uma grande figueira. Nós nos sentávamos diante dele no chão com nossas lousas e giz. Ele costumava bater em outros estudantes com uma vara de algodão-bravo à menor provocação, mas sempre me bajulava, sempre tentava me agradar. O funcionário da receita levava caixas de doces para nossa casa no Diwali* e no Holi.** Deputados locais vinham pedir dinheiro durante as eleições e tocavam os pés de meu pai. Os camponeses tremiam à aproximação dele. Meu tio sequestrava as filhas e as irmãs de seus camponeses e as estuprava.

---

*Festival das luzes, celebrado por hindus entre o final de outubro e o início de novembro. Simboliza a vitória da luz sobre a escuridão. (N. do T.)
**Festival hindu, celebrado em março, que marca o fim do inverno. (N. do T.)

Assassinou dois camponeses de casta baixa que ousaram atacar seu amigo, um proprietário de terras de casta alta. A polícia registrou o caso, pessoas do lugarejo dos mortos foram a Lucknow reclamar com o ministro-chefe de Uttar Pradesh, mas ninguém fez nada.

"Os tempos podem mudar rápido nas cidades, mas a vida nestes lugares permanece mais ou menos a mesma. Até hoje a posição de meu pai não mudou. Os deputados locais ainda lhe prestam tributo e pedem doações e votos. Eu poderia ter ficado aqui e herdado todo o seu poder. Conheço pessoas nesta região que se fizeram por conta da posição de seus pais, que estão agora na política, no crime, que estão controlando grandes máfias de contrabando. A não ser por pequenos acidentes do destino, eu poderia ter ficado aqui, vivido esse tipo de vida, apanhado as garotas bonitas dos campos e as estuprado.

"Acho que foram meus primos da cidade grande que primeiro me deram uma noção de onde eu estava. Costumavam vir de Gorakhpur nas férias de verão. Adoravam fazer todas as coisas que me entediavam: nadar no canal próximo nas noites quentes, jogar pedras nas mangueiras e tamarindeiros de manhã quando não fazia calor demais.

"Mas eles também tinham coisas que eu invejava. Usavam roupas de lojas e compravam sapatos das casas Bata em vez de encomendá-los ao sapateiro local. Tudo que tínhamos de entretenimento era um rádio, mas eles iam ao cinema uma vez por mês e falavam intimamente sobre heróis e heroínas que eu conhecia apenas de nome. Queria ser como eles. Acho que foi durante aquelas férias que comecei a pensar no mundo exterior e a me tornar cada vez mais insatisfeito com o lugar no qual crescera.

"O que eu via quando olhava em volta? Via esta terra, e nela os trabalhadores, os criados e a autoridade de minha família, que fora mantida por décadas pela simples razão de ninguém tê-la desafiado. Deixava esta área e o que via? Via aqueles meninos seminus e aqueles barracos miseráveis que vimos em nosso caminho até aqui. Entrava nesses barracos, e eles estavam entupidos de crianças com as quais

UM FIM PARA O SOFRIMENTO

ninguém sabia o que fazer. Não há muito para comer, e assim elas morrem logo, mas há outras nascendo a cada semana.

"Não há ninguém que diga aos pais delas o que fazer. Há um centro de planejamento familiar perto daqui, mas fica fechado grande parte do mês. O homem responsável pelo centro pega seu salário, paga uma comissão ao seu chefe, e ninguém diz nada. Portanto, os pobres continuam a se reproduzir e a sofrer de má nutrição e doenças — e se conseguirem crescer, sofrerão crueldades e injustiças.

"Não foi isso que me ensinaram na escola. Isso foi o que aprendi a ver mais tarde. Vi que fui para a escola, mas que minha irmã ficava em casa e aprendia a cozinhar naquela pequena cozinha na qual comemos. Um pandit* a ensinou a ler o alfabeto hindi, e isso era tudo o que ela podia fazer. Tinha amigas num vilarejo vizinho que não sabiam mais que ela. Cresceu uma garota simples, sem conhecimento de qualquer coisa fora de sua casa, e daí um dia lhe arranjaram um casamento com uma família de Mumbai que disse procurar exatamente isso: uma menina simples do vilarejo. Meus pais ficaram lisonjeados pela atenção deles. Eram gente de casta alta como nós, ricos, vivendo em uma cidade grande e respeitados dentro da comunidade. Meus pais não tinham ideia da espécie de gente com a qual estavam casando sua filha. Não tinham ideia porque se deixaram ficar simples, haviam confiado em coisas obsoletas como Deus, sociedade e moralidade. Mal sabiam o que acontecia dentro de seu próprio mundo.

"Eu teria sido como eles, se não tivesse percebido que a vida no campo não era para mim. Não queria crescer como meu tio. Via como pessoas da minha idade estupravam mulheres de casta baixa nos campos e ninguém pensava nada a respeito. Não sei como me veio esse sentimento, mas de repente percebi que não queria ser como eles. Queria ir para uma cidade e estudar.

"Como disse, não sei de onde tirei essas ambições. Meu pai com certeza não me entendeu. Queria que eu fizesse o que ele e seu irmão

---

*Homem educado. (*N. do T.*)

A MORTE DE DEUS

faziam. Queria que eu assumisse o controle da propriedade. Estava ficando muito velho. Queria se aposentar e dedicar sua vida à religião. Nem conseguiu entender por que eu queria terminar minha educação. Um dia encontrou meu professor e perguntou por que ele punha aquelas ideias estranhas em minha cabeça. O professor ficou tão assustado que disse a meu pai que estava disposto a me confinar na mesma turma por uns anos se ele assim instruísse, o que mataria meus desejos de uma educação posterior. Mas, quando insisti, meu pai me enviou para o colégio, que fica em um kasba* chamado Mehmoodganj. Não era bem uma escola. Os professores raramente apareciam, e muitas vezes dispensavam a classe porque muito poucos estudantes compareciam. Nos dias de exame, ajudavam os alunos a colar.

"Como eu podia aprender qualquer coisa naquelas circunstâncias? Não conseguia, e comecei a tentar persuadir meu pai a me mandar para Allahabad. Tinha ouvido muito sobre a cidade por meus primos, dos grandes edifícios que os britânicos haviam criado. Lembro-me do quanto fiquei impressionado com a universidade quando fui lá me matricular. Vi que, na verdade, eram palácios, com domos e torres.

"Mas talvez fossem dignos de ser habitados apenas por reis; não eram para estudantes. E não estudantes como você encontrou em Allahabad: garotos de famílias pobres cujos pais estavam esgotando suas economias para lhes dar uma educação superior para que pudessem ter um diploma e conseguir um emprego em algum lugar do governo. Fui com expectativas tão altas, mas era a mesma história na universidade: os professores não apareciam e os exames eram postergados por meses; às vezes, por anos.

"Criminosos rondavam o *campus* com armas e bombas caseiras. Alguns deles eram meninos que tinham vindo de meu próprio distrito. Tentei fazer o que pude. Lia por conta própria. Tinha aulas particulares com os mesmos professores que não apareciam para dar aula na universidade. Eu era muito privilegiado. Você viu minha casa como

---

*Subúrbio. (*N. do T.*)

{123}

é grande. Mas esses privilégios não ajudaram. O que você pode fazer se não teve uma educação básica decente? Dei duro de verdade, mas me sentia desmotivado. Eu me perguntava: por que estava dando tão duro? Os britânicos haviam criado universidades como Allahabad para poderem educar indianos que os ajudariam a explorar este país. E agora as pessoas iam para lá para conseguir um emprego no governo, tornar-se parte da elite e pilhar o país, como os ingleses haviam feito. Eu não queria trabalhar para o governo. Não estava interessado em fazer dinheiro. Esperava poder fazer outra coisa.

"Eu também começara a ler outros livros. Não eram coisas que eu encontraria em Gorakhpur, onde as livrarias tinham edições de capa dura do *Mahabharata* e do *Ramayana*. Nada do que eu lera falava do meu próprio mundo. Em Allahabad descobri Osho Rajneesh, li Swami Vivekananda. Esses filósofos me ensinaram a pensar, a ver as coisas de uma maneira nova. Senti-me a caminho de algum tipo de libertação pessoal.

"Comecei a ver como muitas coisas com as quais eu havia crescido e que aceitara como bom-senso eram preconceitos ignorantes. Por exemplo, nossa sociedade arranjou as coisas de modo a não se poder satisfazer os desejos sexuais fora do casamento. A repressão sexual em nossa sociedade mata muita gente sensível e inteligente, e é por isso também que há tantos estupros e violência contra a mulher. Acho que de Osho ganhei pelo menos o conhecimento de que o sexo é uma coisa natural e nada do que se envergonhar.

"Swami Vivekananda me ensinou a ver que nossa sociedade tornou-se corrupta e frágil, o quanto perdeu sua hombridade. É claro que eu não aprendia isso apenas dos livros. Pode-se ver no mundo ao nosso redor. Os camponeses se multiplicam negligentemente, vivem na pobreza e na miséria, depois morrem tão ignorantes e explorados como sempre. O dono da mercearia adultera a comida e o óleo que vende. O policial quer um suborno antes de poder registrar sua queixa e poderá implicá-lo falsamente por conta de dinheiro. O estudante não está interessado em aprender, quer apenas um diploma. O professor facilitará a obtenção do diploma, desde que seja pago para isso. E ele se tornará um funcionário do governo. O que acontecerá com ele então? Vá ao hospital. Vá ao escritório distrital do coletor de impostos. Os homens que lá trabalham apanham seus salários e extorquem dinheiro dos pobres que chegam pedindo ajuda. Perderam toda noção do que deveriam estar fazendo.

"Foram pessoas como Gautama Buddha e Gandhi que nos induziram ao erro. Ensinaram-nos a ser passivos e resignados. Falaram-nos da vida virtuosa, falaram de negarmos a nós mesmos para podermos ser felizes. Mas não nos disseram como viver no mundo real — o mundo que fica cada vez maior e mais complexo o tempo todo. É por isso que Vivekananda é importante. Ele conseguiu ver por que os velhos hábitos do fatalismo e da resignação — hábitos das pessoas dos vilarejos — não funcionariam mais. Viu que nos tornaram escravos dos muçulmanos e depois dos britânicos, e por que essas pessoas vindas de fora conseguiram governar a Índia por tanto tempo. Ele foi totalmente impassível e brutalmente franco. Disse que estávamos mergulhados em *tamas*, escuridão. Não havia sentido em alardearmos nosso sucesso espiritual, nossa sabedoria filosófica. Tudo isso era o passado. Era coisa para gente primitiva. Esta era a época das grandes nações. A Índia era uma delas, mas estava muito atrás da Europa e dos Estados Unidos. O Ocidente tinha tecnologia, domara a natureza, explodira bombas nucleares, mandara pessoas à lua. Quando alguém perguntou a Gandhi o que ele achava da civilização ocidental, ele fez uma piada. Disse que a civilização ocidental seria uma boa ideia. Mas Vivekananda sabia que o Ocidente tinha muito a nos ensinar. A primeira lição era que tínhamos primeiro que ser materialistas. Temos de aprender a amar a riqueza e o conforto, temos de nos fortalecer, saber como tirar prazer das coisas e reconhecer que não há virtude na pobreza e na fraqueza. Temos de conhecer primeiro a verdadeira virilidade. A espiritualidade vem depois, se vier. Talvez não precisemos dela.

"Gostaria de ter sabido disto antes. Teria evitado muita confusão e dor. Eu teria visto o vazio da vida e dos valores que eu conhecia. Talvez

UM FIM PARA O SOFRIMENTO

não seja tarde demais para fazer algo da minha vida. Às vezes temo que terei de fazer as pazes com o que tive. Mas se não posso avançar, também não posso voltar atrás. Não posso desaprender nada do que aprendi. E agora com essas ideias diferentes que tenho, com essa nova visão das coisas, vejo que é muito difícil voltar para casa e encontrar a mesma complacência. Os campos ainda são nossos, os camponeses ainda trabalham neles, os criados não se foram, a casa ainda está aqui. Mas as pessoas nem mesmo sabem onde se encontram no contexto mais geral. Não têm futuro. Precisam mudar, mas não sabem como. O mundo mudou. Pessoas foram à lua, estão conquistando o espaço e o tempo, vivendo na era nuclear. Nós estamos atolados em nossos velhos costumes. Você viu meu pai e minha mãe. Você deve ter pensado sobre meu silêncio perante meus pais. Mas eu acho muito difícil falar qualquer coisa com eles, e depois me sinto envergonhado pela impaciência e pelo desprezo que provocam dentro de mim. Elas passaram os últimos cinco anos pranteando minha irmã e a pranteação até o dia em que morrerem. Mas ela não vai voltar a viver, e para mim a pior coisa é que eles não veem, nem conseguem ver o que a matou. Não têm ideia do mundo fora de seu pequeno feudo aqui. Em Allahabad fiz um curso sobre filosofia ocidental, e a primeira coisa que aprendi foi sobre a caverna de Platão. Pensei então que meus pais eram como pessoas na caverna de Platão, que observam sombras e imagens nas paredes e imaginam que fora da caverna há um céu azul e o sol, e que as sombras que veem são reflexo do reino de leis e ideias eternamente verdadeiras. Acham que lá fora há regras, alguma espécie de moralidade divina a governar a vida e a sociedade. Mas estão enganados. E talvez seja isso o que descobri por mim mesmo. Não há lá fora um céu claro e o sol, nem grandes ideias e valores aos quais apelar. Você tem de viver na caverna escura e não há leis, exceto as que os homens fortes fazem para si mesmos e impõem aos outros".

Foi nesse tom que Vinod falou de novo sobre Gandhi e o Buda: como luxos aos quais a Índia não podia se permitir. Foi por isso, disse,

{126}

A MORTE DE DEUS

que não se interessara em visitar Lumbini. Disse ter estado uma vez em Kushinagara, a cidade onde se afirma que o Buda morreu. Vira um gigantesco monte de tijolos sobre o suposto local de sua morte. Havia lá algumas pessoas venerando — pessoas do sudeste da Ásia e de países ocidentais, mas não, até onde ele pôde ver, da Índia. Achou adequado que os países ricos redescobrissem os homens cujas ideias de abnegação e passividade não eram mais relevantes na Índia e se apropriassem delas.

Ouvi, mas senti que não tinha muito a acrescentar. O que sabia de Gandhi e do Buda ressoava tão pouco em mim como em Vinod. Quando se vive em Allahabad, é difícil ver muita virtude na pobreza e na fraqueza. Talvez as ideias de Vivekananda pudessem iluminar melhor nossas circunstâncias peculiares e mostrar uma saída. Mas eu não sabia sobre ele o bastante para falar com segurança.

Na manhã seguinte partimos para Allahabad. Esperava que Vinod fosse ficar um pouco mais. Mas ele tinha pressa. Quando me acordou, já tinha chamado a tonga, estava vestido e de mala feita. Saí de meu quarto para vê-lo observar sua mãe rezando perante o pé de manjericão santo no pátio banhado pelo sol. Nada disse a ela. Apenas tocou seus pés quando ela puxou a bainha de seu sari de sobre sua cabeça. E antes que ela pudesse perguntar aonde ele ia, Vinod virou as costas e saiu do pátio.

Eu o segui depois de um rápido e embaraçado *namaste* na direção de sua mãe. Passei pelo seu pai sentado onde eu o vira na noite anterior, no aposento que ainda estava escuro e sombrio, embora a luz do lado de fora estivesse ofuscante. Ele saiu, caminhando lentamente com sua bengala, e, enquanto a tonga se afastava, permaneceu lá pelo que pareceu um longo tempo, uma pequena figura diminuindo contra a casa branca.

O sol do outono estava quente. Os homens seminus nos campos abertos de arroz pareciam desabrigados; as figueiras de ampla envergadura e sombra plantavam-se ainda mais confiantemente na vasta planície. Era a mesma paisagem que atravessáramos antes.

{127}

UM FIM PARA O SOFRIMENTO

Mas o crepúsculo e a chuva da noite anterior haviam-na suavizado. Exposta ao sol audacioso, estava tocada pelo que Vinod me dissera. A pobreza, a doença e a negligência pareciam marcar os barracos baixos com seus quintais desguarnecidos, onde mulheres de casta baixa em saris coloridos sentavam-se amassando tortas de estrume de vaca, e as crianças que brincavam com barcos de papel no dia anterior pareciam subnutridas com seus cabelos cor de pó e suas barrigas duras e salientes.

Vinod sentou-se ao meu lado na tonga e depois no ônibus. Mas não falou muito durante o resto da viagem da volta a Allahabad. Nós nos encontramos de novo diversas vezes. Fui até seu apartamento e me vi fitando o retrato de sua irmã. Falamos de Vivekananda. Ele me deu panfletos e livretos para ler sobre o tema da regeneração da Índia. Mas nunca mais falamos sobre aquela noite.

Ao fim de três anos, deixei Allahabad e me mudei para Délhi. Ouvia falar de Vinod intermitentemente. Havia se tornado um advogado; casara-se; tornara-se um assistente social; tornara-se muito devoto. Não fiquei muito surpreso ao saber que ele tinha se tornado um político e se unido aos nacionalistas hindus que estavam então ascendendo ao poder numa onda de violência antimuçulmana em todo o norte da Índia e que logo iriam formar o governo federal em Nova Délhi.

Passaram-se muitos anos até eu começar a ver de modo diferente os pensamentos que ele expressara naquela noite, e me dei conta de que as certezas por que ele ansiava só poderiam ser supridas por uma ideologia política radical.

Dei-me conta, também, de que ninguém havia me falado mais diretamente sobre minha própria situação do que ele o fizera naquela noite no telhado de sua casa. Havia as similaridades óbvias em nossas circunstâncias: eu não tinha dificuldade em reconhecer a imagem da universidade da era colonial, o sentimento de futilidade e condenação com o qual seus estudantes viviam. Mas eu também ouvira pela

A MORTE DE DEUS

primeira vez uma descrição de minha própria vida enquanto jovem — crescendo desnorteado, ignorante e assustado.

Meu próprio passado ancestral era muito parecido com o de Vinod, embora menos restringido e exposto mais cedo à mudança. Meu pai, que nasceu em meados dos anos 1930 num lugarejo perto da fronteira do noroeste da Índia com o Nepal, pertencia a uma família de brâmanes. Haviam trabalhado como sacerdotes em algum ponto do passado, mas há pelo menos um século eram agricultores, pequenos proprietários de terra, relativamente ricos, mas sem ambições. Investiram seu dinheiro em terras e joias, patrocinaram um templo ou dois. Fora isso, eram totalmente absorvidos pela rotina particularmente exigente do trabalho agrícola. No melhor dos casos, provavelmente tinham o que Nietzsche certa vez chamou de "o contentamento do escravo que não tem nada importante pelo que se responsabilizar, que não dá valor a nada no passado e no futuro mais que no presente".

A Índia estava então sob domínio colonial, mas isso não era fácil de perceber no vilarejo de meu pai. As instituições do colonialismo britânico — o tribunal, o escritório do coletor de impostos e a delegacia de polícia — ficavam na cidade mais próxima, a horas de carro de boi numa estrada não pavimentada. Meu pai, que jamais viu um britânico e raramente viajou para fora de seu vilarejo quando criança, mais tarde teve de se esforçar para imaginar um grande país chamado Índia, que havia sido escravizado por brancos do Ocidente e que alguns grandes indianos nacionalistas haviam então libertado.

Quando ele soube a respeito da Índia, ela estava livre do jugo colonial — sua família, porém, empobrecera. E os modos ocidentais impassíveis de organizar a sociedade humana, que Vinod admirava, haviam começado a moldar seu futuro.

Depois de substituírem seus senhores britânicos e declararem-se democratas, socialistas e seculares, alguns indianos da remota Nova Délhi foram atrás dos grandes proprietários de terras. Como os revolucionários franceses do século XVIII, cujo exemplo a maior parte dos administradores da Índia independente seguiu conscientemente,

UM FIM PARA O SOFRIMENTO

propuseram varrer todos os sinais do que chamavam feudalismo. Da mesma forma que em grande parte da Europa, as mudanças na propriedade da terra dariam início ao processo de modernização da Índia. A terra, plantada individual e eficientemente, iria produzir o capital para a industrialização. Parte da população rural teve de se afastar de seu meio, para trabalhar nas cidades em fábricas e escritórios do mundo urbano.

E, assim, um dia um funcionário do governo da cidade mais próxima foi até a fazenda de meu pai com uma bola de barbante e os novos documentos da Índia independente, com os quais mediu e registrou os campos da família de meu pai, dividindo-os entre vários camponeses.

Meu pai foi forçado a abandonar sua empobrecida casa e a começar sua vida em bases totalmente novas na cidade de Lucknow, onde nenhuma das vantagens das quais sua família desfrutara tinha muito valor. Descobriu que os laços de casta e comunidade não podiam mais ser a fonte de identidade e segurança; na verdade, eram os símbolos do atraso.

Milhões de seres humanos passaram por essa experiência: o deslocamento de seus *habitats* nativos, a chegada a grandes cidades anônimas e a exposição a novos tipos de incerteza, liberdade e sofrimento. Era disso que o Buda tratara, e também o que Vinod falara. Mas cada pessoa ainda tinha de perceber e suportar em solidão o conhecimento de que os antigos apoios de casta e da comunidade haviam desaparecido, e que a consciência de ser um indivíduo trazia ao mesmo tempo liberdade e dor.

A simples ocorrência da pobreza provavelmente embotou algumas das ansiedades mais existenciais de meu pai, simultaneamente limitando e elucidando suas escolhas. Ele tinha de se educar em instituições de estilo ocidental — universidades de humanidades ou faculdades de medicina ou engenharia —, onde milhares de homens jovens como ele conseguiam diplomas e se preparavam para os poucos empregos disponíveis numa Índia recém-independente. O fracasso

A MORTE DE DEUS

significava um retorno às novas privações da vida rural. Caso fosse bem-sucedido, havia coisas que poderia adquirir — ventiladores elétricos, água encanada e até mesmo os bangalôs, criados e carros dos quais os britânicos antes haviam desfrutado.

O mundo novo chegou a ele como um golpe. Tudo era regulado: da chegada dos varredores de rua toda manhã à grande e ruidosa estrada de ferro a partir da qual trens a vapor viajavam sobre rios, lagos e cânions, através de vastas terras vazias, muitas pequenas cidades e assentamentos, até as capitais burocrática e financeira inimaginavelmente grandes de Mumbai e Délhi.

Tudo isso acontecera no século anterior, quando os ancestrais de meu pai cultivavam a terra, esperando as chuvas abundantes das monções. E a mudança não foi aleatória. Parecia haver por trás delas uma vontade e um propósito.

Os homens da distante Europa, sobre os quais eu lera pela primeira vez em Mashobra, tinham abandonado há muito a passividade e o fatalismo com os quais nossos ancestrais viviam. Haviam, nas palavras de Marx, "sido os primeiros a mostrar o que a atividade humana pode realizar". Eles não aceitaram o mundo como o encontraram. Em vez disso, estudaram-no racionalmente e propuseram alterá-lo, de acordo com as leis da ciência que tinham desenvolvido por meio da observação e da análise cuidadosa do mundo empírico.

Marx vira esses homens — a burguesia europeia — como transitórios, que logo seriam derrubados pelas classes trabalhadoras. Mas ele não conseguiu deixar de celebrar as conquistas deles em uma prosa quase lírica:

> A burguesia, durante seu reinado de escassos cem anos, criou forças produtivas mais sólidas e colossais que todas as gerações anteriores juntas. A sujeição das forças da natureza ao homem, a maquinaria, a aplicação da química à indústria e à agricultura, a navegação a vapor, as estradas de ferro, os telégrafos, o desbra-

{131}

UM FIM PARA O SOFRIMENTO

vamento de continentes inteiros para o plantio, a canalização de rios, populações inteiras arrancadas do solo — que século anterior tivera mesmo que um pressentimento de que tais forças produtivas dormiam no regaço do labor social?[7]

Marx pensava que essa classe de europeus havia "realizado maravilhas que superam de longe as pirâmides do Egito, os aquedutos romanos, as categrais góticas". Ela havia "conduzido expedições que colocaram na sombra todas as anteriores migrações de nações e cruzadas".

Jovens britânicos levaram para a Índia a mesma energia que haviam usado ao assentar gigantescas redes de estradas de ferro e escavar canais pelo mundo. Junto com seu alto julgamento de si mesmos e o cálculo econômico, trouxeram os modos precisos da ciência: a fixação daquela coisa fugidia chamada "realidade" pelo pesar e medir da experiência e encontrar resultados universalmente verificáveis. Não apenas redescobriram o passado da Índia e o catalogaram exaustivamente — classificaram a população indiana por religião e etnia, criaram novas identidades políticas de hindus e muçulmanos, delinearam as mais inacessíveis fronteiras e ligaram a economia indiana ao sistema internacional de comércio e produção industrial.

Confiantes de que suas conquistas fariam do mundo um lugar melhor, os atarefados homens da Europa também deram às suas ações um significado moral. Nos livros britânicos que meu pai lia, constava que os ingleses haviam trazido para a Índia o melhor da modernidade — tecnologia, secularismo, o império da lei, a sociedade civil — ao que fora um local bárbaro governado por muçulmanos tirânicos até a chegada dos europeus. Os livros indianos que ele lia denunciavam os britânicos por explorarem a Índia. Mas admitiam que, apesar da opressão e da violência, os britânicos, inadvertidamente, haviam exposto muitos indianos aos benefícios

{132}

A MORTE DE DEUS

do mundo moderno, no qual o Estado-nação independente da Índia ingressaria muito mais rápido.

O que era esse mundo moderno? Como se entrava nele? Quais eram seus benefícios?

Meu pai estava muito fascinado por ele para saber como funcionava. Mas tanto os britânicos quanto os indianos que os sucederam pareciam saber o que era necessário. As diretrizes já haviam sido estabelecidas pelas revoluções econômicas, políticas e científicas da Europa nos séculos XVIII e XIX: um país dependente da agricultura era atrasado e feudal — tinha de industrializar sua economia, abraçar a ciência e a tecnologia, organizar-se de formas racionais e reduzir o poder da religião e de outras superstições.

Mas como os ingleses, e depois os americanos e franceses pareciam ter provado, um país não podia fazer nada disso se não se reconstituísse como um Estado-nação com uma identidade nacional distinta. Parecia claro, a partir do exemplo deles, que apenas um Estado-nação relativamente homogêneo era capaz de se defender e de transformar seres humanos dessemelhantes em cidadãos de uma sociedade produtiva e eficiente.

Grande parte da Europa tentou adotar o que se tornou um meio de sobrevivência: um Estado nacional independente e forte. O desejo por ele levou ao redesenho da Europa de acordo com linhas nacionalistas no século XIX e, entre outras coisas, forçou De Körös a sair em busca das origens do povo húngaro nos vastos espaços da Ásia Central.

Já no século XVII, com o declínio da religião e da filosofia moral, a política surgira na Europa como uma importante preocupação humana. Os indivíduos, começava a parecer, não conseguiriam conquistar a felicidade e a virtude sem reorganizar suas sociedades — a visão secular que mais tarde inspirou a ideia ocidental de revolução, com a promessa de construção de uma sociedade sobre fundamentos totalmente novos depois da demolição dos vestígios do passado.

{133}

UM FIM PARA O SOFRIMENTO

Escrevendo em meados do século XVII, em uma Inglaterra devastada pela guerra civil, Thomas Hobbes anunciou sua alarmante visão de indivíduos regidos por apetites e aversões, procurando seus próprios interesses e entrelaçados em uma perpétua e recíproca animosidade. Hobbes acreditava que apenas um Estado central impiedoso, que subjugasse todas as formas de associação humana, poderia preservar a paz e salvar os indivíduos do medo e da insegurança intermináveis.

Hobbes falava em nome da então emergente burguesia. Seus valores derivavam de uma sociedade de mercado, que estava libertando os ingleses dos limites da tradição e da hierarquia e sustentando os ideais de igualdade e liberdade. Não poderia receber muita atenção fora da Europa, em locais onde a ideia do indivíduo definido pelo desejo de livre comércio e lucro ainda era estranha.

Em 1616, ao chegar à Índia como primeiro embaixador inglês acreditado no império mongol, sir Thomas Roe foi tratado com suspeita ao buscar um acordo comercial. O imperador mongol Jahangir, um esteta que passava seus dias registrando a flora e a fauna, encomendando pinturas em miniatura, projetando jardins na Caxemira e fumando ópio, duvidava de um grande rei inglês que se preocupava com coisas tão triviais como o comércio. Mas em menos de dois séculos, os comerciantes do trivial haviam se tornado os conquistadores e governantes de grande parte do mundo conhecido. A visão de Hobbes, de indivíduos amorais perseguindo seus próprios interesses e agrupados pelo Estado, teve sua apoteose no século XIX, quando a nova burguesia da Europa Ocidental estabeleceu impérios rivais pelo mundo.

Parecia claro a muitos homens educados nos países conquistados da Ásia e da África que a organização superior do Estado-nação havia ajudado as nações ocidentais a acumular seus recursos, invenções e poder de fogo superiores. Forçados a considerar que a herança de uma tradição antiga não conseguira salvá-los da sujeição ao Ocidente moderno, eles concluíram que agora cabia à Ásia e à África trabalhar com empenho e esperar emular o sucesso do Ocidente.

A MORTE DE DEUS

Alcançar o Ocidente: era essa a obsessão de muita gente, mesmo na Rússia, que era um império, não uma colônia europeia. Não houve quase nenhum escritor ou intelectual do século XIX que não fosse fortemente contra ou a favor da ocidentalização. Se Alexander Herzen e Ivan Turguenev falavam dos benefícios de uma democracia liberal e da necessidade da razão nos assuntos humanos, os eslavófilos — Fiodor Dostoievski e, mais tarde, entre eles, Liev Tolstoi — afirmavam a superiodade moral e a sabedoria instintiva da devota alma russa. Em 1868, os novos governantes Meiji do Japão começaram por sua conta um programa de modernização destinado a levar o país ao nível da Europa — um programa que ao fim levou o Japão do começo do século XX a uma guerra contra a Rússia e a conquistas coloniais na Ásia.

No entanto, eram as pessoas nos países conquistados pelas nações europeias as mais agudamente preocupadas com o discernível desafio do Ocidente. Tais pessoas incluíam intelectuais muçulmanos como Mohammed Iqbal, o poeta defensor do Paquistão; os egípcios Mohammed Abduh, fundador intelectual do islã radical moderno, e Sayyi Qutb, o ativista fundamentalista que inspirou Osama bin Laden. Eram em sua maioria homens de classe média que haviam sido educados em instituições de ensino de estilo ocidental. O conflito mais crucial deles era com o Ocidente, cuja história tinham aprendido antes de aprender qualquer outra coisa, e cujo poder sentiam diariamente em suas vidas.

Viajando ao Ocidente no final do século XIX e início do século XX, eles depararam com o paradoxo de que as nações ocidentais, inimigas mortais umas das outras e exploradoras impiedosas de suas colônias, haviam criado civilizações admiravelmente liberais internamente. Esses pensadores permaneceram contrários à presença ocidental em seus países e aspiravam à independência. Mas também estavam impressionados com o poder e prestígio do Ocidente, e não podiam deixar de lutar com a complexa questão de qual espaço dar

{135}

UM FIM PARA O SOFRIMENTO

aos valores ocidentais da ciência, da razão, do secularismo e do nacionalismo nas sociedades tradicionais às quais pertenciam.[8]

Esta questão começou a perseguir Vivekananda quando ele viajou pela primeira vez ao Ocidente, em 1893. Nascido em uma família de classe média de Kolkata, ele estudava direito, como preparação para uma carreira profissional ao estilo ocidental, quando encontrou o místico Ramakrishna Paramahamsa e renunciou ao mundo. Como monge, viajou por toda a Índia e primeiro expôs a si mesmo à miséria e à degradação na qual vivia a maior parte dos indianos. Quando foi ao Parlamento Mundial de Religiões em Chicago, em 1893, como representante da religião hindu, em parte esperava levantar fundos para uma missão monástica na Índia e, mais vagamente, encontrar a tecnologia certa para aliviar a pobreza na Índia.

O Parlamento Mundial das Religiões era parte da celebração da chamada descoberta da América por Cristóvão Colombo. Os organizadores planejavam "exibir as conquistas da civilização ocidental e beneficiar o comércio americano". Vivekananda, que tinha então uma opinião negativa sobre a sociedade ocidental, mirou direto em seu ensimesmamento. Em Chicago, falou eloquentemente sobre o hinduísmo, recorrendo a seu grande conhecimento da filosofia ocidental. Afirmou que era uma conquista da Índia ver todas as religiões como igualmente verdadeiras e estabelecer a libertação espiritual como meta de vida. Os americanos receberam seu discurso extasiados. Fez palestras para plateias igualmente entusiásticas em outras cidades americanas.

As notícias do sucesso de Vivekananda nos Estados Unidos lisonjearam inseguros indianos de classe média na Índia, que queriam tornar o hinduísmo respeitável tanto para si mesmos como para os ocidentais.[9] Mas o próprio Vivekananda, que passou os próximos anos viajando pelos Estados Unidos e pela Europa, iria se distanciar de uma celebração acrítica da religião indiana e de sua hostilidade em relação ao Ocidente. Ganhou um novo respeito pelo Ocidente, por sua explosão de energia criativa, espírito científico, curiosidade

{136}

A MORTE DE DEUS

e pela ambição que, no século XIX, havia feito de uma pequena minoria os senhores do mundo. Mal podia conter sua admiração nas cartas para casa: "Que força, que senso prático, que hombridade!"[10] Vivekananda esteve entre os primeiros indianos a ver com clareza o fato da dominação ocidental sobre o mundo e atestar a inevitabilidade da presença — e mesmo da superioridade — ocidental em quase todos os aspectos da vida humana. Sua própria conclusão foi que a Índia deveria se regenerar com a ajuda de tais técnicas ocidentais como a razão, o nacionalismo e a ciência. E ele não estava sozinho em sua admiração pela masculinidade ocidental.

> A Europa é progressista. A religião dela é... usada por um dia na semana e por seis dias seus povos seguem os ditames da ciência moderna. Saneamento, arte estética, eletricidade etc. são o que engrandece os povos europeus e americanos. A Ásia está cheia de comedores de ópio, fumantes de maconha, sensualistas degenerados, supersticiosos e fanáticos religiosos.

Essa fala poderia ser de Vivekananda ou de Iqbal. Na verdade, é de Anagarika Dharampala, uma das grandes figuras do budismo moderno. Nascido no Sri Lanka (então Ceilão) em 1864, Dharampala era apenas um ano mais novo que Vivekananda. Ele também foi ao Parlamento Mundial das Religiões em Chicago, embora como representante do budismo, e era muito menos proeminente que seu colega indiano. Como Vivekananda, Dharampala foi influenciado pelo Ocidente, particularmente pelos missionários protestantes, que chegaram com o domínio britânico ao Sri Lanka, e veio a denunciar a religião tradicional no país como corrupta e efeminada. Ele queria ao mesmo tempo modernizar o budismo e conferir-lhe um papel político. Seguindo esses desejos contraditórios, tornou-se um nacionalista anticolonialista. Ele foi o ícone maior do nacionalismo cingalês, que mais tarde levou o Sri Lanka à guerra civil, nos anos 1980.

UM FIM PARA O SOFRIMENTO

Comparados a modernistas hindus e budistas como Vivekananda e Dharampala, os intelectuais muçulmanos eram muito mais divididos em suas atitudes com relação ao Ocidente. Alguns deles, como os jovens intelectuais turcos do começo do século XX, queriam redesenhar totalmente seus países em estilo ocidental para conquistar o poder e a afluência que o Ocidente possuía. Havia muitos outros que escolheram o caminho da suspeita ou da antipatia. Iqbal enfatizava a necessidade de os muçulmanos indianos formarem seu próprio Estado, onde poderiam seguir o islamismo em sua forma mais espiritual e resistir aos modos materiais do Ocidente. Qutb advogava um retorno ao Corão e pregava a violência revolucionária contra o Ocidente e seus valores, que via encarnados nos Estados-nações árabes.

Mas escolhendo o nacionalismo ou a revolução, a maioria desses intelectuais de países colonizados pareciam inadvertidamente admitir que o Ocidente se tornara a melhor fonte de ideias sobre como efetuar mudanças de grande escala e organizar a sociedade humana. Admitiam a necessidade de modernização, mesmo na esfera da religião, e do cultivo de uma perspectiva racional e científica.

A questão havia sido resolvida na Índia muito antes da independência, em 1947. A Índia estava obcecada por alcançar o Ocidente. Nos anos 1950, quando meu pai saiu de seu vilarejo para a cidade, tudo — editoriais de jornais sobre planos quinquenais, anúncios de planejamento familiar, grandes esquemas de represas e siderúrgicas que surgiam em Nova Délhi — salientava o mesmo objetivo compartilhado.

Esses esforços em direção a uma modernidade ocidental eram impulsionados por uma crença quase religiosa na história — história não como algo que aconteceu no passado e que vale a pena lembrar e comemorar, como a viram Tucídides e Heródoto, os primeiros grandes historiadores; não como uma série de eventos desconectados, mas como um processo racional, através de estágios claramente definidos, em direção a um estado mais elevado de progresso e desenvolvimento, um processo mostrado no movimento europeu da Idade Média para a Reforma e a Renascença e daí para muitas revoluções, o processo

{138}

que as pessoas no resto do mundo poderiam reproduzir com as perspectivas e os meios corretos.

A garantia contra o fracasso parecia ser o tremendo sucesso do próprio Ocidente, a começar pelo século XIX — a época em que a história adquiriu seu prestígio como um guia para se entender o confuso emaranhado de motivos e ações humanos que o passado apresentava aos olhos comuns; quando, popularizada por intelectuais como Hegel e Marx, essa nova interpretação teleológica da vida humana começou a ajudar a prever — e mesmo planejar — um futuro de outra maneira incognoscível, no qual as coisas poderiam ser melhores do que eram no momento.

A Índia não era considerada parte desse movimento adiante de razão e humanidade, que atingiu sua apoteose na Europa no século XIX. Para Hegel, os indianos havia muito estavam mergulhados num "mágico sono sonambúlico". Para Marx, a Índia era "uma sociedade submissa e imutável", marcada por uma vida "indigna, estagnada e vegetativa".

Coube aos europeus trazer países como a Índia para a corrente principal do progresso humano. No curso de suas conquistas do chamado mundo subdesenvolvido, eles impulsionaram continentes inteiros, isolados durante séculos da Europa e uns dos outros, para a história — ou o que Marx chamou de "história universal":

> Quanto mais o isolamento original de nacionalidades separadas é destruído pelo modo desenvolvido de produção e comércio e pela divisão do trabalho entre várias nações nascida deles, tanto mais a história se torna história universal. Então, por exemplo, quando se inventa uma máquina na Inglaterra, que priva de pão incontáveis trabalhadores na Índia e na China e provoca uma reviravolta em toda forma de existência destes impérios, essa invenção se torna um fato histórico mundial.[11]

Marx deplorava a opressão e a violência do colonialismo. Mas podia encaixá-lo em seu esquema dialético, como um estágio necessário

UM FIM PARA O SOFRIMENTO

no processo de elevação da consciência na Índia e de sua chegada à história. Esta tarefa, que os colonizadores britânicos haviam iniciado, não era vista como menos essencial pelos governantes da Índia pós-colonial. Eles buscavam legitimidade alegando que estavam ali para consumá-la — para estabelecer, como Nehru dissera em seu discurso no dia da Independência, o "encontro [da Índia] com o destino".

Crescendo no final dos anos 1970 e começo dos 1980, eu ainda ouvia muito sobre as aspirações nacionais da Índia de conquistar seu lugar de direito, nivelada com o Ocidente, senão acima dele. Mas essas aspirações haviam perdido algo de sua velha força. Uma ideia desse Ocidente ainda pairava ao nosso redor, nas escolas e universidades, no sistema administrativo e legal, na culinária e nas roupas que os britânicos introduziram na Índia durante dois séculos de colonialismo.

Mas essas instituições de estilo ocidental haviam deteriorado rapidamente na Índia independente e ninguém parecia saber o que poderia renová-las ou mesmo substituí-las. Quando cheguei à minha unversidade em Allahabad, antes conhecida como a "Oxford do Oriente", ela deixara havia muito de ser um cenário para instrução superior. Tornara-se um campo de batalha para grupos de castas rivais, um cenário para a luta primordial por comida e abrigo, de violência e terror. Os grandes edifícios no *campus* — que Vinod chamara de "palácios" — fervilhavam com os aturdidos filhos de camponeses, para o benefício de ninguém.

O clima geral era de desapontamento e cinismo. Minorias étnicas rebeldes em Punjab, na Caxemira e nos estados do nordeste ameaçavam a nação indiana e eram brutalmente reprimidas. A Índia havia se juntado à marcha da história, mas ainda parecia estar atrás não apenas da Europa e dos Estados Unidos, mas também de grande parte do mundo. Era conhecida como "subdesenvolvida", apesar de suas grandes indústrias, represas, conhecimento científico e poderio militar. Tornara-se um lugar mais violento, e a vasta maioria de sua população vivia à beira da miséria. Milhões de indianos, atraídos

A MORTE DE DEUS

para fora de seus vilarejos pela promessa de emprego, fervilhavam nas gigantescas favelas das principais cidades, onde conflitos entre hindus e muçulmanos eram corriqueiros. Apenas uma pequena fração da sociedade indiana estava perto dos padrões de vida da classe média ocidental.

Achei muito mais difícil meu pai associar as palavras pretensiosas dos políticos e burocratas da Índia independente com as realidades de corrupção, crime e anarquia com as quais convivia. Não era mais possível ser motivado pelas paixões nacionalistas de meus livros escolares, nos quais o colonialismo era apresentado como a última e lamentável fase antes da vitória final da ideia da Índia, a Índia consagrada pelos grandes nomes e conquistas: a descoberta do zero, a literatura em sânscrito, o *Mahabharata*, o Buda, a arte e a arquitetura mongóis, Gandhi, Nehru, não violência, espiritualidade, democracia, bombas nucleares e vitórias militares contra o Paquistão.

Aquelas ideias contraditórias formavam essa ideia exaltada da Índia — a Índia na qual nos diziam que vivíamos, mas que não podíamos reconhecer muito bem porque convivíamos com o caos e o conflito de um país miseravelmente pobre. E onde ainda buscávamos abrigo era nas instituições que um povo estrangeiro de uma civilização dinâmica chegando à Índia criara no processo de consolidar e expressar seu poder: os projetos incompletos da modernidade colonial — industrialização, educação, transporte e sistemas de saúde — que pareciam dar a um velho país algo como um futuro no mundo moderno.

Precisávamos trabalhar com o que tínhamos. E assim, em Mashobra, eu muitas vezes me impacientava com o senhor Sharma quando ele falava ardentemente do passado da Índia. Como muitos indianos de sua idade, ele fazia muitas especulações e tinha grandes ideias sobre esse passado. Para ele, o sânscrito era a língua mais antiga do mundo e mãe de todas as línguas da Europa. A *Bhagavadgita* continha tudo que todos os homens precisavam para alcançar a salvação. A física

{141}

UM FIM PARA O SOFRIMENTO

moderna estava agora descobrindo o que as *Upanishad* haviam dit desde o início sobre a unidade do *atman*, o eu, com o *brahman*, o universo. A Índia fora um dia a fonte da sabedoria, onde o resto do mundo satisfazia sua sede espiritual. Mas agora se dedicava a imitar sem originalidade os países ocidentais e a civilização industrial.

O senhor Sharma discorria longamente sobre o que eu achava que não deviam ser minhas preocupações. Parecia não haver, para pessoas como eu, como voltar ao passado espiritualmente completo da Índia, ainda que esse passado existisse em algum lugar, pronto para ser possuído. Eu tinha de olhar adiante e, de alguma forma, meu desejo de ser escritor elucidou meu caminho.

Essa ambição era inseparável da moderna civilização burguesa do Ocidente. E desde meus primeiros dias como leitor eu buscava, conscientemente ou não, meus guias e inspirações em suas conquistas — nos romances de Flaubert, Turguenev, Tolstoi e Proust, na música de Brahms e Schubert, nas autoavaliações de Emerson, Thoreau e Nietszche, e nas polêmicas de Kierkegaard e Marx.

A partir das palavras desses homens tornava-se claro que ser um escritor significava se engajar racionalmente com o mundo em vez de se afastar dele. Era se preocupar particularmente com o destino do indivíduo na sociedade.

Havia aparentemente pouca utilidade nas ideias enigmáticas das *Upanishad* sobre o eu e o universo. Lendo sobre o Buda, eu encontrei menos dessas abstrações. Mas os longos discursos, com suas numerosas repetições, podiam ser exaustivos. Eu não conseguia manter por muito tempo meus estados meditativos. E admirava, mais que seguia, o conselho revigorantemente prático do Buda de afastar o desejo para evitar o sofrimento.

Por isso eu não reagia quando o senhor Sharma falava do declínio espiritual e moral da Índia e da devastação causada pela civilização moderna. Ouvia, balançava a cabeça positivamente uma vez ou outra e tentava desviar a conversa para temas mais mundanos, por vezes pensando ligeiramente ressentido que o conhecimento menos precon-

{142}

A MORTE DE DEUS

ceituoso da ciência e da higiene modernas poderiam ter ajudado o senhor Sharma a resolver os problemas intermináveis do vazamento em meu banheiro.

Não é que eu, esperando deixar Mashobra rumo ao mundo maior, não visse a dignidade da vida simples do senhor Sharma ou olhasse com desprezo sua falta de ambição e energia. Uma parte de mim o invejava pelas coisas que o mantinham enraizado em Mashobra: o pomar de maçãs, as vacas, a revista em sânscrito, seu pai, que previa o futuro e celebrava sacrifícios rituais, sua mãe, que se sentava à janela e costurava a tarde toda. Ele parecia ter tido sorte em preservar a vida que seus ancestrais deviam ter vivido durante séculos, a vida, o mito e o ritual moldavam do nascimento ao casamento e à morte.

Parecendo ter mudado pouco durante meus três primeiros anos, a própria Mashobra fazia a continuidade parecer atraente. Poucos carros perturbavam a poeira que se juntava em montes fofos na rua que atravessa o vilarejo. As prateleiras nas lojas de alimentos permaneciam meio vazias. O homem corcunda chegava todo dia para trabalhar no pequeno campo de milho abaixo de meu terraço. A velha prensa debaixo de meu chalé rangia e ressoava, e no décimo quinto dia de casa mês, Daulatram subia a colina até o correio com as cópias impressas debaixo do braço.

Eu tinha visitas ocasionais: meus pais, irmãs, amigos de Benares, um historiador da arte americano que conhecia havia alguns anos, um diplomata britânico que eu conhecera em Mussoorie e sua esposa, de Délhi. O chalé ficava cheio por curtos períodos de tempo e eu sempre me surprendia ao redescobrir minha própria voz, a súbita tagarelice que me tomava depois de meses de solidão.

Para o resto do vilarejo, o verão permanecia sereno. As tardes eram particularmente quietas porque os habitantes achavam excessivo o calor de trinta graus. As mercearias ficavam fechadas e os homens se recolhiam para *siestas* por trás de venezianas de madeira cobertas com fotos desbotadas de estrelas do cinema de Mumbai vendendo sabonetes e perfumes.

{143}

Montu, o dono da *dhaba*, substituíra seu ruidoso forno a querosene por um fogão a gás. Por alguma razão, isso fez a comida ter um sabor ligeiramente melhor. Seu filho, Neeraj, espichava, e pelos incipientes apareciam em torno de sua boca, fazendo-o parecer ainda mais tímido. De noite, eu caminhava pela estrada deserta até a *dhaba* de Montu, onde uma cópia intocada do *Punjab Kesari* me esperava sobre uma mesa com tampo de fórmica.

Era o único jornal que eu lia em Mashobra. Tinha fofocas sobre estrelas do cinema na primeira página, e seu tom vivo compensava parte das notícias sinistras do mundo exterior. Ainda assim, eu não conseguia deixar de me sentir aliviado de minha distância, tanto física quanto emocional, do que parecia acontecer interminavelmente nas planícies calorentas — os conflitos religiosos, os massacres de hindus de castas baixas, as mortes por fome, as catástrofes ambientais causadas por grandes projetos de represas, os escândalos de corrupção.

Durante sua estação de verão superpopulosa, Simla parecia um símbolo perturbador daquele mundo. Eu raramente ia lá, exceto para procurar livros, e retornava estranhamente fatigado pelo apinhamento de turistas no Mall, pelas buzinas constantes dos carros e pela fumaça do diesel nas ruas estreitas e sinuosas.

Nos meses de verão eu viajava para as regiões de Kinnaur e Spiti. Ficava em mosteiros e pensões baratas na beira de estradas, caminhava através de desfiladeiros e de calmas ladeiras espargidas pelas geleiras, e voltava para Mashobra com os cheiros de tabaco e estrume queimado ainda grudados em minhas roupas, com lembranças de neblinas no começo da manhã, tardes secas e brilhantes e estimulantes pores do sol.

O longo caminho para o
Caminho do Meio

HÁ UMA FAMOSA lenda sobre a renúncia do Buda, que aparece em todos os lugares. Chegou à Europa, modificada na lenda de Barlaão e Josafá, já no século XI, e inspirou o romance *cult* de Herman Hesse, *Sidarta*. Como muitos indianos, eu a ouvi pela primeira vez quando criança. Ela descreve como o protegido e mimado príncipe do clã Shakya chamado Sidarta faz quatro visitas a um parque fora da cidade de Kapilavastu e encontra, sucessivamente, um velho, um homem doente, um cadáver e um asceta errante, um *sramana*. Fica muito perturbado por essas visões — elas falam de decadência, sofrimento e morte que estão no caminho de todos. Decide renunciar ao mundo, e uma noite, aos 29 anos, deixa sua mulher, Yashodhara, e seu pequeno filho, Rahula, e parte para o mundo em busca da sabedoria.

A lenda enfatiza o fato de que o sofrimento é universal e, como a maioria das outras lendas, parece arrumada demais. Mas pode estar certa em seus detalhes mais gerais. O Buda muito provavelmente não era um príncipe, mas um membro de uma oligarquia republicana. Príncipe ou não, no entanto, ele afirma ter tido uma juventude protegida, e sua ingenuidade em assuntos mundanos provavelmente lhe concedeu uma vantagem peculiar: a de perceber o sofrimento como se ninguém o tivesse percebido antes dele, o que também o ajudou a descobrir no sofrimento uma verdade fundamental da condição humana e fez com que tratasse detalhadamente de suas causas e de sua cura.

Os primeiros textos canônicos mal mencionam o casamento do Buda, e a partir deles também não fica claro se o Buda teve um filho. São as biografias escritas no começo da era cristã, muitos séculos depois de sua morte, que o apresentam como um chefe de família.

Elas afirmam que sua mãe, Maya, morreu sete dias após concebê-lo e que ele foi educado pela irmã mais nova de sua mãe, Mahaprajapati, com quem Suddhodhana se casou e que mais tarde se tornou a primeira monja no *sangha* do Buda. De acordo com esses textos, o Buda teve um meio-irmão chamado Nanda, assim como diversos primos, incluindo Devadutta, que mais tarde se tornou seu grande detrator.

Embora não confiáveis, as biografias posteriores oferecem muito mais detalhes vívidos que os textos canônicos. Por exemplo, o *Nidanakatha*, a introdução aos *Jatakas*, descreve um "festival da colheita" que supostamente ocorreu em Kapilavastu não muito depois do nascimento do Buda.[1] Tais festivais obviamente eram importantes para comunidades como os Shakyas, que estavam então se afastando dos rituais mecânicos de sacrifício, desaprendendo sua dependência de deuses invisíveis e descobrindo a fertilidade da terra e seus próprios engenhos e habilidades.

Na manhã do festival, a cidade foi decorada. Todos, incluindo os escravos e criados, usavam roupas novas, perfumes e guirlandas. Cerca de 107 arados foram atrelados a bois no campo de arroz de Suddhodhana. Eles, junto com os bois, as rédeas e os chicotes, foram ornamentados com prata e ouro. Suddhodhana deixou a cidade em direção ao campo numa procissão de parentes, criados e cidadãos exuberantemente vestidos. No meio desse campo havia um grande jambu. Foi lá que o futuro Buda se sentou, sob um dossel decorado com estrelas douradas, e observou seu pai e seus criados trabalharem cerimonialmente o campo.[2]

A cena ainda permanece fresca 2.500 anos depois: uma manhã clara, os aclives do sul do sopé dos Himalaias brilhando no horizonte, um jovem refestelado sob uma árvore no meio de um campo onde ao redor dele refulgem o ouro e a prata dos arados, e os homens reafirmam seu laço com a terra.

O que não se revela, é claro, é o que vai pela cabeça do jovem. O Buda falou obliquamente a seus discípulos sobre como era esbelto, delicado e protegido em Kapilavastu. Vestia os mais finos tecidos de Benares, caminhava dia e noite sob um guarda-sol, dividia seu ano entre três mansões diferentes e era rico o bastante para dar a seus criados não arroz quebrado e mingau azedo, mas arroz branco e carne.

Mas isso também o tornava solitário, mais vulnerável às percepções que as tarefas da rotina diária piedosamente retardam ou obscurecem. O próprio Buda confessou as dúvidas que assaltavam o jovem que se sentou sob o dossel com as estrelas douradas:

> E eu achava que era abençoado com a prosperidade... Eu pensava: a pessoa comum e ignorante, sujeita à velhice e incapaz de evitá-la, quando vê outro que é velho e fraco, se perturba e sente ansiedade, vergonha e desgosto, alheio ao fato de que ele mesmo é sujeito à velhice. Mas eu também estou sujeito à velhice e não posso evitá-la e, ao ver alguém velho e fraco, provavelmente ficarei perturbado e sentirei ansiedade, vergonha e desgosto. Isso não me parecia adequado com esse pensamento, desapareceu todo o orgulho de minha juventude.[3]

O Buda prosseguiu descrevendo as suposições arrogantes sobre sua juventude, sua boa saúde e sobre a vida em geral — as suposições que achava que apenas "pessoas comuns e ignorantes" tinham. Ele

UM FIM PARA O SOFRIMENTO

também acreditava que seria eternamente jovem, saudável e disposto. E ao questionar essas suposições, ele, mesmo quando jovem no palácio de seu pai, começara a ver como o desejo dirigia a vida humana, como fazia com que as pessoas buscassem a permanência — da juventude, da saúde, da vida — no meio do fluxo. Sabia, disse a Mahanama, também um Shakya e um de seus grandes discípulos, "que há tão pouco de agradável nos desejos, que eles trazem sofrimento, ansiedade e infortúnio".

Pode ser difícil seguir a sequência de eventos que levaram à iluminação do Buda, mas parece claro que em algum ponto ele começou a se cansar da vida na qual nascera. E no festival da colheita, ele não pôde evitar ver através do ritual celebratório e observar os bois e os homens trabalhando, os insetos e as minhocas que seus arados descobriam e sobre os quais os pássaros mergulhavam. Meditando sobre eles, entrou rapidamente em uma espécie de transe:

> Lembro-me bem de que uma vez, quando me encontrava sentado na sombra de um jambu numa trilha entre os campos enquanto meu pai cuidava dos assuntos de governo, distanciei-me do desejo e do que é errado e me ative ao estado agradável daquele primeiro estágio de meditação, nascido do desapego, da contemplação acompanhada pelo raciocínio, e da contemplação acompanhada pela investigação. Achei que aquele era verdadeiramente o caminho que levava à iluminação.[4]

Ele pode bem ter pensado assim, mas foi um momento isolado e parece não ter ido longe ou fundo. Porque, como o Buda disse a Mahanama,

> mesmo assim não experimentei deleite ou prazeres fora do desejo, fora das disposições erradas, e não alcancei nada que fosse da mais alta bondade. Por isso não posso dizer que não estivesse preso na armadilha do desejo.[5]

{148}

O LONGO CAMINHO PARA O CAMINHO DO MEIO

É provável que enquanto estava nesse estado mental o Buda tenha visto um *sramana* — um dos muitos que erravam pelo norte da Índia, e aos quais o Buda com frequência ouvia no parque fora de Kapilavastu. A presença deles, não menos ubíqua que a de homens velhos, doentes ou moribundos, pode ter sugerido ao Buda que a libertação do desejo e do sofrimento era possível e mesmo desejável.

Nesse ponto as lendas divergem. Uma delas afirma que a visão do *sramana* ajudou o jovem príncipe a decidir que a vida errante era sua vida. Ele decidiu deixar Kapilavastu na mesma noite e disse a seu criado, Channa, que deixasse seu cavalo selado.

De acordo com outra versão, Rahula, o filho do Buda, nascera sete dias antes de ele renunciar ao mundo. Aparentemente, os pais do Buda viviam atemorizados pela possibilidade de que ele um dia emulasse os *sramanas* que passavam por Kapilavastu e conseguiram persuadi-lo a esperar até que seu filho nascesse. Isso pode explicar sua renúncia relativamente tardia, treze anos depois de seu casamento.

Como relata o *Nidanakatha*, o Buda desejava ver seu filho antes de sua partida. Ele foi ao quarto de sua esposa:

> Naquele momento a lamparina com óleo perfumado foi acesa. A mãe de Rahula dormia em uma cama coberta com... flores, sua mão repousando na cabeça do filho. O Bodhisattva parou na soleira da porta e observou (sua mulher e seu filho).
>
> "Se eu tirar a mão dela da cabeça de meu filho e segurá-lo, ela acordará, e isso será um obstáculo à minha partida. Voltarei e verei (meu filho) depois de ter me tornado um Buda." E pensando assim ele desceu do telhado plano do palácio.[6]

Era meia-noite. Channa esperava embaixo com o cavalo. Havia guardas em cada um dos quatro portais da cidade, especialmente colocados por Suddhodhana para impedir seu filho de partir. Mas quando o Buda cavalgou até o portão setentrional, ele se abriu sozinho. O tentador Mara, a divindade do desejo, apareceu naquele momento perante ele e disse que voltasse, já que estava destinado a ser o governante de um grande império. Essa foi a primeira de muitas tentações que Mara colocou no caminho do Buda.

Ele se recusou e cavalgou grande parte da noite, através de três repúblicas diferentes. Desmontou na praia arenosa de um rio chamado Anomiya. Disse a Channa que queria renunciar ao mundo. Channa disse que seguiria seu mestre. O Buda disse que ele não estava autorizado a fazê-lo e que retornasse a Kapilavastu.

Ele então cortou seus cabelos com sua espada e tirou suas roupas e ornamentos principescos, colocando o traje de um *sramana* — esses atos mais tarde se tornaram parte da ordenação dos monges budistas, os *bhikshus*. Mandou Channa de volta a Kapilavastu com seu cavalo e outras coisas e prosseguiu a pé até o bosque de mangueiras, onde passou a primeira semana de sua liberdade.

As palavras do próprio Buda, registradas nos textos em páli, apresentam um relato menos dramático de sua partida. Ainda em Kapilavastu, lutando contra suas dúvidas, ele começara a pensar:

> O pensamento veio a mim: A vida familiar, esse local de impureza, é limitada — a vida do *sramana* é ao ar livre. Não é fácil para um chefe de família levar uma vida primorosa, completamene pura e perfeitamente sagrada. E se agora eu cortasse meu cabelo e barba, colocasse minhas vestes amarelas e partisse da vida familiar para a vida errante?[7]

O impulso de renunciar a todas as responsabilidades sociais, de colocar um fim ao desempenho de papéis e de ganhar a liberdade para se refazer atingiu incontáveis pessoas que viviam nas sociedades cada vez mais regulamentadas na civilização pós-védica e levou ao movimento *sramana*. Sua popularidade explica parcialmente por que os brâmanes estipularam a renúncia como a última fase da vida. Eles

O LONGO CAMINHO PARA O CAMINHO DO MEIO

reconheciam seu apelo e esperavam incorporá-la à sua visão de mundo. Mas não queriam que os jovens se libertassem de suas obrigações com a sociedade e minassem sua própria base, a família.

O Buda, no entanto, estava decidido:

> E eu, um jovem de cabelos negros... cortei meus cabelos e barba, embora meus pais se opusessem... coloquei as vestes amarelas e parti do lar para a vida errante.[8]

De acordo com alguns textos, o Buda retornou a Kapilavastu oito anos depois, alguns meses após sua iluminação. Ficou fora da cidade, em um bosque frequentado por *sramanas*, sob a sombra de uma vasta figueira de bengala, e na primeira manhã caminhou pela cidade com sua tigela de esmola.

Notícias de sua presença chegaram à sua família, e o primeiro encontro entre pai e filho foi tenso. Suddhodhana acusou o Buda de se degradar como um mendigo em sua cidade natal. O Buda respondeu calmamente que pedir esmolas era o costume dos *sramanas*.

Eles devem ter se despedido em bons termos, porque uma semana depois o Buda visitou sua antiga casa. Sua esposa vivia lá desde que ele a abandonara, e pode ter sido com alguma amargura que ela mandou seu filho de 8 anos, Rahula, encontrar o Buda, dizendo: "Rahula, este é seu pai. Vá até ele e reclame sua herança!"

Rahula foi polido com seu pai, perguntando da herança apenas depois que ele deixou a casa. O Buda reagiu pedindo a seu discípulo próximo, Sariputra, que aceitasse Rahula como um monge noviço.

O avô de Rahula ficou extremamente infeliz quando soube que outro membro de sua família se tornara um *sramana*. Não havia muito que pudesse fazer. Mas ele fez o Buda prometer que nunca mais aceitaria um garoto como noviço sem o consentimento dos pais dele.

De um modo geral, a primeira visita do Buda a Kapilavastu não foi um êxito completo. Ele consternou seu pai e sua mulher ao levar

{151}

UM FIM PARA O SOFRIMENTO

Rahula como monge noviço, e embora alguns de seus parentes — principalmente Nanda, seu meio-irmão, e os primos Devadutta e Ananda (que mais tarde seria seu assistente pessoal) — fossem convencidos por seus ensinamentos, não conquistou um grande número de seguidores. Seus laços com Kapilavastu se fortaleceriam apenas nas décadas seguintes. Ele visitou a cidade novamente após a morte de seu pai e aceitou sua madrasta como uma monja — foi a primeira mulher a ser assim ordenada. Afirma-se também que interveio com sucesso numa disputa sobre águas entre os Shakyas e seus vizinhos. E viveu o bastante para ouvir falar da destruição de Kapilavastu por um novo rei, vingativo e poderoso.

O Buda conheceu grande fama ainda em vida. Mas quando saiu de Kapilavastu pela primeira vez, tinha apenas 29 anos e era inseguro e ansioso. Como os errantes contraculturais de seu tempo e de eras posteriores, queria se apegar à figura de um guru para aprender o segredo da salvação. Mas Kapilavastu ficava nos limites da civilização urbana da planície indo-gangética, onde o movimento *sramana* se originara. As grandes cidades onde os *sramanas* encontraram ao mesmo tempo seus benfeitores e seus novos membros, e que o jovem Buda sonhara visitar, ficavam ao sul e ao leste da cidade-estado Shakya. Ao deixar Kapilavastu, o Buda teve de encarar de imediato uma grande viagem.

De acordo com o *Nidanakatha*, depois de uma semana no mangueiral ele viajou até a cidade de Rajagriha, capital do reino de Magadha, 600 quilômetros a leste de Kapilavastu. A cidade antiga, cuja extensão moderna é hoje conhecida como Rajgir, fica em um pequeno vale cercado de colinas, 90 quilômetros a sudoeste de Patna, a atual capital do estado indiano de Bihar. Próxima a uma região rica em minerais, foi um dia a maior cidade da Índia e um centro de riqueza e cultura. Supõe-se que Mahavira, fundador do jainismo e rival do Buda, também tenha vivido lá. No que pode ter sido o mais crucial evento da história do budismo, quinhentos monges se encontraram em

{152}

O LONGO CAMINHO PARA O CAMINHO DO MEIO

Rajagriha no primeiro "conselho budista" realizado três meses após a morte do Buda e concordaram em sistematizar seus ensinamentos.

O Buda passou muito tempo nas colinas em torno da cidade. Cerca de 13 quilômetros ao norte de Rajagriha fica Nalanda, onde ele encontrou seus mais próximos discípulos, Sariputra e Maudgalyayana, e onde uma famosa universidade monástica erigida no século V d.C. atraiu estudiosos budistas da China, da Ásia Central e do Tibete.

Em sua primeira visita a Rajagriha, o Buda teve um encontro crucial com Bimbisara, que era então o jovem rei de Magadha. Do terraço de seu palácio, Bimbisara viu e ficou grandemente impressionado por um *sramana* que parecia pertencer a uma família nobre. Ordenou a seus criados que se informassem sobre ele. Estes voltaram com a informação de que o *sramana* estava em uma caverna em uma das cinco colinas. Bimbisara pegou sua carruagem e dirigiu-se às colinas. Depois caminhou do pé da colina até a caverna.

Esse momento viria a se tornar um episódio famoso na lenda do Buda. Em abril de 1963, Allen Ginsberg subiu os degraus que levavam à caverna. Ginsberg passava então um ano na Índia, "sonhando", como mais tarde descreveu na contracapa de seus diários publicados, "com santos e visitando alguns deles". Em seu poema "Howl", publicado no mesmo ano que sua mãe morreu em um hospital psiquiátrico, em 1956, Ginsberg falou da exaustão espiritual e da anomia que existia em meio à prosperidade sem precedentes dos Estados Unidos do pós-guerra. Na Índia, buscando salvação por meio da sabedoria oriental, foi o primeiro e o mais famoso dos membros descontentes da classe média ocidental a vagar pela Ásia nos anos 1960. Ginsberg mais tarde encontrou seu guru, um tibetano, no Colorado. Caminhando em uma quente tarde de abril colina cima, onde o Buda encontrou-se pela primeira vez com Bimbisara, ele refletiu, talvez inevitavelmente, sobre a insubstancialidade da história e a transitoriedade dos impérios:

{153}

UM FIM PARA O SOFRIMENTO

Tenho de sair do sol
Boca seca e toalha vermelha enrolada
na cabeça
subindo a pé, gritando, cantando, *ah, girassol*
Onde a jornada do viajante
Fechei meus olhos *está feito* no
Buraco negro ali
Doce descanso tão tão longe
Subindo a ladeira de pedra onde
Bimbisara deixou seus exércitos
Desceu de seu elefante
E caminhou para encontrar
Napoleão Buda andando para lá e para cá
Para lá e para cá na plataforma
De tijolos vermelhos na saliência do rochedo de pedra
Mirando de olhos fechados abaixo
A abrasadora luz do sol
Zangada com o reinado de Rajgir abaixo
Rodas de formigas dentro de rodas do império
Casas carroças ruas mensageiros
Fontes e água fluindo
Para passado e futuro simultâneos
Reinos aqui e idos em Júpiter
O distante raio X da piscada de um olho
Miríades de cidades de tijolos na terra e sob ela
Nova York Chicago Palenque Jerusalém
Delfos Machu Picchu Acco
Herculanum Rajagriha
Aqui abaixo tudo ventoso com o trinar
De pássaros e rochas azuis
Inclinando-se sob o céu azul —
Pico do Abutre tijolos desolados
Moscas nas sombras dos joelhos quentes
Gritos de corvos e rajada de vento
Sobre as colinas de planícies desertas
No sul em direção a Bodh Gaya — [9]

O LONGO CAMINHO PARA O CAMINHO DO MEIO

A plataforma "de tijolos vermelhos na saliência do rochedo de pedra" à qual Ginsberg se refere fica no pico de uma colina chamada Grihadrakuta; suas rochas e grandes pedras de formas estranhas lhe deram o nome de "Pico dos Abutres". Afirma-se que o Buda ficou em cavernas nas colinas durante seu tempo em Rajagriha e que meditou sentado no Pico dos Abutres.

Foi lá que o Buda recebeu Bimbisara em um dos primeiros encontros importantes entre sábio e rei que frequentemente figuram nos mitos indianos.[10] Ao ser perguntado sobre sua família, ele disse que pertencera, antes de sua renúncia, ao clã Shakya e que chegara a Rajagriha a partir do reino de Kosala, nos sopés dos Himalaias. Bimbisara aparentemente respondeu oferecendo-lhe o "comando de um esplêndido exército liderado por um bando de elefantes".

Isso pode ter sido uma tentativa de *realpolitik* da parte de Bimbisara. O reinado de Kosala era o mais poderoso rival de Magadha no norte da Índia. Embora Bimbisara fosse casado com a irmã do rei Prasenajit, de Kosala, e tivesse recebido como dote o estado de Benares, ainda buscava meios de conter Kosala, e provavelmente pensou que era uma boa ideia ter um nobre Shakya a seu lado.

O Buda recusou a oferta impulsiva dizendo que não via sentido em pertences e desejos e que deixara o mundo para buscar a iluminação. Bimbisara insistiu, mas ele permaneceu firme. De acordo com o *Nidanakatha*, Bimbisara partiu depois de pedir que o Buda visitasse primeiro seu reino depois de se tornar iluminado, ou um Buda.

A conversa com Bimbisara alude à determinação do Buda. Ele não se desviaria, embora naquele primeiro estágio de sua renúncia pudesse não saber o que buscava. Sua autoconfiança provavelmente o ajudou a atravessar os próximos anos, enquanto errava pela bacia do Ganges, ainda buscando, adotando e então rejeitando os modos prevalecentes de sabedoria.

Depois de algum tempo em Rajagriha, ele viajou para a ermida de um guru chamado Alara Kalama. O nome deste não figura entre

{155}

os principais mestres *sramanas* mencionados pelos textos budistas, mas sua reputação deve ter sido forte o bastante entre os muitos gurus que então floresciam no norte da Índia para atrair o Buda. Um dos discípulos de Kalama, que depois se juntou ao Buda, afirmava que o mestre ensinava uma técnica especial de meditação, que faz com que ele pareça ter sido um praticante de *yoga* — um *yogi*.

O Buda disse a Kalama que desejava "levar uma vida religiosa de acordo com sua disciplina e ensinamento". Kalama disse a ele que seu ensino era tal que "um homem inteligente pode, em pouco tempo, chegar a uma compreensão igual à de seu mestre e encerrar-se nele".

E esse era mesmo o caso, como o Buda descobriu. Mas, como disse mais tarde num *sutra* autobiográfico chamado *Discurso sobre a nobre busca* (*Aryapariyasena Sutra*): "Eu estava apenas falando da boca para fora e recitando uma doutrina que aprendera com os alunos mais velhos. Como os outros fizeram, também afirmara que conhecera e entendera o ensinamento."

Logo, o Buda começou a ter dúvidas. Principiou a achar que "Kalama apenas tem fé em seu ensinamento e não proclama: 'Eu mesmo conheço, constato e me responsabilizo por este ensino, sujeitando-me a ele.'" Foi a Kalama e perguntou: "Até que ponto você mesmo compreendeu esse ensinamento por meio do conhecimento direto?"

Em resposta, Kalama lhe falou sobre a "Esfera do Nada", o que muito provavelmente era uma espécie de transe induzido pela meditação. O Buda logo compreendeu "o ensinamento e permaneceu naquele estado". Impressionado pelo progresso do discípulo, Kalama o convidou a juntar-se à sua ermida, como professor. Mas o Buda não estava satisfeito. Como disse mais tarde a seus discípulos: "Este ensino não leva ao desencantamento, à imparcialidade, à cessação, à calma, ao conhecimento, ao despertar, ao *Nirvana*, mas apenas à Esfera do Nada".

O Buda recusou a oferta de Kalama. Obviamente, não se via passando a vida como administrador de um *ashram*. Ainda procurando

O LONGO CAMINHO PARA O CAMINHO DO MEIO

um guru, foi depois a um mestre chamado Udraka Ramaputra. Mais tarde, descreveu o tempo passado com ele em termos semelhantes aos que usara para falar de seus meses com Kalama.

Aprendeu o que havia a ser aprendido e começou a se impacientar. Começou a considerar que Ramaputra apenas tinha fé em seu ensinamento e não o havia vivido dentro de si mesmo. Quando perguntou a ele, Ramaputra falou sobre o que aprendera com seu pai: a "Esfera da Nem Percepção nem Não percepção", e de como as pessoas podem ver a lâmina de uma navalha bem afiada, mas não conseguem ver seu fino gume. O Buda aprendeu essa verdade rápido o bastante. Mais uma vez lhe ofereceram a liderança do *ashram* e mais uma vez ele declinou e partiu.[11]

Quando deixou o *ashram* de Ramaputra, ele havia estado na estrada havia alguns meses. Ainda estava tão longe da iluminação como quando deixara Kapilavastu pela primeira vez. Mas não tinha desperdiçado inteiramente seu tempo. De ambos os gurus, aprendeu ideias e técnicas que mais tarde reelaboraria em seus próprios ensinamentos.

A mais importante delas parece ter sido a meditação, um exercício espiritual comum o bastante na época para ser usado pelos *yogis*, os *sramanas*, os brâmanes e os dois primeiros gurus do Buda. Em um nível básico, não variava muito: envolvia sentar-se com as pernas cruzadas e as costas eretas em um lugar calmo, com a postura garantindo certa vigília, e se concentrar em um objeto — imagem, sensação, som, cor ou ritmo da respiração — que excluía todos os outros objetos, até o ponto em que o meditador sentisse conforto, prazer e distanciamento do ambiente e das preocupações.

Há estágios mais profundos aos quais a meditação leva. O Buda descreveu, depois de sua iluminação, uma série de quatro Absorções (*dhyana*). Na primeira, o meditador esquece tudo à sua volta e, embora capaz de pensamento causal, livra-se de desejos ou de outras emoções fortes e sente um alto grau de conforto. Nos dois estágios

{157}

UM FIM PARA O SOFRIMENTO

seguintes, ele para de pensar totalmente e também transcende sua sensação de conforto antes de chegar ao quarto estágio, no qual tem consciência apenas do objeto de concentração e, na verdade, se torna uno com ele.[12]

A meditação mantém o lugar central nas religiões indianas, que parece ter adquirido mesmo antes do tempo de Buda. Os ascetas indianos que conseguem suprimir sua respiração ou desacelerar as batidas de seu coração mostram seu domínio das práticas meditativas. No entanto, o Buda não estava convencido de que, sozinha, a meditação, como praticada pelos ascetas de seu tempo, pudesse conduzir à transcendência espiritual.

Primeiro porque os estados alcançados na meditação, ainda que muito profunda, eram temporários, "permanências confortáveis no aqui e no agora", como ele disse. Saía-se deles essencialmente inalterado, mesmo após uma longa sessão. A concentração e a paciência eram meios importantes, mas sem um desenvolvimento moral e intelectual correspondente, não conseguiam acabar com o sofrimento por elas mesmas.

O Buda percebeu isso com maior clareza mais tarde. À época, sabia apenas que as técnicas tanto de Kalama como de Ramaputra o haviam levado a um certo ponto, e não além dele — uma consciência importante, uma vez que já o separava daqueles *sramanas* que estavam meramente buscando justificar sua fuga das obrigações sociais e eram presas fáceis de pseudogurus. Sua experiência também o havia ensinado — uma lição que mais tarde enfatizaria perante seus discípulos — que a mera fé no que o guru diz não é o bastante, e que se tem de perceber e verificar o ensinamento por meio da própria experiência.

Talvez, vindo de um lugar atrasado como Kapilavastu, o Buda ainda não tivesse confiança para romper com as crenças convencionais. Isso porque seu próximo passo foi tão convencional quanto buscar a sabedoria dos gurus.

{158}

O LONGO CAMINHO PARA O CAMINHO DO MEIO

Como ele descreveu, caminhou para o sul a partir de Rajagriha, até chegar à região de Uruvela, onde viu uma "terra maravilhosa com um lindo bosque, um rio corrente, com um aterro bem construído e atraente..."[13]

Uruvela é agora chamada de Bodh Gaya, o mais importante local de peregrinação para os budistas. Algumas das florestas nas quais o Buda passou seu tempo desapareceram, mas a terra permanece inalterada. Gaya, a cidade mais próxima, tem o cheiro adocicado da esqualidez de um local de peregrinação hindu: um labirinto de pequenas vielas, onde homens e mulheres em *dhotis* e saris bem passados e coloridos caminham cautelosamente, passando por cães sarnentos fuçando montes de lixo, grossos rolos de fumaça de incenso das barbearias com os muitos e espalhafatosos retratos de cabeças tonsuradas e flores caídas de guirlandas de cravos-de-defunto prensadas contra o chão barrento.

Bodh Gaya fica em Bihar, o estado mais pobre e o segundo mais populoso da Índia. Em noites de inverno, um número incontável de corpos se amontoa na plataforma da estação de trens, muitas vezes se levantando para revelar olhos escuros e ocos, enquanto ratos vagam intrepidamente pela sala de espera da primeira classe no andar de cima. Mas a poucos minutos da estação de trem a paisagem é vazia, e nos finais das manhãs os templos brancos no topo de colinas povoadas de cáctus se erguem contra um céu claro, os rios brilham através das sombras escuras das palmeiras e tamarindeiros, e nos campos de mostarda camponeses em *dhotis* brancos se movem lentamente com seus búfalos d'água.

O Buda passou mais de seis anos como asceta em Bodh Gaya. A automortificação era então uma característica do jainismo e de muitas outras religiões e seitas filosóficas. Ascetas eram uma visão comum nas florestas e bosques perto dos vilarejos. Tinham muito prestígio, que sobrevive até hoje, e mesmo seus rivais, os brâmanes, tinham em alto conceito o *tapas*, poder espiritual que o corpo acumula por meio da abnegação.

Em Bodh Gaya, o Buda tentou seguir essa tendência, firmemente estabelecida. Não foi um tempo fácil para ele em nada. Estava longe de casa havia alguns meses. Os fracassos com Kalama e Ramaputra ainda estavam frescos em sua mente. Pode ser que para o Buda os tormentos que envolviam o ascetismo tenham parecido mais desafiadores que o aprendizado inconsciente, como haviam proposto Kalama e Ramaputra. Em sua velhice, falou muito das privações que sofreu voluntariamente por seis anos.

Certa vez, quando um brâmane lhe confessou como havia sido difícil viver na floresta, o Buda concordou e partilhou da solidão que ele, acostumado à agitação da vida na cidade, sentira com frequência durante aqueles seis anos em Bodh Gaya — como o medo e o terror eram seus companheiros constantes, despertados pela aproximação de um animal, um pavão deixando cair um ramo e o vento soprando entre as folhas caídas.

Como um asceta, tinha de se isolar da companhia humana:

> Quando via um pastor de vacas ou de cabras ou alguém indo cortar madeira, apanhar grama ou trabalhar na floresta, corria de moita a moita, de arbusto a arbusto, de vale a vale, de pico a pico. Por quê? Porque assim eles não me veriam e eu não os veria.[14]

Mas essas eram pequenas privações, comparadas às árduas práticas que experimentou. Primeiro tentou concentrar sua mente do modo prescrito pelos *yogis*: como descreveu, "apertava os dentes, pressionava a língua contra o céu da boca e, com minha mente, controlada e quieta, eu a controlava".

Mas como ele confessou, o esforço fazia o suor escorrer por suas axilas e, enquanto a mente se acalmava, o corpo se convulsionava. Depois, tentou meditar segurando a respiração. Dessa vez, "um ruído

{160}

excessivamente grande de vento" escapou de seus ouvidos, e ele se sentiu "frustrado pelo esforço e trabalho dolorosos".

Continuava tentando, mas os efeitos eram os mesmos. A meditação do *yoga* não conseguiu lhe trazer a revelação, e o Buda decidiu limitar ainda mais sua dieta a sopas e uma fruta ocasional. Então, ficou "excessivamente emaciado". Como disse a seu discípulo Sariputra:

> Por comer tão pouco, minhas nádegas ficaram como as corcovas de camelos, minha espinha se realçava como uma fieira de fusos de roca, minhas costelas estavam carcomidas e ruíam como os caibros de uma cabana velha e apodrecida, os brilhos de minhas pupilas nas cavidades de meus olhos pareciam demasiadamente fundos, meu cabelo tornou-se franzido e enrugado...
>
> Quando tentava pegar a pele de minha barriga, tocava minha espinha, e quando tentava pegar a espinha, tocava a pele de minha barriga... quando acariciava meus membros com a palma de minhas mãos para acalmar meu corpo, os pelos, podres nas raízes, desprendiam-se do corpo...[15]

Suas penitências tornaram-se mais severas — semelhantes às dos seguidores da seita de Naga Sadhus, que ainda aparecem desafiantemente nus e cobertos de cinzas em todas as feiras religiosas da Índia. Caminhava nu e comia apenas uma vez em sete dias. Recusava-se a sentar, preferindo ficar de pé ou agachado sobre os calcanhares. A poeira e a sujeira de muitos anos se acumulavam sobre seu corpo, como "um musgo natural em minha pele". Começou a dormir em um cemitério, deitando-se sobre um esqueleto. Era certo que tal comportamento provocaria malevolência. "Meninos pastores de vacas cuspiram e urinaram em mim, me cobrindo de poeira e enfiando galhinhos em meus ouvidos."

Pode ter tido visitantes mais respeitosos do lugarejo próximo, pessoas que vinham se maravilhar com o inquiridor espiritual em

UM FIM PARA O SOFRIMENTO

seu meio. Em algum ponto, um grupo de cinco brâmanes se juntou a ele. Eram Shakyas de Kapilavastu e, de fato, tinham renunciado ao mundo e adotado a vida errante não muito depois do Buda. Também procuravam a sabedoria e, impressionados pelo exemplo do Buda, decidiram segui-lo no ascetismo. Concordaram entre eles que o Buda, que começara antes e parecia fanaticamente comprometido, alcançaria a sabedoria antes de qualquer um deles. Chegaram mesmo a pedir que ele "anunciasse a Lei" quando a atingisse.

Assim, ficaram chocados ao ver o Buda um dia comer papa e mingau. Como o próprio Buda recorda: "Eles se afastaram indignados, dizendo: *'sramana* Gautama ama a luxúria, abandonou sua luta, tornou-se extravagante.'" Isso parece um exagero. Mas papa e mingau eram uma extravagância se comparados ao estrume de vaca que o Buda e seus companheiros muitas vezes comiam.

Os Shakyas se sentiram traídos porque não tinham ideia das grandes mudanças que haviam ocorrido dentro do Buda, mesmo enquanto estavam com ele. Levou mais tempo que com Kalama e Ramaputra, mas mais uma vez ele começou a questionar o que estava fazendo e qual era o valor de se torturar, se é que isso tinha algum valor.

Sabia que experimentara "sensações dolorosas" que eram mais "agudas e penetrantes" que as que qualquer outro experimentara ou poderia experimentar. Mas, como disse: "Embora tenha passado por severas práticas ascéticas, não posso alcançar o conhecimento especial e maravilhoso e a revelação que transcenda os afazeres dos seres humanos. Haveria outro modo de chegar à iluminação?"[15]

A resposta borbulhou de uma velha memória. Numa tarde, anos antes, quando era um príncipe mimado em Kapilavastu, deitara-se à sombra de uma árvore no meio dos campos de seu pai. Deixara sua mente vagar e depois ir se aquietando. Inesperadamente, descobrira-se experimentando uma grande serenidade. Até mesmo se perguntara se essa equanimidade perfeita era o caminho para a iluminação.

{162}

O LONGO CAMINHO PARA O CAMINHO DO MEIO

Quando o Buda, a quem a fome então o aproximara da morte, se lembrou daquela tarde, uma grande e prazerosa paz desceu sobre ele, que se perguntou se havia se empenhado demais como buscador e se o desejo excessivo, mesmo pela iluminação, não era o problema. Certamente, nenhum desejo ensejara a paz meditativa que ele alcançara debaixo do jambu: "Preciso ter medo", perguntou-se, "daquela felicidade que está à parte do desejo sensual e do mal?"

Sentiu que poderia reconquistar aquele feliz estado mental. Mas também percebeu que "não é fácil alcançar aquele bem-estar com um corpo tão extremamente emaciado". Quebrando os votos que mantivera por seis anos, comeu papa, massageou seu corpo com óleo e tomou um banho quente.

Tudo isso desapontou enormemente seus companheiros de Kapilavastu, que prontamente o abandonaram. De acordo com uma tradição, uma mulher local chamada Sujata ofereceu ao Buda uma refeição de leite de arroz, nutritiva o bastante para sustentá-lo pelos próximos quarenta e nove dias. Sozinho na floresta, mas fisicamente muito mais forte que antes, o Buda sentou-se sob uma figueira, prometeu não se mover até que chegasse à iluminação e começou a meditar.

Uma ciência da mente

A FIGUEIRA INDIANA É uma árvore grande e elegante. Suas folhas têm forma de coração e são de um verde-escuro brilhante, com uma ponta adelgaçada e curvada. Tremem constantemente, mesmo sem uma brisa. Tremendo e chocando-se umas com as outras, produzem um coro suave e calmante, até que toda a árvore com sua massa vibrante e esfuziante pareça viva, com uma vitalidade própria.

Afirma-se que o Buda encontrava-se sentado debaixo de uma árvore como essa em uma noite de lua cheia de abril ou maio quando alcançou a iluminação. Disse ter aprendido então as quatro nobres verdades da experiência humana: o sofrimento, sua causa, a possibilidade de curá-lo e seu remédio. Ao sentir isso, viu-se libertado da condição humana comum.

No texto em páli chamado o *Vinaya do Mulasarvastivadins*, ele é citado dizendo: "Destruído está para mim o renascimento; consumida está minha luta; está feito o que havia a ser feito; não nascerei em outra existência." No *Nidanakatha*, ele celebra sua revelação libertadora do desejo, ou *trishna*, que agora ele sabe ser uma "construtora de casas", responsável pelo contínuo renascer:

Passei pelo curso de muitos nascimentos procurando o construtor desse abrigo e não o encontrei; é doloroso nascer de novo e de novo. Agora que foi visto, Oh, construtor de casas, não construirá a casa

{165}

de novo. Todos os seus caibros se quebraram, seu pau de cumeeira está destruído, e a mente, focada na conquista do nirvana, chegou ao fim do desejo.[1]

Há um tom de revelação mística na verdade do Buda. Como as experiências cruciais de Jesus ou do profeta Maomé, que fundaram religiões mundiais, pode estar além da verificação por meio da lógica ou de conceitos intelectuais, mas isso não implica que sua iluminação consistiu em um relampejo luminoso de inspiração.

O Buda não reivindicou uma origem divina para suas constatações. Uma das lendas sobre sua vida diz que as quatro nobres verdades chegaram a ele durante cerca de nove horas de meditação naquela noite. É mais provável que tenham surgido de sua experiência de seis anos como meditador, asceta e pensador e que tenha levado mais de uma noite para que o Buda pudesse perceber plenamente as implicações do que havia descoberto, o que então tenha refinado ao longo dos quarenta e cinco anos seguintes de discussões com seus discípulos.

O Buda afastou-se ainda mais dos beneficiários da sabedoria esotérica ao afirmar que a verdade que alcançou em Bodh Gaya está disponível para qualquer um que esteja disposto a seguir seu exemplo. A chave era a meditação — não a meditação como outros a conheciam, não o tipo de prática de *yoga* que o Buda encontrara antes, mas uma meditação que aperfeiçoou e ofereceu como um meio tanto para o conhecimento como para a salvação.

Durante o tempo que passara com os gurus Kalama e Ramaputra, o Buda enfrentara o que eram então as teorias convencionais das *Upanishad* e dos brâmanes sobre o autoconhecimento — as teorias que permanecem no espiritual e filosófico do hinduísmo. De acordo com elas, o microcosmo (homem) reflete o macrocosmo (o universo). A essência ou eu do indivíduo é a mesma que a essência ou eu do mundo; ambos partilham da mesma substância imutável, o *brahman*. A meditação, na medida em que a consciência, sem um

UMA CIÊNCIA DA MENTE

objeto, é o meio de alcançar um profundo conhecimento de que o eu do conhecedor é idêntico ao eu do conhecido. Isso ajuda a perceber a verdade da fórmula das *Upanishad*: "Tu és aquilo", e perceber isso é estar liberto.

Os estados mais profundos da meditação *ióguica* que o Buda encontrou prometiam aos seres humanos uma grande visão da transcendência: que havia um Eu, um todo eterno, inconsútil e não nascido por trás das aparentes multiplicidade e mudanças no mundo, a unidade por trás do dualismo óbvio de sujeito e objeto, indivíduo e mundo.

No entanto, o Buda afirmara originalmente que tal conhecimento do eu eterno era estabelecido de antemão. O meditador tinha, na verdade, se treinado para localizá-lo na obtenção de um profundo estado meditativo — ele começou com uma disposição mental ou intenção específica, que depois previsivelmente o levou a uma forma de conhecimento.

De acordo com o Buda, os mestres que pregavam o eu eterno, independente e não analisável não o tinham percebido de dentro — era uma abstração, um produto de especulação. Ele podia estar pensando em sua própria experiência com Kalama e Ramaputra. Ambos os mestres, ao serem questionados pelo Buda, admitiram não ter conhecimento direto de suas doutrinas. Na verdade, presumiam que elas fossem verdadeiras.

Isso não era incomum. Mestres espirituais antes do Buda se contentaram em postular uma essência eterna e a afirmar que ela poderia ser experimentada em certos estados meditativos. O Buda achava que tais experiências eram estados da mente, vontade e intenção *samskrta* (condicionados) — uma palavra que tornou sua pelo uso frequente — e que, portanto, não podiam ser idênticas ao eu eterno e não nascido.

De qualquer forma, os estados profundos criados por tal meditação não duravam muito. Surgiam de certas causas e então desapareciam.

{167}

UM FIM PARA O SOFRIMENTO

Podiam ser analisados e só podiam ser diferentes de um eu eterno e não analisável.

O Buda não usou tal raciocínio prático para desacreditar a meditação. Em vez disso, mostrou que a experiência *yogi* da meditação era limitada a certos estados conquistados pela concentração e não buscava ir além deles. Sua própria técnica meditativa tentava combinar concentração com plena atenção e autocontrole. Levava, afirmava ele, a um conhecimento direto da natureza instável e condicionada da mente e do corpo.

Isso pode parecer estranho para a maioria de nós, que vivemos com os triunfos e o triunfalismo da ciência e estamos acostumados a ver o conhecimento como algo a que se chega objetivamente, por meio de um processo de verificação por meios físicos. A meditação pode não parecer um modo convincente de se chegar a ele. Não depende da lógica e nem da evidência dos sentidos. É uma experiência puramente subjetiva.

Mas as próprias descobertas do Buda não poderiam ter sido feitas de outra maneira. Isso porque elas descrevem, antes de mais nada, os trabalhos da mente — a mente que determina o modo como experimentamos o mundo, como fazemos *nosso* mundo. O Buda trabalhou com a percepção de que a mente era, para os seres humanos, a janela para a realidade, sem a qual não poderiam acessar nada, nem mesmo presumir a existência de um mundo independente de suas percepções, consciências e conceitos:

> É de dentro desta carcaça de mais de metro e oitenta, com sua mente
> e suas noções, que declaro que há um mundo, a origem do mundo,
> a cessação do mundo e o caminho que leva à cessação do mundo.[2]

Esse não era o idealismo absoluto do tipo encontrado na filosofia ocidental. O Buda não afirmava que tudo era uma projeção da mente,

{168}

ou que lá fora havia uma "coisa em si mesma". Falava, na verdade, do mundo fenomênico que surgia de causas e condições interdependentes.

O mundo e seus objetos não tinham características intrínsecas nem natureza verdadeira — ou, pelo menos, nenhuma que pudesse ser percebida fora dos processos mentais humanos. Suas cores, cheiros e texturas não eram independentes da mente que os percebia. Vinham a ser devido ao processo de órgãos dos sentidos percebendo e interpretando dados por meio de instâncias de consciência.

Isso é ilustrado por uma história nas escrituras budistas sobre dois cegos que queriam saber o que eram as cores. Um deles, a quem haviam dito que o branco era a cor da neve, supôs que o branco era "frio". O outro, a quem disseram que o branco era a cor dos cisnes, achava que o branco era o som de suas asas em voo.

Felicidade e sofrimento, realização e frustração — a mente era indispensável em todos esses processos, mesmo quando surgiam de condições aparentemente externas a nós. Controlar a mente era, então, mudar radicalmente nossa relação com o mundo. Como escreveu o monge indiano Santideva no século VIII:

> Pela mente o mundo é conduzido... A mente oscila como um tição, a mente se ergue como uma onda, a mente queima como um incêndio na floresta, como uma grande enchente a mente arrasta tudo. O bodhisattva, examinando cuidadosamente a natureza das coisas, lida com a sempre presente consciência da atividade da mente e, portanto, não cai em poder da mente, a mente caindo em seu poder. E com a mente sob seu controle, todos os fenômenos estão sob seu controle.[3]

A investigação sobre a natureza da mente que o Buda tentou conduzir é uma tarefa não facilmente realizável mesmo hoje pela ciência moderna, que mapeia o sistema nervoso central, reduzindo a consciência a reações químicas e elétricas dentro da rede de neurônios.

UM FIM PARA O SOFRIMENTO

Psicólogos ainda tendem a focar no comportamento externo para estudar o funcionamento da mente.[4]

O Buda, no entanto, começou com a suposição, agora muitas vezes partilhada por neurocientistas, de que a mente sozinha pode conhecer e analisar a mente, e sozinha pode observar o movimento e a natureza dos pensamentos que passam por ela. E portanto a primeira ferramenta, ou pré-requisito de sua ciência contemplativa, era uma mente tranquila.

Não se chega a isso com facilidade, uma vez que a mente é mais ou menos idêntica a uma atividade incessante. Pensamentos e sentimentos fluem para dentro e para fora uns dos outros — tão rápido que mal podem ser separados uns dos outros e das ações que causam. O Buda utilizou uma comparação darwiniana pouco lisonjeira para descrever esse processo:

> O que chamamos de "mentalidade", "mente" e "consciência" surge e cessa, de um modo ou de outro, dia e noite; como um macaco vagando pela floresta agarra um ramo e, soltando-o, agarra outro.[5]

William James, o pai da psicologia moderna, afirmava que era impossível deter o fluxo dos pensamentos. Seu fracasso, assim como o de muitos dos primeiros psicólogos que tentavam estudar a mente por meio da instrospecção, pode ter atrasado o encontro inevitável da psicologia com o budismo. Psicoterapeutas modernos que recomendam a meditação aos seus clientes são mais conscientes de que os pensamentos podem ser identificados e isolados em uma mente calma.

Ao mesmo tempo, são necessários paciência e um esforço sustentado para se sentar imóvel e tornar-se consciente dos pensamentos que passam. O primeiro esforço geralmente produz uma agitação maior. Os pensamentos parecem opressivamente mais numerosos que o normal, borbulhando um após o outro, embora a quantidade deles possa não ser maior que a comum. O narrador atormentado

UMA CIÊNCIA DA MENTE

da reveladora ficção psicológica de Fiodor Dostoievski, *Memórias do subsolo*, descreve a escorregadia natureza de tal autoconsciência:

> Como vou acalmar minha mente? Onde estão as causas primárias sobre as quais construirei? Onde estão meus fundamentos? Onde os obterei? Eu me exercito na reflexão e, consequentemente, comigo toda causa primária leva após si mesma a outra ainda mais primária, e assim até o infinito. Essa é a essência verdadeira de todo tipo de consciência e reflexão.[6]

Como no caso do narrador, pensamentos negativos — ressentimento, inveja e malícia — tendem a se multiplicar mais rápido, fazendo o mundo parecer escuro e inflexível. Mas estar consciente desses pensamentos também é sentir a capacidade de controlá-los. É isso que frusta o homem subterrâneo de Dostoevsky, que não pode nem chegar a um estado de raiva por causa do que chama de "aquelas malditas leis da consciência":

> Você olha para o objeto, e ele sai voando pelo ar, suas razões se evaporam, o criminoso não é encontrado, o errado torna-se não o errado mas um fantasma, algo como uma dor de dente, da qual ninguém tem culpa, e, consequentemente, de novo só há a mesma saída — esmurrar a parede tão forte quanto se pode.[7]

Devotado à atividade, ainda que descuidadamente, o narrador de Dostoievski está determinado a repelir a consciência, a "odiar ou amar", fazer qualquer coisa, "mesmo que apenas para não ficar sentado de braços cruzados". Mas aqueles que têm o hábito de sentar com os braços cruzados descobrem que, quando desencorajados, os pensamentos simplesmente cruzam a mente e se desvanecem. Gradualmente, com crescente concentração, vê-se a mente desacelerar. Uma ligeira dor nos joelhos durante a meditação, que normalmente

UM FIM PARA O SOFRIMENTO

faz você mudar de posição sem pensar, ou um devaneio agradável que cria cenários sem parar, podem ser examinados isoladamente e pode-se resistir a eles antes de se tornarem ação: uma mudança de posição, mais devaneios.

Com a prática regular da meditação tem-se a consciência dos impulsos e sensações aleatórios — ou aprende-se a ignorá-los — que previamente teriam resultado em alguma espécie de reação, física ou mental, mas que agora surgem e desaparecem sem deixar traço.

Os pensamentos então cessam totalmente até se ter consciência de estar perfeitamente imóvel no momento presente. Chega-se a esse estado com relativa facilidade pela meditação disciplinada — o estado no qual os budistas começam a examinar a natureza dos pensamentos discursivos e sua influência sobre o corpo humano.

Esse tipo de meditação enérgica, que o Buda chamou Vipasyana, ia além dos estados regulares de concentração e equanimidade adquiridos pelos *yogis* com foco constante. Requeria uma observação detalhada e objetiva da mente, que podia despojar os pensamentos de sua habitual solidez, do poder que mantêm sobre os seres humanos, do poder que transmitem ao mundo, fazendo-o parecer algo fixo e inflexível, desejável ou indesejável, quando não tem qualidade ou essência inata, sendo apenas um processo contínuo de transformação.

Esse tipo de meditação não se preocupava em encontrar essências dentro ou fora do corpo humano. Analisava como experimentamos a realidade, em vez de descrever o que é a realidade. Minava a percepção equivocada das coisas e situações como imutáveis. Oferecia um modo diferente de perceber o mundo fenomênico, olhando através de sua verdadeira natureza como algo impermanente, insatisfatório e sem essência. Em sua exposição do ensinamento budista, o *Vishuddhimagga* (*Caminho da purificação*), o filósofo indiano do século V, Buddhaghosa, trouxe diversas imagens para descrever a transitoriedade e a evasividade do mundo como experimentadas pelo meditador: gotas de orvalho ao alvorecer, uma bolha na água, uma linha desenhada na água, um relâmpago etc.

{172}

UMA CIÊNCIA DA MENTE

Em um discurso chamado O Estabelecimento da Plena Atenção, o Buda descreveu as várias formas de meditação que preferia. A palavra "meditação" traz à mente a imagem estereotipada de uma pessoa sentada com as pernas cruzadas e os olhos fechados. Mas a palavra budista original para meditação, *bhavana*, que significa cultura ou desenvolvimento, transmite melhor o que o Buda desejava conquistar: a criação de um ambiente mental salutar por meio da consciência constante. Portanto, ele prescrevia uma postura para apenas um exercício de meditação, que requer atenção aos ritmos da respiração. O resto dos exercícios — que envolviam parcialmente o estudo do desejo, da raiva, do ódio, do torpor, da ansiedade, à medida que surgiam na mente — era destinado a acompanhar a rotina diária do meditador.

Para o Buda, observar o processo que ocorre dentro da mente, estar consciente da menor percepção ou pensamento, era ir em direção a uma verdade radical: que a consciência não era uma entidade independente ou autônoma, que era um fluxo perpétuo de pensamentos interdependentes.

O contemplativo que analisa dessa maneira a natureza da mente também compreende a natureza do eu. Embora tanto corpo quanto mente mudem com o tempo, os seres humanos, apesar disso, têm a sensação de algo constante dentro de si — que os caracteriza como pessoas até o dia de sua morte, que lhes dá um sentido de individualidade, que é fraco ou forte dependendo da cultura ou sociedade em que vivem. Desse sentimento de um "eu" inato surge a sensação de um ego autônomo e a tendência a satisfazer e protegê-lo — a tendência que dita praticamente toda a atividade humana.

Percebendo-se como separado, o ego transforma o mundo e as outras pessoas em meios para sua satisfação, dando lugar ao desejo, ao orgulho, à repugnância, à raiva e outras emoções. O ego procura gratificar e proteger a si mesmo por meio de desejos. Mas os desejos criam atrito quando colidem com o ambiente maior em constante mutação. Levam apenas a mais desejos e mais insatisfação, e assim o esforço de proteger e gratificar o eu é constantemente desestabilizado e perpetuado.

A meditação, portanto, revelou ao Buda a natureza condicionada e insatisfatória do eu. Originou a teoria que apoiou sua visão dos fenômenos mais como processos do que como essências fixas. Mas a teoria pouco significava para Buda se não fosse capaz de ser verificada e transformada em um meio de superar o sofrimento. A meditação era, de forma mais importante, uma prática indispensável para se chegar ao nirvana, que nada mais era que a plena realização dentro do próprio ser da insubstancialidade do eu, e a liberação de suas emoções primárias: cobiça, ódio e ilusão.

Filósofos budistas, como Asanga e Vasubhandhu, pertencentes à escola Yogachara que floresceu no norte da Índia nos séculos IV e V d.C., levariam a visão do Buda ainda mais longe.[8] Viam a consciência como um fluxo sem começo nem fim, que podia nascer apenas de um instante anterior de consciência e resultar no instante seguinte de consciência. E que continuava após a morte. Assim como os físicos modernos veem a energia de massa, assim eles viam a consciência: algo que não pode ser criado ou destruído, mas apenas transformado. Era capaz de interagir com o corpo humano, mas, como os budistas modernos têm afirmado, não podia ser reduzida a reações químicas no cérebro e não desaparecia com o próprio corpo material, seguindo para se manifestar em outro corpo. A prova disso residia na reencarnação — pessoas que lembravam suas vidas passadas, como o atual Dalai Lama, que quando criança identificou o rosário e a bengala que usara em sua encarnação como o Dalai Lama anterior.

Mais tarde, os filósofos também refinaram a visão do Buda dos fenômenos como coisas que se manifestam mas não têm existência fixa ou autônoma. Ao contrário da corrente dominante da filosofia ocidental, não tentaram descobrir ou presumir uma existência está-

UMA CIÊNCIA DA MENTE

vel ou permanente por trás dos fenômenos — algo que poderia ser a base do conhecimento sobre o mundo natural. Aceitaram que as leis de causa e efeito funcionavam no mundo cotidiano convencional, mas rejeitavam a noção de que podia haver uma realidade existente independente por trás das aparências. A carruagem com a qual o rei Menandro viajara para ver o monge budista Nagasena era real o bastante. Pertencia ao que os budistas chamavam de reino da verdade relativa ou convencional (*samvrti*). Mas a carruagem era apenas a soma de suas partes constituintes, que, quando separadas, reduzidas a grãos de poeira e eventualmente a moléculas e átomos, revelavam sua realidade última — o que os budistas chamam de *parmartha*.

Para os filósofos budistas, as partículas que constituem a matéria não são mais reais que suas partes constituintes. Não são entidades sólidas e indivisíveis sem existência intrínseca. Nagarjuna, o filósofo do século II, chegou a afirmar que a natureza última dos fenômenos era o vazio, o que explicava sua capacidade de se manifestar infinitamente. Isso está próximo do que acreditava o físico Werner Heisenberg: que os átomos e as partículas subatômicas "formam um mundo de potencialidades e possibilidades, mais que de coisas e fatos".[9]

Mas as análises filosóficas budistas do mundo fenomênico nunca se ampliaram em explicações científicas. Isso porque os filósofos budistas tinham metas diferentes, mais pragmáticas. Objetivavam transformar o mundo exterior não com ciência e política, ou construindo armas atômicas, mas ajudando os seres humanos a entender a natureza da mente e a se livrar das emoções negativas — ódio, raiva, malícia, inveja — causadas por seu apego a entidades aparentemente sólidas como o eu e o mundo.

{175}

Girando a roda

O BUDA PASSOU ALGUNS dias depois de sua iluminação em Uruvela. Primeiro duvidou que pudesse partilhar com outros suas ideias — que achava serem "contra a corrente", "difíceis de ver, difíceis de entender", e que, afirmava, "homens subjugados pelas paixões e cercados por uma massa de escuridão não podem ver".[1]

De acordo com uma lenda, o Senhor Brahma em pessoa apareceu para persuadir o Buda a se tornar um mestre. O Buda disse que "o mundo se deleita com os prazeres dos sentidos, mas meu ensinamento visa à renúncia de todos os apegos e à destruição da ânsia". Ele se preocupava porque as pessoas poderiam não entendê-lo. A isso, Brahma aparentemente respondeu que havia pessoas "com apenas um pouco de poeira em seus olhos" que provavelmente responderiam bem a ele.

Quando finalmente superou suas dúvidas, o Buda imaginou com quem deveria partilhar suas descobertas. Pensou em seus dois gurus, Kalama e Ramaputra, mas ambos tinham morrido nos últimos seis anos. Lembrou-se então dos cinco brâmanes de Kapilavastu que se juntaram a ele brevemente em suas práticas ascéticas. Sabia que eles estavam em um parque perto de Benares e, embora o tivessem censurado por abandonar o ascetismo, o Buda esperava que fossem receptivos ao que ele tinha a dizer.

*

UM FIM PARA O SOFRIMENTO

Quando, logo depois de sua iluminação, ele foi para Benares, que ficava a vários árduos dias a pé de distância, o Buda tinha apenas 35 anos. Fora um chefe de família, um *sramana* e um asceta. Conhecera o amor sexual, o poder político, a vida sem lar de um *sramana*, os transes de um *yogi* e a automortificação de um asceta. E agora, depois desse leque de experiência humana, ele conhecera o que achava ser a verdadeira sabedoria.

Um *sramana* nu, um dos Ajivikas que eram deterministas radicais, encontrou-o no caminho para Benares e ficou claramente impressionado com seu ar confiante. Perguntou ao Buda quem era seu mestre. O Buda declarou que ele era o iluminado, não tinha mestre e era ele mesmo um. Em vez de cair aos seus pés, o *sramana* disse simplesmente: "Pode ser que seja, irmão", e se afastou.[2]

Se isso não foi frustrante para o Buda, a resposta inicial de seus antigos companheiros no parque dos cervos de Benares deve ter sido desencorajadora. Quando o viram se aproximar, decidiram não cumprimentá-lo nem se levantar à sua presença. Mas quando ele se aproximou, eles perceberam o estado de graça que o tomara e sua determinação se enfraqueceu.

Receberam o Buda com cortesia. Pegaram sua tigela de esmolas, seu manto e lavaram seus pés. Mas quando se dirigiram ao seu ex-companheiro como um "amigo", o Buda lhes disse que agora era um *tathagata arhat*, um sábio iluminado, e deveria ser tratado como tal.

Os ascetas podem ter sido céticos, se não desdenhosos, em relação ao seu companheiro Shakya. Da última vez, o tinham visto quebrando seus votos e comendo papa. Para eles, parecia claro que a busca dele pela iluminação terminara.

Desejando talvez persuadi-los, o Buda pronunciou seu primeiro sermão, que veio mais tarde a ser conhecido como Colocando em Movimento a Roda do *Dharma*. Primeiro, ele tentou demonstrar que já tinha experimentado os meios extremos — a vida de chefe de família com suas satisfações sensuais e o ascetismo dos *sramanas* — e que o que ensinava era o Caminho do Meio:

{178}

GIRANDO A RODA

Há dois extremos, monges, que não devem ser perseguidos por quem deixou o mundo. Quais? (Por um lado) entregar-se à indulgência dos prazeres sensuais. Isso é baixo, comum, vulgar, ímpio, inútil. (Por outro lado), entregar-se à automortificação. Isso é doloroso, ímpio (e também) inútil.[3]

Ele então explicou as quatro nobres verdades:

1. *Duhka.*
2. *Samudaya*, o surgimento ou origem de *duhka*.
3. *Nirodha*, a cessação de *duhka*.
4. *Marga*, o caminho que leva à cessação de *duhka*.

A primeira nobre verdade, da qual as outras três derivam, geralmente é entendida como a vida é *duhka*, que em sânscrito significa literalmente dor ou sofrimento. A segunda nobre verdade é que o sofrimento é causado por *trishna* (ânsia), que nos liga ao mundo fenomênico impermanente e dá lugar ao renascimento. A terceira nobre verdade é que o sofrimento pode ser curado. A quarta nobre verdade estabelece o caminho óctuplo, que descreve a jornada do comportamento moralmente elevado à meditação e à sabedoria e culmina na cessação do sofrimento. São eles:

1. Reta Concepção.
2. Reta Intenção.
3. Retas Palavras.
4. Reta Conduta.
5. Reto Meio de Vida.
6. Reto Esforço.
7. Reta Atenção.
8. Reta Meditação.

Não é coincidência que as quatro nobres verdades assumam a forma de um diagnóstico médico e sua cura. Desde seu primeiro sermão,

{179}

UM FIM PARA O SOFRIMENTO

o Buda tentou identificar e depois propor soluções para o que via como o problema fundamental da vida — o sofrimento. Seus objetivos eram terapêuticos e éticos, não metafísicos ou teológicos. Perseguindo-os, ignorava ou negava quase todo tipo de devoção — Deus, alma, eternidade — corrente em sua época, que iria formar a base de muitas religiões e metafísicas subsequentes na Índia e em outros lugares.

Ele também evitou propor uma nova teologia ou dogma. Pode parecer que as quatro verdades nobres formem parte de um dogma ou credo budista, mas o Buda as entendia como uma descrição das coisas como elas realmente são, evidentes por si mesmas, que mesmo assim não enxergamos. Era por isso que ele não buscava persuadir. Falava como se o sofrimento fosse universal, sentido por quase todas as pessoas vivas; presumia também que era a percepção equivocada ou a ignorância da verdadeira natureza do eu que causava este sofrimento.

A vida em seu curso normal gerava diversas formas de sofrimento: velhice, doença, morte e a dor mental e física — depressão, melancolia, pesar —, que só podiam ser *duhka*. Esse foi o sofrimento que o Buda primeiro testemunhou quando, como um jovem príncipe protegido, viu velhice, decadência e morte. Como ele disse: "Nascer é sofrer, envelhecer é sofrer, adoecer é sofrer, morrer é sofrer, tristeza, pesar, infelicidade e inquietação são sofrimento."

No século XIX, Schopenhauer escolheu tais palavras para apresentar sua visão do budismo como uma religião especialmente pessimista. Mas o Buda oferecia ao final uma promessa de bem-aventurança e tinha muito mais em mente quando falava desse sofrimento. Falava também do descontentamento e da inquietação causados pela natureza impermanente das coisas. "Estar unido com o que não se gosta é sofrimento. A separação do que se gosta é sofrimento, não ter o que se quer é sofrimento."

{180}

GIRANDO A RODA

Esse é o sofrimento que fica à espreita quando conhecemos a felicidade, quando alguém ou algo de que gostamos muda, ou um acontecimento desagradável irrompe em nossa vida — o sofrimento que parece maior por substituir a felicidade e parece residir numa realidade inabalável que, como o Buda disse, "é o mundo em constante fluxo e é impermanente", e a "vida humana é como um rio de montanha, correndo rápido para longe, levando tudo consigo; não há momento, instante, segundo em que pare de correr, mas segue fluindo e perdurando". Aqui, *duhka* adquire mais significados: refere-se à natureza impermanente, incontrolável e imperfeita do mundo fenomenal.

O sofrimento generalizado e cotidiano — parte de um mundo de mutação e decadência — era o que o pensador escocês do século XVIII David Hume tinha em mente quando escreveu:

> Se um estrangeiro caísse subitamente neste mundo, eu lhe mostraria como um espécime de seus males, um hospital cheio de doenças, uma prisão lotada de malfeitores e devedores, um campo de batalha tomado de carcaças, uma frota afundando no oceano, uma nação definhando sob a tirania, fome e pestilência. Para mostrar o lado alegre da vida e dar a ele uma noção de seus prazeres, aonde deveria conduzi-lo? Ao baile, a um concerto, à corte? Ele poderia justamente pensar que eu estava apenas lhe mostrando uma variedade de infortúnio e tristeza.[4]

Para o Buda, tanto quanto para Hume, a felicidade estava muito proximamente ligada ao sofrimento. Mesmo a felicidade causada pela meditação era fugaz e, portanto, *duhka*. A felicidade nunca poderia ser completa e permanentemente possuída na medida em que ela surgia a partir de condições externas a nós, condições que mudavam o tempo todo.

UM FIM PARA O SOFRIMENTO

Parte do problema era que o chamado eu que experimentava o mundo era inatamente instável, mudando de momento a momento, e, portanto, insubstancial. "Eu neste momento e eu hoje à tarde somos na verdade dois", escreveu Montaigne, um arguto observador do eu.[5] O homem, disse o humanista do século XVI, era "um objeto maravilhoso, vão, diverso e ondulante" que "em todas as coisas é miscelânea e heterogeneidade". Nas mãos desse homem mutável, mesmo a razão se revelava como "um instrumento de chumbo e cera, extensível, moldável e acomodável a qualquer inclinação ou medida".[6]

Sua visão do eu e do mundo como entidades marcadas pela diversidade e pelo movimento perene levou Montaigne a escrever em seus ensaios:

> Eu não retrato o ser. Eu retrato o que passa. Não o que passa de uma idade a outra ou, como as pessoas dizem, de sete em sete anos, mas de dia a dia, de minuto a minuto.[7]

Uma concepção semelhante do homem mutável levou o Buda em diversas ocasiões a fornecer finas descrições analíticas de eventos que, de acordo com ele, constituem o processo da experiência:

> Da dependência do olho e de objetos visíveis nasce a consciência visual. A união desses três (o olho, os objetos e a consciência visual) constitui contato. O sentimento se compõe dependente desse contato. Assim, percebe-se o que é sentido; o que é percebido se considera, e o que se considera dá margem a todo tipo de noções.[8]

Na visão do Buda, nenhum dos estágios desse processo pode ser isolado dos outros. Percepção, sentimento e consciência formam parte de um complexo dinâmico, que os indivíduos podem chamar de seu

{182}

eu por conveniência, mas não há nada de estável ou duradouro nele. É por isso que *duhka*, sofrimento, ou impermanência e descontentamento, reside na própria essência da vida humana.

Essa visão austera não se afasta muito da encontrada entre os maiores romancistas modernos, Flaubert e Proust, que escreveram como os seres humanos, desejando felicidade e estabilidade, eram lentamente minados, durante o curso de suas vidas, pela inconstância de seus corações e a intermitência de suas emoções.

A experiência pessoal e um hábito de análise minuciosa parecem comuns ao meditador e ao artista em suas descobertas: eles veem que o ser humano é um processo, uma rede mutável de relações entre os aspectos cambiantes de sua pessoa, como percepções, desejos e ideias, e que por presumir possuir um eu estável ele afunda mais na ignorância e no engano.

Para o Buda, no entanto, essas descobertas eram importantes apenas até onde levassem à possibilidade de salvação. A partir de sua visão do indivíduo como um eu fugidio descontente e irrequieto, que deseja algum tipo de felicidade, segurança e estabilidade permanentes e que está constante e despropositadamente ativo, o Buda chegou a uma conclusão: a de que há, como a segunda nobre verdade afirma, uma causa discernível do sofrimento.

Ele não culpava o indivíduo pelos seus sofrimentos, usando conceitos como "pecado" e "mal". Teria sido fácil, e até banal, fazer isso. Mas teria sido uma contradição em relação à sua própria experiência — à qual chegou pela meditação — do eu individual como um processo sem essência. Ele sabia dos pensamentos e sentimentos, bons ou maus, que causavam o sofrimento por serem incontroláveis e constantemente mutáveis. Tinha de haver outra causa, não pessoal, para o sofrimento e o Buda a descobriu em *trishna*, a ânsia:

UM FIM PARA O SOFRIMENTO

E esta, Oh, *bhikshus*, é a Verdade do Nascimento do Sofrimento. É apenas a sede ou ânsia (*trishna*) que gera a repetição da experiência, que está ligada ao apetite apaixonado e que busca um novo prazer ora aqui, ora ali, ou seja, a sede de prazeres sensuais, sede de existência, sede de não existência.[9]

Trishna literalmente impele os seres humanos. Era diferente do desejo — o Buda não parece ter desaprovado o desejar *per se* ou sentir que estava se contradizendo quando saía toda manhã buscando donativos. Querer algo de sua livre vontade, e com a intenção correta, não era ansiar. O ansiar aparecia "quando o que parece amável e gratificante nasce e se estabelece". É isso que faz os indivíduos procurarem "um novo prazer aqui e ali", tanto nesta vida como na próxima. Havia um ansiar pela fuga da dor assim como um ansiar por riqueza, poder e *status*; um ansiar por prazeres sensuais, assim como por opiniões corretas.

Cada instância do ansiar envolvia uma fuga do aqui e agora, um desejo de se tornar ou ser algo ou algum lugar que não o que o momento presente oferecia. Mas buscar incessantemente um novo estado de ser e ao mesmo lutar pela permanência era se expor à frustração:

O mundo, cuja natureza é se tornar outro, é comprometido com o vir a ser, expõe a si mesmo ao vir a ser; apenas se agrada com o vir a ser, mas o que agrada traz medo, e o que teme é a dor.[10]

O renascer, seja em outro momento da experiência ou em outra vida, era causado precisamente por essa ânsia de novas formas de existência, pelo desejo de ser algo ou de estar em algum lugar.

Como um grande princípio que pretende explicar toda a vida humana, *trishna* não difere muito do Espírito da História de Hegel, da Vontade de Schopenhauer, ou da Vontade de Poder de Nietzsche: algo que, na verdade, não podemos observar ou verificar, algo vagamente metafísico. O mais próximo paralelo ocidental de *trishna* é a vontade de viver de Schopenhauer, a força cega que está por trás da vida na terra, que o filósofo alemão julgava responsável por todo o sofrimento no mundo e que achou melhor ser negada ou pelo ascetismo ou pela contemplação ascética.

Mas o Buda insistia em atrelar *trishna*, como suas outras descobertas, à experiência humana real: para ele não era, assim como o era a vontade para Schopenhauer, a "coisa-em-si", algo separado do mundo condicionado e fenomênico. A meditação lhe revelara a mente humana como um receptáculo de impulsos aleatórios e efêmeros, que fazia alguém mudar de postura, ou mergulhar em um devaneio ou ainda querer dar um tempo.

Como o Buda os via, esses impulsos, interminavelmente indo e vindo e constituindo o que os seres humanos percebem como experiência, trabalhavam de forma mecânica. Não eram resultado de uma decisão ativa do indivíduo, o que explica por que o indivíduo não pode ser a causa de seu próprio sofrimento.

Esses impulsos espontâneos pareciam constituir uma tendência básica dentro da vida humana, uma tendência que se replicava infindavelmente. O Buda chamava essa tendência de "apego" (*upadana*), a qual floresce por conta da profunda ignorância (*avidya*) do homem da natureza do eu e das coisas como elas realmente são: impermanentes, insatisfatórias, sem essência.

O apego produz nossos desejos típicos e renováveis de *status*, poder, riqueza e amor sexual. Mas, como o Buda nunca se cansou de repetir, desejar a felicidade completa e segura com um eu esquivo e num mundo impermanente é cortejar a frustração e o descontentamento. Mesmo a satisfação de todos os desejos de alguém poderia trazer apenas uma felicidade efêmera. Como disse Oscar Wilde: "Neste mundo há duas tragédias, a de não se conseguir o que se quer e a de se conseguir."

UM FIM PARA O SOFRIMENTO

O Buda foi categórico quanto aos efeitos do *trishna* sem controle. "Todos os aspectos da experiência na mente e no corpo nos quais há apego são sofrimento."[11] Isso reduz o indivíduo a um monte de impulsos, fadado a repetir o padrão de ânsia, da ignorância e do apego. Mas o que o Buda estava criando por meio desse diagnóstico aparentemente desanimador era o caminho para uma cura.

De acordo com ele, os impulsos que surgem da mente, por mais automáticos e habituais que sejam, também oferecem escolhas ao indivíduo. O indivíduo pode escolher segui-los. A decisão que venha a tomar o definirá para melhor ou pior. Assim, para o Buda, escolha e intenção moldam o ser humano. Elas criam seu mundo emocional e psicológico. E se somam ao que os brâmanes chamavam de *karma* — o *karma* que para os budistas residia na intenção, expressa ou não, tanto quanto na ação.

Anteriormente, *karma* fora o ato ou obra do indivíduo realizado como parte de uma ordem social determinada pelos brâmanes, que estabelecia sua posição social na próxima vida. O Buda rejeitou essa definição, que impunha ao indivíduo ver sua salvação no serviço à ordem social. "São a escolha ou intenção que eu chamo de *karma* — trabalho mental — porque, tendo escolhido, um homem age com seu corpo, fala e mente",[12] disse ele.

Com essas palavras aparentemente inócuas, o Buda introduziu na Índia uma ideia não menos radical que aquela dos pensadores da Renascença europeia, quando disseram que o bem era determinado pela vontade humana, não por Deus ou pela natureza. "De que serve o homem", perguntara Erasmo, "se Deus age nele como o oleiro na argila?"[13] Ele fazia sua intervenção no debate secular ocidental sobre livre-arbítrio e determinismo, cujos termos foram estabelecidos por São Paulo quando declarou que os seres humanos eram como argila inerte nas mãos de Deus. Erasmo e humanistas como ele queriam afirmar a dignidade dos seres humanos, sua capacidade de exercitar suas vontades e optar pelo bem.

GIRANDO A RODA

O Buda reagiu a uma visão similarmente reducionista da salvação — da graça obtida por meio do ritual, de ações socialmente prescritas — quando definiu *karma* como intenção e ofereceu a possibilidade de que os indivíduos rompessem com o universo supradeterminado do sofrimento.

Embora suas habilidades sejam parcialmente formadas pelo *karma* de suas vidas anteriores, os seres humanos ainda têm capacidade de exercer o livre-arbítrio dentro de suas vidas atuais. *Karma* era em parte destino, mas um destino do qual os indivíduos poderiam se tornar, digamos assim, autores. Eles podem afastar o véu da ignorância, ver as coisas como elas são e controlar seus desejos. Era isso que afirmava a terceira nobre verdade: que o sofrimento pode ser superado, que a liberação é possível. Isso leva à quarta nobre verdade — o caminho óctuplo — que prescreveu os meios exatos por meio dos quais podem ser superadas a cobiça, a raiva e a ilusão e cultivados o desapego, a gentileza amorosa e a sabedoria.

O primeiro deles, Reta Concepção, significa que ação, fala e pensamento devem fluir de uma consciência das coisas como elas realmente são, impermanentes e insatisfatórias. A Reta Intenção envolve libertar-se do egoísmo e dos prazeres sensuais e agir com compaixão e benevolência. A Reta Palavra implica uma distância rigorosa do falso, prejudicial e da conversa fiada. A Reta Conduta proscreve a violência, o furto e a conduta sexual imprópria. O Reto Meio de Vida significa não trabalhar em nenhum lugar que force a violação das regras da Fala Correta e da Reta Atenção. O Reto Esforço envolve uma vigilância constante contra estados mentais perniciosos (raiva, cobiça, malícia). A Reta Atenção é a consciência perpétua do corpo, dos sentimentos e dos pensamentos. A Reta Meditação envolve concentrar a mente em um único objeto, e é o primeiro estágio da meditação que leva a uma equanimidade profunda e duradoura.

"Parece-me", escreveu Nietzsche, "que a maioria das pessoas simplesmente não acredita em estados de espírito elevados, a menos que

UM FIM PARA O SOFRIMENTO

estes durem por momentos apenas ou no máximo por um quarto de hora — exceto para aqueles que conhecem em primeira mão a duração mais longa dos sentimentos elevados. Mas ser um ser humano com um sentimento elevado — ser um único grande estado de espírito encarnado —, que até o momento foi um mero sonho e uma possibilidade encantadora, disso a história não oferece nenhum exemplo seguro."[14]

Poder-se-ia dizer que o Buda descrevera o caminho para um único grande estado de espírito encarnado. A ciência moderna pode apoiar esse método — um artigo recente na *New Scientist* afirma que o lobo pré-frontal do cérebro, "associado às emoções positivas, ao bom humor, à presciência, ao planejamento e ao autocontrole" é notavelmente mais ativo entre os meditadores budistas.[15] Ao desejar concentrar em vez de dissipar a vontade, o Buda se opôs aos místicos e românticos que tentaram criar um estado de espírito exaltado por meio dos devaneios emocionais e da atenção dissipada. Sua ênfase era no autocontrole, mais bem resumido por estas linhas de Milton: "Aquele que reina interiormente e rege paixões, desejos e medos é mais que um rei."

Em sua suspeita do desejo e sua preocupação com o sofrimento, o Buda lembra mais os filósofos helenistas, os epicuristas, estoicos e céticos, que floresceram na esteira de Sócrates, Platão e Aristóteles. Supõe-se que o cético Pirro tenha acompanhado Alexandre, o Grande, à Índia no século IV a.C. Mas a semelhança é notável mesmo que Pirro não tenha levado de volta consigo alguns aspectos dos ensinamentos do Buda:

> Vazias são as palavras dos filósofos que não oferecerem terapia para o sofrimento humano. Assim como não há utilidade para o conhecimento médico que não traz terapias para doenças do corpo, não há utilidade na filosofia se ela não expele o sofrimento da alma.[16]

{188}

GIRANDO A RODA

As palavras são de Epicuro. Mas poderiam ter sido do Buda. Os filósofos helenistas também buscaram evitar o sofrimento e chegar a um estado de tranquilidade controlando o desejo. Seu meio primário era a virtude, que muitas vezes igualavam à razão. Mas para o Buda a vida virtuosa, embora essencial, era uma preparação para as tarefas da meditação — uma experiência desconhecida para os helenistas ou para qualquer outra forma de filosofia ocidental.

Uma vida virtuosa era para o Buda o primeiro de três estágios do caminho para o *nirvana*: autodisciplina moral, meditação e sabedoria (*sila, samadhi, prajna*). Segundo ele, uma vida vivida verdadeira e pacificamente, em pobreza voluntária mas sem automortificação, uma vida vivida, em resumo, com *sila*, criava um estado mental salutar. Criava o mínimo indispensável para se conseguir a concentração e a equanimidade, o que então tornava possível seguir o tipo especial de meditação: aquela na qual o meditador permanece com clara consciência de seus estados mentais internos e externos, de seu ambiente, de suas experiências, de suas ações, de seus pensamentos enquanto eles se desdobram momento a momento.

Como em qualquer tipo de treinamento mental, a disciplina da meditação equipa o indivíduo, a um ritmo constante, com uma nova sensibilidade. Mostra-lhe como a ânsia por coisas que são transitórias, sem essência e defeituosas leva ao sofrimento. A meditação regular tranforma esse novo modo de ver em um hábito. Distancia o indivíduo das tentações do mundo e o fixa num estado de profunda calma: um "único grande estado de espírito encarnado":

> (O monge) nem constrói em sua mente, nem deseja criar, estado físico ou mental, ou a destruição de nenhum desses estados. Por não querer nada no mundo, ele se agarra ao nada; e não se agarrando, não é ansioso e, portanto, é perfeitamente calmo interiormente.[17]

UM FIM PARA O SOFRIMENTO

Foi esse estado não condicionado de liberdade que o Buda alcançou certa noite sentado sob a figueira em Bodh Gaya, o estado a que chamou de *nirvana* e descreveu como o objetivo verdadeiro de todos os seres sensíveis: um *nirvana* que não consistia em uma união mística com Deus ou, como muitas vezes se supõe, na aniquilação do indivíduo, mas no fim da ânsia e da ignorância que causam o ciclo de renascimento e sofrimento.

O parque dos cervos onde o Buda pronunciou seu primeiro sermão se chama hoje Sarnath. Ficou esquecido por muitos séculos até que um arqueólogo amador britânico escavou o local no século XIX. Encontrou *stupas* e um pilar erigido originalmente pelo imperador Ashoka no século III a.C. O maior dos *stupas*, chamado Dhamekh, ficava no local onde Buda supostamente fez o primeiro sermão, sentado com os brâmanes de Kapilavastu. Mais tarde, os arqueólogos descobriram o lugar onde o Buda aparentemente se protegeu das chuvas. Encontraram também mosteiros, que pareciam ter sido destruídos por um grande incêndio. Um templo construído pelo budista cingalês Anagarika Dharampala fica agora no local do santuário. As ruínas dos monastérios encontram-se em meio a vastos gramados. O terreno inclui também um parque dos cervos e um zoológico.

Logo após concluir seu sermão para os cinco brâmanes de Kapilavastu, o Buda consquistou seus primeiros discípulos. O brâmane chamado Kondanna declarou seu desejo de ser ordenado monge por Buda. O Buda o atendeu, inaugurando assim o *sangha*, a ordem dos monges — provavelmente a primeira seita monástica como tal no mundo.

Os outros quatro ascetas de Kapilavastu logo se juntaram a Kondanna, após terem recebido instruções individuais do Buda. Mas os discípulos mais importantes do Buda ainda estavam por vir. Não muito tempo depois do primeiro sermão, um jovem de Benares, chamado Yasa, apareceu certa manhã no parque dos cervos.

De acordo com as lendas sobre ele, Yasa era um jovem rico muito dado à instrospecção.[18] Como muitos ricos de seu tempo, incluindo o próprio Buda na juventude, Yasa tinha três mansões, em uma das quais passava quatro meses ininterruptos durante as monções, farreando com musicistas. Sua desilusão parece ter começado quando acordou certa noite e, à luz da lamparina, viu as mulheres dormindo em várias posições de indignidade.

Subitamente tomado de aversão por sua vida, Yasa deixou a mansão e foi ao parque dos cervos onde o Buda e outros *sramanas* costumavam se reunir. O Buda percebeu que ele estava infeliz. Convidou Yasa a sentar-se a seu lado e deu-lhe seu primeiro "discurso graduado". Esse era um método pedagógico que ele usava, no qual começava com as normas éticas para uma vida boa e passava à parte mais complexa de seu ensinamento apenas quando se certificava de que seria entendido.

Falou a Yasa primeiro sobre a importância da caridade, das regras éticas, da futilidade de perseguir desejos sensuais e dos benefícios de abandoná-los. Quando Yasa se mostrou receptivo e disposto a ouvir mais, o Buda revelou-lhe a verdade mais profunda do sofrimento, sua causa, sua extinção e os caminhos para o *nirvana*.

O ansioso pai de Yasa procurava por ele enquanto o filho estava no parque, absorvendo avidamente os ensinamentos do Buda. Por fim ele chegou a Sarnath e perguntou ao Buda sobre seu filho. Em resposta, o Buda pediu-lhe que se sentasse e lhe fez o mesmo discurso graduado. O pai de Yasa rapidamente se converteu.

Mas enquanto estava sentado, viu seu filho na multidão que cercava o Buda. Contou a Yasa sobre sua mãe desconsolada e implorou-lhe que voltasse para casa. Yasa olhou para o Buda sem saber o que fazer e Buda finalmente disse que Yasa desprezava demais a vida mundana para poder retornar a ele. O pai de Yasa não tinha o que argumentar contra isso. Convidou o Buda e seu filho para uma refeição em sua casa, e a ela retornou.

Logo que seu pai se foi, Yasa pediu ao Buda que o ordenasse monge. O Buda assim o fez, transformando-o em seu sétimo *bhikshu*. No dia seguinte ele foi à casa do pai de Yasa, onde fez um discurso graduado para sua mãe e sua esposa. Em vez de se sentirem enraivecidas pela rejeição de Yasa, ambas se tornaram seguidoras laicas do Buda.

Notícias da conversão de Yasa se espalharam rapidamente e intrigaram muitas pessoas, que se perguntavam por que um jovem privilegiado abandonaria tudo para se tornar um *sramana*. Logo, quatro amigos de Yasa, também filhos de mercadores de Benares, procuraram o Buda e foram aceitos por ele como *bhikshus*. Foram seguidos por outros cinquenta amigos de Yasa dos arredores de Benares.

Essas conversões dramáticas têm um ar de conto de fada, como se tivessem sido inventadas mais tarde pelos biógrafos, ansiosos por creditar a Buda poderes miraculosos de carisma e persuasão. O que, se pergunta, dizia o Buda para ser tão instigante para esses ricos cidadãos de Benares?

Mas é fácil deixar escapar a originalidade do que Buda disse e como o disse, porque o vemos através de séculos compactos de história e não com os olhos frescos de alguém no norte da Índia há 2.500 anos, que requer, mais que uma explicação abstrata do mundo, um aconselhamento sobre como viver.

Sócrates respondia à mesma necessidade espiritual. Em torno do século VI a.C., os filósofos pré-socráticos, aproximadamente contemporâneos do Buda, haviam começado a se afastar da mitologia tradicional e a buscar explicações físicas para fenômenos observáveis como o movimento das estrelas e os eclipses. Eles se voltaram para a cosmologia, tentando encontrar um princípio unificador para a desconcertante multiplicidade dos fenômenos no mundo. Tales sugeriu que tudo era composto por água. Heráclito postulou o fluxo como a lei universal observada pelos sentidos. Parmênides e seu discípulo

Zeno negaram totalmente a realidade das aparências. Anaxágoras propôs a mente como causa de todos os processos físicos.

Até o aparecimento de Sócrates, a filosofia significava qualquer coisa, de metafísica a ética e medicina, matemática, geometria e astronomia. Era a soma do que os gregos haviam aprendido sobre a *phusis* — fenômeno do crescimento dos seres vivos e do homem, mas também do universo. Os sofistas deram-lhe um componente prático ao torná-la parte do cultivo de jovens gregos com ambições políticas. Eles eram professores itinerantes que transmitiam um sentido geral do que hoje chamamos de "cultura" pela arte da oratória.

Sócrates foi o primeiro entre os filósofos gregos a afirmar que adquirir saber de fontes externas não era a mesma coisa que adquirir conhecimento por si mesmo, o que envolvia contínua instrospecção. Platão o descreve observando no princípio do *Simpósio*: "Como seria agradável se a sabedoria fosse o tipo de coisa que pudesse fluir do que está mais cheio para o que está mais vazio."

Sócrates não estava muito interessado no conhecimento utilitário: "Não tenho a menor preocupação com o que ocupa a maioria das pessoas: questões financeiras, administração de propriedade, nomeações ao generalato, triunfos oratórios em público, magistraturas, coalizações, facções políticas. Não sigo esse caminho... mas aquele no qual possa fazer o bem maior a cada um de vocês em particular, ao persuadi-los a serem menos preocupados com o que têm do que com o que são, para que vocês se tornem tão excelentes e racionais quanto possível."[19]

Para ele, ser racional e excelente era saber sobre escolha moral, sobre escolher o bem e saber como viver. O conhecimento não estava nos conceitos, mas na virtude, e estava disponível a todos, uma vez que a capacidade e o desejo pelo bem existiam dentro de todos os seres humanos. O filósofo meramente alertava os indivíduos quanto a essas possibilidades internas, que eles tinham de escavar por si próprios.

Como Sócrates notoriamente afirmou: "Uma vida não examinada não é digna de ser vivida pelo homem."

Sócrates representou a conquista dos gregos em um alto estágio de sua cultura: o filósofo individual que exortava sua audência a ir além de formas convencionais de conhecimento e em direção ao autoconhecimento e à escolha moral. Mesmo Nietzsche, que culpava Sócrates por inúmeros males, admitiu que "na Grécia antiga, Sócrates se defendia com toda a sua força contra... (a) negligente arrogância dos seres humanos para o benefício da raça humana", e gostava de indicar o verdadeiro alcance e conteúdo de toda reflexão e preocupação com uma expressão de Homero: ele compreende, disse, "apenas aquilo que encontro de bem e mal em minha própria casa".

Poderíamos dizer quase o mesmo a respeito do Buda. Houvera dissidentes antes dele: os *sramanas* que sentiam que a vida vivida pelo costume e pela tradição deixava muitas questões sem resposta. Eles rejeitavam a autoridade dos Vedas e dos brâmanes — não pareciam levá-los à sabedoria. Achavam que a vida comum era incompatível com as verdades mais elevadas que se adquiria por meio do pensamento solitário ou ascetismo. Tinha de ser refutada, antes de ser examinada.

Mas, embora os *sramanas* dialogassem muito entre si e perante grandes audiências, eles lidavam basicamente com afirmativas. A realidade consistia nisso e naquilo e não havia fundamento para a moralidade. Viviam no que o Buda, comentando sobre o fermento intelectual de seu tempo, chamou de "selva de opiniões".

Ao contrário deles, o Buda preocupava-se em examinar a natureza da experiência humana, não em especular sobre seu suposto objeto — o mundo, seus muitos componentes, suas essências etc. Para esse fim, ele propunha uma descrição da mente e do corpo experimentadores — os meios humanos básicos de compreender a realidade.

Sentado debaixo de uma saraca vermelha, ele apanhou umas folhas caídas e perguntou aos *bhikshus*, ou monges, se eram mais numerosas as folhas em suas mãos ou as folhas na árvore. Quando os *bhikshus* responderam o óbvio, o Buda disse-lhes que, da mesma forma, ele sabia mais do que lhes havia revelado, porque o restante não tinha utilidade na busca da sabedoria.

Assim, ele ignorou a questão, que obceca teólogos cristãos, sobre como surgiu o sofrimento em um mundo criado e supervisionado por um Deus eternamente amoroso. Ele negava que pudesse haver um Deus poderoso criador de um mundo onde tudo estava causalmente relacionado e nada vinha de lugar algum. Para ele, nem Deus nem nada mais havia criado o mundo; na verdade, o mundo era criado continuamente pelas ações, boas ou más, dos seres humanos. O Buda não se prendia a grandes questões abstratas, preferindo incitar o indivíduo a encarar sua situação imediata.

Como disse a um discípulo que lhe perguntou se o mundo era eterno e infinito, ou se alma e corpo eram a mesma e única coisa:

> É como se houvesse um homem atingido por uma flecha altamente envenenada. Seus amigos e companheiros, família e parentes chamariam um médico para ver a flecha. E o homem poderia dizer: "Não vou tirar esta flecha enquanto não souber se o homem que me atingiu era um brâmane, um *kshatriya*, um *vaishya* ou um *shudra*... enquanto não souber seu nome e qual é sua família, se era alto, baixo ou de estatura mediana..." Ele não descobriria estas coisas, mas iria morrer.[20]

Em vez disso, ele se preocupava com o sofrimento, suas causas e sua cessação. As preocupações com a eternidade ou alma eram ou irrelevantes ou atravessadas por premissas erradas que levavam ao sofrimento. O indivíduo tinha de assumir responsabilidade por sua condição:

> Não se trata de saber se alguém viveria eternamente mantendo a crença de que o mundo é eterno. Nem se trata de viver a vida espiri-

UM FIM PARA O SOFRIMENTO

tual mantendo a crença de que o mundo não é eterno. Seja afirmando que o mundo é eterno ou não eterno, ainda existem nascimento, envelhecimento, morte, pesar, desespero, dor e infelicidade.[21]

Foi a conquista do Buda, assim como fora de Sócrates, separar a sabedoria de suas bases em forma de conhecimento e opinião fixos e muitas vezes esotéricos e oferecê-la como um projeto moral e espiritual para os indivíduos. Como professor, ele não oferecia um dogma — pedia aos seus discípulos para não confiarem nele até terem percebido dentro de si mesmos a verdade do que ensinara. A vida sem exame não era mais digna de ser vivida para ele que para Sócrates. O Buda lutou para fortalecer o sentimento, latente em todos, de que não somos o que deveríamos ser. Presumia que o bem existe em todos os seres humanos, mesmo que velado pela ignorância, e que o mal, não a sabedoria, era uma aberração.

A autodisciplina era o meio de concretizar a natureza moral essencial do homem. Em Sarnath, o Buda falou dos estágios pelos quais o ouro era refinado: como o pó grosseiro e a areia, os cascalhos e pedregulhos tinham de ser removidos antes que o pó de ouro pudesse ser colocado em um cadinho e derretido, e suas impurezas drenadas. O caminho para a consciência mais elevada requeria essa purgação gradual de obras, trabalho e pensamentos impuros, desde as impurezas mais ordinárias até as mais grosseiras, até o momento em que o refugo desaparecesse e sobrasse apenas o estado puro da consciência.

Com sessenta *bhikshus* como ouvintes atentos, em Sarnath o Buda teria se tornado em um homem confiante e talvez até mesmo tenha começado a almejar uma audiência maior. Um dia, quando terminaram as monções, ele decidiu renunciar seu direito então exclusivo de ensinar e exortou seu sessenta *bhikshus* a se tornarem eles mesmos pregadores e missionários:

{196}

Sigam, *bhikshus*, em seus próprios caminhos para o benefício e a felicidade de muitos, com compaixão pelo mundo, pela vantagem, pelo ganho e pela felicidade de deuses e homens. Não andem em pares... Há seres cujos olhos têm pouca poeira sobre eles, que perecerão se não ouvirem o ensinamento. Mas se o ouvirem, conquistarão a libertação.[22]

Os *bhikshus* deixaram Sarnath, viajaram para muitos lugares e retornaram com muitas pessoas que queriam ser ordenadas pelo próprio Buda. Ele percebeu que tinha de delegar ainda mais e deu aos seus monges a responsabilidade de ordenar novas pessoas para o *sangha*. Foi nesse momento que pela primeira vez ele estabeleceu as regras para a ordenação:

Agora, *bhikshus*, vocês mesmos podem conceder a ordenação e os preceitos em diversos lugares e diversos países. Mas vocês devem conceder a ordenação e os preceitos desta forma. Primeiro, cortem cabelo e barba (do aspirante), vistam-no com um manto amarelo que cubra um dos ombros (deixando o ombro direito à mostra) e façam-no ajoelhar-se aos pés dos *bhikshus* (com a cabeça no chão), sentar-se de cócoras, unir as palmas das mãos e dizer: "Eu me refugio no Buda. Eu me refugio no *dharma*. Eu me refigio no *sangha*."[23]

O Buda concebeu o *sangha* como um grupo de *bhikshus* autossuficientes passando pelo treinamento necessário para se libertar do sofrimento e chegar à iluminação. O *bhikshu* individual trabalhava com o processo triplo de iluminação — moralidade, meditação, sabedoria — e também criava o clima para que os outros *bhikshus* fizessem o mesmo. Com o tempo, o Buda codificou a organização do *sangha*. Budistas posteriores desenvolveram procedimentos elaborados para lidar com as questões que surgiam da complexidade interna do *sangha* e de seu relacionamento com o mundo exterior. Havia algumas regras básicas. Os monges tinham de viver uma vida voluntária de castidade e pobreza. Não podiam possuir nada além de três mantos, uma tigela de donativos, uma navalha, agulha, cinto, filtro de água e remédios. Tinham de observar o decoro, o que significava caminhar com pequenos passos medidos. Podiam comer apenas o que lhes dessem como donativo, exceto frutas; comer carne era permitido se o animal não tivesse sido morto especialmente para eles.

A rotina diária era simples. De manhã partiam atrás de donativos e faziam a única refeição do dia à sombra de uma árvore. Então vagavam até o meio do dia, quando descansavam do calor. Durante o resto do dia, vagavam, conversavam sobre o *dharma* e meditavam. Durante os três meses das monções, quando chovia incessantemente e os rios transbordavam de suas margens, tornando as estradas intransitáveis, tinham de se confinar no chamado "retiro das chuvas", durante o qual ficavam sob um teto, ou em uma cabana temporária ou em um mosteiro. No outono, estavam livres para vaguear de novo.

A aparência e a rotina dos *bhikshus* mudaram pouco com o passar dos séculos. No século XIV, quase dois milênios depois de o Buda ter formulado suas regras, um emissário do papa Bento XII descreveu o que vira dos *bhikshus* no Ceilão, no Sião e na China:

> Esses monges comem apenas uma vez por dia e não mais e bebem apenas água ou leite. Nunca mantêm comida consigo para o dia seguinte. Dormem no chão duro. Andam descalços, com um bastão, e se satisfazem com um manto muito parecido com aqueles de nossos frades menores (franciscanos), mas sem um capuz e com uma capa sobre seus ombros, à maneira dos apóstolos. Toda manhã, saem em procissão para pedir, com a maior reverência possível, que lhes deem arroz em quantidade apropriada a seu número... Essas pessoas levam uma vida muito santa — embora sem Fé.[24]

Com o *sangha*, o Buda seguia em parte uma tradição de renunciantes na Índia. Ela incluía os pensadores dos *Upanishads*, que se retiravam para as florestas, e os errantes *sramanas*, dos quais o Buda era um, junto com Mahavira, o fundador do jainismo. Sua rejeição da vida sensual e sua privação voluntariamente escolhida inspiravam respeito entre as pessoas comuns que eles abordavam pedindo comida, roupa e abrigo. O renunciante continua a ser reverenciado na Índia hoje, por vezes apenas pelo ato de renúncia. Tornaram-se os rivais dos sacerdotes brâmanes, que dependiam das mesmas pessoas comuns para seu sustento.

Como sempre, o Buda procurava o caminho do meio entre a extrema rejeição do mundo, que alguns dos *sramanas* mais ascéticos, como Mahavira, adotavam, e o envolvimento mais profundo e corruptor com ele, que os brâmanes em grande parte corporificavam. De acordo com o Oxford English Dictionary, a palavra "monge", frequentemente usada para substituir *bhikshu*, significava originalmente "ermitão religioso ou solitário" e mais tarde "membro de uma comunidade ou irmandade vivendo à parte do mundo". Mas o Buda não queria que seus *bhikshus* vivessem à parte do mundo. Ele já rejeitara o caminho da salvação privada em Bodh Gaya, logo após sua iluminação.

Ao criar o *sangha*, esperava chegar a algo mais que uma comunidade isolada na qual os indivíduos podiam encontrar as condições corretas para alcançar a satisfação espiritual pessoal. Isso está implícito na palavra *bhikshu*, que significa alguém que recebe uma porção de alguma coisa. Essa "alguma coisa" nada mais é que o bem comum da sociedade da qual depende. O *bhikshu* renunciara à propriedade privada, mas com esse ato conquistara um lugar elevado na sociedade e a promessa de que seria alimentado e vestido pela população em geral. Em troca, ele se oferecia à sociedade como um modelo de comportamento virtuoso e autoconsciência.

De acordo com o Buda, os *bhikshus*, que haviam reduzido seus desejos pessoais e viviam interdependentemente com seres humanos com ideias afins, tinham muito a ensinar a uma sociedade que se envolvia cada vez mais, e mais irascivelmente, na busca da riqueza

UM FIM PARA O SOFRIMENTO

e do prazer. Era por isso que os *bhikshus*, ao contrário dos monges cristãos ou jainistas, geralmente ficavam próximos de centros urbanos de comércio e negócios e assim o fizeram desde os tempos do Buda.

De qualquer forma, ser iluminado era entender as causas do sofrimento não apenas dentro de si mesmo, mas dentro de todos os seres. A sabedoria decorrente disso não podia permanecer uma conquista pessoal — era inseparável do sentimento de compaixão universal, ou *karuna*.

Um pouco de poeira nos olhos

O *SANGHA* PODERIA TER se expandido rapidamente se o Buda tivesse ido a Benares. A cidade já era um centro de comércio e manufatura, famosa por seu algodão e brocados, bem como era local aonde as pessoas iam para lavar seus pecados no Ganges, na esperança de um renascimento melhor.

Mas o Buda raramente ousava ir a Benares, embora tenha passado muito perto dela várias vezes no decorrer de sua longa vida. Provavelmente se sentia intimidado pela supremacia dos brâmanes, que tinham muitos clientes ricos na cidade. Sabia que os brâmanes desprezavam os *sramanas*, a quem viam como concorrência provável. Ele, por sua vez, era mordaz em relação à insistência dos brâmanes em banhos rituais, aos sacrifícios e aos cultos védicos — dizia que não traziam mérito a ninguém.

Como em todo o resto da Índia, os brâmanes parecem ter vencido em sua discussão com o Buda. Há poucos traços do Buda na Benares de hoje, onde as religiões védicas pré-budistas ainda florescem. Templos para toda divindade concebível — cobra, macaco, rio — lotam as antigas vielas da cidade, junto com incontáveis vacas sagradas e velhas viúvas. Milhões de indianos ainda lotam os *ghats* às margens do rio (degraus destinados ao banho), esperando lavar seus pecados nas águas do Ganges, primeiro consideradas sagradas pelos colonizadores arianos do norte da Índia. Os sacerdotes brâmanes com pequenos ornamentos na cabeça rapada formam uma espécie de máfia — supervisionam as cerimônias pós-funerais e outros ritos hindus, habitualmente explorando peregrinos desafortunados de vilarejos e pequenas cidades da Índia.

A seis quillômetros, numa terra plana salpicada de mangueirais e campos de arroz, fica Sarnath, onde o Buda passou alguns meses depois de sua iluminação em Bodh Gaya. É o mais pitoresco dos lugares budistas da Índia, com seus amplos espaços abertos sempre revigorantes depois do caos — calor, barulho, sujeira — de Benares. Mas sua grande paz é facilmente perturbável, e há dias em que os grupos ruidosos das lojas e *dhabas* fora do gramado de Sarnath tocam músicas pop em hindi em alto volume desde de manhã até a noite, multidões de excursionistas de classe média se agrupam nos gramados, deixando pequenas montanhas de sacos e copos plásticos na grama, e adolescentes usando imitações de jeans Levi's e tênis Nike circulam pedindo a turistas brancas que façam sexo com eles.

Foi em parte pela ligação com essa nova classe média indiana que fui para Benares em 1994 e uma tarde me descobri visitando Sarnath. Certa tarde em Mashobra, quando não fui à *dhaba* de Montu para o almoço, o carteiro me trouxe uma carta de um editor de Délhi, que vira minhas resenhas em jornais indianos e queria saber se eu estava interessado em escrever um livro de viagem.

Até então, eu vinha trabalhando em um livro sobre o Buda havia mais de dois anos. Tinha comprado muitos livros, lido vários deles e tomado notas, mas de alguma forma o livro se recusava a passar de um ponto. Estava também entediado pelos diálogos do Buda, que eram prolixos e repetitivos. Encontrei pouco do talento artístico tão evidente em Platão. E, embora eu não tivesse nenhum interesse particular em escrever um livro de viagem, quando soube do editor em Délhi me soou como uma oportunidade de cumprir, ao menos

{202}

UM POUCO DE POEIRA NOS OLHOS

parcialmente, uma promessa que fizera a mim mesmo havia muito tempo: a de que eu seria um escritor e nada mais.

Além disso, a ideia de um escritor de viagens não deixava de ser atraente. Imaginei-me como Jacquemont, movendo-me serenamente através de uma paisagem pitoresca e registrando tudo em um tom ponderado e vivo.

Escrevi de volta ao editor, propondo um livro sobre as pequenas cidades da Índia — meio sem pensar, já que não gostava nem da viagem que tinha de fazer uma vez por mês a Simla para me estocar de provisões, revistas e livros. O editor me ofereceu um pequeno adiantamento, e ficou claro que eu teria de financiar minhas viagens de meu próprio bolso, mas era tarde para desistir.

Nos cinco meses seguintes, viajei pelas pequenas cidades da Índia. Na jornada, continuamente senti falta de Mashobra, sem nunca parar de desejar estar em meu chalé em vez de nos hotéis miseráveis, com lençóis de cama muito usados e os ecos da televisão, nos quais eu geralmente me encontrava depois de um dia de trabalho.

As cidades que via não eram melhores que favelas extensas: apinhadas de migrantes de vilarejos, congestionadas e insalubres. As cidades mais ricas não eram melhores que as mais pobres. Na verdade, quanto mais próspera a cidade, tanto maior parecia sua esqualidez moral e física. De Kanyakumari, a cidade mais ao sul do subcontinente indiano, onde Vivekananda meditara antes de partir para sua viagem a Chicago, até Simla, parecia ter surgido uma paisagem urbana de mansões de vidro e concreto, barracos não terminados, casas de tijolos nus em forma de caixotes, estradas danificadas e lagos estagnados com malária.

Grande parte disso foi para mim um choque. Em Mashobra, o mundo cruel e espalhafatoso da Índia de classe média parecia remoto, e eu ficava feliz ao pensar que escapara dele. Na verdade, havia me acostumado a viver na Índia mais simples de meu passado de cidade pequena. Ele nunca parecera mais próximo de mim do que na feira

{203}

UM FIM PARA O SOFRIMENTO

que o vilarejo realizava a cada verão, onde em lençóis espalhados no chão ou em barracos mambembes de madeira ficavam todas as coisas que eu, quando criança, sentado nos ombros de meu pai, uma vez achara impressionantes e ansiara possuir: especiarias laranjas e amarelas empilhadas em forma de pirâmides, facas com cabos de laca ou madeira entalhada, torres de pulseiras e braceletes, fotos berrantemente coloridas de estrelas do cinema indiano, algodão-doce cor-de-rosa, brinquedos de madeira pintada e incontáveis livretos sobre deuses e litanias hindus.

O senhor Sharma mantinha-se a distância, mas quase todos do vilarejo — lojistas, agricultores, empregados do governo, criados das grandes casas, o motorista de táxi solitário rapidamente a caminho da prosperidade — iam à feira com suas famílias, vestidos com roupas incomumente coloridas, e se misturavam no que parecia ser um espírito igualitário de bonomia. Entre a variada multidão — de visitantes, cesteiros, afiadores de faca com suas pedras de mó girando, vendedores de afrodisíacos com o que pareciam ser pedaços de intestinos secos em frascos, e crianças chorando em carrinhos — o legislador local, embora ainda irradiando poder com sua *kurta* branca engomada, sempre parecia um pouco perdido.

Um clima moderado e longos anos de vida comunal pareciam ter dado até mesmo aos mais pobres em Mashobra um ar de calma e dignidade. Em contraste, a maioria das pessoas que eu encontrava nas planícies durante minhas viagens parecia estar vivendo no limite.

Um dos lugares mais voláteis era Bihar, outrora parte do reino de Magadha, o primeiro grande império indiano. Nesse estado indiano pobre e densamente populoso, onde ricos proprietários de terra viajavam em aviões particulares enquanto uma casta de comedores de rato passava fome por uma escassez de ratos-silvestres, a brutalidade parecia um acontecimento cotidiano. Histórias vinham de todas as direções. Exércitos privados de senhores de terra de casta alta mas-

{204}

sacravam camponeses sem-terra da casta baixa. Ativistas comunistas retaliavam com massacres de famílias de casta alta. Médicos em greve arrancavam tubos de transfusão de sangue das veias de seus pacientes.

Isso era particularmente perturbador em função da história de Bihar. Os colonizadores arianos haviam criado sua primeira civilização urbana nessa parte da planície indo-gangética, excepcionalmente fértil e rica em minerais. Os primeiros movimentos religiosos e espirituais pós-védicos da Índia tinham ocorrido nos mesmos lugares. O Buda passara parte de sua vida visitando as cidades de Maghada e pregando para suas classes ricas. Ashoka tornara a região o centro de seu império indiano. Professores e missionários formados na famosa universidade de Nalanda, do século V d.C., cujas ruínas ainda falavam do esplendor, haviam levado as ideias do Buda para as partes remotas da Ásia.

Havia dias em Bihar em que o desaparecimento do budismo de sua terra de origem e um hinduísmo politicamente orientado e eticamente vazio pareciam parte de uma catástrofe ainda em andamento. Na cidade de Gaya, onde o Buda fez um sermão famoso, encontrei alguns brâmanes de classe média que se jactaram de como seus avós haviam resolvido uma disputa com hindus de casta baixa em seu vilarejo: queimando-os vivos. A poucos quilômetros dali, em Bodh Gaya, a Meca e a Jerusalém do budismo, nacionalistas hindus haviam começado uma violenta agitação reivindicando para a comunidade hindu o templo que fica no local da iluminação do Buda. Policiais fortemente armados estavam em toda a cidade poeirenta e até mesmo dentro do complexo do templo, revistando monges do sudeste da Ásia que haviam caminhado quilômetros para chegar ao local e que se prostravam completamente no chão, arremessando-se no solo barrento, a cada dois passos.

Tais gestos antigos, feitos por estrangeiros, expressavam o que restava vivo do longo passado de Bihar. Dos picos da conquista intelectual e espiritual, Bihar havia decaído e se transformado no mais abandonado

{205}

UM FIM PARA O SOFRIMENTO

lugar da Índia. Como isso acontecera? Era uma pergunta óbvia, para a qual o desaparecimento do budismo e sua substuição pelo hinduísmo eram respostas apenas parciais. Mas tendo tomado Jacquemont como modelo, e esperando imitar sua leve sagacidade, não havia me preparado para tais questões antes de partir para minhas viagens.

Os livros de história rapidamente tornavam claro que Jacquemont viajara por um mundo simples, no qual a elite colonial britânica, junto com seus colaboradores feudais nativos, presidia sobre um campesinato invisivelmente miserável. Os livros me falavam sobre os ignorantes e vorazes oficiais britânicos da Companhia das Índias Orientais, que destruíram o sistema de propriedade coletiva da terra. Descreviam o papel dos todo-poderosos *zamindars** indianos, que em nome dos britânicos cobravam impostos dos camponeses levando-os à dívida e à miséria.

Aprendi sobre a industrialização devastadora, que destruíra a manufatura de pequena escala não só na Inglaterra, mas também na distante Bihar, transformada de exportadora de algodão cru em importadora, e depois reduzida ao cultivo do ópio, que comerciantes britânicos — aqueles que Jacquemont encontrara nas elegantes mansões à beira de rios em Kolkata — cinicamente contrabandeavam para a China.

As privações da Europa medieval, a exploração do primeiro período capitalista e o caos político dos tempos modernos: as piores experiências do Ocidente pareciam ter se duplicado e acelerado em Bihar. A história mostrava uma face cruel e impiedosa neste lugar e para muitas pessoas que se sentiam oprimidas por ela não havia fuga, exceto por meio de mais violência.

Num pequeno aposento sem janelas, em uma favela perto de Bodh Gaya, conheci jovens ativistas de casta baixa de um grupo comunista

---

*Coletores de impostos. (*N. do T.*)

UM POUCO DE POEIRA NOS OLHOS

que liam Marx, Lenin e Mao em traduções em hindi, organizavam camponeses sem-terra contra senhores de terra exploradores e a polícia e falavam, muito seriamente, de fazer uma revolução em Nova Délhi.

Eu conhecera ativistas do grupo deles na universidade em Allahabad. A maioria era muito pobre, e não estava entre os estudantes que iam ao Nepal comprar bonés de beisebol. Organizavam manifestações e grupos de estudo comunistas. Esquálidos e virtuosos com suas camisas sintéticas baratas e sapatos de borracha, eram descritos jocosamente pelos estudantes de casta alta como seguidores de "Chu-Mao".*

Uma geração antes, estariam em seus vilarejos, sem pensar ou refletir muito, simplesmente vivendo a vida de privação na qual haviam nascido. A educação e a exposição a um mundo mais amplo e a perplexidade e a dor que as acompanhavam — todas as coisas que levaram Vinod a Vivekananda — os haviam levado a Marx, Lenin e Mao. Agora possuíam as palavras para descrever as causas de seu sofrimento e os meios para acabar com ele. E também podiam reivindicar as promessas — de democracia, socialismo, secularismo — feitas a eles por idealistas de educação ocidental que haviam desenhado a constituição indiana.

Os jovens que conheci em Bihar haviam testemunhado estupros, assassinatos e tortura em suas famílias. Eram externamente gentis, mas cheios, como descobri, de uma intensidade inquietante. No quarto onde nos sentamos certa tarde, enquanto nuvens de poeira levantadas por caminhões e ônibus na estrada esburacada lá fora entravam pela porta aberta, salpicando levemente os cabelos e as barbas por fazer dos jovens, contaram-me sobre o que chamavam de sua "luta": a agitação para elevar o salário-mínimo, as batalhas constantes contra a polícia que protegia os senhorios, o recente ataque

---

*Uma mistura de Chu En-lai, segundo homem do ditador chinês, e Mao Tsé-tung. (*N. do T.*)

UM FIM PARA O SOFRIMENTO

à casa de um proprietário de terras brâmane local que tinha diversas amantes. Falaram do aumento do autorrespeito que sentiam entre camponeses sem-terra que não deixavam mais suas irmãs e filhas serem raptadas e estupradas por donos de terras e das coisas que tinham de ser feitas quando a revolução chegasse.

"Quando a revolução chegar": muitas das bases deles começavam com estas palavras perturbadoras, que lhes pareciam prometer liberdade e felicidade. Não estavam preocupados com o terror e a violência que envolviam a demonização de setores inteiros da população como "inimigos de classe". Como outros revolucionários altruístas — jacobinos, bolcheviques, khmer vermelho —, eles também falavam casualmente da eliminação necessária dos "decadentes" brâmanes, proprietários de terra "kulak"* funcionários de governo "reacionários" e da classe "comprador"** dos comerciantes.

Em Allahabad, eu também me alvoroçara com a ideia de revolução: nada parecia mais necessário nas condições degradadas da Índia que um rápido e brutal cancelamento do passado e um novo começo em um novo mundo de justiça e igualdade. E mesmo agora, que eu sabia mais sobre o destino das revoluções, não deixava de sentir empatia por aqueles jovens. Mas sabia que a revolução que esperavam não viria. Pior, não haveria lugar para aqueles homens na nova Índia que começava a surgir.

Eu estava então no final das viagens para meu livro encomendado. No passado, havia visitado muitos lugares da Índia, mas nunca com os olhos de quem escreveria sobre eles. Era mais fácil fazer um itinerário do que saber o que procurar — e onde encontrar material. Essas incertezas desapareceram rapidamente quando comecei a viajar e encontrei meu tema: a classe média estava se tornando visível em

---

*De origem russa, latifundiários que usavam trabalho escravo. (*N. do T.*)
**Membros da classe mercantil chinesa que ajudavam os ocidentais. (*N. do T.*)

UM POUCO DE POEIRA NOS OLHOS

pequenas cidades depois de a economia indiana ter sido liberalizada e aberta ao investimento estrangeiro nos início dos anos 1990.

Quando Jacquemont visitou a Índia — e por décadas depois — a classe média do país consistia principalmente em burocratas, educados nas instituições de estilo europeu que Macaulay e outros promoveram para ajudar a Grã-Bretanha a administrar a colônia. Desta pequena classe haviam emergido os grandes homens da Índia moderna. Assim como a primeira classe urbana na Índia produzira o Buda, a classe média do século XIX concebera homens como Gandhi, Nehru, Tagore e Vivekananda.

Foi essa classe de políticos, médicos, advogados, industriais, engenheiros e professores que Vivekananda exortara a abraçar o materialismo e a ciência e a consolidar a Índia em uma nação viril. Essa classe tomara as rédeas do governo dos britânicos em 1947 e enriquecera em parte saqueando os imensos recursos disponíveis do Estado indiano centralizado. Mas tivera de esperar por cinquenta anos depois da independência, e por um *boom* econômico, para se expandir e começar a concretizar a visão de Vivekananda de uma forte Índia materialista. Embora ainda uma minoria — menos de 20% da população —, a burguesia indiana parecia, em meados dos 1990, tão grande e importante quanto a classe média que surgira na Europa no século XIX e começara a redesenhar a história, a política, a religião, a arte e a arquitetura do continente.

Observei em minhas viagens a sensibilidade particular que a classe média trouxera à vida, refletida nas opulentas mansões de pequenas cidades com suas fachadas palladianas,* as canções vulgares, os filmes violentos e uma mídia vivazmente ignorante e tendenciosa. Essa nova riqueza em meio às inquietas favelas e vilarejos sabia que era vulnerável — uma minoria de homens de casta alta entre hindus e muçulmanos de casta baixa. E assim, como a burguesia europeia,

---

*Ao estilo do arquiteto italiano renascentista Andrea Palladio. (*N. do T.*)

UM FIM PARA O SOFRIMENTO

tinha uma ideologia defensiva, o nacionalismo, por meio da qual buscava representar e legitimar seu poder sobre a maioria da população do país.

Esse nacionalismo tirava sua energia de um tipo especial de história: aquela que falava do islamismo destruindo o hinduísmo e o budismo na Índia, da glória hindu perdida e da força nacional e eminência internacional que poderiam ser reconquistadas por meio de bombas atômicas. A mensagem rapidamente se espalhou, abraçada por pessoas que haviam chegado ao poder recentemente e que procuravam se definir em um grande mundo no qual subitamente se encontraram.

A agressividade que provocara não precisava se disfarçar em eufemismo. Num famoso complexo de templos em Rajasthan, um adolescente de Gujarat, onde Gandhi nasceu, declarou que o único modo de lidar com o "problema muçulmano" era matá-los todos. Encontrei homens de fala mansa e bem-educados que subitamente revelavam uma inexplicável fúria assassina que nutriam contra muçulmanos, paquistaneses e hindus de casta baixa.

O que vi era, pelo menos em parte, o efeito do movimento nacionalista hindu que se desenvolvera rapidamente nos anos 1990. Pessoas de classe média de cidades pequenas haviam estado entre as multidões que em 1992 destruíram uma mesquita do século XVI numa antiga cidade do norte da Índia que o Buda um dia conhecera. Haviam se tornado sólidos apoiadores dos nacionalistas hindus, que prometiam garantir sua dominância política e econômica e pressionar seus rivais, reais e imaginários, hindus e muçulmanos pobres.

Vivekananda, de quem Vinod me falara com tanta admiração, tornara-se o santo padroeiro do BJP (Bharatiya Janata Party — Partido do Povo Indiano), composto em sua maioria por hindus de casta alta, de classe média que lutavam para impulsionar a capacitação indiana nos campos de bombas nucleares e de tecnologia da informação — e que também reverenciavam a vaca como sagrada. Nem Vinod

{210}

UM POUCO DE POEIRA NOS OLHOS

poderia esperar que o BJP chegasse perto de realizar seu projeto de ocidentalizar totalmente o hinduísmo e transformá-lo numa ideologia nacionalista completa — que tinha a pretensão de ser inclusiva, mas que demonizava os muçulmanos e buscava antecipar-se ao fortalecimento político, protelado por muito tempo, dos grupos indianos de casta baixa com seu discurso de igualdade.

Esse fortalecimento político parecia inevitável e destinado a incitar mais conflitos violentos entre classes e castas pelos limitados recursos da Índia. Enquanto isso, o poder ainda estava com as castas mais altas, e aqueles que clamavam com muita estridência por justiça e igualdade, como os jovens que conheci em Bihar, pareciam condenados.

A promessa de mudança violenta, de segurança e dignidade em uma nova ordem política era tudo que os impedia de afundar no total desespero. Mesmo assim, sentado no quarto escuro e miserável que lhes servia de escritório, onde o mundo parecia infinito e ameaçador, eu não conseguia deixar de sentir como era absurda e fútil a tarefa à qual aqueles jovens devotavam suas vidas.

E a tarefa mal começara, em muitos aspectos, mas os jovens comunistas pareciam já vestir uma aura de heroísmo e tragédia. Eu os vi destinados a ser as vítimas costumeiras, como milhares de "causadores de problemas" antes deles, do clamor periódico da classe média pela "ordem pública", por "repressão impiedosa". Facilmente pisoteáveis, deveriam se tornar uma estatística entre os milhares de homens executados e torturados todo ano sob custódia policial.

Essas emoções de temor e dó ainda estavam comigo quando fui a Bodh Gaya em uma sonolenta tarde de inverno e vi mais uma vez o local onde em uma noite o Buda tivera seu grande despertar.

No pátio afundado do alto templo de Mahabodhi, camponesas hindus giravam *diyas* (lâmpadas de bronze ou argila que são usadas em cerimônias religiosas) perante as pequenas estátuas e *stupas*, tra-

{211}

çando círculos ovais de fogo. O templo estava muito escuro e com o ar pesado de incenso. Atrás do templo estava a figueira, alegadamente uma descendente daquela que o Buda conheceu, com seu tronco todo tatuado de chapas douradas e ocre e filas de bandeirolas de oração coloridas oscilando a esmo em seus galhos.

Policiais jogavam cartas no gramado perto do templo, onde um famoso monge tibetano fazia uma preleção. Fiquei ao fundo da tenda amarela, onde uma audiência composta exclusivamente por estrangeiros, muitos deles com mantos ocres e cabeça tonsurada, sentava-se na grama, com suas claras faces solenes voltadas para o monge em uma plataforma enfeitada de cravos-de-defunto.

O monge — surpreendentemente jovem para alguém tão famoso, ligeiramente gordo, sério em seus óculos — falava sobre como o renascimento era difícil de entender para pessoas nascidas fora das tradições orientais. Disse que muitas pessoas lhe perguntavam: Como uma pessoa podia renascer se não havia eu duradouro? O que é que renascia?

Ele falou de como o Buda alterara a noção bramânica de *karma*, exaltando a intenção sobre a ação. Isso porque ele sabia que cada obra possivelmente não contribuiria com o renascimento em todas as circunstâncias, uma vez que a ação é inevitável e não haveria libertação da dolorosa existência.

O Buda não achava necessário renascer para obter os benefícios das boas ações. O que ele enfatizava era o autocontrole. Quanto mais alguém tinha sucesso em disciplinar a mente, menos possibilidade tinha de renascer. O orador citou o Buda:

> Se, *bhikshus*, um homem ignorante apresenta uma boa intenção, então sua consciência se inclinará para o bem. Se apresenta uma intenção má ou neutra, sua consciência se inclinará para o mal ou o neutro.

UM POUCO DE POEIRA NOS OLHOS

Eu não conseguia ouvir todas as palavras, que ressoavam no fundo vindas de um antiquado sistema de som. Fiquei lá por um tempo e, cansado da gravidade indistinta, decidi visitar um ativista comunista chamado Dharmendra. Ouvira falar dele por um de seus colegas em Allahabad. Trabalhava como empregado em um mosteiro tibetano em Bodh Gaya. Era um budista, coisa incomum para um ativista comunista, ou um "neobudista", como eram chamados os seguidores de B. R. Ambedkar, líder dos intocáveis (*dalits*) e um dos autores da constituição indiana.

Ambekdar, discípulo do filósofo americano John Dewey, se desencantara com a promessa de igualdade da Índia independente logo após 1947. Ele desejara liderar os *dalits* para fora do hinduísmo e dar-lhes uma nova identidade religiosa e política em sua luta contra o preconceito e a violência das castas mais altas. Escolheu o budismo, e não o islamismo ou o siquismo — as outras opções que considerou —, porque via o Buda como um pensador radical, o Karl Marx de seu tempo, por rejeitar o sistema de castas, postular a igualdade dos homens e advogar o fim da miséria e da dor. Em 1956, poucas semanas antes de sua morte, Ambedkar converteu-se cerimonialmente ao budismo junto com mais de 300 mil outros *dalits*.

Mas os convertidos *dalits* não reviveram o budismo, que desaparecera da Índia séculos antes. O neobudismo parece ter estagnado também como movimento político. E no mosteiro, onde homens e mulheres brancos em *kurta* e *lungis** sentavam-se meditando no jardim da frente e um pequeno e robusto tibetano apareceu rapidamente e com uma voz baixa e sibilante exigiu saber o que eu desejava, comecei a me perguntar que tipo de *status* os indianos neobudistas tinham entre os budistas mais ricos de outros países.

Dharmendra não estava entre os meninos no quintal, agachados sobre o chão poeirento, varrendo-o com uma vassoura curta. Soube

---

*Uma espécie de sarongue. (*N. do T.*)

{213}

UM FIM PARA O SOFRIMENTO

que passara o dia fora. A caminho da minha hospedaria, passei por uma barraca de *chai*. A barraca, com seu encardido fogão a querosene e suas panelas enegrecidas e amassadas, ficava próxima de um esgoto aberto e estagnado. O cheiro era insuportável e parecia manter à distância qualquer freguês, menos um monge budista.

Ele estava sentado em um pequeno banco, bebendo um chá doce e pegajoso em um copo de vidro. Era da Europa ou dos Estados Unidos: alto, com idade entre 30 e 40 anos. Sua cabeça parecia recém-rapada e brilhava no sol da tarde. Olhava dois garotos em trapos pescando o que parecia um barquinho de papel da água viscosa do esgoto. Parecia se divertir com eles.

Ele era uma visão bastante comum em Bodh Gaya, que recebia europeus, americanos, tibetanos e pessoas do sudeste da Ásia em grandes quantidades. Vinham muitas vezes mais como buscadores que como monges; às vezes, como turistas curiosos. Geralmente ficavam semiescondidos em mosteiros ou hospedarias em torno de Bodh Gaya, meditando nos jardins ou ouvindo os discursos dos mestres budistas. Mas quando estavam em massa no templo, pareciam facilmente mais numerosos que os nativos.

O monge parecia novo em Bodh Gaya e na Índia, facilmente distraído por coisas desconhecidas, ainda por aprender o ensimesmamento dos viajantes experimentados. Não havia nada muito marcante em sua aparência ou em suas maneiras. Mas abruptamente, naquela viela com suas lembranças da miséria de Bihar que revolução alguma poderia aliviar, caminhando de volta para meu quarto infestado de mosquitos, senti-me cheio de ressentimento.

Ocorreu-me — palavras borbulhando para acompanhar o pensamento — que o monge estava encenando, como as pessoas meditando com roupas indianas no mosteiro tibetano, que os privilégios da riqueza e da viagem lhe haviam permitido se tornar um monge budista, assim como lhe permitiriam retornar ao que fora antes.

{214}

UM POUCO DE POEIRA NOS OLHOS

Não me lembro de ter pensado mais nele. Mas algo do ressentimento que ele abruptamente incitou deve ter permanecido comigo quando viajei para Benares e soube que Helen havia se tornado uma monja budista.

Encontrei Helen pela primeira vez quando estive em Benares por alguns meses no final dos anos 1980, logo depois de tirar meu diploma em Allahabad. Minha admissão a uma universidade em Délhi fora postergada por um ano, e, em vez de ir para a casa de meus pais, decidi passar o ano em Benares. Helen era uma estudante de literatura, de São Francisco, que estava passando um ano em Benares como estudante de intercâmbio da Hindu University. Vivia em uma viela próxima da minha na parte mais ao sul da cidade antiga, onde, entre as vacas e os pequenos templos a Hanuman, era uma presença intrigantemente exuberante em seu *salwar kurta*, seus longos cabelos loiros presos em um rabo de cavalo de estilo indiano, uma das mãos segurando um livro de poesia enquanto caminhava com passadas largas e decididas, sorrindo e acenando com a cabeça para os garotos que jogavam críquete no caminho de cascalhos.

Certa noite o filho de meu senhorio nos apresentou, quando eu caminhava com ele de volta para casa. Eu conhecia poucas pessoas em Benares. Eu passava grande parte do dia na biblioteca da universidade, lendo aleatoriamente revistas e livros que eu achava que poderiam me ajudar a me tornar um escritor. À noite, quando voltava da universidade, caminhava até os *ghats* e me sentava olhando a luz esmaecer sobre o rio plácido. Voltava para casa por vielas meio iluminadas para um jantar servido por minha senhoria em sua cozinha enfumaçada. Raramente falava com alguém, e quando encontrei Helen pela primeira vez, de pé numa viela escura, lutei para entrar em uma conversa polida.

Havia o fato óbvio de ela ser uma estrangeira: o rosto claro e aberto, o olhar franco e o sorriso rápido. No começo eu não sabia

{215}

UM FIM PARA O SOFRIMENTO

como lidar com a curiosidade dela sobre minha vida e minhas leituras. Não era incomum, perguntou ela, que eu não estivesse seguindo uma carreira profissional, como a maioria dos homens indianos? Não quis falar-lhe sobre minhas ambições literárias, que nutria privadamente, relutante em expô-las à luz fria da realidade. Assim, dei-lhe uma explicação confusa. Ela ouviu atentamente. E sua face se iluminou de novo. Tinha uma sugestão. Possuía em seu quarto muitos livros, que poderia me emprestar a qualquer momento que me sentisse muito cansado para andar até a biblioteca da universidade. Na verdade, disse ela, eu podia ir lá no dia seguinte.

Timidamente, fui até seu quarto na noite seguinte. Era pequeno, como o meu, mas colorido com colchas estampadas, almofadas, pequenos tapetes, tapeçaria tibetana na parede e cheio de pequenas coisas — uma chaleira elétrica, um pote de creme de amendoim, uma garrafa de azeite de oliva — que a mim pareciam novas e exóticas. Convidou-me a sentar no chão numa almofada e preparou para mim chá de menta em um saquinho — outra novidade atraente. Falamos sobre literatura. Logo ficou aparente que eu e ela tínhamos poucos livros em comum. Ela não lera muita ficção europeia. Disse que amava os poetas *beat* americanos: Allen Ginsberg, Gregory Corso, Lawrence Ferlinghetti. Ouvira falar de Ginsberg, mas não lera nada dele. Foi novidade para mim saber que ele também era um budista e que passara muitos meses em Benares e viajara aos locais ligados à vida de Buda.

Ela falou da livraria City Lights em São Francisco e das muitas livrarias de Berkeley. Olhei então seus livros. Havia pouco entre a fila de ficção americana das cidades pequenas e da poesia *beat* que eu quisesse ler. Mas os livros eram novos e belamente impressos, comparados aos livros poeirentos e comidos por traças que eu manuseava todos os dias na biblioteca. Fiquei feliz de poder pegá-los emprestados e desarmado quando ela insistiu em me dar um dos volumes da poesia de Ginsberg.

{216}

UM POUCO DE POEIRA NOS OLHOS

Voltei jubiloso para casa naquela noite. Nunca estivera tão próximo de uma mulher fora de minha família, nem havia falado com uma com tão pouco constrangimento como o fizera com Helen. Não estava desatento aos seus atrativos. Mas havia nela algo tão prazeroso e simpático, tão autêntico, que fantasias só podiam vir maculadas pela vergonha.

Mesmo assim fiquei ligeiramente desapontado ao saber que ela tinha um namorado, lá no local que ela chamava de Bay Area, separando-a, como se fosse, do resto da América. Ele veio em visita um dia, um jovem rijo e de rosto agradável, irradiando a mesma cordialidade efusiva que Helen e tão ansioso como ela por saborear a estranheza de Benares. Caminhei com eles até os *ghats*, onde ele desafiou os meninos que empinavam pipas a um torneio e aceitou uma tragada de maconha de um sadhu Naga coberto de cinzas.

Falou de Ronald Reagan, de sua administração conservadora, da década difícil que muitas pessoas nos Estados Unidos haviam passado e me espantei ao ver como as pessoas podiam definir a si mesmas e a períodos inteiros com referência em coisas tão remotas como presidentes e administrações. Surgiu da conversa que ele e Helen haviam ido colher café na Nicarágua em solidariedade aos sandinistas, que enfrentavam então guerrilheiros armados e treinados pela administração Reagan — e que haviam trabalhado para a casa de madre Teresa no Haiti. Tudo isso quando ainda tinham 20 e poucos anos.

Contei-lhes sobre a violenta política estudantil que eu experimentara em minha universidade em Allahabad. Pareceram chocados. Não tinham associado locais de aprendizabo com armas, bombas caseiras e assassinatos à luz do dia. Falei de meu envolvimento marginal com um grupo revolucionário estudantil. Dei-lhes muito mais detalhes do que provavelmene precisavam. Devo ter tentado impressioná-los. Tinha tão pouco a falar, tão pouco a afirmar de mim mesmo. Não conseguia parar de me espantar com o que parecia ser o senso de confiança deles sobre o que eram e o que deviam fazer. O privilégio

UM FIM PARA O SOFRIMENTO

de ter posições firmes e uma visão constante do mundo: era isso que pessoas como Vinod e eu, que ainda tínhamos de nos conhecer, ansiávamos de maneiras diferentes.

Escrevi para Helen depois de deixar Benares, e ela me escreveu de volta. Helen voltou para a Califórnia no ano seguinte. Suas cartas agora vinham de São Francisco, com selos com as faces severas de Harry Truman e Abraham Lincoln. Ela escrevia sobre seu comparecimento a manifestações, encontros, palestras. Bay Area cresceu em minha mente como a capital intelectual e espiritual dos Estados Unidos. Minha vida de ler e escrever parecia, em comparação, enfatuada e fútil. Tentei me apresentar como politicamente consciente, ainda que não ativo. A correspondência continuou por algum tempo. Umas cartas até chegaram a Mashobra; então, cessaram. Nada ouvi sobre ela durante anos, e quando pensava em Helen tinha a inquietante sensação de ela estar perdida em algum lugar do território aparentemente infindável dos Estados Unidos.

Agora, seis anos depois, retornara a Benares para escrever sobre a cidade em meu livro de viagem. Na primeira manhã fui até uma livraria perto do rio, na cidade antiga. O simpático jovem de lá parecia saber muito da população expatriada de Benares. Eu o ouvi por acaso falando com uma americana de cabelos brancos, usando um sari, que reclamava com ele sobre assédio sexual em Sarnath, que aparentemente piorara nos últimos anos. Depois que a americana saiu, ele veio até mim e começou a zombar dela. E disse, subitamente:

—Você sabia? Helen está aqui.

Era uma daquelas manhãs belamente claras de inverno que eu aprendera a amar durante meus meses em Benares, pipas voando alto no céu e o rio cheio de centelhas. O nome "Helen" reacendeu a nostalgia que eu sentira antes, enquanto caminhava por uma viela onde uma rádio em uma loja de *paan* tocava uma velha trilha sonora de um filme e lembrei-me dos meses na cidade que, embora ensombrecidos

UM POUCO DE POEIRA NOS OLHOS

pela ansiedade em relação a meu futuro, pareciam, em retrospecto — e especialmente quando tocados pela memória da perene confiança e do otimismo dela — um tempo em que tudo ia bem.

Pensei em como seria agradável vê-la de novo. Perguntei ao jovem se sabia onde ela estava hospedada. Não sabia, mas podia descobrir facilmente. Olhando para as estantes de livros à minha frente, mas sem vê-las, comecei a imaginar a conversa que teria com ela. Parecia muito para contar. Estava pleno do que vira em Bihar, mas não encontrara ninguém com quem falar a respeito.

Estava lá, ligeiramente em devaneio, quando o jovem acrescentou:

—Ela agora é uma monja budista, difícil de reconhecer. Raspou a cabeça.

Fui arremessado para fora de meus sonhos. Imagens estranhas e perturbadoras surgiram em minha mente. Conhecera alguns estrangeiros em Benares que afirmavam ser budistas — não parecia requerer mais que a aceitação dos ensinamentos budistas, meditação regular e algumas mandalas pendurados na parede. Não conhecera nenhuma monja, exceto as austeras freiras católicas que dirigiam as escolas do interior em que eu havia estudado. Helen subitamente pareceu remota, mais distante do que costumava imaginá-la perdida em algum lugar dos Estados Unidos.

Na ocasião eu já lera o bastante sobre budismo para perceber que não era facilmente praticável no mundo moderno, onde quase tudo parecia ser ditado pelo crescimento e pela multiplicação do desejo, exatamente a questão contra a qual o Buda advertira. O que o Buda identificara como a fonte do sofrimento — cobiça, ódio e ilusão — e esperava extirpar, era também a fonte da vida e de seus prazeres, não importava quão temporários fossem.

Estava maravilhado com a imensidão e a complexidade da literatura budista, com o trabalho de pensadores e estudiosos agora quase perdidos na memória. Mas não entendia muito do que aqueles filósofos haviam escrito. O mais fascinante deles era Nagarjuna, que desafiara até mesmo o Buda ao afirmar que não poderia haver algo como a Reta Concepção, uma vez que todas os constructos intelectuais não tinham essência. Mas como se podia entender o conceito do Vazio, sem mencionar a afirmação de que o próprio Vazio era vazio? Ou que as compaixões fluíam de uma percepção do Vazio?

A meditação poderia ter me ajudado, mas eu não conseguia sentar-me imóvel por muito tempo. E, embora não pudesse admitir para mim mesmo, eu estava longe de estar pronto para adotar uma prática tão rigorosa como o budismo. Não sabia o que levara Helen a ele. Mas ela não parecia ter se intimidado com suas imensas dificuldades filosóficas e práticas. Ou talvez ela tivesse ido apenas um passo além das pessoas que meditavam regularmente e penduravam *thangkas** em suas casas. De qualquer forma, sua conversão me pareceu fácil demais, e meu desejo de vê-la evaporou-se.

Passei o dia seguinte andando pela cidade. As mudanças que vira em outros locais não se haviam esquecido de Benares. Havia cabines telefônicas com placas pomposas cheias de acrônimos (STD-ISD-PCO) na mais obscura das vielas. Abriram uma pizzaria num dos *ghats*. Havia shopping centers cobertos nas partes mais novas da cidade, com suas fachadas brancas já sucumbindo ao encardimento das ruas, e eram em sua maior parte vazios por dentro, com mais visitantes curiosos que compradores — peregrinos camponeses de lugarejos próximos reverentes diante dos pisos de mármore e das janelas de vidro.

Estava mergulhado em meu trabalho e quase me esquecera de Helen quando certa manhã apanhei um riquixá motorizado para Sarnath. Durante meus dias de estudante em Benares, visitava frequentemente Sarnath, procurando um descanso da cidade hindu. Eu andava pelo museu que tinha o famoso capitel em pedra dos leões da coluna de Ashoka; depois me deitava à sombra salpicada das grandes

---

*Estandartes pintados ou bordados, pendurados em altares nas casas ou templos. (*N. do T.*)

UM POUCO DE POEIRA NOS OLHOS

árvores que margeavam os vastos gramados e lia o livro que levara comigo. Comia em um *dhaba* barato a leste do museu. De volta ao gramado, tirava uma longa soneca e acordava refrescado ao som de periquitos voando bruscamente nos galhos acima, então lia um pouco mais antes de retornar a Benares.

Nunca prestei muita atenção ao grande *stupa*, o templo onde o Buda passara alguns meses de monções, nem no restante dos mosteiros. Arrependi-me disso enquanto lia sobre o Buda em Mashobra, quando frequentemente pensava em Sarnath, e disse a mim mesmo que voltaria para ver o lugar com meus olhos recém-educados.

Desejara isso intermitentemente durante os meses que antecederam a viagem. Mas enquanto o riquixá negociava lentamente sua passagem pelos subúrbios lotados de Benares, muitas vezes parando entre outros riquixás, carroças puxadas por burros, motos e caminhões cuspindo fumaça negra de diesel, e enquanto as cenas de cidade pequena que haviam se tornado depressivamente familiares passavam novamente perante meus olhos — os montes de maquinaria enferrujada, as poças de água fétida, a confusão dos cabos ilegais de energia, os jovens desocupados e morosos nas barracas de *chai*, o confeiteiro corpulento oculto atrás de uma tina cheia e branca com samosas chiando — comecei a me sentir entorpecido.

Finalmente o tráfego sumiu. O riquixá saiu em uma longa estrada reta através de mangueiras e tamarindeiros. A alguns quilômetros estava Sarnath, com seu parque dos cervos, *stupas*, templos e a promessa de serenidade. Mas, por razões que não estavam claras, eu não queria estar lá.

Quando o riquixá parou, fui primeiro seguido por uma multidão de mendigos e vendedores de água mineral, ao museu local. Na porta havia um guarda com um bigode branco e um rifle velho. Não havia ninguém dentro do prédio pouco iluminado, onde, ao final de uma longa sala, depois do pilar de Ashoka, havia uma imagem em arenito

UM FIM PARA O SOFRIMENTO

do Buda sentado em meditação. Fiquei parado diante da estátua, tentando lembrar o que lera sobre ela.

Deixei o museu e segui para os gramados. Embora ainda fosse cedo e houvesse orvalho na grama, havia algumas pessoas fazendo piquenique, abrindo sacos plásticos e estendendo toalhas no chão. Perto dali, um monge solitário caminhava devagar, aparentemente em meditação, em torno do grande *stupa* Dhamekh.

Pensei em visitar o *stupa* construído por Ashoka no local onde o Buda pronunciou seu primeiro sermão aos cinco ascetas de sua cidade natal, Kapilavastu. Mas onde o *stupa* deveria estar de acordo com meu mapa, havia apenas uma plataforma circular, cheia de flores murchas, incenso e velas votivas. Parei diante dela por um tempo, pensando no que fazer em seguida. Pensei que caminharia até o *stupa* Dhamekh e depois pegaria um riquixá de volta a Benares.

Andara alguns metros quando vi a monja caminhando em minha direção. Branca, de estatura média, ela vestia um manto ocre e andava com passos rápidos e saltitantes. Parecia haver nela algo ao mesmo tempo estranho e familiar.

Ela se aproximou e vi seu rosto. Ela Helen, sua cabeça raspada e redonda, mas com a boca sempre formando um sorriso.

Meu primeiro pensamento de pânico foi: "Ela me viu?"

Quis me esconder. Mas a árvore mais próxima estava a metros de distância, e em desespero me virei de costas abruptamente, cobri os olhos com a mão, esperando que parecesse estar olhando algo à distância.

Quase esperava que ela dissesse meu nome e me perguntava, com a mente acelerada, o que responderia.

Tenso, eu a ouvi passar por mim, seu manto farfalhando levemente. Fiquei lá parado pelo que me pareceu um longo tempo, primeiro pensando se era seguro me mover e depois quase paralisado pela autocensura.

{222}

UM POUCO DE POEIRA NOS OLHOS

A vergonha e a culpa se aplacaram quando retornei a Benares e fiquei preocupado em escrever. Passei mais uns dias na cidade fazendo pesquisas e encontrando gente de classe média e, embora tenha ido de novo à livraria, não perguntei por Helen.

Escrevi meu livro durante a primavera e o verão em Mashobra. Passara grande parte de minha vida em isolamento, lendo e devaneando. Parecia-me que minhas viagens haviam exposto minha ingenuidade. Eu vira um mundo complexo, que demandava uma mente experiente para entendê-lo. Minhas viagens haviam me mostrado minhas noções sobre a escrita e sobre o escritor em geral como uma indulgência particular e estéril. E assim, defensivamente, o que eu escrevia agora tinha uma veia satírica e áspera, meio ostentosa, meio verdadeira.

Em meu humor ultrassincero, pensei mais sobre a decisão de Helen de se tornar uma monja. Isso agora me parecia ter cancelado tudo o que ela representara antes: uma consciência do mundo mais amplo e um engajamento com ele, o que eu um dia admirara nela e tinha até desajeitadamente tentado imitar. Via seus esforços na Nicarágua e no Haiti como outro exemplo das diversas vantagens das quais ela desfrutava como americana — os mesmos privilégios que agora lhe permitiam ser uma monja budista. Senti que tínhamos nos movido em direções opostas e que o encontro que eu evitara em Sarnath teria sido apenas dolorosamente constrangedor.

Eu veria Helen de novo, em outro lugar e outra época. Mas agora eu me acomodava em meu novo eu — o eu que viajara e imaginava que aprendera muito. Eu não sabia então que gastaria muitos mais eus, que eles surgiriam e desapareceriam, fazendo com que fosse difícil definir cada experiência e aprender com cada uma delas.

As monções se arrastaram até o final de setembro enquanto eu escrevia meu livro de viagem em Mashobra. O tamborilar no telhado raramente cessava, as roupas de cama nunca perdiam seu cheiro ligeiramente mofado e a estrada que cruzava o vilarejo mais

{223}

ou menos desaparecia em intricadas formações como deltas de lama e regatos de água de chuva.

Mais tarde, à noite, eu contava algumas luzes a mais nas colinas distantes. Daulatram trabalhava como sempre na longa sala de impressão, com as pontas dos dedos pretas e a prensa constante em seu ritmo durante as longas tardes. Depois de dias de ausência, quando temi que estivesse doente ou morto, o corcunda apareceu no pomar.

Quando as monções terminaram, voltei a caminhar. Os lojistas pareciam mais velhos. Os mais prósperos deles tinham pequenas televisões em preto e branco em meio a potes de picles e embalagens de detergente Surf. Montu parecia ter mais dificuldade em movimentar seu enorme peso pela *dhaba* e tinha de ser ajudado por seu filho, Neeraj. Uma tarde, quando sua escola fechou mais cedo, Neeraj perguntou-me timidamente se eu entendia de computadores, o que faziam e se ele devia aprender a usá-los. Sua mãe, que ouvia do quarto adjacente protegido por um sari rasgado, resolveu falar. Disse que era minha responsabilidade encontrar uma vocação para Neeraj depois que ele terminasse sua educação escolar.

Uma linha de telefone foi estendida pela vila, envolvendo muita escavação ao lado da rua principal, e subitamente apareceram no bazar homens baixos e escuros com nariz achatado e lábios finos. Vestiam-se em andrajos, falavam uma forma estranha de hindi e passavam as tardes mergulhados até os joelhos nos fossos, com o sol torrando suas faces suarentas. Eram trabalhadores das regiões tribais de Bihar, que viajavam pela Índia buscando trabalho. Viviam em tendas de encerado ao lado da estrada, perto dos montes de terra escavada, e suas mulheres cozinhavam em fogueiras da maneira que fariam se estivessem nas florestas das planícies.

As vacas mugiam desconsoladas em seu estábulo, mas Daulatram raramente as deixava sair. Comecei a ansiar por dias claros, e quando terminei o livro, me senti disposto a deixar Mashobra, embora

UM POUCO DE POEIRA NOS OLHOS

ainda fosse o começo do outono, com a parte mais gloriosa do ano à minha frente.

Eu aprendera a ver o vilarejo como algo completo e, embora esperasse me mudar, considerava-me contente dentro dele. Mas agora estava irrequieto, faminto de novas vistas e experiências. Saí viajando naquele outono, confiante de que logo teria mais dinheiro de meu livro. Fui ao sul da Índia, Goa e Mumbai. Retornei ao norte e fui a Benares; em seguida, viajei, ainda pensando no livro sobre o Buda, para Shravasti, Vaishali, Ayodhya e Kushinagara, lugares que o Buda visitara nos obscuros anos intermediários de sua vida.

Em Shravasti, onde um rico mercador havia doado um bosque ao Buda, o qual havia sido o retiro preferido dele durante vinte e quatro anos nas monções, havia um parque com os poucos remananescentes do que provavelmente eram os primeiros mosteiros budistas. Macacos langur tagarelavam no marmeleiros e até pulavam para a velha figueira que ficava atrás das grades a um canto. Na seca zona rural, com seus carneiros e arbustos, havia *stupas*, muitos dos quais pilhados por conta dos tijolos. Em Vaishali havia outro parque, com um museu empoeirado cheio de relíquias danificadas. Em Kushinagara, surgindo abruptamente em meio aos campos de cana de açúcar, encontrava-se a elevação de tijolos na qual o Buda fora cremado. Um Buda gigante, dourado da cabeça aos pés, reclinava-se em um dos templos da vizinhança.

Um templo para Hanuman na beira da estrada parecia conter mais vida que alguns daqueles locais sagrados do Buda. Eram lugares peculiarmente mortos, havia muito mergulhados em desmazelo, que, parecia, a elaborada devoção, os mantos laranja, ocre, vermelhos e os novos mosteiros folheados a ouro dos budistas asiáticos chegaram muito tarde para resgatar.

Naquele ano não retornei a Mashobra. Permaneci em Benares. Estava tenso, esperando algo que não podia especificar, mas sem disposição para voltar à vida monótona de ler e escrever que conhecera durante anos.

{225}

UM FIM PARA O SOFRIMENTO

No ano seguinte, quando trabalhos jornalísticos me levaram à Europa e aos Estados Unidos, fiquei feliz em deixar Mashobra. Quando fizera com Vinod aquela longa viagem de ônibus ao Nepal, não esperava visitar outros países. Mas agora eu esperava pelo final dos longos meses de monções em Mashobra, torcendo para a chuva parar, temendo que ela causasse deslizamentos de terra na estrada para as planícies de Simla e me impedissem de chegar ao aeroporto em Délhi.

O tempo estava claro em Londres. Pessoas em todos os cantos diziam que eles passavam pelo outono mais quente em muitos anos. Essa conversa sobre o tempo me era estranhamenre excitante, da mesma forma que uma vaca na rua pode ser para quem visita a Índia pela primeira vez. O clichê familiar era algo a que se apegar em meio à novidade alheia de meu ambiente. O tempo também ajudava: o ar reticente do outono, as cores sombrias, o frio céu azul, os dias que encurtavam, coisas sobre as quais lera e que em minhas primeiras horas na Inglaterra ajudaram a suprimir minha grande ansiedade.

A ansiedade se acumulara durante as longas horas no avião. Aumentou novamente na fila da imigração, onde *sikhs* estupefatos e sem nada entender eram interrogados por vozes duras e severas. Tomei um táxi preto do aeroporto. Uma extravagância, dado meu pequeno orçamento, mas eu não me sentia confiante para lidar com o transporte público.

As janelas detrás do táxi estavam meio abertas e, embora eu tivesse lido muitas descrições que falavam do caminho do aeroporto de Heathrow até o sudoeste de Londres como "horrível", na minha primeira manhã deparei com o inesperado prazer de respirar fundo o ar fresco — estimulantemente cortante, como nos Himalaias — e o verde sempre presente — visto de relance do avião, mas sentido com muito mais intimidade no nível do chão —, sensações que não apenas mantinham meu nervosismo a distância, mas também a miséria dos armazéns e conjuntos de edifícios que eu mesmo, com o tempo, veria como horríveis.

{226}

UM POUCO DE POEIRA NOS OLHOS

Eu ia me hospedar na casa de um amigo britânico que conhecera em Délhi. Quando cheguei, a casa estava vazia — meus anfitriões estavam no trabalho, parte da atividade de Londres que ali, nas calmas alamedas cheias de folhas de East Sheen, era difícil de imaginar. Era minha primeira casa inglesa, semigeminada, com papel de parede rosa, grossos carpetes e um piano na sala de jantar. Carreguei minhas malas para um quarto no andar de cima que um bilhete no carpete dizia ser o meu: uma cama estreita, um aquecedor, uma estante de livros e uma fotografia — de quê?

Não esperei para ver. Estava ansioso para espiar a vista da única janela do quarto e, embora cansado e pronto para dormir, fiquei um momento com o nariz espremido contra o vidro da janela, encantado com a visão de uma Arcádia em miniatura, o quintal cercado com sua pequena estufa, depósito de ferramentas e um pedaço de gramado cercado de hortênsias e petúnias dos dois lados. No fundo do quintal, formando um anteparo natural, havia os sicômoros, em seus marrons e vermelhos serenos. Senti que poderia passar dias ali, deitado na grama, observando as macias nuvens brancas deslizarem pela faixa de céu acima.

Incapaz de dormir, saí para caminhar mais tarde naquele entardecer vazio e tropecei, literalmente mesmo, com o Richmond Park. Vira a larga mancha verde em meu mapa, mas acostumado apenas ao espalhamento das favelas das cidades indianas, não estava preparado para a proximidade entre cidade e campo, as avenidas ladeadas de árvores atravessando modorrentos jardins que subitamente se abriam para a vasta imensidão ondulada do relvado verde. Em torno do pequeno e calmo lago sentavam-se homens mais velhos com cães e bengalas. Os aviões que circulavam lentamente acima no grande céu de um azul pálido pareciam quase guardar esse quadro de quieto contentamento.

Caminhei através das profundezas arborizadas do parque e parei no meio de um agrupamento de carvalhos — tão robustas essas ár-

{227}

UM FIM PARA O SOFRIMENTO

vores em contraste com a nervosa magreza do tipo comum na Índia — para tirar de meus sapatos as folhas que haviam grudado neles nas trilhas úmidas. Mais tarde, com a luz gradualmente diminuindo, me perdi no caminho de volta para casa e circulei por algumas ruas laterais, onde a luz que vinha das *bay windows* encortinadas eram para meus sentidos cansados de viajante o calor do conforto e da autossuficiência domésticas.

Queria falar com alguém. Da cozinha, de onde via o quintal, liguei para Sophiya. Eu a conhecia de Simla, onde ela ficara dois anos pesquisando para uma tese sobre planejamento urbano imperial.

Ela pareceu um pouco deprimida. Disse que tinha acabado de terminar com o namorado. Fora um tempo estressante para ela, mas estava se recuperando.

Eu não soube o que dizer. Nunca antes ela me falara sobre sua vida pessoal. Em Simla, parecia trabalhar arduamente, com uma determinação que atribuí mais à curiosidade intelectual que à ambição profissional. Sempre estava cheia de detalhes interessantes do que descobrira sobre a construção da cidade.

Comecei a divagar sobre o que vira: os homens solitários com cachorros no parque vazio, as casas particulares com suas salas encarando ruas desertas, e a vasta cidade que eu ainda tinha de visitar, onde imaginava o esforço estupendo necessário para tornar possíveis aquelas calmas vidas de classe média.

Ela disse, me interrompendo:

— Mas onde você está é na verdade um subúrbio. Espere até ver o centro da cidade.

Fui lá no dia seguinte, em parte para ver Sophiya, que vivia em Shoreditch. Fui de trem, e os homens e mulheres de trajes escuros que subiam a cada parada, tão preocupados e sérios, desdobrando e lendo *The Times* e *Guardian*, eram como uma premonição da cidade adiante. Do lado de fora, o fundo das casas cobertas de limo,

{228}

UM POUCO DE POEIRA NOS OLHOS

trepadeiras em muros fuliginosos, varais, quintais com um triciclo ou um chiqueirinho, um breve relance do rio cinzento e de uma ilha, e depois os armazéns, fábricas, baixos prédios de escritórios.

Como muitas outras coisas sobre a cidade, eu conhecia a luz de Londres pelos livros. Mas ver a massa compacta e a solidez do conjunto de prédios do Embankment, caminhar através de Westminster passando por Whitehall e chegar à Trafalgar Square — lugares que traziam memórias de certas ruas em Calcutá e Madras — era conhecer o poder extraordinário da luz de conferir forma e cor.

Eu vira essa parte de Londres em velhas gravuras e fotografias, muito semelhante a Madras, Mumbai e Calcutá, postos coloniais tocados pelos movimentos arquitetônicos da Grã-Bretanha do final do século XVIII e começo do XIX. Em minha mente, Londres existia como uma infindável e lânguida tarde colonial, os nativos de sarongue descansando nas sombras dos muros altos, um riquixá expelindo um oficial vestido com exagero na exposta rua vazia à frente.

Não me preparara para as multidões que lá trabalhavam, para a certeza de propósito com a qual caminhavam a passos largos por Waterloo Bridge, o toque-toque resoluto dos saltos altos batendo nas calçadas. Poucas pessoas na Índia pareciam tão enérgicas, e se o fossem seriam tidas como excêntricas. Mais uma vez sem dizer nada, sem olhar para a esquerda ou a direita, como se impelidas por um grande pânico interior, fluía para fora da estação de metrô em Tottenham Court Road um ruidoso grupo de pálidas faces outonais sobre casacos pretos ou cinzentos, entre as quais, com uma pequena pontada de desapontamento, reconheci Sophiya.

Em Simla, Sophiya parecera glamorosa, entre homens e mulheres que passeavam no Mall, vestida com seu *salwar kameez* e com seu sotaque britânico. Ela também tinha o que a mim parecia uma história familiar incomum. Seu avô, nascido em um remoto vilarejo no Punjab, trabalhara como um *coolie* em Simla antes de se alistar no exército britânico e servir na Primeira Guerra Mundial. Lutara

{229}

UM FIM PARA O SOFRIMENTO

na Mesopotâmia e retornara para seu vilarejo com um ferimento. Seu filho, pai de Sophiya, também se alistara no exército da Índia britânica. Distinguira-se na Segunda Guerra, lutando na Itália, antes de se estabelecer em Londres, onde ela nascera.

Sophiya não falava muito de seu avô nem de seu pai. Ela uma vez descreveu as guerras em que lutaram como "guerras de homens brancos". Fiquei impressionado pelo que me pareceu na época tanto uma visão ponderada do mundo quanto uma capacidade de se expressar em uma conversa casual.

Em Simla, onde seu avô ganhara a vida carregando nas costas pesados sacos de carvão, ela parecia consumida por sua curiosidade. Mas em Londres, naquela manhã, embora tão meticulosamente bonita como antes, ela mal se distinguia da multidão em sua saia curta, meias finas e cabelo bem cortado. O único item de traje indiano que ela portava era um xale, não jogado sobre os ombros à moda indiana, mas enrolado no pescoço — um sinal de seu estilo pessoal. Em seu próprio mundo — as ruas e multidões de Londres, o restaurante vegetariano perto da London University, onde logo almoçamos — parecia diminuída.

E foi dessa diminuição que me falou, a voz enfraquecida pelo tom queixoso, quando me contou naquela tarde — assumindo uma intimidade pessoal que nunca tivéramos — sobre suas frustrações com o emprego ainda temporário, a maldade competitiva de seus colegas, a excessiva formalidade e esterilidade da vida social entre os acadêmicos — tudo aquilo no restaurante lotado, com a calçada do lado de fora animada com os gracejos de estudantes se banhando num sol não familiar de outono.

Fomos juntos até o subúrbio de Southall. Uma de minhas pautas na Inglaterra era escrever sobre uma reunião de soldados indianos que haviam servido na Segunda Guerra Mundial. Os soldados haviam passado cerca de meio século na Grã-Bretanha. Sentiam que o governo britânico os tratara miseravelmente nas celebrações do quinquagésimo

UM POUCO DE POEIRA NOS OLHOS

aniversário do final da guerra e nem considerara dar-lhes as honras concedidas a ex-soldados da Austrália, do Canadá e de outros países da Comunidade Britânica.

Sophyia estava irrequieta na sala cheia de homens de grossos bigodes brancos, bengalas e medalhas brilhantes, sentados em cadeiras de plástico branco, mirando o espaço, animados apenas quando o almoço foi servido, quando obedientemente se enfileiraram diante da mesa amontoada de comida indiana. O próprio pai dela não estava lá. Havia se dado bem na Grã-Bretanha, disse ela amargamente, com uma casa em Londres e outra no campo e filhos bem empregados. Não se importava muito com o modo como os outros imigrantes viviam.

Ela levou seu descontentamento até o *pub* no centro de Londres para onde fomos tomar um drinque. Disse estar farta dos indianos em Londres: eram egoístas, agressivamente ambiciosos, gente inescrupulosa. Seu namorado mostrou-se ser um desses indianos: um jornalista que havia utilizado estrategicamente sua identidade étnica no mais branco mundo profissional, que lutava conscientemente pela diversidade e pelo multiculturalismo. Subira rápido na redação de seu jornal moderadamente de esquerda da escrivaninha do subeditor para a redação. No processo, tornou-se politicamente conservador e insincero na vida pessoal. Comprara um Saab conversível e começara um caso com a chefe no jornal.

Eu a ouvia ligeiramente embaraçado e constrangido, nem sempre entendendo a relevância de eventos específicos, como a compra de um Saab conversível, mas ao mesmo tempo profundamente fascinado. Era como ganhar outra visão dos trabalhadores febris dos escritórios daquela manhã, dos motivos e tensões peculiares que fervilhavam em seus locais de trabalho e pareciam formar o material de engenhosos jovens colunistas e escritores de romances *risqué* sobre a vida no escritório cujos excertos eu vira em jornais — coisas que aquela manhã acrescentara ao meu nervosismo e me fizeram pensar que tinha chegado no meio de um filme longo e complicado.

{231}

Foi um pouco mais tarde naquela noite — com o *pub* cheio e frequentemente explodindo em gargalhadas ruidosas — que ela me disse ter um novo amante, um jornalista francês que conhecera numa tarde em Islington. A história saiu de supetão. Eu não conseguia me fazer ouvir no barulho do *pub* e me contentei em ouvir e acenar com a cabeça. Eu devo ter parecido curioso. Ela estava um pouco bêbada.

Como descreveu, ele a perseguira incansavelmente até ela ceder, "cansada", como disse, de sua solidão. Funcionara por um tempo. Ela via o amante francês várias vezes durante a semana. Saíam para o cinema ou o teatro, ou simplesmente iam direto para o apartamento dele em Islington e faziam amor. As noites vazias deixaram de ser uma ameaça.

Agora, porém, cansara-se dele. O francês não lia, não tinha interesse em arte. Também era pão-duro. Sophiya disse:

—Ele nunca me trazia flores, nunca me trazia presentes e nunca tinha nenhuma comida na geladeira.

No trem de volta para East Sheen naquela noite, de pé entre as pálidas faces cansadas das pessoas em ternos escuros, mergulhando mais fundo em minha solidão e meu estranhamento, tive uma visão súbita de Sophiya: inspecionando geladeira e armários vazios numa cozinha escura, vozes altas na TV ecoando do quarto, a luz morta do lado de fora de fileiras e fileiras de casas idênticas do tipo que vi do trem.

Da Inglaterra fui para a França e depois para os Estados Unidos. Passei por aeroportos famosos — Heathrow, De Gaulle, JFK, LAX — sempre observando, maravilhado, os mexicanos, russos, indianos, nigerianos, iranianos, indonésios, filipinos, coreanos que enxameavam aqueles vastos bazares reluzentes. Parecia que, enquanto eu crescia na Índia, muitas pessoas como eu ansiavam pela riqueza do mundo. Fossem profissionais, estudantes turistas ou imigrantes,

UM POUCO DE POEIRA NOS OLHOS

queriam ser acomodados além da vida que haviam até então conhecido, onde podiam se despojar da limitada identidade nacional ou racial dentro da qual haviam nascido e se dedicar a ganhar dinheiro, buscar o aprendizado e procurar amor e liberdade.

Fiquei aliviado quando, ao retornar a Mashobra naquele ano, o senhor Sharma não me fez nenhuma pergunta sobre minhas viagens: o que eu vira, quem conhecera. Eu também nunca trouxe a conversa à tona. Não queria encorajá-lo. E estava longe de poder articular minha experiência, até para mim mesmo.

Fiquei surpreso com esse malogro. Eu tinha tido alguma experiência com viagens antes de deixar o país. Reconhecidamente, viajara tardiamente para Londres, depois de muitas de minhas opiniões já estarem estabelecidas. Achava-me diferente dos indianos que tinham deixado o país mais jovens. Geralmente eram filhos e filhas da classe mais alta, que depois de três ou quatro anos como estudantes na Inglaterra ou nos Estados Unidos voltavam para herdar seus privilégios, com pouco mais que uma frágil sensação de superioridade e uma memória agridoce dos romances e amizades interrompidos para marcar o tempo que passaram no Ocidente. Eu não era um turista, procurando catedrais, museus e monumentos. Queria me ver como alguém à parte do número vergonhosamente grande de turistas indianos procurando descontos em eletrônicos e engenhocas para a cozinha. Também não era um imigrante, predisposto a abraçar sua nova vida, qualquer que fosse sua qualidade.

Meus motivos eram muito mais românticos. Caminhando pela ilha no Bois de Boulogne em Paris, onde Proust localizara os anseios de seus personagens por fama e amor, visitando a cidade de Concord na Nova Inglaterra, onde Emerson havia pregado a autoconfiança, ou no próximo lago Walden, onde Thoreau traduzira textos budistas e lera os Vedas, esperava me banhar na aura de homens que eu reverenciara desde os tempos em que, em lugares inimagináveis

UM FIM PARA O SOFRIMENTO

para eles, li pela primeira vez seus trabalhos e comecei a construir um eu e uma vida usáveis.

Bem perto dos retiros de escritores e sábios famosos, havia lojas vendendo *souvenirs*: garrafas de vinho e guarda-chuvas impressos com os melancólicos olhos escuros de Proust, xícaras de café mostrando o grave perfil barbado de Emerson. Eu me abandonava nessas lojas, que com suas mercadorias imaginativas pareciam as barracas que ladeavam o caminho de templos famosos da Índia, vendendo flores, incenso, pasta de sândalo e outros objetos de veneração ritual.

Levou tempo para que eu percebesse que meu amor pelos escritores e filósofos ocidentais fora uma forma de idolatria e que eu não havia me preparado para vê-los como pessoas moldadas por eventos específicos, que estavam respondendo a eles — a ruptura da velha ordem moral e religiosa, as revoluções econômicas e políticas, a construção e a desconstrução de impérios, e a ascensão do indivíduo burguês com seus desejos e prazeres particulares. Eu ainda presumia então que as pessoas poderiam ser consideradas à parte das forças que as condicionavam.

Naquela primeira visita ao Ocidente, eu viajara principalmente para um local em minha mente. Fiquei mais surpreso do que poderia ter imaginado com os anúncios, revistas e jornais obcecados por sexo, que eu já vira na Índia, pelos subúrbios de Paris tomados de grafite, que eu vira em um filme sobre imigrantes do norte da África, mas nunca julgara reais, e pela total desolação dos shopping centers e estacionamentos dos Estados Unidos suburbanos, perto de Concord e Walden Pond, sobre os quais eu lera na ficção de John Updike. Retornavam a mim platitudes da sociologia que encontrara muitas vezes antes — a mecanização da vida, a cultura construída em torno da satisfação de necessidades individuais. Não esclareciam nada e apenas levavam a mais trivialidades.

UM POUCO DE POEIRA NOS OLHOS

Era por isso que eu não conseguiria explicar ao senhor Sharma a visão cotidiana de Londres de passageiros viajando para o trabalho em roupas escuras com rostos sem expressão, brotando de vagões em estações de trem e de metrô, caminhando apressada e silenciosamente até seus escritórios. Ou sobre as multidões ruidosas de funcionários de escritórios transbordando de *pubs* em esquinas, as filas impacientes do lado de fora de boates nas sextas à noite, homens e mulheres cambaleando tarde da noite nas fileiras e fileiras de casas com frentes opressivas e rígidas; sobre o impulso de dividir a vida em partes administráveis, da cidade como uma coleção de indivíduos solitários reunidos brevemente por alguns interesses partilhados.

Foi por isso também que não pude contar a ele dos descontentamentos de uma garota solteira em Londres, ou mesmo sobre algo que ele, que passara bem contente toda a sua vida num vilarejo, poderia ter reconhecido: a solidão opressiva que só se podia conhecer na cidade grande, a vida de ânsias e frustrações pessoais que muitas pessoas na multidão pareciam levar, e sobre as quais o passado resplandecente das grandes metrópoles, que atraíam um visitante como eu, não produzia nenhum encantamento.

Procurando o eu

O BUDA PASSOU DIVERSAS semanas em Sarnath. Não tentou conquistar o centro ortodoxo de Benares, que ficava desdenhosamente indiferente a alguns quilômetros. Talvez estivesse satisfeito com o que tinha: havia os primeiros discípulos leais, os cinco brâmanes de Kapivalastu, e depois Yasa, que despertou uma autêntica corrida à conversão entre seus contemporâneos.

As monções vinham logo depois das longas semanas de calor. As chuvas contínuas faziam transbordar os rios, inundavam as estradas e tornavam as viagens impossíveis. Na época, quase não havia construções em Sarnath, e a força da chuva e dos ventos deve ter ameaçado derrubar as tendas de sapé ou bambu dos monges. Mas em meio ao que devem ter parecido ao Buda inconveniências menores, ele continuava a desenvolver variações dos temas que havia examinado em seu primeiro discurso. Falava da necessidade do pensamento sistemático que o levara em direção à iluminação, da necessidade de os *bhikshus* se examinarem rigorosamente em busca de falhas e omissões.

O mais importante sermão que fez durante esse tempo desenvolvia sua visão cética do que os indivíduos achavam ser a própria identidade. Esta talvez seja a parte mais difícil da doutrina budista, junto com a noção correlata de que todas as coisas do mundo têm uma "origem dependente". Mesmo o assistente pessoal do Buda, Ananda,

UM FIM PARA O SOFRIMENTO

não conseguia entendê-la, apesar de ouvir seu mestre explicá-la várias vezes. Eu não conseguia deixar de sentir que, independente do que o Buda tivesse dito sobre a insubstancialidade do eu, havia um "eu" que fazia as tarefas cotidianas da vida, que comia, dormia, lia e pensava de maneira coerente por um longo período. Não podia negar essa continuidade nem aceitar que a pessoa que fora dormir era diferente daquela que acordava na manhã seguinte.

Talvez o problema residisse em minha primeira percepção de Buda como um pensador, algo no molde de Descartes, Kant e Hegel, ou como os pensadores acadêmicos de hoje, apresentando suas ideias e debatendo as dos outros. Eu buscava uma metafísica e uma epistemologia sistemática nas palavras atribuídas ao Buda, quando seu objetivo fora claramente terapêutico e não o de desmantelar ou construir um sistema filosófico.

Na verdade, o Buda deixara clara sua desconfiança em relação à especulação abstrata. Havia problemas, afirmava, que fugiam a todas as redes linguísticas e conceituais e cujas soluções eram inexprimíveis. Foi por isso que ficou celebremente silencioso quando um asceta errante, chamado Vacchagotta, perguntou-lhe se ele achava que havia um *atman*, ou alma.[1] Percebendo o silêncio de Buda, ele perguntou:

—Então, não há *atman*?

Mais uma vez o Buda ficou em silêncio.

Depois que Vacchagotta partiu, Ananda perguntou ao Buda por que ele ficara em silêncio. Ele explicou que, se perguntado se havia um eu, respondesse "Há um eu", tomaria partido daqueles que mantinham a teoria da alma eterna, e que se fosse perguntado se não havia um eu dissesse "Não há um eu", tomaria partido dos que mantinham a teoria da negação do eu.

Como sempre, o Buda procurou um caminho do meio entre essas teorias. Antes do Buda, as *Upanishad* haviam tentado confortar os homens com a promessa de um *atman* eterno. Residindo em cada ser humano, essa alma ou eu era o pensador dos pensamentos, o que

{238}

sentia as sensações e o realizador das ações, boas ou más, pelas quais recebia as recompensas e punições apropriadas depois da morte do corpo no qual vivia. Esse eu era, além disso, uma entidade absoluta; era o mesmo que a substância imutável, *brahman*, que estava por trás do mundo em mutação, e a liberação, ou *moksha*, consistia em compreender a unidade de *atman* e *brahman*.

Mas o Buda parece ter rejeitado mais do que a ideia das *Upanishad* de eu eterno ou alma. Rejeitou também a residência do eu na mente que Descartes presumiu quando declarou que ele era uma "coisa que pensa" — uma coisa que duvida, entende, afirma, desmente, se dispõe ou se indispõe, imagina e tem percepções sensoriais.[2] De acordo com a visão cartesiana, o eu é uma substância unificada única com a capacidade de experimentar, desejar, pensar, imaginar, decidir e agir. Não muda com o tempo e está ontologicamente distante de outros eus.

O Buda pareceu rejeitar essa noção do eu individual como uma substância distinta com identidade. Disse que não correspondia a nenhuma realidade observável dentro da mente e do corpo e, mais ainda, sua consciência de si mesmo como separado do mundo e dos outros eus era falsa e fonte de ânsia, orgulho, egoísmo e ilusão.

As ideias do Buda soam em grande parte contraintuitivas porque o termo linguístico "eu" que usamos para descrever toda uma gama de experiências simples ou complexas — como "Eu estou triste" ou "Eu estou feliz" — pressupõe a existência de um eu imutável que experimenta esses estados variados. Na verdade, dizemos que vivemos essas experiências precisamente por meio daquele "eu" ou o que imaginamos que seja um eu separado e autônomo dentro de nós e elas reforçam nosso sentido do eu e de nossa identidade.

O Buda e os budistas não renunciaram à palavra "eu" ou "indivíduo". Elas permanecem palavras práticas, que pertencem ao domínio do convencional ou da verdade relativa. Mas o Buda lhes recusa qualquer realidade estável. Em muitos de seus discursos e diálogos, ele voltou ao tema do eu estável, ou das falsas visões dele que um indivíduo tendia a

UM FIM PARA O SOFRIMENTO

desenvolver, levando-o ao hábito de ansiar pelo que considera "meu". À diferença de Descartes, o Buda apresentou o eu como um processo, não como uma substância, afirmando que o que chamamos de um "ser" ou um "indivíduo" é apenas uma máquina fisiopsicológica na qual as energias mental e física constantemente se combinam e mudam.[3]

Em um sermão em Sarnath, ele enumerou e analisou diligentemente os eventos físicos e mentais que, segundo ele, constituem o indivíduo humano. Organizou esses eventos em cinco grupos, ou agregados, chamados *skandhas*.[4] O primeiro deles refere-se à forma material: o corpo e seus aspectos — solidez, fluidez, calor e movimento — que tornam possíveis os cinco órgãos dos sentidos materiais, as faculdades dos olhos, ouvidos, nariz, língua e corpo. O segundo grupo se refere às sensações geradas por meio do contato desses cinco sentidos e a mente com o mundo externo e suas qualidades. Há, então, o grupo das percepções, que envolve rotular e julgar os sentimentos de prazer, melancolia ou indiferença — experiências disparadas pelos sentidos em contato com o mundo físico. Estamos constantemente classificando essas experiências, para que haja o reconhecimento instantâneo de estímulos físicos, como uma taça de vinho ou um golpe repentino.

Essas experiências, por sua vez, provocam desejos, saudades, peculiaridades, todo um conjunto de circunstâncias nas quais agimos. Ver uma taça de vinho pode levar a um desejo irresistível de beber vinho, bem como pode provocar associações que levam a desejos e ações diferentes. Desejos, vontades, na verdade qualquer coisa que leve à ação, pertencem ao quarto grupo. O último grupo consiste em uma autoconsciência básica, uma sensação de nós mesmos como seres sensíveis que pensam e percebem.

Buda afirmava que não havia nada mais no indivíduo além desses cinco grupos de fenômenos causalmente conectados e interdependentes: fenômenos corporais, sentimentos, classificação ou reconhecimento, atividades volitivas e percepção consciente. Negava que o eu pudesse existir em algum ou em todos eles porque mudavam

{240}

PROCURANDO O EU

constantemente, eram impermanentes e não tinham existência independente. Ele continuou, afirmando que a personalidade humana era instável, um fluxo complexo de fenômenos, um conjunto de processos, e não uma substância, um vir-a-ser mais que um ser. Era parte de sua afirmação mais ampla de que tudo no mundo é ontologicamente conectado e em estado de mudança.

Do ponto de vista budista, nem mesmo a consciência equivale a um eu ou alma. Isso porque a consciência é primariamente uma reação ou resposta a estímulos. A consciência é, como disse o Buda, "qualquer condição sob a qual ela apareça": por conta do olho e das formas visíveis há uma consciência visual; por conta dos ouvidos e sons há uma consciência auditiva, e assim por diante. A consciência, que sempre surge pelo contato com um objeto, não existe em si mesma — não é inata aos objetos. Como diz um poema zen: "Para seu amante, uma bela mulher é um deleite; para um asceta, uma perturbação; para um lobo, uma boa refeição."

Pode existir uma continuidade aparente, mas a percepção e o pensamento discursivo aparecem e somem constantemente. A consciência é um fluxo de minúsculos instantes que não têm existência ou essência independentes. Estão constantemente sendo provocados por cada uma das pequenas mudanças no mundo exterior — o processo criando a impressão do que chamamos de realidade. Quando dividida em suas partes agregadas, a consciência se revela como profundamente condicionada, sempre em mutação e relativa, longe da entidade substancial que acreditamos que o eu individual seja.

Entre os filósofos ocidentais, David Hume tinha a visão mais próxima daquela do Buda:

> Quando entro muito intimamente naquilo que chamo de *meu eu*, sempre tropeço em alguma percepção particular ou outra, de calor

UM FIM PARA O SOFRIMENTO

ou frio, luz ou sombra, amor ou ódio, dor ou prazer. Nunca consigo me flagrar em algum momento sem uma percepção, e nunca posso observar coisa alguma além da percepção.[5]

Disso Hume concluía que

nada somos a não ser um grupo ou uma coleção de percepções diferentes, que se sucedem com velocidade inconcebível... A mente é uma espécie de teatro, onde diversas percepções fazem sucessivamente sua aparição; passam, repassam, deslizam para longe e se juntam numa variedade infinita de posturas e situações...[6]

Foi esse teatro da mente que o Buda exortou seu filho, Rahula, a observar durante a meditação. Fazer isso, disse ele, era abandonar a presunção do eu. Fazer isso, era abandonar a vaidade do "eu sou". O próprio Hume não tirou tais conclusões práticas de sua análise dos dados da consciência, embora tenha ajudado a estabelecer, para filósofos posteriores, as raízes do intelecto na percepção. A ideia da realidade como um processo, primeiro proposta por Heráclito, entrou na corrente principal da fiosofia apenas com Nietzsche, Bergson, William James e as descobertas da física moderna. Foram os artistas literários da era moderna, Flaubert, Baudelaire, Dostoievski e Proust, que falaram em suas obras da natureza instável do eu conhecedor.

Proust, em suas evocações da memória, pareceu sugerir que o eu não era nada mais que um nome conveniente para experiências causalmente conectadas. O narrador de seu romance *Em busca do tempo perdido* quer ser um escritor, mas se desespera por um dia encontrar coerência em sua vida, por entender seus muitos eus que tiveram casos amorosos, conduziram amizades e viajaram muito. Numa famosa passagem, ele descreve como certo dia, quando mais velho, depois de desistir de suas ambições literárias, come uma *madeleine* mergulhada no chá:

{242}

PROCURANDO O EU

Assim que o líquido quente e as migalhas com ele tocaram meu palato, um arrepio percorreu todo o meu corpo e eu parei, atento às extraordinárias mudanças que estavam acontecendo. Um prazer raro invadiu meus sentidos, mas individual, separado, sem sugestão de suas origens. E imediatamente as vicissitudes da vida tornaram-se indiferentes para mim, suas descobertas inócuas e sua brevidade ilusória...[7]

O gosto traz de volta ao narrador sua infância em uma cidade do interior, onde nas manhãs de domingo ele molhava as mesmas *madeleines* no chá. A cidade, suas construções e pessoas brotam repentinamente com brilhante nitidez na consciência do narrador:

Senti algo principiar dentro de mim, algo que deixa o túmulo e tenta emergir, algo que ficou enterrado como uma âncora em grande profundidade; ainda não sei o que é, mas posso sentir ascender aos poucos; posso medir sua resistência, ouvir o eco de grandes espaços viajados...[8]

É a epifania trazida pelo mergulho da *madeleine* no chá que sugere ao narrador de Proust um eu mantido coeso por memória involuntária, o eu que se revela em experiências particulares e que podem ser recriadas brevemente apenas quando certas condições causais — cheiro, gosto, som — estão presentes:

Mas quando nada subsiste de um distante passado, depois de todos estarem mortos, de as coisas estarem rompidas e dispersas, paradas, solitárias, mais frágeis, mas com mais vitalidade, mais insubstanciais, mais persistentes, mais fiéis, o cheiro e o gosto das coisas permanecem estáveis um longo tempo, como almas prontas a nos fazer lembrar, esperando e ansiando o seu momento, entre as ruínas de todo o resto; e produzem sem hesitação, na minúscula e quase impalpável gota de sua essência, a vasta estrutura da recordação.[9]

A série de eventos mentais e físicos que são o indivíduo surgem de modo dependente a qualquer momento e ao longo do tempo. Formam certos padrões, que tendem a se reproduzir e são relativamente estáveis. Você não é a mesma pessoa aos 30 anos que era aos 5, mas também não é completamente diferente. "Não se entra no mesmo rio duas vezes", proclamou Heráclito, sugerindo que mudam tanto o rio como a pessoa que nele entra. Mas eles não se tornam entidades completamente diferentes.

Como Proust descobriu, há uma relação causal contínua entre os padrões dos eventos mentais e físicos que ocorreram então e ocorrem no presente. Esse é o porquê de ele ser capaz de lembrar. De acordo com Vasubhandhu, o filósofo indiano do século V: "A lembrança é um novo estado de consciência dirigido ao mesmo objeto, condicionado, como é, por estados anteriores."

Buda falou muitas vezes sobre como sem leite não pode haver iogurte e sem iogurte não pode haver leitelho etc., e desse processo nada permanece inalterado ou é totalmente alterado. Essa continuidade também torna impossível para os indivíduos escapar da responsabilidade moral de seus atos. Como Nagasena explicou a Menandro, alguém que rouba mangas das árvores de outro não pode afirmar plausivelmente que as mangas que roubou não foram as mangas plantadas pelo proprietário, uma vez que as mangas que roubou cresceram necessariamente das mangueiras que foram previamente plantadas.

O Buda estendeu o princípio da causalidade para a vida humana. Há uma fórmula curta que explica como tudo está conectado em um estado de mudança e como essa mudança não é aleatória ou caótica, mas um processo estável de causação:

Quando isto é, aquilo é
Isto surge, aquilo surge,
Quando isto não é, aquilo não é.
Isto cessa, aquilo cessa.[10]

Como o Buda disse:

Com mancheias de grama a corda é tecida
À força de empenho
Pelo girar da roda o balde sobe do poço
No entanto, cada giro é em si fútil.

Assim o girar de todos os componentes do vir-a-ser
Surge da interação uns com os outros
Na unidade, o girar não pode ser descoberto
No começo ou no fim.

Onde está a semente há a planta jovem,
Mas a semente não tem a natureza da planta,
Nem é algo além da planta, nem é a planta —
Assim é a natureza da lei da Retidão, nem transiente, nem eterna.[11]

A mais ambiciosa corrente de doze elos que os budistas chamam de origem dependente descreve como a vida existe, surge e continua:

1. Por meio da ignorância, os atos de volição ou de formação do *karma* são condicionados.
2. Por meio dos atos de volição, a consciência é condicionada.
3. Por meio da consciência, os fenômenos mentais e físicos são condicionados.
4. Por meio dos fenômenos mentais e físicos, as seis faculdades (cinco sentidos e a mente) são condicionadas.
5. Por meio das seis faculdades (sensoriais e mentais) o contato é condicionado.
6. Por meio do contato (sensorial e mental) a sensação é condicionada.
7. Por meio da sensação, o desejo é condicionado.
8. Por meio do desejo, o apego é condicionado.

UM FIM PARA O SOFRIMENTO

9. Por meio do apego, o processo de vir-a-ser é condicionado.
10. Por meio do processo do vir-a-ser, o nascimento é condicionado.
11. Por meio do nascimento, a decadência, a morte, a dor etc. são condicionadas.

A ideia geral aqui, que se torna obscura pela linguagem técnica, não é diferente daquela que o Buda propôs em outro momento: que a ignorância sobre a natureza impermanente da realidade e a ânsia conduzem ao contínuo renascer e ao sofrimento. Como o Buda disse a Ananda:

> Quando não há o ansiar de nenhuma espécie, de ninguém por nada — ou seja, não ansiar coisas dos sentidos, não ansiar por meio de opiniões especulativas, não ansiar de acordo com mera regra e ritual, não ansiar com teorias da alma —, então, sem nenhuma espécie de ânsia, haveria, dada essa cessação, alguma aparência de vir-a-ser?[12]

Já que nada surge do nada, o Buda negava a noção de um Deus criador onipotente. Em vez disso, postulava um mundo que, com sua diversidade, sua estrutura e suas capacidades nascera como resultado de ações anteriores de seres vivos motivados por cobiça, arrogância, paixão e inveja — pelo que chamou de *klesha*, aflições, e seus equivalentes latentes: ignorância, desejo de prazer sensual, sede de existência, apego à identidade etc.

Para Proust, a memória sensual se encontrava dormente dentro dos seres humanos e conseguia sobreviver a todas as mudanças de personalidade durante nossa vida. Para os pensadores budistas da escola Yogachara, os traços de ações anteriores sobrevivem mesmo à morte. Usando termos próximos da noção freudiana do inconsciente, eles afirmavam que cada pensamento, expressão ou ação deposita um traço cármico na consciência, que já contém o resíduo de vidas passadas e assim é uma ponte não para uma vida, mas para diversas.

O Buda certa vez falou da criança deitada de bruços que nem mesmo tem noção de "personalidade", ou prazeres sensuais ou agressividade em relação aos outros. Mas essas disposições encontram-se latentes dentro dela, esperando amadurecer e influenciar suas ações. Como disse o filósofo *yogachara* Vasubhandhu:

> O mundo em sua variedade surge da ação (*karma*). As ações se acumulam pelo poder das aflições latentes, porque sem as aflições latentes (elas) não são capazes de dar vida a uma nova existência. Consequentemente, as aflições latentes são a raiz da existência.[13]

O "sujeito como multiplicidade", o homem como nada mais que "a totalidade de seus impulsos" — foi assim que Nietzsche viu a personalidade humana. Para ele, também, o corpo era um processo dinâmico, no qual vários sujeitos pensantes, dispostos e sensíveis constantemente fluíam e refluíam. A pessoa era uma constelação de forças flutuantes, em que impulsos tais como amor, malícia, desejo sexual, orgulho, astúcia e ciúme dominavam e na qual mesmo o "pensamento consciente é secretamente dirigido e impelido pelos instintos para canais definidos":

> O curso de nossos pensamentos e inferências lógicas hoje em nosso cérebro corresponde a um processo e a uma batalha de impulsos que, tomados separadamente, são todos ilógicos e injustos; geralmente conhecemos apenas o resultado da batalha: é assim que rápida e secretamente esse mecanismo antigo tece seu curso dentro de nós.[14]

De acordo com Nietzsche, todos os seres humanos vinham ao mundo com os mesmos impulsos animalescos. O que os dintinguia uns do outros era o padrão específico criado pela batalha entre aqueles impulsos — o padrão que o tipo superior de homem, o super-homem autoconsciente, tinha a capacidade de sobrepujar. Essa era a versão de Nietzsche para o *karma*: o homem como um complexo psicológico, que é uma consequência de suas disposições passadas, de como e o que pensava, fazia e dizia.

Para o Buda, era o complexo psicológico variadamente composto dos seres humanos que determinava suas próximas formas de existência — o que ele chamou de *nama-rupa* (nome e forma, denotando os aspectos incorpóreos e os aspectos físicos da nova pessoa). Apenas a consciência transportada das vidas pretéritas podia explicar a presença da consciência nas criaturas vivas:

> A consciência condiciona nome e forma (ou seja, a nova pessoa empírica). Isso deveria ser entendido assim: se a consciência (de alguém que morreu) não passasse ao útero da mãe, o nome e a forma (a nova pessoa) lá se desenvolveriam?[15]

Havia outras causas, mais mundanas, que acompanham o nascimento, além da consciência condicionada: uma mulher e um homem. Quando eles se unem, a vida nasce. A consciência condicionada de um homem morto alumiava nova vida, e uma nova chama queimava no útero, condicionada pela centelha da consciência do homem morto, mas não idêntica a ela ou diferente dela. A consciência era assim conservada da mesma forma que a energia era conservada no reino da matéria: algo que nunca era destruído, mas apenas transformado.

O renascimento parecerá impossível apenas se se pensar no eu como uma entidade sólida, duradoura, estável, preservando uma entidade substancial em vez de, como Nietzsche parcialmente entendeu, uma série de eventos mentais e físicos — um fluxo de consciência condicionado. De acordo com o Buda, a morte não rompe as conexões causais desses eventos. Rompe apenas um padrão específico no qual eles ocorrem. E tal é a natureza da concatenação causal que esses eventos começam a formar outro padrão assim que o renascimento acontece.

Portanto, o Buda tornou o renascimento algo plausível, embora esta permaneça a parte de seus ensinamentos que requer um salto para a fé.

Isso não era tão determinista para os indivíduos como pode parecer. É verdade que nessa visão budista de mundo não há coisa tal como a vontade absolutamente livre. Isso porque a vontade e a liberdade são condicionadas por causa e efeito, como todos os outros fenômenos. A ideia de livre-arbítrio é em si mesma condicionada. Mas assim como o homem capaz de "autossuperação" da visão otimista de Nietzsche pode se erguer acima da realidade de seus impulsos básicos e mudar o padrão formado por eles, também o indivíduo na visão do Buda é livre para agir dentro de seu domínio condicionado e para lutar pela liberação do ciclo de renascimentos.

A salvação existe na mais pura forma de consciência, que consiste em conhecer a natureza condicionada dos fenômenos: saber como as atividades cármicas passadas tornam-se predisposições presentes e determinam a qualidade do fluxo de consciência que sobrevive à morte do corpo físico. Essa consciência era alcançada pela meditação, que enfraquecia as ideias preconcebidas e os constructos psicológicos formados durante essas atividades cármicas anteriores.

Os atos com menores consequências cármicas são aqueles que fluem dessa consciência: a de que não temos uma essência fixa ou imutável, mas somos montagens de processos mentais e físicos dinâmicos, ainda que totalmente condicionados e que o sofrimento surge quando buscamos afirmar nossa autonomia em um mundo radicalmente interdependente, quando um eu infundado busca infindável e futilmente se estabelecer por meio de ações impulsionadas por ignorância, ambição e ilusão — que, quando frustradas, levam a tentativas ainda mais ulteriores de autoafirmação, o que faz o sofrimento parecer inevitável e a ilusão, indestrutível.

No século II d.C., Nagarjuna levou além a noção de Buda da origem dependente.[16] Ele sistematizou a rejeição de teorias e conceitos. Afirmou que todas as realidades conhecidas são realidades construídas usadas para ordenar o mundo e torná-lo intelectualmente compreensível. Declarou que nada pode ser conhecido a não ser em termos de outra coisa. Cada entidade é em si mesma vazia de essência.

Em nossa busca de conhecimento passamos de conceito em conceito, mas nenhum conceito existe por si mesmo: depende de outros conceitos para a sua existência. O pensamento analítico e racional produz ideias e opiniões, mas estas são apenas convencionalmente verdadeiras, presas como estão a distinções dualistas impostas pela linguagem. A razão erige seus próprios conceitos e dualismos, e nos emaranha em uma visão rasteira de noções e pontos de vista, enquanto a verdadeira percepção reside em desmantelar estruturas intelectuais e em ver através de seu vazio essencial (*shunyata*).

Para Nagarjuna, o único ponto de vista correto é nenhum ponto de vista. Sua suspeição da metafísica e sua visão da linguagem como corporificação de pressuposições culturais fazem-no parecer um precursor dos estruturalistas e desconstrutivistas de hoje. Claude Lévi-Strauss pode ter pensado na tentativa de Nagarjuna de desconceitualizar a mente quando fala da "sabedoria decisiva" do Buda, "com a qual minha civilização apenas poderia contribuir confirmando-a":

> Cada esforço de entendimento destrói o objeto estudado em favor de outro objeto de natureza diferente; este segundo objeto requer de nós um novo esforço que o destrói em favor de um terceiro, e assim por diante, até que cheguemos a uma única presença duradoura, o ponto no qual desaparece a distinção entre significado e ausência de significado: o mesmo ponto de onde começamos.[17]

O sermão do fogo

O MUNDO COMO UMA rede de relações causais, o vazio do eu, a sede por estabilidade, a impermanência dos fenômenos, a causa do sofrimento, sua cessação por meio da consciência — todas essas ideias formaram a visão sistemática da existência humana que o Buda ofereceu em Sarnath durante as primeiras semanas depois de sua iluminação.

Quando terminaram as monções, ele decidiu retornar a Bodh Gaya, onde havia passado seis anos como asceta antes de atingir a iluminação. Numa floresta no caminho, encontrou-se com um grupo de trinta amigos, filhos de gente rica, como Yasa e seus companheiros. Eles estavam lá para alguma espécie de piquenique. Um dos homens levara uma cortesã, que roubara alguns dos pertences deles e fugira quando estavam distraídos. Os homens a procuravam quando deram com o Buda e lhe perguntaram se ele havia visto uma mulher.

De acordo com alguns textos, o Buda perguntou-lhes se era melhor procurar uma mulher que o eu. Quando eles concordaram que era melhor procurar o eu, o Buda pediu que sentassem. E então ensinou-lhes as quatro nobres verdades. Eles prontamente se converteram.

O que este episódio salienta mais uma vez é que quase todos os primeiros seguidores leigos do Buda eram pessoas da classe comercial — aquela que começara a florescer nos novos centros urbanos

UM FIM PARA O SOFRIMENTO

do norte da Índia apenas algumas décadas antes do nascimento do Buda. Eram pessoas que, nas novas condições da vida urbana, haviam escapado do sistema de quatro castas ariano que dominava nos vilarejos. As velhas regras não se aplicavam a eles. Eram ainda estranhos em sua nova sociedade.

Como as classes mercantis posteriormente, ainda eram inseguros, por encontrar sua cultura intelectual e espiritual e por construir os grandes monumentos que a refletiriam. Irritavam-se com a contínua dominação dos brâmanes, que lhes negavam o *status* que eles agora achavam ter merecido pela criação de riqueza, e que reservavam a si mesmos o direito de conceder mérito religioso. A lição do Buda — de que cabia ao indivíduo examinar a si mesmo e lutar pela bondade — só podia ser recebida com gratidão e promovida pela nova classe de negociantes.

Mas em Bodh Gaya, o Buda enfrentou resistência maior aos seus ensinamentos do que encontrara até então nos mercadores inexperientes ou nos jovens decadentes de Benares. É provável que tenha se sentido tentado a retornar ao local de sua iluminação pela perspectiva de converter um velho asceta chamado Uruvela Kashyapa, que vivia nas margens do rio em Bodh Gaya e era respeitado e reverenciado em todo o reino de Maghada. Ele, seus irmãos, que viviam rio abaixo, e suas centenas de seguidores observavam a religião dos Vedas, baseada no sacrifício. O Buda pode ter visto na conversão deles um golpe de publicidade.

Aparentemente, o Buda não pensava que uma simples apresentação de suas ideias, que tinha funcionado com os brâmanes de Kapilavastu, Yasa e seus amigos e os jovens da floresta, iria impressionar Kashyapa. De qualquer forma, reza a lenda que ele fez 3.500 milagres, que incluem voar e assegurar que os ascetas não conseguissem acender seus fogos rituais. Finalmente, o Buda informou secamente a Kashyapa que ele não chegara à iluminação e jamais chegaria se continuasse com os mesmos meios de sacrifício e ascetismo.

{252}

O SERMÃO DO FOGO

Convencido dos modos superiores do Buda, Kashyapa e seus seguidores cortaram suas tranças emaranhadas e as jogaram no rio. Seus irmãos e seus seguidores viram as tranças passarem flutuando. Perguntando-se o que estaria acontecendo, eles caminharam rio acima, até onde o Buda estava. O Buda levou-os a uma colina, onde pronunciou o famoso sermão do fogo.

Há um tom hipnótico nesse sermão, que foi um dos empréstimos multiculturais de T. S. Eliot a seu poema "The Waste Land". O efeito é mais dramático quando se imagina a cena, cerca de mil ascetas de tranças enroladas sentados no topo de uma colina perto de Gaya, ouvindo que o fogo que veneravam podia ser visto de outra maneira, que não havia melhor metáfora que o fogo para a natureza volátil dos sentidos e os desejos que eles perpetuamente engendram. "Tudo está em chamas", disse o Buda:

O que está em chamas? Os olhos estão em chamas. A forma (os objetos vistos pelos olhos) estão em chamas. As funções mentais (baseadas nos olhos) estão em chamas. O contato dos olhos (com objetos e funções mentais visíveis) está em chamas. As sensações produzidas pelo contato dos olhos, sejam prazerosas, desprazerosas, ou nenhuma das duas coisas, estão em chamas.

Os ouvidos estão em chamas. Os sons estão em chamas... o nariz está em chamas. O olfato está em chamas. A língua está em chamas... O paladar está em chamas... O corpo está em chamas. Os objetos (sentidos pelo corpo) estão em chamas... A mente está em chamas. Os objetos do pensamento estão em chamas. As funções mentais baseadas na mente estão em chamas. O contato da mente (com objetos audíveis e funções mentais) está em chamas. As sensações produzidas pelo contato da mente, prazerosas, não prazerosas, ou nenhuma das duas coisas, estão em chamas.

Estão inflamadas pelo quê? Eu lhes digo que estão inflamadas pelo fogo da cobiça, pelo fogo do ódio, pelo fogo da ilusão, inflamadas por nascimento, velhice, morte, pesar, lamentação, sofrimento, tristeza e desespero... Um discípulo que aprendeu bem, *bikhshus*, ao considerar as coisas dessa maneira, fica... de olhos cansados... Cansa seus ouvidos, cansa dos objetos vistos pelos olhos, das funções mentais (baseadas nos) dos olhos, do contato dos olhos... Cansando-se disso, liberta-se da cobiça. Libertando-se da cobiça, está liberto. Estando liberado, conscientiza-se de sua liberação e percebe que o nascimento está exaurido, que a prática pura está cumprida, que o que é necessário está feito e que ele não retornará mais a este mundo.[1]

De Bodh Gaya, o Buda foi com seus novos seguidores para Rajagriha, capital de Magadha, onde seis anos antes havia encontrado Bimbisara e declinado da oportunidade de comandar seu exército. Dessa vez ele foi a convite de Bimbisara, a quem prometera visitar logo depois de sua iluminação.

Bimbisara ouvira falar vagamente do encontro entre o Buda e os irmãos Kashyapa em Bodh Gaya, mas não estava claro para ele quem convertera quem. Foi encontrar-se com o Buda acompanhado pelos brâmanes e pelos ricos de Magadha. Quando se encontraram, o Buda encorajou Uruvela Kashyapa a falar. Kashyapa contou à corte de Bimbisara por que tinha abandonado as práticas ascéticas e se refugiado no *dharma* do Buda. O Buda então pronunciou um sermão a Bimbisara, que expressou seu desejo de ser um discípulo leigo e de doar uma morada para o Buda em seu próprio parque de lazer, um bambuzal perto de Rajagriha.

No bambuzal, o Buda conheceu os dois homens que se tornaram seus mais próximos discípulos, Sariputra e Maudgalyayana. Sua fama obviamente crescia na época — um dia, Sariputra, que era um *sramana* afiliado a um mestre brâmane chamado Sanjaya, encontrou um dos discípulos do Buda em Rajagriha e perguntou sobre seu mestre. O discípulo disse-lhe que o *sramana* Gautama do clã Shakyia ensinava uma doutrina que, embora difícil, podia ser colocada em versos:

O SERMÃO DO FOGO

Todas as coisas surgem de uma causa
Aquele que percebeu a verdade a explicou
E também como elas cessam de existir
Isto foi o que o grande *sramana* ensinou.

Muito impressionado com aquela descrição, Sariputra voltou a seu companheiro Maudgalyayana e lhe repetiu os versos. Eles foram então ao bambuzal e pediram ao Buda que os aceitasse como *bhikshus*. Outros seguidores de Sanjaya os acompanharam, incitando rumores em Rajagriha de que ao Buda, que já havia se apropriado dos seguidores de Sanjaya, viera levar embora os filhos dos cidadãos da cidade. Ele disse aos discípulos que ignorassem as acusações, que durariam sete dias e desapareceriam. Agora ele tinha mais de mil *bhikshus* na *sangha*.

Os textos budistas não contribuem com detalhes biográficos ou físicos. Descrevem o Buda como muito alto e belo, com voz cultivada e linguagem elegante, clara e plena de imagens e metáforas. Os textos são mais ou menos omissos sobre o Buda depois de sua iluminação e seus primeiros sucessos com as conversões. Há que se inferir das histórias e discursos como o Buda passou mais de quarenta anos de sua vida.

Deles emerge um quadro generoso: o da figura famosa e carismática em mantos amarelos e marrons andando descalço pela planície indo-gangética com um pequeno séquito de *bhikshus*, o homem cortejado por reis e frequentemente abordado para dar instruções ou esclarecer coisas, ao qual se pede que consiga aliviar a penúria e as aflições pessoais — e até mesmo coagido a abrir uma ordem para monjas budistas.

Durante esses anos, o Buda adquiriu três de seus mais importantes seguidores leigos: Jivaka, um médico; Anathapindika, um banqueiro e negociante de ouro, e Ananda. Jivaka tornou-se um médico a serviço do *sangha*. Anathapindika comprou e doou para o *sangha* um

{255}

UM FIM PARA O SOFRIMENTO

parque perto de Shravasti, capital de Kosala, onde o Buda passou muitas monções em sua meia-idade. Ananda tornou-se seu assistente pessoal, trazendo-lhe água, lavando sua tigela de esmolas, recebendo os visitantes e mantendo-o em contato com o *sangha*.

Há histórias dos milagres que ele fez durante esse período. Na mais famosa delas, Buda converteu um salteador chamado Angulimala (literalmente, colar de dedos), que atuava na região de Kosala e usava um colar feito dos nós dos dedos das pessoas que roubara e matara.[2] Prasenajit, rei de Kosala, cuja polícia vinha caçando Angulimala, foi ver o criminoso convertido em seus novos trajes. Mas os cidadãos de Kosala foram menos tolerantes. Apedrejaram Angulimala enquanto ele caminhava por Shravasti buscando donativos. Quando ele apareceu sangrando perante o Buda, ouviu que deveria suportar sua dor porque estava experimentando no aqui e agora os frutos de seus maus atos e que, se assim não fosse, teria de suportar dores infernais por um longo tempo.

Certa vez, quando o Buda estava em Rajagriha, um mensageiro chegou de Vaishali, capital do povo chamado Licchavis, que formava uma das repúblicas autônomas da confederação Vrijji. Trouxe de sua cidade notícias de cólera e morte, para a qual a seca trouxera a fome, e pediu a Bimbisara que persuadisse o Buda a ajudá-los. O Buda via com bons olhos o estilo democrático e consensual da política de Vrijji. Viajou para Vaishali, onde foi recebido calorosamente em um grande salão na cidade. De acordo com os textos, as chuvas chegaram prontamente e o cólera recuou.

Em uma visita posterior a Kapilavastu, após a morte de seu pai, o Buda foi abordado por sua madrasta, Mahaprajapati. Ela disse que queria se juntar a seu filho e neto adotivos na renúncia ao mundo. O Buda respondeu evasivamente e a desencorajou. Mahaprajapati saiu em lágrimas, mas ainda persistiu. Cortou os cabelos e vestiu o manto amarelo de um monge. Acompanhada de algumas mulheres do clã Shakya, seguiu o Buda em suas viagens. Chegou a Vaishali

{256}

quando o Buda lá se encontrava, sendo homenageado pelos gratos cidadãos. Seu assistente, Ananda, percebeu que ela estava do lado de fora do salão onde o Buda se encontrava, coberta de poeira e com os pés machucados.

Chorando, ela falou a Ananda de seu desejo de persuadir o Buda a aceitar mulheres no *sangha*. Ananda levou a questão ao Buda. Mas o Buda estava inflexível. Ananda começou a discutir com ele. Perguntou-lhe se mulheres que saíssem de suas casas e seguissem os ensinamentos dele poderiam alcançar a iluminação. Quando o Buda disse que sim, Ananda perguntou por que, no caso, ele não ordenaria uma mulher que fora sua guardiã e babá depois que a própria mãe dele morreu em sua tenra infância.

O Buda cedeu, mas apenas depois de sugerir a Mahaprajapati oito severas condições. Ela as aceitou. Tais condições efetivamente subordinavam as monjas, ou *bhikshunis*, aos *bhikshus*. Ele ainda estava cheio de arrependimento quando disse a Ananda que seus ensinamentos, que esperava durassem mil anos, agora iriam durar apenas quinhentos, com a admissão de mulheres no *sangha*.

O Buda estava compreensivelmente preocupado com a admissão de mulheres em uma ordem de homens celibatários. Mas sua decisão foi um passo radical em seu tempo, uma vez que não havia lugar comparável para mulheres nas tradições religiosas e espirituais dos brâmanes ou de outros *sramanas*.[3] O Buda não considerava o gênero um elemento para a conquista da iluminação. Numa coleção de poemas das primeiras *bhikshunis*, um deles diz: "O que importa ser mulher quando a mente está concentrada, quando o conhecimento flui regularmente, quando se compreende corretamente o *dharma*? Alguém a quem possa ocorrer 'eu sou uma mulher' ou 'eu sou um homem' ou 'eu sou qualquer coisa' está pronto para a devoção a Mara."[4] Em outros textos, o Buda é citado criticando os preconceitos que consideram uma mulher bem-sucedida se executa adequadamente as tarefas do lar.

Apesar disso, nas instituições monásticas budistas, as mulheres permaneceram subordinadas aos homens. Foi o movimento do budismo tântrico, que surgiu na Índia em torno do século VII, que derrubou muitas das regras patriarcais das ordens monásticas. O respeito às mulheres tornou-se um pré-requisito para a iluminação. Todo dualismo tinha de ser rejeitado nessa tradição posterior do budismo Mahayana. Isso significava abrir mão do apego às distinções de gênero. A mais importante das deusas, Prajnaparamita, era a corporificação da sabedoria. Os tântricos reverenciavam as *yoginis*, deusas singularmente qualificadas para romper com o apego e levar os praticantes a *prajna* (sabedoria). Sujata, a mulher que deu a Buda sua última refeição antes da iluminação, veio a ser reverenciada na tradição Mahayana.

Seu ceticismo com relação às *bhikshunis* não impediu que o Buda tivesse amigas. Um de seus relacionamentos pessoais mais próximos parece ter sido com uma rica mulher leiga chamada Vishakha, que vivia em Shravasti com o marido e muitos filhos. Ela era uma importante benfeitora do *sangha*, para o qual doava roupas, alimentos e remédios. Criou também um mosteiro fora de Shravasti.

Certa vez, o Buda foi denunciado como vadio por um rico fazendeiro brâmane a quem abordara pedindo esmola. Ele respondeu que, longe de ser um vadio, trabalhava mais e com muito mais lucro que o fazendeiro. Ele disse:

—Fé é a semente, a penitência é a chuva; o entendimento, minha terra arada e meu arado; modéstia, a lança do arado; a mente, a laçada; a atenção, minha relha e meu aguilhão.... o esforço, minha besta de carga.[5]

Era por meio de tal energia que se chegava ao "fruto da salvação".

Os textos são cheios de diálogos como este. Falam de uma autoconfiança que beira a arrogância. Mas o Buda jamais pareceu fingir humildade. Tinha a brusquidão de um médico ocupado. Parece ter

O SERMÃO DO FOGO

sido convencido não só de que o que falava era a verdade, mas também de que aquilo que dizia podia ser objetivamente verificável. Pode ter sido por isso que evitou contato com outros *sramanas* e mestres, bem como evitou entrar em especulações metafísicas. Falou mais de uma vez sobre a "selva de opiniões" e, claramente, se via muito acima dela.

Sua equanimidade aristocrática se rompia apenas quando achava que os *bhikshus* o haviam entendido mal. Não perdia tempo em admoestar um *bhikshu* em seu grupo que pensava que a consciência sobrevivesse ao corpo e reaparecia em uma nova forma de vida, sendo assim imortal.

—De quem você ouviu, seu tolo — exclamava ele —, que foi assim que expliquei o *dharma*? Homem leviano, eu não disse de várias formas que a consciência surge dependente...

Também parece ter perdido a paciência com Devadutta, um dos parentes que aceitara no *sangha* em sua primeira visita a Kapilavastu depois de sua iluminação. Quando Devadutta tentou assumir o controle do *sangha*, o Buda o denunciou como uma alma perdida. Aparentemente, Devadutta então se tornou amigo de Ajatashatru, filho de Bimbisara, e conspirou com ele para assassinarem o Buda. No entanto, os homens que ele enviou para matá-lo acabaram sendo admitidos no *sangha*. Um desesperado Devadutta tentou esmagar o Buda sob uma grande pedra e soltou um elefante selvagem sobre seu antigo mentor. Depois, tentou dividir o *sangha* ao propor regras mais severas para os *bhikshus*. Todas essas tentativas fracassaram e afirma-se que Devadutta cometeu suicídio.

No geral, o Buda aceitava as injúrias com calma — e muitas lhe chegavam, principalmente de rivais enciumados e de gente que pensava que ele seduzia as pessoas, tirando-as de suas tarefas cotidianas. Em uma ocasião, um brâmane cujo parente havia se convertido acusou-o de ser, entre outras coisas, um "ladrão, excêntrico, camelo e burro". O Buda deixou que o brâmane expressasse sua raiva por um tempo e então perguntou abruptamente se algum dia ele convidara pessoas

{259}

para jantar. Quando ele disse que sim, o Buda lhe perguntou o que ele fazia com as sobras. O brâmane disse que as guardava para si mesmo.

—É a mesma coisa com a injúria — disse o Buda. — Eu não a aceito e ela volta para você.

Mais tarde ele disse aos *bhikshus* que não sentia ressentimento, mágoa ou insatisfação quando outros o insultavam ou injuriavam e que também não sentia prazer ou júbilo quando os outros o reverenciavam e honravam.

Não encorajava as pessoas a reverenciá-lo. Não se entregava ao antigo desejo indiano de ver homens sagrados ou suas imagens, o desejo por *darshan* (visão) que ainda agora força os hindus a árduas jornadas para obter uma visão fugaz de um ídolo ou guru. Perguntou a um *bhikshu* doente que queria fervorosamente vê-lo:

—Qual a serventia de ver este corpo vulnerável? — E disse-lhe que quem quer que entendesse seu ensinamento também o via ao mesmo tempo.

Acostumado à solidão em sua infância e juventude, provavelmente sempre achou um pouco difícil treinar os *bhikshus* e fazer discursos para leigos. Confessou que gostava de vagar sozinho, "como os rinocerontes", e parece ter havido longos períodos em que se retirou da vida pública.

Uma política espiritual

O BUDA PASSOU CADA estação das monções, por mais de vinte anos, nos parques doados por Anathapindika e Vishakha perto da capital de Kosala, Shravasti, e lá fez muitos discursos. Passou também várias monções na capital de Magadha, Rajagriha, e em Vaishali. Durante o restante do ano, viajava. Já que a distância entre Kosala e Magadha cobria a maior parte do norte da Índia, ele e os *bhikshus* percorriam livremente um território muito grande.

A conversão do rei de Magadha, Bimbisara, agora parece ser um evento crucial na história do budismo. Pensadores livres como o Buda e as pessoas do movimento *sramana* podiam esperar uma audiência receptiva nos estados menores. O Buda provavelmente se acostumara demais com a atmosfera de discussão racional e de tolerância que prevalecia nas pequenas repúblicas autônomas das margens da planície indo-gangética, como aquela à qual pertencera. Mas para alguém que esperava pregar sua mensagem e ganhar um número maior de seguidores, os grandes reinos colocavam novos desafios e incertezas.

Benares não era o único local inamistoso no coração das planícies, onde a ortodoxia brâmane ainda era dominante, derivando muito de seu poder do patronato real. Como demonstravam os rumores contra ele, também havia alguma oposição ao Buda em Rajagriha, mesmo depois de Bimbisara se tornar seu discípulo leigo. Nessas circunstâncias, o Buda agiu bem em manter influência sobre o governante de Magadha, que era um dos dois maiores e mais eficientes reinos no norte da Índia. De muitas formas, essa foi uma conquista maior para o Buda do que a conversão dos irmãos Kashyapa, que seguiam a religião baseada em sacrifícios dos colonizadores arianos da Índia.

O Buda parece ter sabido que os *bhikshus* não poderiam vagar e esperar sobreviver da gentileza e generosidade dos doadores de donativos sem um mínimo de apoio político. Mais tarde, ele também se tornou amigo e conselheiro do rival de Bimbisara, Prasenajit, o rei de inclinações filosóficas de Kosala.

Prasenajit, que fora educado na universidade de Taxila, era da mesma idade que o Buda. Em seu primeiro encontro com o Buda, ele o desafiou, dizendo não poder acreditar que alguém tão jovem fosse um ser iluminado. O Buda disse-lhe que havia quatro coisas que não podiam ser menosprezadas por serem jovens: um guerreiro, uma cobra, o fogo e um monge.

Prasenajit tornou-se amigo e seguidor leigo do Buda, mas não abandonou sua prática de sacrifícios sangrentos. Apreciava a mesa farta e tinha quatro esposas, incluindo uma do antigo clã do Buda, os Shakyas. No entanto, fazia generosas doações ao *sangha* e buscava o aconselhamento do Buda em questões pessoais, políticas e filosóficas. Era também capaz, parece, de suportar algumas troças sobre suas medidas. Certa vez chegou ao Buda quase sem fôlego e dele ouviu:

> Um homem que sempre vive com cuidado,
> E mostra moderação ao se alimentar,
> E tem sua sensualidade reduzida,
> Envelhece lentamente e mantém sua força.[1]

Prasenajit imediatamente pediu ao seu assistente que o lembrasse desses versos em todas as refeições.

{262}

UMA POLÍTICA ESPIRITUAL

Embora a preocupação do Buda com o bem-estar do *sangha* o tenha feito apoiar as monarquias mais importantes de seu tempo, ele parece ter preferido outro tipo de organização política: as pequenas repúblicas tribais ou oligarquias, tais como aquela à qual pertencera em Kapilavastu, ou a dos Licchavis, a quem ajudara, que nada sabiam — ou sabiam muito pouco — do poder pessoal ou autocrático, e onde as decisões que afetavam a comunidade eram tomadas por deliberação coletiva.

Na época da morte do Buda, essas repúblicas haviam se fragilizado e eram confrontadas por reinos grandes e famintos como Kosala e Magadha, em suas fronteiras. Perto do fim da vida do Buda, Ajatashatru, o filho agressivo de Bimbisara, ameaçou aniquilar uma importante confederação de repúblicas, os Vrijjis. Em sua última viagem através do norte da Índia, o Buda estava em Rajagriha quando um emissário de Ajatashatru foi encontrá-lo. Esse ministro brâmane contou-lhe os planos de Ajatashatru de conquistar e anexar os Vrijjis. Foi então que o Buda listou os sete princípios que considerou necessários ao bem-estar dos Vrijjis.

O Buda provavelmente pressentiu o destino dos Vrijjis. Mas, ainda assim, tentou prescrever as regras que achava necessárias para que mantivessem sua independência:

1. Façam assembleias regulares e permanentes.
2. Reúnam-se em harmonia, separem-se em harmonia, façam seus negócios com harmonia.
3. Não autorizem o que não foi autorizado, mas procedam de acordo com o que foi autorizado pelas tradições antigas deles.
4. Honrem, respeitem, reverenciem e saúdem os mais velhos dentre eles, e considere valioso ouvi-los.
5. Não raptem à força mulheres e filhas dos outros e não as induzam a viver com eles.

UM FIM PARA O SOFRIMENTO

6. Honrem, respeitem, reverenciem e saúdem os templos Vrijji em seu território e fora dele, sem retirar o apoio adequado fornecido antes.

7. Façam provisões adequadas para a segurança dos *arhats*, para que tais *arhats* possam ser uma morada no futuro e para que aqueles que lá já habitam possam fazê-lo em conforto.[2]

A partir dessa lista, depreende-se que os Vrijjis aparentemente formavam uma pequena comunidade com um baixo nível de tecnologia e um governo relativamente simples, que permitia a participação direta dos cidadãos comuns na administração dos negócios públicos. Está claro que o Buda se preocupou em manter o bem-estar das mulheres, dos homens mais velhos e dos *sramanas*. Sua ênfase na continuidade dos costumes e tradições o marcam como um conservador, pelo menos nesse caso. Mas a prioridade que deu às assembleias regulares revela sua crença na política como uma atividade necessária empreendida por seres humanos, não puramente como meio para um fim, mas como um processo participativo de deliberação e tomada de decisões.

Ele usou mais ou menos as mesmas prescrições como base do *sangha* budista. Como um membro da classe dominante em seu estado natal, tinha alguma experiência com política e assuntos legais. E fez bom uso dela na formulação de regras para o *sangha*. Seu modelo para a estrutura interna da *sangha* era a pequena república, na qual eram possíveis as deliberações comunais e as negociações diretas. Uma assembleia repleta de monges tomava decisões importantes, chegando a elas por debate e consenso, não pelo voto. Qualquer monge ou noviço tinha o direito de expressar seu ponto de vista sobre o tema em discussão. O debate prosseguia até que se chegasse a um acordo.

O Buda estava confiante de que, "enquanto os monges se reunirem em assembleias frequentes e plenas, o *sangha* prosperará, não declinará". Não pensava em si mesmo como líder do *sangha*. Também não encorajou nenhum de seus discípulos a assumir a responsabilidade

UMA POLÍTICA ESPIRITUAL

depois de sua morte. Via o consenso como algo de extrema importância para a vida do *sangha*. O Buda também enfatizava a necessidade de que cada *sangha* local permanecesse unido. Permitia as diferenças de opinião, mas não desejava que elas minassem a unidade estrutural do *sangha* e viciassem a experiência do cotidiano. A controvérsia, quando surgisse, podia ser resolvida pelo método de os indivíduos dissidentes se afastarem e formarem um novo grupo.

Isso distinguia o *sangha* da democracia, na qual a opinião da maioria é obrigatória para todos e as opiniões da minoria são subordinadas ao funcionamento eficiente do sistema de governo. Os primeiros esforços do Buda para acomodar a dissidência e reconhecer a pluralidade do discurso e da prática humanos mais tarde salvou o budismo de guerras sectárias, que caracterizam a história do cristianismo e do islamismo. E a ênfase dele na prática, e não na teoria, manteve seus ensinamentos relativamente livres da mancha do dogma e do fundamentalismo. Os movimentos Mahayana e Theravada são separados por uma diferença de ênfase: o primeiro enfatiza a compaixão pelos outros como superior à libertação pessoal. Eles nunca experimentaram os violentos conflitos políticos que marcaram as relações entre católicos e protestantes e entre os muçulmanos xiitas e sunitas.

O Buda encorajou cada *bhikshu* a se tornar exemplar para a sociedade de leigos — e pode até mesmo ter desejado que a organização do *sangha* se tornasse um modelo de moralidade e política mais elevado. Com suas regras e seu respeito ao consenso e à tradição, o *sangha* parece um protótipo para a organização política coesa — algo que poderia servir de modo concebível como alternativa para os grandes Estados ingovernáveis, nos quais surgiam duas novas categorias humanas: os governantes e os governados.

Mas o Buda sabia que as monarquias não desaparecem por um passe de mágica e que o *sangha* estava longe de se tornar o todo da

UM FIM PARA O SOFRIMENTO

sociedade humana. Isso fez dele mais um pragmático do que um revolucionário. Preocupava-se em manter as condições nas quais seus ensinamentos pudessem criar raízes e influenciar um número cada vez maior de pessoas. Por isso se tornou amigo dos monarcas da época. E também falava ao homem comum, com seu ensinamento modulado para atraí-lo.

A imagem do homem comum que se forma nos textos budistas não é lisonjeira. Ele é um escravo de seus sentidos e viciado no prazer, anseia pela fama e pelo elogio e os acolhe bem. Mas ressente-se da obscuridade e da culpa. É cobiçoso e concupiscente, facilmente provocado por atos moralmente doentios. A dor o sobrepuja e o desnorteia. Não suporta a visão da doença, da velhice e da morte. A velhice o esmaga, e a morte é uma coisa triste. Tudo isso acontece porque ele não consegue ver as coisas como realmente são.

Como era de se esperar, o Buda reservou as partes mais complexas de seus ensinamentos para os indivíduos que expressavam um ímpeto muito forte de deixarem de ser homens comuns. Ao mesmo tempo, era otimista quanto às possibilidades de o homem comum transcender sua condição e chegar, se não à iluminação, pelo menos a um renascer decente. Deu lições sobre moralidade a leigos. Estas eram as regras usuais: não tire vidas, não roube, seja casto, não minta ou se intoxique. Numa homilia abrangente, chamada *Sigala*, prescreve seis conjuntos de deveres recíprocos entre pais e filhos, professores e alunos, maridos e mulheres, amigos e companheiros, mestres e servos, e chefes de família e membros do *sangha*.[3]

O bom comportamento era assegurado pela atenção, por uma consciência constante do que se fazia e pensava. A virtude residia em agir de forma a ajudar não apenas a si mesmo, mas aos outros. O Buda considerava a generosidade e a compaixão essenciais ao leigo, particularmente com respeito aos *bhikshus*. Dar donativos a um *bhikshu* colocava uma pessoa em um estado mental caridoso, mas também ajudava os *bhikshus* a saciar sua fome. No todo, ser

UMA POLÍTICA ESPIRITUAL

atento, gentil e honesto com os outros era não apenas cultivar a integridade moral, mas também encorajar em outros o cultivo de atitudes semelhantes.

Para os *bhikshus*, uma mente muito limpa de atitudes negativas era um pré-requisito essencial para a meditação. Mas para os leigos, era um fim em si mesmo, assim como o era para os estoicos, para os quais não havia forma mais elevada de espiritualidade que uma autoconsciência ativa. Na vida sem reflexão que o homem comum levava, o Buda introduziu não a meta tão difícil de alcançar, o *nirvana*, mas a tarefa de chegar ao autoconhecimento por meio da vigilância espiritual. Como disse Marco Aurélio:

> Sempre, e em todos os lugares, lhe cabe regozijar-se piamente com o que acontece *no momento presente*, conduzir-se com justiça em relação às pessoas que estão *presentes aqui e agora*.[4]

Embora o Buda acreditasse no que os gregos chamavam de "incompreensão da multidão", ele procurou meios de mitigá-la por meio dos *bhikshus*. O *bhikshu* se libertara da cobiça, da insensatez, da vaidade e da ignorância da massa comum das pessoas. Ele agora cumpria sua responsabilidade com a massa da sociedade que o alimentara refreando o homem comum da má ação, dirigindo-o a fins honráveis, partilhando seu conhecimento, lidando com suas dificuldades e dúvidas e mostrando-lhe o caminho do céu. A percepção mais elevada envolvia o *bhikshu* mais profundamente com a sociedade em vez de colocá-lo acima dela como um soberano ou um recluso. A ideia budista foi concretizada, ainda que intermitentemente, no Sri Lanka, na Tailândia e Mianmar, onde dominou a tradição Theravada e onde o *sangha* teve muita influência sobre o monarca e o Estado.[5] No Tibete — onde um quarto da população havia se tornado monge — uma ordem monástica efetivamente governou o país desde o século XVII, por meio do cargo do Dalai Lama.

UM FIM PARA O SOFRIMENTO

Embora não falasse diretamente de política, nem oferecesse o tipo de teorias sobre democracia e cidadania pelas quais Platão e Aristóteles são conhecidos, o Buda seguia de perto os acontecimentos políticos de seu tempo e tirava deles implicações sérias. Para ele, tanto quanto para Platão, a vida em sociedade era uma obrigação inescapável dos seres humanos. Não havia uma salvação particular esperando por eles. Na verdade, como o Buda definiu, a liberação, para um ser humano, consistia em entrar num estado não egotista, em que ele sentisse a natureza condicional e interdependente de todos os seres.

Mas o Buda não distinguia entre contemplação e ação do modo como Platão o fez, criando uma diferença hierárquica entre os governantes sábios, que pensavam, e seus súditos ignorantes, que agiam sem pensar. De acordo com ele, contemplação, fala e ação eram eles inseparáveis no mesmo processo mental e físico — não podiam ser isolados ou colocados um acima do outro, nem distribuídos entre grupos diferentes de indivíduos. O que importava, em todos os aspectos da existência humana — políticos, econômicos, sociais —, eram a consciência e a capacidade moral. O governante não era imune à lei do *karma* assim como o governado.

Como Platão descobriu em sua incursão solitária na política na Sicília, o filósofo como rei era mais atraente na teoria que na prática.[6] Desiludido com sua própria utopia, ele então escreveu as *Leis*, nas quais explicava meticulosamente a intenção e o propósito das leis necessárias a um reino politicamente estável.

Ao contrário de Platão em Siracusa e Atenas, o Buda não parece ter dado muito aconselhamento político para os maiores governantes de seu tempo, os reis de Kosala e Magadha, nem ter criticado os sistemas políticos que presidiam. Mas sua falta de paixão pela teoria vinha de uma experiência política mais ampla e profunda. Em suas viagens pelo norte da Índia, ele parece ter conhecido mais formas políticas — repúblicas, monarquias e, pouco antes de sua morte, o império — que Platão, que estava familiarizado apenas com a *polis*.

{268}

UMA POLÍTICA ESPIRITUAL

Ele preferia tratar da questão do que constituía o direito do governante de governar. É improvável que ele tenha presumido que o filósofo adquirisse esse direito por meio de algum acesso exclusivo e permanente a formas de verdade, beleza e justiça. Para ele, o que tornava legítimo o exercício do poder não existia em algum reino transcendente ou na natureza. O governante ideal era um *chakravarti*, o equivalente político do Buda, que governava de acordo com a moralidade do *dharma*, com as normas da justiça compassiva, e cujo reino era livre de opressão e hospitaleiro a todas as classes da sociedade, tanto homens da cidade quanto dos vilarejos, mestres religiosos assim como pássaros e animais. Como atestam as muitas histórias nos *Jatakas* sobre o rei e o governo ideais, a retidão servia como o único fundamento apropriado para a autoridade do governante.

Nisso o budismo diferia acentuadamente dos teóricos indianos que advogavam a sanção divina para a realeza. Os budistas consideravam o rei um ser humano originalmente como qualquer outro, que fora enaltecido por outros seres humanos e por suas próprias ações e que tinha mais deveres que direitos. Era essencial que possuísse generosidade, honestidade e integridade, gentileza, autocontrole e tolerância. E a retidão pessoal não era o bastante. O *dharma*, ou os princípios budistas de compaixão, tinha de ser aplicado à administração do Estado. Um texto budista posterior, chamado *Mahavastu,* dava aconselhamento mais detalhado aos reis. Dizia-lhes, entre outras coisas, que admitissem um vasto número de imigrantes, que cultivassem a amizade com reis vizinhos e que favorecessem os pobres e protegessem os ricos.

O filósofo Nagarjuna aconselhou o rei Satavahana a apoiar médicos, criar hospedarias, eliminar os impostos altos, cuidar das vítimas de desastres naturais e manter os lucros nivelados em tempos de escassez.[7] Um texto budista chamado *Kutudanta Sutra* chegou a traçar uma ética social e econômica para o *chakravarti*.[8] Nele, o Buda narra a história de um rei rico e poderoso que queria oferecer

{269}

UM FIM PARA O SOFRIMENTO

sacrifícios para proteger seu reino e ouviu de seu conselheiro brâmane, provavelmente o Buda em uma vida passada, que ladrões e bandoleiros estavam enfraquecendo o reino e que nem sacrifícios, nem execuções nem prisões resolveriam o problema. O conselheiro disse ao rei que a melhor maneira de ele assegurar seu poder e a prosperidade do reino era dar aos agricultores subsídios de alimentos e sementes de cereais, disponibilizando capital de investimento para mercadores e comerciantes, pagando salários adequados e alimentando as pessoas a serviço do governo.

Dado o tempo em que viveram, os primeiros budistas parecem ter proposto programas radicais para um Estado de bem-estar. Houve reis, como Ashoka, que tentaram levá-los adiante, ao menos parcialmente. Mas mesmo o Buda deve ter percebido, pelo fim de sua vida, que eles eram utópicos demais. A revolução econômica do norte da Índia havia tornado as elites dos grandes reinos famintas por território. À época da morte do Buda, as guerras de expansão pareciam haver se tornado mais comuns que os programas de bem-estar social.

Cerca de sete anos antes da morte do Buda, Bimbisara, o rei de Magadha, foi deposto e assassinado por seu filho único, Ajatashatru. Ele desconfiava do Buda, a quem encontrara apenas uma ou duas vezes. Suas ambições eram de um império. Kosala estava se debatendo nas mãos do ineficiente Prasenajit. Os pequenos estados ou clãs, tais como aquele do qual o Buda viera, pareciam cada vez mais vulneráveis. Ajatashatru foi além, usurpando o trono de Magadha. Atacou Kosala, humilhou Prasenajit na batalha e começou a fazer seus planos contra os Vrijjis.

O Buda sabia desses acontecimentos. Embora Prasenajit fosse seu seguidor, ele falou com neutralidade de sua derrota por Ajatashatru. Advertiu sobre o desejo de vingança que a derrota cria: "A vitória traz o ódio; os derrotados vivem na dor. Os homens de paz vivem com felicidade, desistindo da vitória e da derrota."[9]

{270}

UMA POLÍTICA ESPIRITUAL

Prasenajit não desistiu. Lutou e venceu uma segunda batalha contra Ajatashatru e confiscou suas armas e seu exército. O Buda mais uma vez foi cauteloso. Seu comentário foi:

> Para o assassino chega um assassino
> Para o conquistador chega um conquistador
> Para o insultante vem o insulto
> E assim, pela evolução do *karma,*
> Quem saqueia é saqueado na sua hora.[10]

Isso acabou acontecendo quando Ajatashatru atacou de novo. Dessa vez impôs a Prasenajit uma derrota esmagadora e tomou Kosala. Prasenajit foi deposto por seu próprio filho, Vidudhaba.

Quanto mais Ajatashatru triunfava, menores ficavam suas inibições morais. Quando encontrou o Buda, contou-lhe que um *sramana* chamado Purana Kassapa, da seita Ajivika, lhe dissera:

> Vossa Majestade, nenhum mal é feito pelo executor ou instigador de uma coisa — por aquele que mutila, queima, causa pesar e cansaço, agita, toma vidas e rouba... Mesmo que com um disco afiadíssimo ele tornasse tudo nesta terra uma simples massa e montanha de carne, nenhum mal disso resultaria...

Um rei ecoando esse conselho, esperando legitimação filosófica de sua *realpolitik*, sugere que tais pontos de vista tinham alguma aceitação na época. O Buda ficou muito inquieto com a negação Ajivika do *karma*. Denunciou Makkhali Gosala, líder dos Ajivikas, como um "louco", que trouxera "prejuízo, dano e infortúnio" para muitas pessoas.

Para o Buda, qualquer tipo de agressão, justificada ou não, sempre levava a mais violência. Ele era imune ao culto do guerreiro. Ao ser perguntado por um soldado profissional se um soldado ia para um

{271}

céu especial ao perecer na batalha, ficou silencioso, mas, quando novamente pressionado, respondeu que o soldado renasceria no inferno ou como um animal.

Advertiu especificamente os mercadores sobre o comércio de armas. Séculos haveriam de se passar antes que a fabricação de armas se tornasse uma poderosa indústria na Europa e ajudasse a transformar a Primeira Guerra Mundial em um processo industrial, exigindo a mobilização total da população de um país e de seus recursos. A própria experiência de guerra do Buda foi limitada ao que viu no norte da Índia. Mas ele via os sinais de perigo nos estados maiores: como os reinos que surgiram de repúblicas tribais já haviam concentrado poder nas mãos de uns poucos e remotos governantes e privado seus súditos do controle da própria vida.

Impérios e nações

LOGO DEPOIS DA morte do Buda, Ajatashatru derrotou a república dos Vrijjis e saqueou sua capital, Vaishali. Não se sabe muito sobre Ajatashatru depois da morte do Buda. As coisas são ainda mais obscuras com relação a seus sucessores. Mas quando Magadha entra novamente na história no século III a.C., pelo registro de um embaixador grego chamado Megastenes, ela é o poder supremo no norte da Índia. Sua capital é a fabulosa cidade de Pataliputra, fundada por Ajatashatru logo ao sul da antiga capital de Magadha, Rajagriha. Controlava a maior parte do território em torno do Ganges e suas terras férteis e portos. Os Estados menores haviam desaparecido ou tinham sido reduzidos à sujeição.

No tempo do Buda, tais impérios estavam entrando em voga, à custa de pequenos Estados e repúblicas tribais. Magadha foi o primeiro deles. Na Pérsia, apenas dezesseis anos antes da ascensão de Bimbisara, chegara ao poder o homem que seria denominado mais tarde como Ciro, o Grande. Ele havia rapidamente submetido as cidades gregas do mar Egeu, conquistado a Babilônia, maior cidade da Antiguidade e depois voltara sua atenção para a Ásia Central. O império aquemênida que fundou era o maior que já havia existido. Ciro tinha muitos admiradores, mesmo entre os inimigos dos persas, incluindo os gregos. Heródoto cobriu-o de elogios. Xenofonte, discípulo de Sócrates e crítico severo da democracia ateniense, apresentou

Ciro, em sua *Cyropaedia*, como o governante ideal, poderoso, tolerante, generoso, alguém que os gregos deveriam emular.[1]

É bastante provável que Ajatashatru tenha ouvido falar do império que surgia no ocidente próximo. Mas se emulou Ciro, o Grande, não foi pela tolerância e pela generosidade. Nem as lições de Ciro foram totalmentre aprendidas pelo príncipe macedônio, que seguia conscientemente em seus passos e cujas explorações lhe granjearam o título de "Grande".

Alexandre, o Grande, foi a primeira figura ocidental famosa que me apresentaram na escola. Os livros de história, que frequentemente se referiam a ele pelo seu nome persa, Secunder, diziam que tinha conquistado grande parte do mundo conhecido em apenas doze anos. Em 326 a.C. já tinha chegado ao Punjab, como se tencionasse invadir o império Magadha, e lutou uma de suas grandes batalhas contra um governante indiano chamado Porus. Estabeleceu colônias gregas e fundou novas cidades no noroeste da Índia.

Nenhum monumento cultural marcou o primeiro contato conhecido entre a Grécia e a Índia, embora na Macedônia o tutor de Alexandre tenha sido o próprio Aristóteles, e alguns filósofos gregos, aparentemente incluindo Pirro, o tenham acompanhado até a Índia. Os gregos ficaram muito impressionados com os modos das pessoas que chamaram de *gimnosofistas* (filósofos nus) — provavelmente os *sramanas*, errantes sem-teto com os quais a Índia se tornou identificada no Ocidente. Esses indianos viviam o tipo de vida que os próprios filósofos helenistas recomendavam: eram imunes a desejos e ambições ordinários e indiferentes às convenções ou à opinião de outras pessoas sobre eles. Pirro aparentemente escolheu viver em reclusão por ter ouvido um indiano confessar que havia se tornado incapaz de ensinar depois de frequentar as cortes reais.

Muito mais tarde eu soube de outra história da aventura indiana de Alexandre.[2] De acordo com o historiador grego Plutarco, que

IMPÉRIOS E NAÇÕES

apresentou Alexandre como um conquistador filosófico que levou a civilização aos povos inferiores, soldados gregos capturaram dez *gimnosofistas* e os levaram perante o imperador. Ele fez uma pergunta a cada um dos ascetas e disse que os executaria se respondessem incorretamente.

Os ascetas foram corajosos. Quando Alexandre perguntou a um deles o que um homem deveria fazer para ser extraordinariamente amado, ouviu que deveria ser poderoso sem se fazer temido demais.

Obviamente impressionado por essa fala simples, Alexandre mandou um dos filósofos da corte ao mais idoso e famoso dos ascetas, Dandamis, apresentou-se como o filho de Zeus e o convidou a ser um acompanhante nas viagens, como os historiadores e filósofos que trouxera do Ocidente.

Dandamis respondeu que era tão filho de Zeus como Alexandre e que estava contente com "estas folhas que são minha casa, estas plantas florescentes que me fornecem finas iguarias e a água, que é minha bebida". Com o mesmo espírito de renúncia, perguntou aos mensageiros gregos por que Alexandre havia empreendido uma viagem tão longa.

Não se conhece a resposta de Alexandre. Historiadores de épocas posteriores, como Plutarco, destacariam com orgulho as consequências de longo prazo de suas conquistas. Os gregos eram notadamente gente do Mediterrâneo. Alexandre abriu para eles um mundo mais amplo, além da Pérsia e do Egito. Como Napoleão, partiu para suas conquistas com pesquisadores, engenheiros, arquitetos e cronistas, buscando conservar a memória de seus atos de todas as formas possíveis. As colônias gregas que fundou se estenderam do Mediterrâneo à Ásia Central, encorajaram o intercâmbio comercial e cultural e formaram uma civilização global que foi a base dos impérios romano e bizantino. A cidade egípcia de Alexandria, fundada por Alexandre, tornou-se a capital intelectual do começo do cristianismo. No século III a.C., Megastenes compilou o primeiro relato europeu parcialmente

{275}

UM FIM PARA O SOFRIMENTO

realista do que havia sido um cenário de fábula e mito. As colônias gregas no noroeste da Índia levaram a arte greco-romana à Índia e estabeleceram as bases para a arte visual budista conhecida como Gandhara, das quais foram exemplo as gigantescas estátuas do Buda que o governo talibã do Afeganistão destruiu em 2001.

Plutarco apresentou Alexandre como um criador cosmopolita de uma grande civilização, benfeitor e civilizador dos povos brutos que conquistou. Sucessivos historiadores modificaram a imagem idealizada que Plutarco criara de Alexandre e celebraram seus sucessos em termos emprestados da estratégia militar e da *realpolitik*. Mas olhar para a vida e a personalidade de Alexandre é pensar nos custos humanos das conquistas; é, também, pensar sobre seu lugar augusto na história e nos preconceitos morais dos historiadores.

Quando, em 335 a.C., o primeiro ano do reinado de Alexandre, o Estado grego de Tebas rebelou-se contra ele, Alexandre arrasou a cidade, matou 6 mil pessoas e vendeu os sobreviventes como escravos. Tal arrogância e brutalidade tornaram-se sua rotina enquanto se dirigia para o leste, em 334 a.C. Em Persépolis, saqueou e incendiou o grande palácio de Xerxes, que no século anterior desfechara uma maciça invasão da Grécia. E, depois de derrotar Dario, começou a fantasiar sobre uma classe governante formada de persas e macedônios. Ele e seus oficiais se casaram mais tarde com oitenta mulheres persas para criar tal raça superior. Suspeitando de Parmênio, seu segundo em comando, executou-o e matou seus criados.[3]

O sucesso o tornou pior. Quando se aproximava da Índia, matou um de seus mais próximos comandantes com as próprias mãos durante uma bebedeira. Adotou vestes reais persas e exigiu que todos que fossem à sua presença executassem as elaboradas mesuras das cortes persas. Calístenes, um historiador e sobrinho de Aristóteles, recusou-se a se humilhar. Alexandre o prendeu — e provavelmente o matou.

{276}

IMPÉRIOS E NAÇÕES

Da Índia retornou com seu exausto exército para o Ocidente e continuou com sua política de execuções e massacres arbitrários. Na Pérsia, vestiu-se como Dioniso e participou de um festim alcoolizado de uma semana. Sempre entusiasta dos deuses, exigiu de seus subordinados gregos reconhecimento de seu *status* divino, que obedeceram com relutância e ironia: "Já que Alexandre quer ser um deus", diz o decreto de Esparta, "deixem-no ser um deus." A confirmação da divindade não trouxe nenhum relaxamento de suas guerras sangrentas. Em 323 a.C. encontrava-se na Babilônia. Lá, após uma bebedeira, ficou doente e morreu dez dias depois, na jovem idade de 33 anos.

Esse foi o homem, marcado por uma progressiva deterioração mental, a quem alguns ascetas indianos, provavelmente budistas, conheceram e advertiram. Segundo o historiador Arriano, que relatou o encontro, os ascetas bateram os pés no chão à passagem de Alexandre. Perguntados sobre o gesto, disseram que, apesar de suas conquistas, Alexandre não ocupava mais chão que aquele coberto pelas solas de seus dois pés. Como todos, ele também era mortal — "mas o caso é que é ambicioso e negligente, atravessando tal vastidão de terra, tão distante de seu lar, tolerando problemas e infligindo-os a outros".[4]

Alexandre não deixou de ter admiradores na Índia de seu tempo, mas não há relatos sobre ele que tenham sobrevivido em textos indianos. Plutarco menciona um jovem indiano chamado Sandrocottus, que ofereceu sua ajuda a Alexandre para derrotar o então governante do império Magadha. Ele era Chandragupta Maurya, aparentemente um jovem de origem humilde, que desde cedo na vida ambicionara o império Magadha. Logo depois de Alexandre retornar ao Ocidente, Chandragupta derrubou o governante de Magadha e anexou parte da Índia Central. Depois, avançou sobre o general Seleuco Nicator, que após a morte de Alexandre tentava recobrar a parte indiana de seu império. Chandragupta o derrotou na batalha, impôs-lhe um

{277}

tratado de paz e deu fim ao desafio grego no noroeste. Seu império, já considerável, estendia-se mais, incluindo partes do Paquistão e do Afeganistão atuais.

Como Alexandre, Chandragupta conquistou seu império por meio de força militar e habilidade. Mas mantê-lo simplesmente pela força era muito mais difícil, como Alexandre descobriria se tivesse vivido mais. Quanto maior o império, maior sua diversidade cultural e econômica, e mais rebeldes as pequenas comunidades políticas que submetia. Chandragupta, que era aconselhado por um astuto brâmane chamado Kautilya, queria, não menos que Alexandre, manter poder absoluto e centralizado a partir da capital, Pataliputra.

Para chegar a isso, manteve um grande exército, construiu uma burocracia impiedosamente eficiente e uma rede de espiões. Não está claro até onde levou o que mais tarde se tornaram os meios convencionais da arte de governar. Talvez não muito longe. Megastenes, embaixador grego em sua corte, relatou que, embora Pataliputra fosse uma cidade agradável, e Chandragupta vivesse em um palácio luxuoso, era constantemente perseguido pelo medo do assassinato. A paz ainda escapava a seu império quando seu neto, Ashoka, assumiu o poder em 269 a.C.

Foi Ashoka que, enquanto lutava por seu império herdado, ofereceu uma nova visão radical de conquista e império: ele fez a primeira tentativa em grande escala de aplicar as ideias de Buda à ciência de governar e a implementar o ideal budista do *chakravarti*.

A iniciação de Ashoka na política aconteceu em um tempo de crise. Ele foi enviado por seu pai para acabar com uma revolta na cidade de Taxila, então no noroeste da Índia, hoje no Paquistão. Conquistada por Alexandre, havia se tornado brevemente uma colônia grega antes de ser anexada pelo império Magadha. Ashoka parece ter sido leniente com aqueles que protestavam contra os funcionários opressores do império Magadha. Depois disso, foi mandado à cidade de Ujjain, na

IMPÉRIOS E NAÇÕES

Índia central. Essa experiência como vice-rei, ou procônsul, deve tê-lo ajudado quando seu pai morreu e ele assumiu o poder.

Mas o império demandava novos recursos e gerava novos inimigos, o que significava mais conquistas e submissões. Seguindo esse imperativo, no nono ano de seu governo Ashoka atacou o Estado de Kalinga, agora Orissa, na costa leste da Índia, possivelmente buscando uma rota comercial marítima. De acordo com o décimo terceiro edito em rocha, o mais famoso dos editos de Ashoka, que os havia entalhado em pilares e rochas em toda Índia, 150 mil pessoas foram deportadas, 100 mil foram mortas e números muito maiores morreram nas batalhas bem-sucedidas pelo controle de Kalinga.

Foi durante a conquista de Kalinga que Ashoka confrontou pela primeira vez a devastação humana da guerra: quão brutalmente ela destruía relações sociais e individuais construídas cuidadosamente ao longo de décadas e séculos, e os costumes e tradições que dão dignidade e sentido à existência humana, mesmo em tempos de adversidade, sem os quais o homem mergulha no barbarismo.

O décimo terceiro edito declarava:

> Quando um país independente é conquistado... aqueles que nele habitam, sejam brâmanes, *sramanas* ou aqueles de outras seitas, ou chefes de família que mostram obediência a seus superiores, obediência a pai e mãe, obediência a seus professores e se comportam bem e devotadamente com seus amigos, conhecidos, colegas, parentes, escravos e servos — todos sofrem violência, assassinatos e a separação de seus entes amados. Mesmo aqueles que tiveram sorte de escapar e cujo amor não é reduzido sofrem pelos infortúnios de seus amigos, conhecidos, colegas e parentes.[5]

Tal preocupação pelo destino de vidas comuns apanhadas pela guerra era incomum na Índia. O épico *Mahabharata* relata uma violência assustadoramente impessoal: a morte de centenas de milhares de pessoas anônimas, todas as quais eram tidas como dispensáveis por homens em busca do poder. Mas Ashoka viu como a guerra acarreta a "participação de todos os homens no sofrimento". Sua contrição era profunda, como expressou nos editos:

> Hoje, se um centésimo ou milésimo daqueles que sofreram em Kalinga tivessem de ser mortos, ou morressem, ou fossem presos, isto seria muito penoso para (Ashoka)... (que) deseja segurança, autocontrole, justiça e felicidade para todos os seres... (e) considera que a maior de todas as vitórias é a vitória do *Dharma*.

Em conformidade com isso, Ashoka tornou imperativa em sua administração a prática da honestidade, verdade, compaixão, misericórdia e não violência. Não se preocupava em tornar-se conhecido por "fama ou glória". Como afirmava o primeiro edito em pilar: "É difícil conquistar este mundo e os outros sem grande amor pela retidão, um grande autoexame, grande obediência e grande circunspecção, grande esforço."

Querendo governar apenas pela retidão, declarou-se disponível para seus súditos:

> Em todos os momentos, esteja eu comendo, ou nos apartamentos das mulheres, ou em meus apartamentos pessoais, ou nos estábulos, ou em minha carruagem ou em meus jardins — onde quer que eu esteja, meus informantes devem me manter informados sobre os negócios públicos... devem promover o bem-estar de todo o mundo, e o trabalho árduo e a prontidão nos negócios é o meio de se conseguir isso.[6]

Relaxou as regras severas que seu avô, o construtor de impérios Chandragupta, introduzira. Em seus editos, declarou sua consideração para com os escravos e servos e seu respeito pelos professores. Advogou a concórdia e o diálogo cortês entre religiões e comunidades.

IMPÉRIOS E NAÇÕES

Plantou árvores, furou poços e construiu pousadas para os viajantes. Disse aos seus funcionários para que acompanhassem de perto os sofrimentos e as alegrias de seus súditos, especialmente os pobres.

Mas, ao contrário do que dizem os textos budistas, Ashoka não se converteu imediatamente ao budismo depois da conquista de Kalinga. Nem renunciou ao império e se tornou um monge. O budismo, que ainda era uma das muitas religiões e seitas filosóficas da Índia, nem tinha se tornado a religião oficial do Estado. Ashoka estudou gradualmente os ensinamentos budistas, por dois anos e meio, e depois os aplicou seletivamente.

Seu *dharma* tinha muito a ver com a conduta virtuosa que o Buda pregava. Mas era em grande parte uma invenção dele próprio, certamente parte de sua resposta ao sofrimento que viu em Kalinga e também uma maneira de governança liberal popular. Fez o Estado encarnar uma moralidade mais elevada, na esperança de que isso apelasse igualmente a seus súditos, multirreligiosos e multiculturais, que os conciliasse com a paz e a irmandade neste mundo e os mantivesse firmes à perspectiva de um céu na próxima vida.

Ashoka também viu o *dharma* como o caminho para um império mundial. Aparentemente, enviou missionários ao Sri Lanka e à Ásia Central. De acordo com a lenda do Sri Lanka, seu filho Mahinda levou as ideias de Buda para o país por volta de 240 a.C. e estabeleceu o primeiro mosteiro. E sua filha trouxe de volta um pedaço da árvore *bodhi* que fora plantada no mosteiro. Em um de seus editos, Ashoka afirmava que o *dharma* havia conquistado os reis helênicos da Síria, do Egito, da Macedônia, de Cirene e Epirus. Esse era seu desejo, mas não a verdade. Os sucessores de Alexandre não estariam muito inclinados a ouvir a voz da moderação que vinha da distante Índia. Ashoka mal conseguiu persuadir seus sucessores imediatos, nenhum dos quais parece ter seguido seu exemplo. Eles buscaram a glória em conquistas violentas, seguindo os textos indianos clássicos que exaltavam a guerra e a agressão como a função apropriada dos

{281}

UM FIM PARA O SOFRIMENTO

reis. Enquanto a reputação de Alexandre permaneceu, a de Ashoka mergulhou na obscuridade e ficou perdida para a história até estudiosos amadores britânicos decifrarem seus editos no século XIX.

De qualquer forma, Ashoka era apenas parcialmente budista, e não poderia ser de outra forma na condução de um império. Não surpreende que não tenha abolido a pena de morte, nem reduzido seu exército, nem federalizado seu império. Na verdade, instituiu uma nova burocracia centralizada ("funcionários do *dharma*") para supervisionar suas reformas budistas.

Ao exortar a si mesmo e a seus súditos ao esforço moral, foi muito mais pragmático que os humanitários sentimentais dos tempos modernos, que acreditam que a democracia e a liberdade podem ser impostas a pessoas individualmente fervendo com todo tipo de desejo, descontentamento e infortúnio. Mas ao tentar aplicar as ideias budistas a uma entidade essencialmente tão não budista como um império, conseguiu, em seu melhor, ser um nobre fracasso.

O próprio Ashoka deve ter tido consciência disso. "É difícil fazer o bem", admitiu. E era também fácil alimentar a presunção de que se era bom. Ele confessou em um dos editos em pilar:

> Uma pessoa apenas repara em seus próprios bons atos, pensando: "Fiz o bem." Mas por outro lado não percebe seus próprios feitos daninhos, pensando: "Eu fiz o mal" ou "Isto, na verdade, é um pecado." Estar consciente disso é algo mesmo muito difícil.[7]

Os esforços de Ashoka encontram-se no início da civilização budista, que floresceu por um milênio, espalhando-se pela Ásia e influenciando muitas culturas autóctones. O templo Bayon, construído no século XII no centro do complexo de Angkor Thom no Camboja, o pagode do século XI na cidade birmanesa de Pagan, o grande *stupa* de Borobudur, do século IX, em Java, Indonésia — estes grandes

{282}

IMPÉRIOS E NAÇÕES

monumentos são testemunhos do apelo e da persistência dos ideais budistas que primeiro viajaram para fora da Índia durante o reino de Ashoka. As ideias do Buda mudaram drasticamente a sociedade e a cultura dos tibetanos, que eram conhecidos nos séculos VII e VIII como guerreiros e expansionistas particularmente impiedosos. Ainda hoje o rei da Tailândia executa uma elaborada cerimônia em honra da famosa imagem do Buda de Esmeralda em Bangkok, aparentemente originária da Índia, com uma joia possuída por Nagasena, o monge e interlocutor do rei grego Menandro.

O sucessor real de Ashoka na Índia foi Kanishka, governante do noroeste da Índia e de sua parte central e um budista devoto no reino do qual, no século I d.C., o comércio com a China e a Ásia Central floresceu e os primeiros missionários budistas conhecidos partiram para a China através da rota de Karakoram, na Caxemira.

Nagarjuna, o maior dos filósofos budistas, aparentemente foi apoiado pelos reis Satavahana, que governavam o centro e o sul da Índia no século II d.C. Outros filósofos budistas, Asanga, Vasubhandhu e Dignaga, cujos trabalhos viajaram por uma vasta rede cosmopolita de mosteiros e universidades para a China, Coreia e Japão, viveram sob a dinastia Gupta, reinado do começo do século IV a meados do século VI, quando foram completados o grande *stupa* e os entalhes em Sanchi e fundada a universidade de Nalanda, no atual estado Bihar.

O peregrino chinês Hiuen Tsang, que visitou a Índia no século VII e relatou sobre o declínio do budismo em muitos de seus antigos centros no norte e noroeste da Índia, ficou impressionado com o clima social e político liberal mantido pelo imperador Harsha — que honrava a Buda e a Shiva, sediou uma conferência sobre filosofia, construiu mosteiros e *stupas* e subsidiou a universidade de Nalanda. Mesmo no século XIX houve um exemplo de um rei budista que tentou realizar o ideal de retidão de Ashoka: o rei Kirti Sri Rajasinha, que era devoto

{283}

UM FIM PARA O SOFRIMENTO

de Shiva, mas reviveu o *sangha* budista no Sri Lanka e perdoou o chefe do *sangha*, que apoiou uma tentativa de assassinato contra ele.

As políticas de muitos desses governantes influenciados pelo budismo reconheciam a pluralidade da crença e do discurso humano e a importância do diálogo e da não violência. As lições do Buda não foram tão ardentemente adotadas pelos budistas na era moderna. Nos anos 1980, no Sri Lanka, muitos monges budistas apoiaram nacionalistas cingaleses na violenta guerra civil contra os separatistas hindus tâmis. Mais notoriamente, budistas no Japão no começo do século XX apoiaram os militaristas que levaram o país a uma genocida campanha imperialista na Ásia e, por fim, a um desastroso conflito com os Estados Unidos.

Depois de séculos de isolamento, o Japão se abriu aos estrangeiros em meados do século XIX e imediatamente teve de se defrontar com os impérios do Ocidente, em acelerado crescimento. A solução de seus governantes Meiji foi a mesma à qual chegaram mais tarde as elites governantes da maior parte dos países asiáticos: declararam o passado corrupto e debilitante, enfatizaram a necessidade de modernizar instituições e povos e de dar-lhes um propósito central. O Japão, depois de 1868, moveu-se mais rápido que qualquer outro país asiático para se emparelhar com o Ocidente abraçando a ciência e a tecnologia, fortalecendo o Estado e embarcando em uma expansão imperial.

Os governantes Meiji inicialmente denunciaram o zen-budismo, que havia viajado da China para o Japão no século VIII d.C. O budismo aparentemente era atrasado, parte do passado feudal que o Japão tinha de deixar para trás. Mas uma geração de intelectuais budistas buscou contornar tais críticas colocando a si mesmos e ao budismo na vanguarda do crescente poder japonês. Muitos monges budistas tornaram-se ideólogos do novo nacionalismo. Afirmavam que o zen-budismo estava completamente de acordo com o *bushido*, o espírito do guerreiro. O zen-budismo tornou-se, no século XX, o mascote de um Japão progressista, racional e politicamente unificado, um sinal de sua superioridade espiritual e cultural sobre o resto da Ásia.

IMPÉRIOS E NAÇÕES

O traço mais característico da recém-fundada modernidade japonesa era um Estado cada mais vez militarizado, que alcançou impressionantes vitórias contra a China em 1895 e a Rússia em 1905, expandindo-se depois para a Manchúria, Taiwan e Coreia. Muitos líderes budistas tiveram poucos problemas de endossar o imperialismo japonês. O professor zen Shaku Soyen, que representara o zen-budismo no Parlamento Mundial das Religiões em Chicago, em 1893, e que ajudara a introduzir o zen nos Estados Unidos, foi ainda mais nacionalista que seus pares asiáticos no evento, Vivekananda e Dharampala. Recusou-se a unir-se a Tolstoi na condenação da guerra russo-japonesa de 1905. Em 1906, falando a uma audiência americana, descreveu como os budistas japoneses desconfiavam da individualidade e como propunham "sacrificar suas vidas por uma causa" e desenvolver uma "interpretação mais nobre da morte".

Ele procurou defender a agressão japonesa contra a Manchúria em 1912 e afirmou que:

> A guerra não é necessariamente horrível, desde que seja travada por uma causa justa e honrada... Muitos corpos humanos materiais podem ser destruídos, muitos corações humanos, partidos, mas de um ponto de vista mais amplo, esses sacrifícios são as tantas fênix consumadas no fogo sagrado da espiritualidade, que ressurgirão das cinzas reanimadas, enobrecidas e glorificadas.[8]

Quatro anos depois, ao visitar o Japão em conferências, o poeta indiano Rabindranath Tagore percebeu o espírito de nacionalismo imitativo que tomara conta de grande parte da *intelligentsia* japonesa. Tagore estava então com 50 e poucos anos e era um homem muito viajado. Seu poema *Gitanjali*, embora floreado na tradução inglesa, valeu-lhe o Prêmio Nobel de Literatura de 1913 e granjeou-lhe a admiração de W. B. Yeats, entre muitos outros artistas e intelectuais europeus. Com sua barba abundante e seus penetrantes olhos escuros, ele era, para muitos europeus, a corporificação da espiritualidade indiana ou oriental.

{285}

UM FIM PARA O SOFRIMENTO

Quando partiu em 1916 para seu ciclo de palestras no Japão e nos Estados Unidos, duas décadas depois de Vivekananda ter mesmerizado suas audiências, seus admiradores talvez esperassem um pouco de alta abstração do sábio beatífico do misterioso Oriente. Em vez disso, Tagore falou dos problemas que o mundo enfrentava, particularmente os nacionalismos europeus em competição, que haviam explodido em uma guerra mundial.

Escrevendo nos anos 1880, época de uma crescente competição entre as nações europeias por colônias, Nietzsche alertara contra a política de massas do nacionalismo, contra as "sarnas nacionais do envenenamento do coração e do sangue com os quais os povos europeus hoje se delimitam e se entrincheiram uns contra os outros como se estivessem de quarentena".[9] As nações europeias haviam encenado suas rivalidades na Ásia e na África a expensas de povos mais fracos, enquanto se preparavam para a guerra umas contra as outras sem de fato esperá-la. A longa paz que terminou em 1914 havia sido mantida por estadistas europeus que praticavam a *realpolitik*, a "pálida hipocrisia administrada pelos mandarins" contra a qual Nietzsche se enfurecera.

Em 1916, estava claro que as vitórias rápidas que cada nação esperava não aconteceriam. Exércitos se enfrentavam através de trincheiras havia meses. Parecia não haver meio de deter a vasta maquinaria de morte que a Europa construíra. A própria guerra havia se tornado uma forma de trabalho fabril mecanizado — tinha, como descreveu o escritor alemão Ernst Jünger, que nela lutou, "o ritmo de trabalho preciso de uma turbina impulsionada pelo sangue".[10]

Com a ajuda dos avanços mais recentes da ciência e da tecnologia, a guerra matou, feriu e deslocou incontáveis milhões, inaugurando um novo tipo de computar a perversidade e o horror humanos — as estatísticas tornaram-se a medida comum para o sofrimento causado pelas guerras (Espanha, a Segunda Guerra Mundial, Coreia, Vietnã), pelos massacres (armênios, judeus, cambojanos) e pelos deslocamentos (indianos, alemães, gregos, russos) que marcaram o século XX.

{286}

IMPÉRIOS E NAÇÕES

No Japão, Tagore elogiou o Ocidente por sua liberdade de consciência, de pensamento e ação. Mas falou também das "graves questões que a civilização ocidental apresentou ao mundo e que não foram completamente respondidas":

> O conflito entre o indivíduo e o Estado, trabalho e capital, homem e mulher; o conflito entre a cobiça do ganho material e a vida espiritual do homem, o egoísmo organizado das nações e os ideais elevados da humanidade; o conflito entre todas as feias complexidades inseparáveis das organizações gigantes do comércio e do Estado e os instintos naturais do homem clamando pela simplicidade, pela beleza e pela plenitude do tempo livre.[11]

No Japão, Tagore falou a um público em grande medida cético dos perigos inerentes ao seu clima nacional. Disse que "os ideais sociais [do Japão] já mostram sinais de derrota nas mãos dos políticos". Mencionou a ironia de que a Europa não respeitara o Japão até que este se militarizasse. Falou da civilização política que o Ocidente havia criado, na qual o Estado é uma abstração e as relações entre os homens, utilitárias. Eram "baseadas na exclusão", prontas a manter estrangeiros a distância ou exterminá-los. Afirmou que "o que é perigoso para o Japão não é a imitação de características exteriores do Ocidente, mas a aceitação como sua da força-motriz do nacionalismo ocidental".

Tagore temia que a ideia de Estado-nação tivesse adquirido raízes existenciais dentro da cultura do Japão. O que originalmente era um conceito tornara-se, sob os imperativos da cobiça e da conquista, uma ordem cósmica sacra e exclusiva. Criara a homogeneidade internamente e excluíra o estrangeirismo que vinha de fora, divindo o mundo em "nós" e "eles". Reivindicara um monopólio sobre a verdade e a bondade e tentara se tornar a única fonte de identidade, significado e propósito da vida humana — algo pelo qual os homens poderiam facilmente ser persuadidos a morrer.

{287}

UM FIM PARA O SOFRIMENTO

Falando em meio à guerra, Tagore sabia que as massas europeias a princípio o haviam recebido bem — talvez como um alívio para a desgastante rotina de trabalho mecanizado à qual haviam sido forçadas. Ernst Jünger mais tarde confessou como, "depois de crescer num período de segurança, todos sentíamos um desejo pelo incomum". "A guerra", escreveu ele, "supostamente nos ofereceria, por fim, coisas grandes, fortes, solenes." Em todos os cantos as pessoas estavam tomadas de fervor patriótico. Como escreveu Simone Weil, "o Estado, o objeto de ódio, repugnância, escárnio, desdém e temor", exigia lealdade absoluta, total abnegação, o supremo sacrifício — e os obteve, de 1914 a 1918, a ponto de superar todas as expectativas.[12]

Nos Estados Unidos, onde chegara vindo do Japão, Tagore afirmou com mais alívio que preocupação que a Índia "nunca teve uma noção real de nacionalismo". Asseverou que a "Índia não devia competir com a civilização ocidental em seu próprio campo". Mencionou obliquamente o jornal japonês que publicara um editorial sobre seus discursos contra a imitação do Ocidente pelo Japão: como eles eram "a poesia de um povo derrotado".

Eventos subsequentes provaram que Tagore foi sábio em não se importar com tais derrotas. O sentimento de triunfo que percebera iria transformar o Japão num eficiente Estado militar-imperial nos anos 1920 e 1930. Em sua tentativa de contrabalançar a influência da Grã-Bretanha e dos Estados Unidos, invadiu e conquistou a China e, depois da queda da França, entrou na Indochina. Finalmente, em 1941, atacou os Estados Unidos, que anos mais tarde encerrou o mais sério desafio ao domínio ocidental jogando bombas nucleares sobre Hiroshima e Nagasaki.

Tagore, sensatamente intranquilo com o nacionalismo japonês, acaba sendo otimista demais em relação à Índia. O exemplo do reinado humano de Ashoka era de valor sobretudo retórico em uma Índia que lutava, após sua independência, para ser um Estado-nação moderno.

{288}

Por muito tempo depois de 1947, a dinastia Nehru-Gandhi presidiu sobre um sistema de administração deixado pelos colonialistas britânicos. Burocratas impessoais haviam se associado a autocratas em um Estado fortememente centralizado que afirmava promover a democracia e o desenvolvimento econômico e se estabeleceu como árbitro supremo da vida de seus cidadãos.

O governo da Índia livre muitas vezes respondeu à dissidência mais impiedosamente que o velho Estado colonial. Sua violência — geralmente perpetrada em nome da democracia e da segurança nacional — tornara-se mais visível na Caxemira, o vale majoritariamente muçulmano dos Himalaias, na extremidade norte do império de Ashoka, que foi um dia centro do budismo na Índia. Foi de lá que tradutores indianos nos séculos depois de Cristo levaram as ideias do Buda para a Ásia Central e a China.

O islamismo chegara ao vale no século XIV, por meio de missionários da Ásia Central e da Pérsia, misturando-se bem às antigas culturas hindu e budista e assumindo um caráter único na Caxemira. Tornar-se-ia conhecido pelos místicos, pelos poetas e santos, a quem tanto hindus como muçulmanos reverenciavam. Era parte da vida suave da Caxemira — a conquista frágil de uma comunidade pequena e autossuficiente, que vivera sem grandes guerras e conflitos e cuja violação, mais tarde — por fundamentalistas islâmicos do Paquistão ou ali treinados e por forças de segurança indianas —, pareceria especialmente brutal.

No outono de 1987, ainda adolescente, eu havia visitado pela primeira vez o vale da Caxemira. Tendo crescido nas planícies opressivamente quentes, poeirentas e planas da Índia, imaginara que o vale, em forma de cuia, contivesse todas as maravilhas do mundo: luz suave, ar fresco e suaves paisagens de lagos e montanhas. E naquela primeira visita à região, a desilusão para a qual me preparara jamais aconteceu.

Lá estava o interior da Caxemira, onde as avenidas ladeadas de álamos pareciam se estender infinitamente, passando os pomares

{289}

de maçã e os campos de arroz, atravessando as frias correntes fluindo sobre macios seixos, até algum lugar de grande calma e felicidade. Havia a capital, Srinagar, uma cidade medieval com suas ruelas densamente povoadas e suas mesquitas de madeira, as barracas de açougueiros com as carnes penduradas e as pequenas lojas escuras onde brinquedos de papel machê apresentavam-se em ordenadas fileiras e mãos ágeis desenrolavam tapetes coloridos de fino desenho persa.

Em torno do lago Dal havia os jardins suspensos do século XVII, criados pelos imperadores mongóis, nos quais a água corria através de pavilhões elaboradamente entalhados e onde na grama cheia de cascas de amendoim jovens da Caxemira viam-se em encontros subreptícios, sem se beijar, tocar ou mesmo sem muito falar, simplesmente sendo felizes juntos.

Não prestei muita atenção aos habitantes, exceto para me encantar com suas peles exoticamente pálidas e seus longos mantos de lã, e com o leve ressentimento que pareciam nutrir em relação aos visitantes indianos. Não pensei muito neles depois. Era como se os vendedores de xales e e tapetes, os motoristas de táxis e *shikaras,** os incontáveis cambistas e as crianças de bochechas vermelhas sentadas do lado de fora de cabanas com tetos de barro carregados de rosas existissem apenas para manter minha nostalgia da Caxemira.

Anos se passaram antes que eu pudesse pensar em minha ingenuidade política. A Índia e o Paquistão haviam travado duas guerras pela Caxemira. O Paquistão, que se tornara uma pátria separada para os muçulmanos durante a partição da Índia britânica em 1947, sempre reivindicara o vale da Caxemira, majoritariamente muçulmano.

Eu visitara a Caxemira nos últimos dias de paz que ela conheceria pelos próximos quinze anos. Em 1987, uma geração de muçulmanos mais bem educada e articulada começara a se encolerizar com a falta de democracia e desenvolvimento econômico no vale. O governo in-

---

*Barco a remo típico da região. (*N. do T.*)

diano pouco fez para ajudar. Na verdade, seus representantes viam a cultura distinta da Caxemira como algo que tinha de ser enfraquecido antes que o Estado pudesse se juntar ao que chamavam de a "corrente nacional".

A reação não tardou a vir: o que um povo colonizado mais teme é a possibilidade de ser engolido pela cultura alheia dominante em seu meio. Como na Argélia, no Irã e no Egito, a ansiedade em relação à modernização, às influências culturais de outros lugares e a um desemprego galopante tornaram-se, na Caxemira, uma ansiedade em relação à religião — a ideia de que não apenas os muçulmanos, mas o próprio islamismo, estavam em perigo.

Na primavera de 2000, retornei à Caxemira pela primeira vez desde 1987 para fazer reportagens sobre a insurgência anti-Índia apoiada pelo Paquistão. Até então mais de 30 mil pessoas haviam morrido — militantes, soldados e civis. Fiquei em um grande hotel, antes um palácio do marajá da Caxemira, com vista para o lago Dal. Eu era o único hóspede.

A menos de dois quilômetros dali, uma bomba explodira em um mercado, matando dezessete civis. Metralhadoras disparavam de quase todos os veículos nas ruas. Homens do exército haviam transformado os hotéis nos bulevares em casamatas. Srinagar estava cheia de casas espetacularmente arruinadas e novos cemitérios. Os habitantes pareciam tensos e taciturnos, e apenas dentro de aposentos fechados e sem aquecimento desabafavam sua raiva e seu pesar.

Deixei o hotel no dia em que soube do edifício ao lado. Fora um dos mais temidos centros de interrogatório na Índia, chamado de Papa I, onde, entre outras coisas, pneus queimando e pingando eram pendurados sobre as costas de suspeitos de militância. Os gritos dos prisioneiros, disse-me um jornalista, chegavam com frequência ao hotel.

Estava na Caxemira havia uma semana quando homens não identificados massacraram trinta e cinco siques num remoto vilarejo chamado Chitisinghpura. Os assassinos, vestidos com trajes militares, chegaram tarde da noite. Em dois lugares diferentes do vilarejo, pediram que os homens se enfileirassem e abriram fogo contra eles.

O vilarejo ficava em uma pequena concavidade isolada por pinheiros, nogueiras e plátanos, dividido por um refrescante córrego de água clara e fria. Na sua margem gramada, onde vacas pastavam entre os salgueiros desfolhados, havia uma tosca cabine de madeira. Os habitantes do lugarejo eram agricultores de maçãs, amêndoas e arroz. Alguns deles tinham seus próprios negócios de transporte — havia dinheiro suficiente no local para o vilarejo ter duas *gurudwaras*, salões de orações com domos e pátios, um de cada lado da cidadezinha.

Chitisinghpura, que à primeira vista pareceu tão autossuficiente e serena, lembrava-me Mashobra. Mas agora aquele remoto vilarejo nos Himalaias havia sido engolfado pela geopolítica internacional. O governo e a mídia indianas descreviam os assassinos como paquistaneses ou fundamentalistas islâmicos apoiados pelo Paquistão. Jornalistas e especialistas em estratégia estavam na televisão especulando se os fundamentalistas haviam matado os siques para mandar alguma espécie de mensagem ao presidente americano Bill Clinton, que chegava naquela mesma manhã à Índia em viagem oficial e que descrevera a Caxemira como "o lugar mais perigoso do mundo". E prosseguiam falando da Índia como vítima do terrorismo islâmico.

Mais tarde, naquela manhã, enquanto jornalistas e políticos continuavam chegando ao local, conheci um oficial de média patente da Forças de Segurança de Fronteiras, uma das organizações paramilitares combatendo a insurgência anti-indiana na Caxemira. Era um hindu, baixo, barrigudo e cortês. Recusou-se a falar com os jornalistas da Caxemira que me acompanhavam. Disse-me que preferia falar com um colega hindu — os jornalistas muçulmanos não eram confiáveis. Estava lá havia longo tempo, conhecia o caráter traiçoeiro dos muçulmanos. Disse não estar preocupado com a possibilidade de uma grande quantidade de siques fugir da Caxemira depois do massacre, como os hindus haviam feito depois de terem sido alvo de separatistas muçulmanos. Na verdade, queria que eles partissem.

"Isole os muçulmanos na Caxemira", disse, "e teremos liberdade para lidar com eles." Achava que todos os separatistas pró-Paquistão eram traidores e que os sequazes do país não mereciam misericórdia. Ele mesmo não deixara escapar nenhum dos separatistas que capturara nos seis anos que passara na região: com eles, era tortura e depois execução. Não podia fazer concessões em relação ao que chamava de "integridade nacional" da Índia. Os separatistas tinham de ser colocados na linha, de preferência pela violência, para terminar com a rebelião contra a Índia.

Um dia depois da partida do presidente Clinton, o governo indiano anunciou que os assassinos paquistaneses dos siques haviam sido mortos numa operação militar em um vilarejo chamado Panchalthan, num vale remoto da Caxemira. No dia seguinte, jornais indianos estampavam fotos em preto e branco divulgadas pelo governo de corpos parcialmente calcinados com fardas do exército indiano.

Os paquistaneses foram rapidamente enterrados, o que pareceu acontecer com toda a questão. Mas alguns dias depois habitantes de um vilarejo da Caxemira descobriram, perto dos túmulos dos supostos terroristas, objetos pessoais de vários de seus parentes que haviam sido sequestrados de suas casas logo depois do assassinato dos siques. Ao serem exumados, os corpos mostraram estar perversamente mutilados — um deles, sem cabeça. Mas os habitantes locais tiveram pouca dificuldade em identificá-los como seus parentes.

Quando certo fim de tarde subi a colina em Panchlathan, onde os corpos foram exumados, os vilarejos de casas com telhados de feno pareciam em paz. Ao longo de campos de arroz fracamente iluminados, mulheres com lenços de cabeça coloridos cantavam canções tradicionais enquanto semeavam o arrozal. Depois, com o crepúsculo, sentaram-se de pernas cruzadas sobre pequenos tapetes da Caxemira e tomaram chá salgado de seus samovares.

UM FIM PARA O SOFRIMENTO

Foi de vilarejos como aqueles que as forças de segurança indiana haviam sequestrado quatro dos cinco homens. Levaram-nos a um abrigo de pastores na colina íngreme e os executaram a sangue-frio. Colocando os cadáveres em troncos, deceparam suas cabeças e os desmembraram. Depois os ensoparam com gasolina e atearam fogo antes de os apresentarem para a mídia mundial como terroristas paquistaneses ou fundamentalistas islâmicos.

Eu conhecera o oficial de polícia que os caxemirianos suspeitavam de ter sequestrado e matado os aldeões. Sentado em uma cadeira executiva atrás de uma grande mesa tomada de mapas, havia me impressionado como um homem afável e franco. Eu havia passado grande parte do encontro tentando encaixar aquela pessoa, com seu sorriso fácil e suas maneiras gentis, nas histórias que ouvira de sua brutalidade.

O oficial de polícia era um caxemiriano muçulmano. Vinha de um vilarejo não diferente de outros que eu visitara e subira na hierarquia administrativa. Esperava que por essa razão tivesse empatia com os muçulmanos locais. Quando disse isso a um amigo, um jornalista da Caxemira, que eu sabia ser um muçulmano devoto, ele respondeu:

—É um carreirista. Carreiristas não têm religião.

Mas os carreiristas tinham outro tipo de fé. O oficial de polícia muçulmano, como o oficial militar hindu no massacre dos *sikhs*, me falara da necessidade de preservar a "integridade nacional". Havia outros oficiais que, quando perguntados por mim sobre os custos crescentes do domínio indiano sobre a Caxemira — dezenas de milhares de mortos, mutilados, viúvos e órfãos —, falaram da necessidade de proteger a região dos maus desígnios dos paquistaneses, uma tarefa patriótica que às vezes exigia atos de violência. Por vezes alegavam que eram apenas homens cumprindo ordens vindas de cima.

A maioria desses homens tinha uma reputação de honestidade — era mais fácil entender os corruptos. Tinham famílias na distante Índia, preocupadas com sua segurança. Fotos atestando a felicidade doméstica da qual haviam sido separados eram frequentemente encontradas em molduras de madeira sobre suas grandes mesas. Em seus jipes blindados, em meio a rifles automáticos, metralhadoras e granadas de mão, carregavam fitas de melancólicas canções de filmes em hindi, canções sobre amor e perda que partilhavam com aqueles que torturavam e matavam. Como se permitiam destruir outros seres humanos em nome de uma nação ou Estado? Como haviam conseguido se aliar a abstrações sem significado como "integridade nacional"?

Descrevendo em seu caderno de notas o Estado moderno como uma *"imoralidade organizada"*, Nietzsche se perguntara: "Como se consegue que uma *grande massa* faça coisas que um *indivíduo* jamais consentiria em fazer?" Sua resposta, que esperava elaborar em um livro, não deixava margem a dúvidas: "Pela divisão de responsabilidade, de comandar ou executar comandos, pelo *intercalar* das virtudes de obediência, dever, amor pelo príncipe e pela terra materna, pela manutenção do orgulho, severidade, força, ódio, vingança."[13] Como Simone Weil perguntara depois da Primeira Guerra Mundial, como o Estado havia conseguido "se estabelecer como um valor absoluto no mundo, ou seja, como um objeto de idolatria?"

No último século essas questões, novas e urgentes na Índia, haviam sido levantadas muitas vezes na Europa, tanto antes como depois de 6 milhões de judeus terem sido assassinados no mais bárbaro crime patrocinado pelo Estado na história. E a ironia também fora notada — que o Estado onipotente nascera na Europa ostensivamente para proteger interesses de uma nova classe de cidadão, indivíduos que supostamente eram capazes de perseguir seus próprios interesses e fazer escolhas por si mesmos.

Essa ideia do indivíduo, ainda nova em uma sociedade tradicional como a da Índia, havia chegado relativamente tarde mesmo à Europa. Alexis de Tocqueville estava certo de que "faltava aos nossos ancestrais a palavra individualismo, que criamos para nosso próprio uso,

UM FIM PARA O SOFRIMENTO

porque na época deles, na verdade, não existiam indivíduos que não pertencessem a um grupo e que pudessem se ver como absolutamente sozinhos". Durante séculos, desde a disseminação do cristianismo, família, Igreja ou comunidade local haviam limitado os horizontes dos seres humanos. Seus direitos e deveres eram comunalmente determinados. A maioria das pessoas era unida firmemente por relações preexistentes de *status* e parentesco.

O que era verdadeiro para grande parte da Europa antes das revoluções políticas e econômicas do século XIX era verdadeiro para a Índia ainda em 1947, quando nacionalistas de classe média, afirmando representar o povo indiano, herdaram dos britânicos o controle de uma vasta maquinaria administrativa. Na Índia, onde o asceta e o renunciante haviam sido os primeiros indivíduos de qualquer espécie, havia pouco individualismo, no sentido que Tocqueville dera à palavra. A maioria das pessoas era definida por seu pertencimento à casta e comunidade — poucas delas tinham a liberdade de escolha que supostamente era a essência do indivíduo moderno.

Foi esse estado que coisas que uma elite governante ocidentalizada propôs mudar, depois de se livrar dos britânicos. Homens como Nehru se ofendiam com a passiva aceitação indiana da pobreza e do que lhe parecia uma opressão feudal sustentada pelo prestígio da religião. Nehru acreditava que o mais pobre e destituído dos indianos poderia ser modernizado em um indivíduo racional ao estilo europeu por meio da educação secular de massa e de um sistema econômico socialista.

Ele tinha pouca dúvida de que, com tempo e incentivo suficientes, a maioria dos indianos abandonaria suas identidades anteriores e se tornaria como os europeus — ou seja, vestindo roupas modernas, trabalhando em uma fábrica ou escritório, vivendo em um ambiente urbano, formando famílias nucleares, dirigindo carros, votando em eleições regulares e pagando impostos. O exemplo europeu havia provado que tais indivíduos autônomos e seculares podiam sozinhos formar uma moderna nação democrática. Mas já que poucos deles

IMPÉRIOS E NAÇÕES

existiam na Índia na época de sua independência, era responsabilidade do Estado criá-los — produzir, na verdade, seus cidadãos.

Cinco décadas mais tarde, o Estado indiano ainda podia afirmar plausivelmente estar defendendo seus cidadãos de si mesmos em lugares como a Caxemira. Mas quem era esse indivíduo autônomo e secular que o Estado requeria para a sua existência — a pessoa que vivia meramente por conta de aumentar e satisfazer suas necessidades materiais? Quase não havia precedentes nas próprias tradições intelectuais e espirituais da Índia. E, ali, uma versão particular da história europeia tornara-se importante para modernizadores como Nehru — a história com cujas premissas inatas eu cresci e aceitei sem estar consciente delas.

Essa história começa com a Reforma. Calvino e Lutero haviam condenado a ociosidade e a opulência da Igreja. Eles sustentavam a ideia de um Deus criador distante e misterioso, que já havia predestinado os homens à salvação ou à danação, mas para cuja glória os homens tinham de trabalhar e buscar criar seu reino na Terra. O cristão reformado era humilde, ascético, trabalhador. Era também o progenitor da livre empresa e do individualismo econômico.

Nessa história, quando as formas medievais de vida na Europa se esgarçaram, parte sob pressão da ascendente burguesia que procurava o sucesso mundano como sinal de salvação, abriu-se um novo universo de escolhas pessoais para os seres humanos.[14] Aceitar essas escolhas era mergulhar na aventura da individualidade. Nos séculos que se seguiram, surgiu concomitantemente um novo vocabulário para o caráter humano, definido pela escolha pessoal, pelo desejo e pela capacidade de autotransformação.

O Iluminismo europeu foi outro passo na direção do que Kant chamou de "emergência do homem de sua autoimposta imaturidade". Filósofos como Hume, Locke e Adam Smith supuseram que o homem tinha um direito natural à existência independente, à satisfação dos desejos pessoais, à busca das coisas ou à atividade por si mesma.

{297}

UM FIM PARA O SOFRIMENTO

Para eles, o problema era como explicar que tais indivíduos diferentes pudessem viver juntos — como o eu autônomo se relacionava com outros eus autônomos na busca de seus interesses.

A nova visão mundial presumia que o homem era motivado pelo interesse próprio ou, na medida em que se importava com os outros, por um *interesse próprio esclarecido*. O governo moderno havia surgido para converter interesses individuais em um sistema de direitos e deveres e para prescrever leis, que se aplicariam igualmente a todos os indivíduos. Era um poder único e soberano porque, ao concentrar toda a autoridade em si mesmo, poderia acelerar a fuga do indivíduo das diferentes lealdades à família, guilda, igreja ou comunidade local. Ao mesmo tempo, enfraqueceu-se o bastante na Europa Ocidental e nos Estados Unidos para permitir ao indivíduo o pleno gozo de sua individualidade. Garantira-lhe a liberdade limitando-se por meio de procedimentos democráticos da elaboração de leis por meio de consultas entre governantes e governados.

Parecia haver algo muito nobre no conceito de liberdade, na liberação do indivíduo das restrições da sociedade tradicional, e seu direito livremente escolhido de movimento, ocupação, discurso, crença religiosa e propriedade. Era por isso que um indiano com a minha formação não podia facilmente desafiar a ideia de que o Estado-nação moderno, impessoal e absoluto, poderia ser o libertador do novo indivíduo de seus antigos grilhões.

Na verdade, olhar para a Europa dos séculos XVII, XVIII e XIX era principalmente admirar intelectuais como Hume, Voltaire, Diderot e Marx, que defendiam o potencial do ser humano de dominar as circunstâncias em vez de ser um escravo delas. O destino do mundo parecia contentemente estabelecido em algum lugar nas afirmações das duas maiores figuras do Iluminismo escocês, David Hume e Adam Smith.

Mas ali havia uma ironia especial para aqueles indianos enamorados da nova avaliação secular das possibilidades humanas à qual se

{298}

chegara na distante Europa — e que esperavam realizá-la plenamente na Índia pós-colonial. A Índia já havia sofrido muitas das consequências não antecipadas da luta interminável pelo crescimento. O clima moral no qual a multiplicação das necessidades humanas era vista como boa, a felicidade privada postulada como a mais alta aspiração e a atividade por si mesma transformada em princípio também eram o clima que havia legitimizado a conquista e a subjugação de povos desconhecidos em todo o mundo.

Não estava claro para a maioria de nós, que reverenciávamos os grandes pensadores da Europa, que muitos deles haviam antecipado e delineado o tipo de política, economia e filosofia que a burguesia superdominadora precisava para estender seu poder sobre a terra. Nem sabíamos muito sobre as complexas dúvidas que esses homens haviam revelado sobre o caráter e os motivos do indivíduo livre e ambicioso no instante mesmo em que celebravam sua emergência.

Marx tinha razões ideológicas para temer aquilo a que as necessidades incessantemente renovadas do indivíduo poderiam levar. Ele achava que "a sociedade burguesa moderna, uma sociedade que fez aparecer tão poderosos meios de produção e troca, é como o feiticeiro que não pode mais controlar os poderes do submundo que invocou com seus feitiços".

Mas mesmo Adam Smith, o proponente do livre comércio, perguntara a si mesmo, quando mais jovem, se o poder e a riqueza, "estes grandes objetos do desejo humano", podiam tornar alguém imune à "ansiedade, ao medo, ao pesar, às doenças, ao perigo e à morte". Ele havia considerado um engano a ideia de que a felicidade poderia ser assegurada por meio do desejo de mais do se que precisa e chegara a concluir que "é bom que a natureza se imponha sobre nós desta maneira. É este engano que suscita e mantém em movimento perpétuo a diligência da humanidade". Afinal de contas:

UM FIM PARA O SOFRIMENTO

foi isso o que primeiro os impulsionou a cultivar o solo, a construir casas, a fundar cidades e comunidades de nações e a inventar e aperfeiçoar todas as ciências e artes, o que enobreceu e embelezou a vida humana; o que mudou inteiramente toda a face do globo, transformou as florestas rudes da natureza em planícies encantadoras e férteis e fez do oceano não navegado e infecundo um novo recurso de subsistência e a grande estrada de comunicação para as diferentes nações do mundo.[15]

Smith acreditava que qualquer sociedade que restringisse suas necessidades colocaria em perigo seus membros mais pobres. Afirmou que o livre comércio superaria a escassez e criaria abundância e tempo livre sempre que lhe fosse permitido. Imaginava um sistema de liberdade natural no qual os indivíduos eram livres para criar e competir pela riqueza.

A influente visão de Smith do crescimento e da competição humanos, que fora transformada em ideologia de conquista imperial e que ainda impele grande parte da política internacional, não ficou sem contestação na Europa. Seu grande crítico foi Rousseau, que eu conhecia apenas como o pai intelectual do Estado totalitário. Ele havia se desencantado com a falta de virtude em uma sociedade construída sobre a busca irrestrita do desejo. Para ele, o Estado era necessário precisamente para regular aquela sociedade emergente de comércio e dinheiro, de inveja e desigualdade, na qual ele achava que os indivíduos seriam estranhos hostis uns aos outros.

Ele acreditava que a humanidade talvez um dia tivesse vivido em um estado de simplicidade e igualdade, mas que a descoberta da agricultura e dos metais havia encurralado os homens em relações cada vez mais complicadas. E, então, a ideia da propriedade privada havia introduzido os homens na discórdia, inveja, cobiça e exploração; tornara o homem, que era naturalmente bom e compassivo, mais dependente de outros homens, o que sempre envolvia hipocrisia e corrupção e tornava o homem mais incerto e temeroso do que jamais fora.

{300}

Rousseau desejava trazer ao homem a liberdade individual genuína que conhecera fora da sociedade. Por estranho que pareça, para Rousseau isso só poderia ser conquistado pelo Estado. Ele estava certo de que "apenas pela força do Estado a liberdade de seus membros pode ser assegurada".[16] O Estado encarnava o que ele chamava de a "vontade geral" das massas. Representava a vontade do organismo político, que estava acima de todos os interesses individuais que o constituíam, uma rendição geral que formava o contrato social. "Cada cidadão" só podia ser "completamente independente de todos os seus companheiros" se fosse "absolutamente dependente do Estado."

Em seu desejo de assegurar uma autonomia imaginada absoluta para o indivíduo, Rousseau transformou o Estado em uma realidade absoluta supra-humana, mística. O Estado era o libertador do homem da sociedade, era o pré-requisito para o seu desenvolvimento moral. O que era necessário era "uma rendição absoluta do indivíduo, com todos os seus direitos e todos os seus poderes".

Como escreveu:

> É bom saber lidar com os homens como são, e é muito melhor torná-los o que se necessita que sejam. A autoridade mais absoluta é a que penetra no ser mais interior do homem e não se preocupa menos com sua vontade que com suas ações.[17]

Foi com tais ideias abstratas — de uma igualdade hipotética, do Estado como garantidor da virtude e engenheiro das almas humanas — que Rousseau, ainda que inadvertidamente, armou o cenário dos terrores não apenas da Revolução Francesa ou do hitlerismo e do stalinismo, mas também dos regimes bem-intencionados do século XX, que destruíam os seres humanos enquanto reivindicavam reinventá-los — os regimes que com suas atrocidades produziram em detalhes lúgubres a resposta à questão colocada por Nietzsche, quando definiu o Estado como uma *"imoralidade* organizada" e se perguntou como "uma *grande massa* faça coisas que um *indivíduo* jamais consentiria em fazer".

Mas essa não era a história que eu conhecia na Índia: aquela na qual as revoluções não eram comumente triunfos dos oprimidos e dos virtuosos, e os slogans de liberdade, igualdade e fraternidade muitas vezes não levavam à paz e à irmandade na Terra, mas a formas de opressão maiores e mais complicadas.

Parecia haver algo muito belamente ordenado na hipótese marxista de que o homem era um materialista, avaliado pelo que produzia com seu trabalho, que podia usar a tecnologia para aumentar seu domínio sobre a natureza, terminar com sua escravidão do trabalho fabril e construir uma sociedade moderna e eficiente na qual todos os cidadãos, e não apenas uns poucos, dividissem igualmente os benefícios de uma economia controlada.

Quando deparei pela primeira vez com tais esquemas elaborados, não suspeitei que fossem puro otimismo da parte de um intelectual brilhante no exílio em Londres. A dialética era muito impressionante em sua formulação: a burguesia derrubando os senhores feudais e depois sendo derrubada pelo proletariado. Isso dava aos seres humanos um papel central como elaboradores e construtores de seu destino coletivo. Afirmava o indivíduo em sua capacidade de mudar o mundo e tornava fácil acreditar em Marx quando ele afirmava que a história explicava o passado, predizia o futuro, revelava a astúcia da razão e mostrava por que uma parte do mundo era superior à outra.

Eu não me incomodava que Marx tivesse pouco a dizer sobre "a ansiedade, o temor, o pesar, as doenças, o perigo e a morte" com os quais até mesmo Adam Smith se preocupara; e que ele tivesse simplesmente adotado uma versão moderna e otimista, na qual o homem não precisava mais ser sobrecarregado com sua própria sensação de imperfeição e não tinha de lutar em sua vida interior

IMPÉRIOS E NAÇÕES

pelo bem porque ele *era* bom, simplesmente por ser humano e desempenhar seu papel na história.

Não percebi que Marx não oferecera nenhuma moralidade além do grupo, ou classe, egoísta: as leis da história explicavam por que a classe trabalhadora eventualmente triunfaria sem elucidar nenhuma razão de por que os valores dessa classe ou grupo de revolucionários serviria melhor aos indivíduos do que aqueles a quem derrubara.

A astúcia da razão havia muito deixara de funcionar do modo como Marx previra. Nesse caso, Nietzsche foi mais presciente, prevendo um tempo em que o socialismo seria apenas um sonho que "necessita da mais submissa sujeição de todos os cidadãos ao Estado absoluto, uma coisa que jamais existiu", e que provavelmente se manteria por meio do "mais extremado terrorismo".

Em 1922, enquanto denunciava o budismo como uma religião niilista e uma má influência sobre a Europa, o poeta russo Ossip Mandelstam desejara o retorno ao "intelecto esquemático e ao senso de oportunidade" dos filósofos racionalistas franceses do século XVIII. Mandelstam não estava sozinho em suas esperanças. No começo dos anos 1920, os 9 milhões de pessoas mortas na Primeira Guerra Mundial ainda pesavam sobre os muitos artistas e intelectuais do Ocidente que pensavam que a Revolução Russa fora inspirada pelos valores universais e seculares do Iluminismo — que ao reorganizar a sociedade de acordo com linhas científicas ajudaria, como Mandelstam esperara, a minar o poder de antigos irracionalismos como o budismo.

Para muitos deles, suas esperanças pareciam perto de se concretizar quando, nos anos 1920, Stálin começou, com um intelecto esquemático e um senso de oportunidade, seus Planos Quinquenais e programas de coletivização e industrialização, numa tentativa ambiciosa de modernizar a Rússia.

{303}

UM FIM PARA O SOFRIMENTO

As piores consequências de um pensamento excessivamente racional — assassinatos em massa, trabalho forçado e migrações, todos tidos como necessários por um Estado burocratizado para a causa de um futuro melhor — ficaram visíveis no final dos anos 1930, quando Mandelstam, transportado para um campo de trabalho na Sibéria, tornou-se uma dentre as milhões de vítimas de Stálin. Mas esse tipo de notícia demorava a chegar a lugares como a Índia.

A desconfiança da ciência, e da ideia de história e progresso, que se aprofundava na Europa no começo do século XX, chegara à Índia ainda mais tarde. Um soldado de artilharia chamado Franz Rosenzweig foi um dos milhões mergulhados na lama e sujeira das trincheiras da Primeira Guerra. Escrevendo cartões-postais durante o conflito, acusou a "razão" de ter "devorado" o homem e proclamou que "apenas ela existia":

> Deixe que o homem se arraste como um verme nas dobras da terra nua antes que rápido se aproximem as rajadas de uma morte cega e impiedosa; deixe-o sentir à força, inexoravelmente, o que ele de outra forma nunca sente: que seu *Eu* seria apenas uma Coisa se morresse; deixe-o, portanto, chorar seu verdadeiro Eu com todo o choro que ainda existe em sua garganta contra o impiedoso para o qual não há apelo e que ameaça o homem com uma aniquiliação tão inimaginável.[18]

"Em face de toda esta miséria", escreveu Rosenzweig, "a filosofia apenas sorri seu sorriso vazio." Escrevendo após a guerra, que despedaçou a mais longa paz e a maior prosperidade que os registros históricos da Europa já conheceram, o poeta francês Paul Valéry foi apenas um dos muitos escritores e intelectuais europeus que suspeitaram de que a fé complacente da Europa na história, na racionalidade e na ciência ocasionara uma nova escala de devastação:

IMPÉRIOS E NAÇÕES

Vimos com nossos próprios olhos o trabalho mais consciencioso, o aprendizado mais sólido, a disciplina e a aplicação mais sérias adaptadas a fins pavorosos. Tantos horrores não teriam sido possíveis sem tantas virtudes. Sem dúvida, foi necessária muita ciência para matar tantos, para arrasar tanta propriedade, aniquilar tantas cidades em tão pouco tempo; mas também foram necessárias qualidades morais em número semelhante. O Conhecimento e o Dever são, então, suspeitos?[19]

O Buda parece muito distante dos eventos históricos mundiais que preocuparam homens como Rousseau, Smith, Marx e Valéry: a ascensão do indivíduo em uma sociedade de mercado; a luta por lucros pelos novos indivíduos criados pela ruptura das velhas moralidades; a criação de Estados centralizados; a conquista e a exploração organizada de povos e de seus recursos ao redor do mundo; as revoluções violentas baseadas na tomada da propriedade privada e do poder estatal.

Certo dia na Indonésia, passeando por Borobudur, li um panfleto que um monge tailandês distribuía. Continha a famosa passagem do sentimento budista de bondade amorosa que o Buda prescrevia como hábito mental aos leigos com os quais falava:

> Qualquer ser que possa existir — fraco ou forte, alto, grande, médio ou pequeno, de fino material ou rude, visível ou invisível, aqueles nascidos e os que pressionam para nascer —, que todos sejam sem exceção felizes de coração!
>
> Que ninguém engane ninguém, nem despreze nada em nenhum lugar. Que ninguém deseje o mal a alguém com raiva ou má vontade!
>
> Que os pensamentos de bondade amorosa permeiem todo o mundo, acima, abaixo, através, sem obstrução, sem ódio, sem inimizade![20]

{305}

UM FIM PARA O SOFRIMENTO

Leio estas linhas e não posso deixar de imaginar o que Buda pensaria de um lugar como o Timor Leste, cujas populações inteiras de vilarejos foram enfileiradas e fuziladas com metralhadoras. Velhice, doença, morte, desejo e apego — os processos mais naturais que os indivíduos conhecem — demonstraram-lhe a realidade do sofrimento. A que diagnósticos e percepções extremas teria sido provocado se testemunhasse o século XX, as altas intensidades de sofrimento que seres humanos infligem e seguem infligindo a outros seres humanos, as guerras, os massacres, a penúria, o Holocausto, o Gulag? Era fácil imaginar um Buda de um tempo mais simples que enfatizava a necessidade da bondade amorosa, que apenas poderia ficar extremamente perturbado pelas enormes provações de seres humanos numa era historicamente mais complexa.

Mas no tempo do Buda também havia muito sofrimento — e as pessoas tinham menos distrações com as quais amortecer a dor. Havia o sofrimento de pessoas desarraigadas de seus ambientes naturais e forçadas a viver em cidades. O sofrimento da solidão causada pela ruptura da velha ordem social. Também o sofrimento causado pelas guerras de conquista: os grandes novos exércitos de reinos importantes como Kosala e Magadha, invadindo as repúblicas menores. O próprio clã do Buda, os Shakya, foi massacrado por uma dessas guerras poucos anos antes de sua morte.

Cobiça organizada, guerra, genocídio — não eram coisas desconhecidas pelo Buda. Parecem tê-lo levado à desconfiança do individualismo amoral que estava surgindo rapidamente na Índia de seu tempo e que se refletia na política e nas especulações filosóficas de seus pares. Sua presença de tais tipos de sofrimento explica parcialmente a maneira obsessiva com que ele tentou minar a ideia de que existia algo como um eu individual autônomo e estável.

A liberação dos velhos laços de casta e comunidade não era para o Buda o mesmo que liberdade. Poderia facilmente levar ao niilismo, como demonstrou a ascensão das massas descontentes na Europa. Es-

{306}

IMPÉRIOS E NAÇÕES

sas massas, cujas antigas certezas de crença, ocupação e status foram destruídas no processo de entronização do indivíduo burguês, sentiam a identidade pessoal não como um alívio, mas como uma carga. Suas frustrações e ressentimentos se canalizaram em exigências de maior igualdade, ou no nivelamento por baixo; em revoluções violentas. Buscando o anonimato e a uniformidade, esses indivíduos desenraizados e subdesenvolvidos tornaram-se os principais integrantes dos Estados totalitários da Europa e, mais tarde, da Ásia.

Em seu próprio tempo o Buda viu os homens criados pelas novas forças econômicas e sociais do norte da Índia. Sua principal audiência ficava nos centros urbanos, onde as pessoas sentiam mais fortemente sua nova individualidade como um fardo e eram atraídas pelo niilismo pregado pelos novos pensadores, como os Ajivikas, que atacavam as leis morais do *karma*. Ele sentia os perigos inerentes aos homens libertos da moralidade tradicional e que exigiam ser indivíduos autônomos.

Isso em parte responde por que ele questionou a própria premissa do indivíduo autônomo, dono de si mesmo: que ele é alguém que escolhe e persegue seus próprios desejos e, portanto, chega a possuir sua individualidade — a hipótese que resta ainda agora, numa era em que a manipulação das massas é uma indústria respeitada, na base da civilização moderna.

Como muitos pensadores modernos, o Buda começara por anatomizar a pessoa impelida e amplamente definida pelo desejo, pelos hábitos da ânsia, ou *trishna*, que normalmente não cessam até a morte. Mas ele não achava que a individualidade ou a felicidade pudessem ser alcançadas com esses hábitos.

Preso à sua subjetividade, o eu reconhecia cada imagem do mundo como algo a se utilizar ou explorar. Foi assim que ele entrou em uma relação puramente instrumental com a natureza, assim como com outros seres humanos, cuja subjetividade não reconhecia. Na busca do desejo, reduzia tudo no mundo ao nível de "coisas", que eram ou uma ajuda ou um empecilho à realização do desejo. A realização ocasional do desejo fortalecia a crença de ser um eu, distinto dos outros, e tal crença prendia a pessoa ainda mais numa rede de emoções como cobiça, ódio e raiva.

O Buda tentou reverter esse processo advogando uma forma de vigilância mental que minava a sensação do indivíduo de um eu distinto imutável com seus desejos particulares. Observar ainda que temporiamente o incessante jogo do desejo e da atividade na mente era ver como o eu era mais um processo que uma substância imutável, como não tinha identidade ao longo do tempo, e que quando se supunha que fosse imutável só poderia causar sofrimento e frustração.

Ele esperava provocar uma mudança fundamental nas atitudes dos homens saboreando suas individualidades: provar-lhes que tudo no mundo é parte de um processo causal e não pode existir em si ou por si mesmo; que as coisas são interdependentes e que isso é verdade tanto para os seres humanos como para os fenômenos físicos.

Até Adam Smith temia que a sociedade de mercado conduzida pelo desejo e pela multiplicação das necessidades degenerasse no caos e na violência se seus cidadãos não exercessem o autocontrole. Ele torcia para que o indivíduo que nela vivesse fosse capaz de distinguir entre o que quer e o que precisa. Mas isso era mais uma expressão de otimismo que um método prático para se desembaraçar do que o próprio Smith reconhecia como a ilusão do desejo.

O Buda também principiou com uma imagem biológica do homem governado por impulsos e desejos — a mesma que inspirou Adam Smith e Hobbes. Mas teria ficado perplexo com a suposição de que a satisfação pessoal desses impulsos e desejos não apenas ocasionaria um Estado e uma sociedade ideais, como finalmente tornaria o indivíduo mais autoconsciente. Sua própria tentativa foi revelar como o desejo incontido leva à alienação do indivíduo tanto da natureza como da sociedade humana.

Isso responde em parte por que ele não tentou vislumbrar a ordem moral e política que pudesse acomodar tais indivíduos autônomos e seus desejos. Ele queria estabelecer o que Rousseau chamou de "reino da virtude". Mas não o via como resultado de uma organização política abstrata. Embora enfatizasse que o governante deveria ser justo, evitava fazer de uma entidade sem rosto como o Estado pretenso o árbitro entre indivíduos presumidamente solitários e temerosos, que se aproveitavam uns dos outros e que, portanto, precisavam de um mestre distante. A mesma ilusão que fazia os homens se julgarem eus individuais sólidos e independentes também poderia fazê-los ver entidades mutáveis e insubstanciais, como Estado e sociedade, como coisas reais e duradouras e fazê-los se subordinarem a elas.

Dada sua experiência, o Buda não teria discordado do diagnóstico de Rousseau: a vida fora mesmo mais simples quando o homem tinha pouco com o que trabalhar e vivia em pequenos grupos, preocupado quase que inteiramente com as tarefas da sobrevivência. Teria concordado que a ideia da propriedade privada colocava os homens uns contra os outros e criava um estado de desigualdade. Mas teria também aceitado a mudança como inevitável, à luz das inovações tecnológicas e da crescente necessidade humana de espaço e conforto. Embora, na prática, o *sangha* mantivesse a propriedade comunal, o Buda não pregava contra a propriedade privada.

Sua preferência era por pequenas comunidades políticas, nas quais o poder de decisão era distribuído entre todos os seus membros. Mesmo com o surgimento de grandes estados no norte da Índia, esperava preservar os pequenos laços e solidariedades que protegiam o indivíduo e o impediam de ser derrubado por forças impessoais. Por meio do estabelecimento do *sangha*, quis reintegrar pessoas desenraizadas em um modo de vida, uma tradição e uma forma de prática espiritual.

UM FIM PARA O SOFRIMENTO

Ele nem mesmo separava uma entidade aparentemente tão particular como a espiritual do mundo mais amplo dos homens. Os *bhikshus* não viviam em florestas, mas em retiros próximos a centros urbanos, e eram ligados aos leigos por uma ética de responsabilidade social. É improvável que tivessem tido muito tempo para a ideia moderna de que a liberdade era algo de que o indivíduo desfrutava sozinho depois de se desencarregar de suas obrigações com a sociedade e o Estado.

Como a Rousseau, ao Buda não agradava o egoísmo e ambos defendiam o valor da compaixão. Mas sua compaixão era diferente daquela pela qual os revolucionários da França e da Rússia diziam ser mobilizados, baseada na solidariedade com uma massa abstrata de indivíduos sozinhos e irados aos quais não se permitia perseguir seus próprios interesses. A compaixão do Buda não pressupunha nenhum abismo de casta ou classe entre pessoas. Partia de sua preocupação com a mente e o corpo do indivíduo ativo e sofredor. Procurava redirecionar os indivíduos da busca de utopias políticas para a fineza e a compaixão no cotidiano.

De acordo com ele, sem a crença em um eu com uma identidade, uma pessoa não ficaria mais obcecada pelos arrependimentos em relação ao passado e com planos para o futuro. Deixando de viver no limbo do que poderia ser mas ainda não era, viveria plenamente no presente.

A insistência budista em viver aqui e agora impediu muitos budistas de resvalarem para o utilitarismo daqueles que buscavam construir mundos melhores e sacrificavam impiedosamente o presente em nome de um hipotético futuro. Mas não salvou os budistas das consequências da busca de utopias políticas que corrompeu o século XX.

O monge budista vietnamita Thich Nhat Hahn, que nasceu em 1926, cresceu para ver seu país dividido e devastado por nacionalistas de inspiração marxista e oponentes pró-americanos. Em meio a uma guerra civil que matou milhões de vietnamitas e milhares de americanos, defendia os métodos não violentos de negociação

{310}

IMPÉRIOS E NAÇÕES

e diálogo e no fim foi forçado a deixar o Vietnã e partir para os Estados Unidos em 1966.

Os budistas tornaram-se muitas vezes vítimas das formas degradadas de marxismo que se espalharam por grandes porções da Ásia. O Tibete, um país majoritariamente budista no qual 20% da população consistia em monges e monjas ordenados, já havia mostrado sua vulnerabilidade em relação às forças organizadas do mundo moderno em 1904, quando invasores liderados pelos britânicos massacraram centenas de defensores tibetanos probremente equipados e forçaram o Dalai Lama a fugir para a Mongólia. Em 1951, os comunistas chineses invadiram o Tibete e iniciaram um processo ainda em curso de brutalização: centenas de milhares de tibetanos foram mortos e milhares de mosteiros foram destruídos, no decurso do que os chineses chamaram de uma tentativa de terminar com o feudalismo medieval e levar a modernidade ao país.

Os budistas também sofreram muito no Camboja, onde, do caos criado pelo pesado bombardeio americano no começo dos anos 1970, surgiu o Khmer Vermelho, os comunistas mais radicais até então. O líder do movimento, Pol Pot, sonhava com uma utopia rousseauniana, na qual cada pessoa teria sua pequena fazenda. Numa paródia perversa da Revolução Cultural chinesa, seu pessoal destruiu hospitais e escolas e forçou qualquer pessoa que se parecesse com um médico, engenheiro ou professor a trabalhos servis nos vilarejos. Num período de cinco a seis anos, 3 milhões de cambojanos morreram de fome, excesso de trabalho, tortura e execuções. Antes de sua derrubada pelo exército vietnamita em 1979, o Khmer Vermelho destruíra mais de 3 mil mosteiros budistas e apenas 3 mil dos 50 mil monges do país sobreviveram à sua fúria assassina.[21]

A resposta budista para tais atrocidades modernas sem precedentes pode parecer a princípio irrealista. O monge budista Maha Ghosananda, que perdeu toda a sua família nos campos de extermínio

{311}

UM FIM PARA O SOFRIMENTO

cambojanos e se tornou uma figura importante na reconstrução de seu país, insistiu em incluir o Khmer Vermelho em negociações conduzidas pela ONU sobre o futuro do Camboja. Ele afirmou que queria o fim do antagonismo e não dos antagonistas. Disse: "Devemos condenar o ato, mas não podemos odiar o ator. Aqueles com mentes perniciosas devem ser incluídos em nossa bondade amorosa porque são os que mais precisam dela."

Depois de mais de quatro décadas de exílio, o Dalai Lama continua a insistir em uma oposição não violenta ao brutal domínio chinês sobre o Tibete. Ele ameaçou renunciar à sua liderança da comunidade tibetana no exílio se os tibetanos recorressem à insurreição violenta contra os chineses. De forma semelhante, a budista democrata Aung San Suu Kyi se recusa a liderar uma luta armada contra os governantes militares de Mianmar que a vêm mantendo sob prisão domiciliar há mais de uma década.

Esses budistas dos tempos modernos derivam seus escrúpulos do Buda. Mas afirmam tirar sua inspiração imediata, sua coragem e otimismo de um homem que, mesmo não sendo um budista, parece ter aplicado de forma coerente os princípios budistas ao mundo sombrio da política.

Ao lamentar sua morte, Albert Einstein afirmou que as "gerações vindouras não acreditarão que tal homem andou por este mundo". Mas Mohandas Karamchand Gandhi provocava tal incredulidade ainda vivo. Um relatório confidencial do governo da África do Sul, onde ele organizou uma pequena e muitas vezes maltratada minoria indiana contra a discriminação racial, disse que "os trabalhos de sua consciência... sua atitude ética e intelectual, baseada no que parece ser uma mistura de misticismo e astúcia, desconcertam os processos normais de pensamento".

Rabindranath Tagore o chamou de Mahatma — grande alma. A expressão implicava que Gandhi era um sábio, parte de uma longa tradição indiana de espiritualidade. Ele era, de muitas formas, mas era também um ativista. Como ele mesmo disse, "a busca da verdade não pode ser efetuada em uma caverna" — um sentimento que o Buda teria aprovado. Sua tentativa em toda a vida, como líder do movimento anticolonial indiano, era infundir moralidade no campo político, no qual a hipocrisia e a violência haviam se tornado normas amplamente aceitas.

Nascido em 1869, meio século depois da consolidação britânica na Índia, Gandhi cresceu em uma Índia onde as formas tradicionais de comunidade, embora sob ataque do colonialismo britânico, ainda existiam em várias tribos, seitas, castas e clãs. Morreu em 1948, quando a Índia estava livre e à beira de uma rápida modernização. E, como no caso do Buda, sua vida e suas percepções surgiram de uma experiência de proximidade com um mundo em rápido processo de mudança.

Muitos de seus contemporâneos eram muito mais otimistas acerca do poder curativo da independência política. Muitos de seus seguidores mais ocidentalizados, como Nehru, se desesperavam com sua rejeição aparentemente quixotesca da revolução industrial e de outros aspectos da modernidade ocidental. Mas para Gandhi a libertação do jugo britânico nada significava se não fosse precedida de uma autoavaliação e introspecção dos indivíduos indianos. Isso fez com que muitas vezes ele se afastasse totalmente do movimento pela liberdade e mergulhasse durante anos em trabalhos sociais com camponeses, mulheres e intocáveis hindus.

Como o Buda, Gandhi tinha inclinação pela unidade política pequena e autônoma de pequena escala. Era cauteloso com o nacionalismo e desconfiava do Estado ultracentralizado do tipo que os britânicos criaram na Índia e que os indianos herdariam em 1947. Isso não era apenas um capricho pessoal. Gandhi esteve entre os primeiros indianos educados de forma ocidental a perceber quão inteiramente a imposição de costumes estrangeiros havia desnorteado e aviltado os indianos. Ele falava menos das reformas administrativa

{313}

UM FIM PARA O SOFRIMENTO

e legal que da necessidade das rocas de fiar, da proteção das vacas e da democracia do vilarejo, coisas que achava que os indianos precisavam para conquistar um governo autônomo. Teria concordado com o pensador russo cristão Nikolai Berdiaev, que afirmava que "o conceito do homem como cidadão obscurecia o conceito do homem como um espírito livre que pertencia a uma outra ordem de ser, bem como impedia a visão do homem como trabalhador e produtor".[22]

Achava importante que um povo conquistado buscasse sua nova identidade e dignidade em suas próprias tradições. A Índia, sentia, devia achar seu próprio caminho em vez de imitar modelos ocidentais de Estado-nação, militar e economicamente. Tentar vencer o Ocidente no jogo deles, como o Japão então fazia, era já admitir a derrota.

Isso porque o inimigo não eram os britânicos, ou o Ocidente, mas as forças imemoriais da cobiça e da violência humanas que haviam recebido uma sanção moral sem precedentes nos sistemas político, científico e econômico do mundo moderno.

Como era de se esperar, seu método político, *satyagraha* (persuasão não violenta), que inspiraria Martin Luther King e Nelson Mandela, tentou mudar as regras do jogo. A consciência espiritual e o autocontrole são de extrema importância. O ativista tem a opção da retaliação quando colocado perante a violência. Mas ele ativamente escolhe renunciar a ela. Trabalha para purificar sua mente, livrando-a do ódio e da hostilidade bem no meio do conflito — como para o Buda, o que estava na mente era tão ou mais importante que a ação específica que disto resultava. Ao agir assim, o ativista procura conquistar o respeito de seu opressor e torná-lo um interlocutor à altura, um parceiro no processo político.

De acordo com Gandhi, um movimento político contra os britânicos não podia ser, como geralmente eram as lutas por libertação nacional, um jogo de soma zero, com ganhadores e perdedores claramente definidos. Ele exortou os indianos não apenas a não demonizar os governantes britânicos, como também a fazê-los participar do

{314}

IMPÉRIOS E NAÇÕES

processo de autoquestionamento e autopurificação. Esperava que *satyagraha* provocasse uma transformação interior dos britânicos, até o ponto em que eles mesmos partilhassem com suas vítimas de uma consciência do profundo mal do colonialismo: como o sofrimento criado pela exploração organizada afetava tanto explorador quanto a vítima. Tal consciência, alcançada individualmente, poderia por si só criar a possibilidade de reconciliação entre povos e nações que de outra maneira permaneceriam enclausurados em desconfiança e hostilidade mútuas — método tentado mais recentemente na África do Sul pela Comissão para a Verdade e Reconciliação que se seguiu ao fim do regime do *apartheid*.

Com essa percepção budista do sofrimento como algo universal e indivisível, Gandhi fez da compaixão o fundamento da ação política. No processo, rejeitou a ideia da política como um meio fortuitamente sujo para um fim predeterminado (independência, revolução, mudança de regime), algo que uma elite de especialistas levava adiante por algum bem imaginário para a sociedade. Ele não apenas a infundiu com a responsabilidade ética, mas tentou fazer da política um processo público e privado contínuo, uma questão mais de consciência individual que de uma vontade geral decidida arbitrariamente.

Para Gandhi, *satyagraha*, ou não violência, não era meramente outra tática, como muitas vezes é o terrorismo. Era todo um modo de estar no mundo, de se relacionar com as pessoas e com o eu interior: um projeto contínuo de consciência espiritual. Ele sabia, como Václav Havel escreveu na coletânea de ensaios intitulada *Vivendo com a Verdade*, que "quanto menos as políticas forem derivadas de um 'aqui e agora' humano e concreto, e quanto mais fixarem suas vistas em um 'algum dia' abstrato, mais facilmente poderão degenerar em novas formas de escravização humana".[23]

Ghandi praticou o que Václav Havel, vivendo sob um regime totalitário, uma vez descreveu como "uma política antipolítica", ou

{315}

UM FIM PARA O SOFRIMENTO

seja, "política não como a tecnologia do poder e da manipulação, do controle cibernético sobre os homens, ou como arte do útil, mas política como um dos modos de buscar e conquistar vidas significativas, de protegê-las e servi-las".

De acordo com essa visão, a política era inseparável da vida espiritual dos indivíduos. Era uma arena de ação na qual os seres humanos nutriam aquelas dimensões básicas de sua humanidade que as estruturas de poder impessoal do mundo moderno haviam exilado para a esfera privada: "amor, amizade, solidariedade, empatia e tolerância" que, como Havel escreveu, eram "o único ponto de partida genuíno de uma comunidade humana significativa".[24]

Não importava sob quais regimes vivessem — britânico ou indiano, capitalista ou socialista —, os indivíduos sempre possuíam uma liberdade de consciência: a liberdade de fazer escolhas no cotidiano. Exercer essas escolhas corretamente — trabalhar com o que o Buda chamara de reta concepção e reta intenção — era viver uma vida moral e também política. Era ainda assumir na própria consciência o peso da responsabilidade das ações políticas em vez de atribuí-la a um partido político ou governo.

Gandhi sabia tão intuitivamente como Havel saberia depois que a tarefa à sua frente não era tanto conquistar uma mudança de regime, mas resistir "ao ímpeto irracional do poder anônimo, impessoal e inumano — o poder de ideologias, sistemas, aparatos, burocracias, linguagens artificiais e slogans políticos". Esta era a tarefa fundamental que Havel acreditava que "todos nós, Oriente e Ocidente" tínhamos à frente e "da qual todas as outras devem derivar". Porque esse poder, que assumiu a forma de consumo, publicidade, repressão, tecnologia ou clichê, era o "irmão de sangue do fanatismo e a fonte do pensamento totalitário" e assediava os indivíduos em todos os lugares nos sistemas políticos e econômicos do mundo moderno.

Foi por isso que Havel certa vez pensou que os frios guerreiros ocidentais que queriam se livrar do sistema totalitário ao qual ele

{316}

IMPÉRIOS E NAÇÕES

pertencia eram como "a mulher feia que tenta se livrar da feiura quebrando o espelho que a lembra dela". "Mesmo que vençam", escreveu Havel, "os vitoriosos emergiriam de um conflito inevitavelmente parecidos com seus oponentes derrotados, muito mais do que qualquer um hoje esteja disposto a admitir ou seja capaz de imaginar".

Gandhi sabia que "uma mudança genuína, profunda e duradoura para melhor não pode mais ser o resultado da vitória de algum conceito político tradicional específico que pode, em última instância, ser apenas externo, ou seja, uma concepção estrutural ou sistêmica". Escrevendo depois de um século de revoluções cruelmente incompetentes, Havel estava convencido de que

> tal mudança terá que derivar da existência humana, da reconstituição fundamental da posição das pessoas no mundo, de suas relações consigo mesmas, com as outras e com o universo. Se tiver que se criar um modelo econômico e político melhor, então talvez mais que antes deva provir de profundas mudanças existenciais e morais na sociedade.

Mas faltaram aos exemplos do Buda e de Gandhi força suficiente para impedir que a Índia adotasse os clichês da política moderna. Poucos meses depois da independência da Índia, tão protelada, em 1947, um nacionalista hindu chamado Nathuram Godse assassinou Gandhi.

Godse era um dos muitos racionalistas e advogados da *realpolitik* exasperados e desnorteados com a tentativa de Gandhi de combinar política com moralidade. Numa declaração bastante coerente no tribunal, explicou que matara Gandhi para limpar a Índia de tais "crenças supersticiosas", como "o poder da alma, a voz interior, o jejum, a oração e a pureza da mente".[25] Ele achara que a não violência do tipo que Gandhi pregava apenas poderia "levar a nação à ruína". Com Gandhi fora do caminho, a Índia, disse Godse, "estava livre para seguir o curso fundado na razão, que eu considero necessário

{317}

UM FIM PARA O SOFRIMENTO

à construção de uma nação sólida". Ela seria "certamente prática, pronta a retaliar, e seria poderosa, com forças armadas..."

Mais de meio século depois do assassinato de Gandhi, conheci o irmão caçula de Nathuram Godse, Gopal Godse, na cidade de Pune, no oeste da Índia. Ele passara dezesseis anos na prisão com seu irmão e outros nacionalistas hindus por conspirar para matar Gandhi. Em seu pequeno apartamento de dois cômodos, onde a poeira da movimentada rua comercial lá fora cobria uma confusão de pastas, livros e retratos emoldurados com guirlandas dos assassinos de Gandhi, Godse, um frágil homem de 83 anos, pareceu à primeira vista alguém abandonado pela história.

Mas acontecimentos recentes na Índia pareciam a Godse ter vindicado sua causa nacionalista hindu. O massacre de mais de 2 mil muçulmanos por nacionalistas hindus em Gujarat provara que os hindus estavam ficando mais militantes e patrióticos. Os muçulmanos estavam em fuga não apenas na Índia, mas em todos os cantos do mundo. A Índia tinha bombas nucleares e estava disposta a usá-las. Estava ficando mais rica e forte, enquanto o Paquistão implodia lentamente. Recentemente, lembrou-me Godse, o primeiro-ministro Advani havia defendido o desmembramento do Paquistão.

A Índia dera as costas a Gandhi, afirmava Godse, e estava perto de aceitar a visão de seu irmão. Ele não morrera em vão. Pedira que suas cinzas fossem jogadas no Indo, o rio sagrado dos colonizadores arianos da Índia, que corre pelo Paquistão, apenas quando a Mãe Índia estivesse completa novamente. Por mais de meio século, Godse esperara pelo dia em que poderia viajar ao Indo com a urna contendo as cinzas de seu irmão e agora achava que não teria de esperar muito mais.

Dharmas ocidentais

MINHAS VIAGENS PARA fora da Índia me tiraram do que eu começara a considerar um mundo estagnado e limitado. Achei atraente a perspectiva de viajar, de me expor a novos lugares e pessoas — a perspectiva que eu antes temera. As oportunidades vinham na forma de pequenos serviços jornalísticos, que também pagavam bem, me permitindo finalmente me libertar das preocupações financeiras com as quais vivera durante tanto tempo.

Elas me envolviam com mais e mais gente, me afastavam de Mashobra por longos períodos e me levavam de volta apenas por curtos espaços de tempo. Muitas vezes eu ficava lá apenas tempo o bastante para escrever meus artigos no silêncio e na reclusão de meu chalé.

Eu não assinara com os Sharma um contrato de aluguel para minha casa. Não teria sabido como fazê-lo. Pagava-lhes ocasionalmente uma soma, baseada no valor que o senhor Sharma citara quando cheguei. Com o passar dos anos, aumentei a quantia. Eles mesmos nunca tocaram no assunto do aluguel. O senhor Sharma sempre parecia ligeiramente embaraçado quando aceitava o dinheiro que eu lhe dava. Disse muitas vezes nessas ocasiões que não construíra a casa para ganhar dinheiro e repetia que ela pretendia ser um local de retiro para estudiosos e escritores. Mas eu continuava a pensar, espe-

UM FIM PARA O SOFRIMENTO

cialmente quando estava longe de Mashobra, que dependia demais de sua boa vontade, que eu temia poder se esgotar a qualquer momento. Perguntava a mim mesmo se o senhor Sharma, que não parecia muito rico, algum dia seria compelido a colocar a casa à venda.

Mesmo depois de muitos anos em Mashobra, eu não conseguia acreditar em minha boa sorte de ter encontrado meu próprio lugar. Nunca parei de sentir a fragilidade de minha pretensão a ele; e voltava ao vilarejo ao final de cada inverno com um horrível pressentimento.

Em uma de minhas viagens descobri que Daulatram havia se casado e fora viver com sua esposa, Girija, sob o meu chalé, no pequeno quarto onde antes eram guardadas as maçãs. O senhor Sharma construiu para eles um pequeno banheiro. Trouxe uma cama de casal, um botijão de gás e um fogão, uma panela de pressão e algumas peças de louça. Tomado por essas coisas domésticas, o quarto adquiriu um aspecto novo e esperançoso.

Com o passar dos dias, o silvar da panela de pressão, a fragrância de condimentos queimando, as vozes baixas de Daulatram e Girija e as velhas canções de filmes da All India Radio, vindo de baixo, tornaram-se familiares e reconfortantes.

Voltando a Mashobra em um verão para uma estada curta, fiquei sabendo que a mãe do senhor Sharma tinha morrido na semana anterior. Ele e seu pai, Panditji, acabavam de retornar do Ganges em Hadwar, onde haviam jogado suas cinzas. Falaram dos aborrecimentos que haviam enfrentado na planície. Os brâmanes que oficiaram o funeral os haviam roubado. Policiais num posto de controle haviam exigido suborno e Panditji tivera de contatar seu amigo político, o ex-rei de Rampur, para facilitar sua situação.

Treze dias depois da morte dela, o senhor Sharma organizou uma festa no gramado diante de sua casa. Muitas pessoas do vilarejo se juntaram a seus parentes debaixo da tenda colorida, com os comerciantes vestidos nervosamente com suas melhores roupas. A edição

DHARMAS OCIDENTAIS

seguinte do *Divyajyoti* foi dedicada à memória da mãe do senhor Sharma. A capa trazia uma foto dela tirada em uma clara tarde de verão com minha câmera. Dentro da revista, havia mensagens de seu marido, filho, filhas e genros.

Seu marido falou de seu apoio e energia durante o difícil período de pobreza que ele conhecera nos anos 1920 e 1930, quando tentava encontrar emprego como professor de sânscrito. Outros colaboradores ofereceram exemplos semelhantes de sua generosidade e bondade. Eu os li, surpreso pelo número de pessoas que sua vida havia afetado, até mesmo alterado, de maneiras significativas. Fez-me ver quanto de empenho e conquista até uma vida tão restrita como a dela podia conter.

Havia outras mudanças, embora eu então não tivesse muita consciência delas. Pessoas que eu conhecia haviam se casado, ou encontrado trabalho em outro lugar e mudado. O Wildflower Hall, aonde muitas vezes fui caminhando, fora destruído por um incêndio. Certa noite fui ver as ruínas calcinadas. Os canteiros de plantas ainda floresciam nos gramados enegrecidos, e turistas vestindo roupas folclóricas Himachali posavam para fotos em meio a elas.

O senhor Sharma, que comprara uma nova dentadura, parecia muito mais velho. Mais velho ainda, seu pai, que eu via meditando na sacada, raramente saía de casa. O senhor Sharma chegou com seu sobrinho Vayur antes de escurecer para ajudar Daulatram a ordenhar as vacas. Enquanto Vayur retornava para a casa principal com um balde de latão cheio até a boca, o senhor Sharma entrou para uma visita. Ainda estava desinteressado em minhas viagens e minhas longas e frequentes ausências de Mashobra. Falava de quão pouco ou muito nevara no último inverno e o que aquilo pressagiava para a safra de maçãs mais para o final do ano. Falava de novo sobre a imprevisibilidade do tempo e culpava a sociedade moderna, e sua constante necessidade de progresso, de coisas novas e brilhantes.

Com o passar dos anos, eu via o senhor Sharma cada vez menos. Eu sempre pensara em meu tempo em Mashobra como preparação para o mundo maior, onde esperava que uma carreira como escritor me aguardasse. E agora, quase imperceptivelmente, com as encomendas de matérias se acumulando, minha ambição se realizava.

Em Londres, onde começara a morar alguns meses do ano, meu trabalho como jornalista *freelance* era tranquilo. Trabalhava a maior parte do dia. De vez em quando encontrava-me com editores, redatores, agentes e outros escritores. Às vezes me juntava a diversos acadêmicos, especialistas e jornalistas em estúdios da BBC para comentar acontecimentos internacionais — notícias, geralmente ruins, vindas do que pareciam ser, vistos de Londres, lugares remotos e sombrios do mundo.

Minhas ilusões sobre a vida de escritor haviam diminuído. Ser escritor não era, como eu imaginara, chegar a um platô de sabedoria. Não era nem mesmo possuir uma angústia especial ou assumir uma atitude crítica diante dos arranjos sociais e políticos do dia. Fiquei desconcertado quando homens que considerava bem-sucedidos e confiantes subitamente revelavam suas ansiedades em relação às vendas, à publicidade e à distribuição de seus livros e começavam ressentidamente a compará-las com as vendas de outros escritores. Escrever havia se tornado (ou sempre fora) uma profissão como qualquer outra, vivida na solidão, mas contaminada com muitas das aflições e tensões de um local de trabalho público.

Eu não tinha muito do que reclamar. Trabalhara muito para estar em Londres, o próprio coração do império que delineara minha vida e a fonte primária de modernidade cujas mãos frias tocavam até meu pai em seu vilarejo distante, e cujas conquistas mais sofisticadas eu podia ver ao redor: a eficiência, o domínio da lei, a tolerância da diversidade.

Eu gostava da liberdade da vida de escrever como um *freelance* — uma espécie de vocação marginal que não teria sido possível fora do mundo metropolitano, que requeria informações sobre o mundo lá fora e assim gastava sua riqueza excedente mantendo indivíduos

DHARMAS OCIDENTAIS

como eu: escritores *freelance*, acadêmicos, jornalistas. Comparava minha situação não com a de outros escritores, mas com a daquelas pessoas que eu vira pela primeira vez nos aeroportos europeus e americanos, perseguindo as riquezas do mundo, árabes, africanos, iranianos e gente do sul da Ásia, que em Londres pareciam presos em suas pequenas lojas, quiosques e cubículos de radiotáxis.

E, sem a ideia de uma vida literária, e a sensação de estar sendo apoiado por uma cultura de escrita e reflexão, teria me sentido muito exposto aos jovens de Bangladesh com suas longas barbas que pregavam um islamismo radical nas ruas perto de meu apartamento em East End, ou seus equivalentes seculares, os agressivos jovens brancos encapuzados.

Estava contente em me ancorar à minha mesa, trabalhar com o que era familiar, em vez de tentar romper a superfície inescrutável que rostos, gestos, roupas e casas apresentavam — o estranhamento que havia se dissolvido lentamente desde meu primeiro dia em Londres, quando vi Sophiya entre uma multidão de rostos pálidos saindo da estação de metrô.

Como sempre, pensara que a história poderia ser meu guia, e durante muitos anos procurei livros sobre Londres. Parecia que não se escrevera tanto sobre nenhuma outra cidade. Londres tinha seus próprios e prolíficos cronistas — Dickens, Mayhew —, e quase todo visitante indiano ou asiático nos últimos dois séculos se sentira compelido a registrar sua admiração, espanto e até, ocasionalmente, temor e repulsa.

A reputação ainda era avassaladora. Fora a capital de um grande império. Milhões de homens haviam deixado sua luz protetora para trazer as partes mais remotas da Ásia, da África e do Caribe para a rede de comércio e indústria. Milhões haviam chegado à cidade buscando segurança e prosperidade. Existiam poucos lugares no mundo que não haviam conhecido sua língua e suas leis. As palavras

UM FIM PARA O SOFRIMENTO

de Kipling, "o Tâmisa conheceu tudo", ficaram rodando em minha cabeça quando do avião vi pela primeira vez o rio se curvando através de Londres, e os grandes edifícios nas ruas e vielas estreitas da cidade, perto de onde eu morava e onde eu sabia que alguns banqueiros e comerciantes haviam um dia decidido o destino da Índia, haviam parecido ter o mesmo ar opressivo de experiência e onisciência.

Esse passado imperial erigia-se frequentemente nas estátuas de administradores coloniais e oficiais militares nas praças, cujos nomes eu associava facilmente com um lugar ou acontecimento — a construção de um canal no norte da Índia, a subjugação do Motim de 1857. Ele existia nos rostos barbados e ligeiramente brutais dos homens na National Portrait Gallery e no falso gótico do edifício do Parlamento e da estação de St Pancras. Mas as grandes avenidas e vistas, e os imponentes monumentos destinados a intimidar os nativos em Kolkata e Nova Délhi, estavam ausentes da própria Londres. E o passado que ainda era vivo para mim era irreconhecível para a maioria dos ingleses da minha idade.

Os livros que eu lera me fizeram me acercar de Londres como uma abstração histórica. Eles colocavam a cidade à luz ou do império ou da revolução industrial, das transformações drásticas — a destruição dos pequenos ofícios, o crescimento da população e os cortiços, o empobrecimento contínuo e selvagem de milhões de pessoas — pelas quais a Inglaterra, e especificamente Londres, havia passado antes de qualquer outro lugar no mundo. Tornavam fácil entrar na fantasia de Londres como uma série de vilarejos ligados, nada além de campos abertos entre Oxford Street e Hampstead.

A fantasia não durou muito. A sempre crescente Londres conseguira relegar até mesmo seu passado moderno — as cicatrizes da revolução industrial e da Blitz — a seus museus. Nos aposentos abarrotados de casas georgianas em East End, todos os traços de uma antiga vileza haviam sido banidos pelos construtores que os reformaram para banqueiros de investimento. Os prédios residenciais

{324}

DHARMAS OCIDENTAIS

de áreas carentes do East End haviam se transformado em estúdios de ricos artistas conceituais, e os monumentos construídos com a riqueza da indústria e do império — National Gallery, Albert Hall, Royal Academy, Palácio de Buckingham e os muitos prédios separados da prefeitura com fachadas gregas — coexistiam sem queixas com as poças — McDonald's, Pizza Hut — de outro império, ainda mais comercialmente orientado.

Na Índia, o passado nunca passou ou, sendo sempre presente, nunca se tornou passado. Mas na Europa eram principalmente os turistas com câmeras e *walkmans* que se agrupavam nas sombras das catedrais: os monges, cavaleiros e trovadores haviam sido absorvidos pela indústria do patrimônio. As figuras individuais que eu admirara na Índia — Montaigne, Flaubert, Proust, Tolstoi, Emerson, Nietzsche —, pessoas que podem ter sido marginais em suas sociedades, alienadas de suas principais tendências econômicas e políticas e muitas vezes ativamente opostas a elas, haviam, em uma era próspera e confiante, reencarnado como representantes da civilização ocidental, de sua solidão, melancolia, amargor e paixão transformadas nos produtos frios, os clássicos da alta cultura.

"Original", "inventivo" e "individual" eram as palavras frequentemente usadas para eles — termos elogiosos também usados para descobertas das ciências, que pareciam o reino mais prestigiado do esforço humano. Era como se uma sociedade prodigamente organizada para a expansão e o consumo pudesse absorver tudo, até mesmo os poucos indivíduos que um dia se opuseram a ela.

Visto a partir da perspectiva do presente glamoroso, o passado, com seu estoque potencialmente infindável de acontecimentos, foi facilmente simplificado em uma série de passos na longa estrada do progresso. Na verdade, ser um intelectual era em parte abstrair, como os cientistas, alguns "fatos" de um todo maior e colocá-los em uma sequência medíocre. Quanto às questões éticas, que haviam

UM FIM PARA O SOFRIMENTO

preocupado os seres humanos durante dois milênios, a história já havia fornecido a maior parte das respostas corretas.

Nos estúdios de rádio da BBC, especialistas, autoridades, acadêmicos e jornalistas discutiam com seriedade o quanto o Islã, a Índia, o Oriente Médio ou, simplesmente, o Oriente, haviam atravessado as fases — Reforma, Iluminismo, industrialização, nacionalismo, democracia, capitalismo corporativo — que levaram ao pico de afluência ocupado por um punhado de nações ocidentais.

Táxis pretos me aguardavam quando eu saía desse labirinto de análises. A caminho de casa, passando pelos consumidores que andavam como em transe pela Oxford Street, as vozes dos especialistas no estúdio — as vozes que eu um dia ouvira na Índia e admirara por seus ricos timbres e modulação, por sua sugestão de conhecimento, até mesmo de sabedoria — rodavam em minha cabeça, e às vezes eu pensava nos ancestrais deles, que haviam conquistado o mundo e buscado reconstruí-lo em nome da civilização, do progresso, da história, do socialismo, do livre mercado, do secularismo, do desenvolvimento e da ciência. O que os tirara de seus próprios mundos? Meio surpreso com minha capacidade de formular a questão dessa maneira, eu me perguntava que novo significado eles haviam trazido à ideia de ser humano na busca de remodelar uma humanidade heterogênea à sua própria imagem. Comparados com os antigos gregos, chineses e indianos, que espécie de imagem espiritual do homem se desenvolvera no curso de sua história recente — a história de conquista e violência na qual viam suas próprias grandezas e que apresentavam aos outros como um guia para a felicidade.

Senti-me mais à vontade nos Estados Unidos, livre de um passado petrificado, mais bem disposto a me recolher em mim mesmo e, na Nova Inglaterra, Virgínia, Califórnia, a abandonar-me a meu amor pela solidão e pelas paisagens. Conheci esse sentimento pelos Estados Unidos como uma ridícula pontada em meu coração, en-

{326}

DHARMAS OCIDENTAIS

quanto o avião fazia a última aproximação ao aeroporto JFK e as torres da cidade na borda do vasto continente extasiado erguiam-se serenamente na vista.

Era fácil denunciar a visão americana de espaços intermináveis, bem-estar e lazer como um engodo; acusá-la de ocultar as áreas pobres nos centros das cidades, as drogas e a violência, e da submissão impiedosa de inimigos distantes e próximos. Mas para pessoas de sociedades atormentadas, os Estados Unidos eram o país cujos traumas de construção da nação pareciam se encontrar no passado remoto e onde muitos indivíduos podiam olhar para além das lutas por alimento, abrigo e segurança que ainda pesavam sobre os povos em outros lugares.

Foi nos Estados Unidos que comecei a pensar de novo no Buda e no budismo, quase uma década depois de minhas visitas aos Himalaias budistas terem despertado minha curiosidade. Assim como visitantes europeus um dia haviam me alertado sobre a Índia à qual o Buda pertencera, os americanos budistas me fizeram ver o novo papel que o Buda adquirira no mundo moderno.

No final de 2000, passei alguns dias num retiro de meditação zen perto de São Francisco. Eu estava então em meio a uma longa estada na Inglaterra e nos Estados Unidos, trabalhando como sempre, mas sentindo crescentemente a tensão da ambição que havia conduzido e definido grande parte de minha vida adulta. Caíra em um hábito de pensar nos dias despreocupados de leitura e devaneios que eu passara em Benares e Mashobra.

Em São Francisco, essa nostalgia me fez procurar Helen, minha vizinha e amiga em Benares. Na última vez que a vira em Sarnath, tentara me esconder atrás de uma árvore. Eu a vira então como um dos muitos viajantes estrangeiros na Índia, gente gozando de seu privilégio de ser o que bem entendesse — a liberdade sem paralelo que lhes era oferecida pelo poder e pela riqueza de seus países — budistas, hindus, missionários, comunistas. Mais tarde, lembrei-me das várias

UM FIM PARA O SOFRIMENTO

gentilezas de Helen para comigo, e agora me sentia envergonhado de minha covardia e de meu sentimento de superioridade moral.

Na época, eu viera a conhecer melhor o impulso que impelia as pessoas quando decidiam deixar suas sociedades altamente organizadas — o impulso que não era menos profundamente sentido mesmo quando era um capricho, como muitas vezes acontecia, em formas aparentemente absurdas. A constante batalha pela realização, pela satisfação do que era pequeno e breve e, em retrospectiva, parecia vazio; o esforço necessário para simplesmente manter um estilo de vida que afirmasse a identidade, o enrijecimento dos papéis sociais — tudo isso eu começara a ver em minha própria vida e a entender com mais clareza.

Começara a entender, também, as formas peculiares que a vida espiritual podia assumir nos Estados Unidos: como os excessos e desapontamentos de uma sociedade materialista — famílias fragmentadas, drogas, um sistema legal indiferente, uma economia injusta e o cinismo com a política — podiam levar as pessoas a muitas formas de religiões apocalípticas, em sua maior parte ao fundamentalismo cristão, e como o impulso espiritual tinha de se desvencilhar de muitas armadilhas antes de alcançar qualquer lugar próximo da satisfação.

Ainda era embaraçoso ver Helen em São Franscisco, com seu hábito vinho em meio a um movimentado distrito de compras e uma multidão californiana extravagantemente diversa. No café Starbucks ao qual fomos, eu estava muito mais consciente que ela dos olhares curiosos em nossa direção. Ela ficou surpresa ao me ver pedir *chai* — não sabia que cafeterias americanas ofereciam uma boa aproximação do chá leitoso e doce vendido nos *ghats* em Benares. Falamos sobre Benares, e me lembrei da pessoa imatura e inexperiente que olhara para a manteiga de amendoim e o azeite em sua sala como emblemas de um distante mundo exótico. Numa irônica inversão de papéis, eu agora estava mais em casa que ela. Escrever havia me trazido até um

{328}

DHARMAS OCIDENTAIS

comportamento de classe média, seguro e impassível — o mundo do trabalho, do lazer e do consumo —, o que era a herança dela, e da qual ela tentara se afastar.

Ela me levou à casa de seus pais em Sausalito, uma grande casa luxuosa debruçada sobre a baía lotada de iates. Havia velas e incensos acesos sobre a mesa de jantar, a comida era vegetariana, e o pão ciabata, contou-me Helen, viera de uma famosa padaria budista. Antes de comer, nos demos as mãos em volta da mesa enquanto Helen fazia uma pequena prece em tibetano. Seu pai, um advogado, provavelmente querendo superar sua inquietação, questionou-me longamente sobre o sistema legal da Índia. Sua mãe disse que estava começando a praticar meditação — uma amiga dela descobrira que era um bom substituto para a psicoterapia. Ela se considerava budista. Helen, mal tocando em sua comida, sorria e piscava para mim do outro lado da mesa — e mais tarde me disse como aceitar seus pais tinha sido uma das mudanças radicais em sua vida.

Não a vi de novo depois daquela noite. Ela ficou ocupada durante o resto da semana. Ser uma monja budista não significara para ela, como eu antes presumira, renúncia ou reclusão do mundo. Na verdade, parecia tê-la envolvido ainda mais com ele. Trabalhava com um grupo que dirigia uma clínica para pacientes com Aids e com outro grupo que cuidava de pessoas sem-teto. Trabalhava também com um fórum que promovia paz e justiça num modelo budista.

O budismo, disse ela, a ajudara a ver que a luta pela mudança política e social não podia ser separada da luta pela transformação interior. Havia pouco sentido em tentar reestruturar sociedades se as mentes dos indivíduos ainda estavam cheias de cobiça, ódio e ilusão. Ela me deu folhetos e livros sobre os grupos ecológicos e políticos com os quais trabalhava. Eu os li, surpreso com as asserções que faziam com vivacidade.

Um deles falava da correspondência natural entre o budismo e os ideiais ecológicos e citava o poeta *beat* Gary Snyder descrevendo

{329}

UM FIM PARA O SOFRIMENTO

como um "câncer" a visão de mundo na qual "os homens são vistos elaborando seus destinos últimos (paraíso? perdição?) com o planeta Terra como palco de seus dramas — árvores e animais são peças de cenário, a natureza, um vasto depósito de suprimento". Também citava E. F. Schumacher elogiando o Buda por ter mostrado um "caminho do meio entre a negligência materialista e a imobilidade tradicionalista".

Outro folheto afirmava que a destruição causada pelo homem na perseguição de seus interesses com a ajuda da tecnologia moderna havia se tornado mais visível no mundo com a diminuição das florestas, a ocorrência de chuvas ácidas, a destruição da camada de ozônio e a contaminação dos alimentos.

Prosseguia afirmando que descobertas biológicas e ecológicas das relações entre os seres vivos haviam provado que nada podia existir em si e por si mesmo. Falava da interdependência revelada pelo trabalho de corporações multinacionais, de como consumidores ocidentais fazendo pequenas escolhas, como marcas de café, jeans e sapatos, afetavam o trabalhador invisível em Honduras e Bangladesh; de como todos estavam implicados no sistema global de trabalho e comércio, especialmente o imensamente lucrativo comércio de armas ocidental mantido por inúmeras pequenas guerras ou impasses militares na Ásia e na África. Terminava com um apelo para que se prestasse atenção à ideia budista aparentemente simples de que cobiça, ódio e ilusão eram a fonte da infelicidade, do descontentamento e da violência.

Na pequena livraria de Simla, onde muitos anos antes eu começara a ler sobre o Buda, havia muitas publicações como aquelas. Havia livros com títulos que começavam com *O zen de...* ou *Budismo e...* e que normalmente terminavam com *psicanálise* e *ciência* e *ecologia*. Os visitantes estrangeiros tendiam a ficar mais interessados neles. Tinham pouco ou nada a dizer sobre a vida do Buda. E aqueles sobre o budismo e o ambiente se pareciam demais com o senhor Sharma.

{330}

DHARMAS OCIDENTAIS

Embora eu tivesse ficado intrigado com artigos em revistas sobre budismo de artistas e escritores cujo trabalho eu acompanhava ou conhecia — o compositor Philip Glass, o escritor Charles Johnson, a crítica acadêmica Bell Hooks, o pintor Francisco Clemente —, que também eram budistas ou tinham afinidade com o budismo, não aprendi muito sobre as novas formas de budismo que haviam surgido no Ocidente durante a minha própria vida.

Descobri bem mais tarde que o budismo, embora estivesse entre as mais antigas das religiões e tivesse sido a última a se tornar uma religião mundial, no século XX espalhara-se mais rápido que o cristanismo, que, começando em uma província remota do Império Romano, esperara por mais de um milênio e meio antes de se tornar uma religião global, com a ajuda dos imperialistas e colonialistas europeus, e o islã, que se difundira por intermédio de comerciantes e conquistadores e levara um tempo igualmente longo para se expandir pelo mundo.

Durante todo o tempo que passei na Inglaterra e nos Estados Unidos, nunca havia ido a um retiro de meditação. Sempre achei estranha a ideia de que alguém precisasse separar um tempo e ir a algum lugar para meditar, ou que precisasse receber instrução especializada sobre como se sentar quieto com a mente vazia. Parecia uma maneira peculiarmente ocidental de dividir o tempo — como a ideia de confinar o lazer aos fins de semana.

Mas subitamente, um dia, o desejo de descanso, silêncio e solidão se apossou de mim, e quando cheguei ao retiro perto de São Francisco em uma manhã de neblina, pareceu que o mesmo desejo havia levado a maior parte das outras pessoas para lá, também.

No retiro havia regras em todo lugar, e os monges de negro e de aspecto severo pareciam estar encarregados de fazer com que fossem cumpridas. Você tinha de entrar no salão de meditação com o pé esquerdo à frente. Depois, enquanto caminhava para o seu lugar

{331}

UM FIM PARA O SOFRIMENTO

no salão, tinha de parar e fazer uma reverência ao monge instrutor. Depois da meditação, era necessário curvar-se para o chão nove vezes. Em seguida pediam que você recitasse a oração impressa em um pedaço de papel. Começava com estas palavras:

Avalokiteshvara Bodhisattva, quando praticava profundamente *prajna paramita*, viu com clareza que todos os agregados são vazios e, portanto, livres de todo sofrimento...

E terminava:

Portanto, conheça o *prajna paramita* como o grande e miraculoso mantra, o grande mantra luminoso, o mantra supremo, o mantra incomparável, que remove todos os sofrimentos e é verdadeiro, não falso. Portanto, nós proclamamos o *prajna paramita* mantra, o mantra que diz: "*Gate Gate Paragate Parasamgate Bodhi Svaha*."

O ritual, com suas palavras incompreensíveis, lembrou-me de minha infância — as cerimônias de nascimento, casamento e morte. Eu não entendia uma palavra dos mantras em sânscrito que o *pandit* que as presidia recitava. E ninguém parecia entender também. Mas todos pareciam solenes e satisfeitos com o mero encantamento.

Esses rituais demandavam uma entrega coletiva aos velhos misté-rios. Eu não conseguia deixar de sentir sua irrelevância para o mundo no qual crescia. Vivera grande parte de minha vida adulta sem eles e, assim, no retiro zen da Califórnia, achei difícil parar depois de entrar em um salão de meditação com meu pé esquerdo e me curvar perante um assento vazio. Fiz apenas um gesto mecânico de cabeça para o monge instrutor antes de seguir em frente e me sentar encarando o vasto salão. O monge americano que andava por entre as filas de meditadores, homens e mulheres, observando e comentando suas posturas, parou onde eu me sentava e pareceu me avaliar ceticamente.

{332}

DHARMAS OCIDENTAIS

Além de americanos brancos, o lugar tinha pessoas de ascendência vietnamita, tailandesa, coreana, chinesa e japonesa. Eram da Bay Area, pessoas de classe média alta com idade entre 30 e 40 anos, com grandes carros no estacionamento — até mesmo utilitários esportivos. Muitos deles pareciam não ter visitado um retiro antes. Tinham problemas para se adaptar à postura clássica da meditação e precisavam usar almofadas para apoiar joelhos e costas. Mas estavam dispostos a aprender, impacientes para entrar na linha, mostrarem-se à altura e admirar. Riam entusiasticamente com as pequenas tiradas do monge que formalmente nos recebeu, e entre longas práticas de meditação enchiam o refeitório com uma alegria poliglota.

Não conseguia deixar de pensar na presença deles em um retiro de meditação zen. As pessoas cujas famílias eram originalmente do leste da Ásia teriam conhecido o budismo específico de suas pátrias. Havia templos budistas na Califórnia desde o século XIX, quando imigrantes japoneses começaram a chegar aos Estados Unidos. Os que chegaram mais tarde do Vietnã, da Tailândia e do Camboja haviam trazido consigo suas fés. Esses budismos nacionais tinham seus próprios rituais e templos, onde as pessoas se reuniam juntas periodicamente e afirmavam seu sentido de comunidade, da maneira que seus ancestrais um dia haviam feito nas cidades e lugarejos do sudeste da Ásia.

Mas os prósperos participantes do retiro de meditação pareciam buscar algo mais que a segurança de etnia partilhada que os templos e rituais ofereciam. Era como se a religião de seus ancestrais não conseguisse preencher as necessidades especiais que eles haviam desenvolvido vivendo na América — as necessidades que apenas uma forma americanizada de budismo poderia mitigar.

Foi nessa visita à Califórnia que comecei a aprender sobre as muitas formas de budismo existentes nos Estados Unidos. Tinham nomes diferentes — zen, vipassana, tibetano, engajado —, cada um deles com suas seitas e subseitas, com líderes diversos afirmando pertencer

{333}

UM FIM PARA O SOFRIMENTO

a linhagens espirituais diferentes. Os americanos asiáticos seguiam um budismo mais baseado em rituais que os americanos brancos, que consideravam a meditação a prática central do budismo. E a gama de budismos disponível era igualada pela engenhosidade com que chegavam às suas audiências em potencial.

Os zen-budistas que dirigiam o centro de retiro também eram um famoso restaurante vegetariano em São Francisco e de outro retiro nas montanhas, perto do Pacífico. Mesmo as grandes redes de livrarias da cidade estavam cheias de livros sobre budismo e religiões orientais e de revistas chamadas *Dharma Life* e *Shambhala*, cujos anúncios de "férias budistas" e "aconselhamento budista de investimentos" eu olhara com curiosidade na Índia. Havia muitas livrarias budistas e lojas especializadas em "acessórios" budistas (almofadas caras, esteiras, incensos, CDs), onde a *muzak* de gongos e cantos tibetanos, os quadros de avisos povoados com novos retiros de meditação e *yoga* rivalizavam com as padarias zen.

Era como se a Califórnia, especificamente na Bay Area, tivesse grande parte do que Nietzsche chamou de "condição prévia" para o budismo:

> um clima bem suave, costumes muito educados e liberais, *nada* de militarismo; e é nas classes mais altas e até mesmo mais educadas que o movimento tem sua morada. A meta suprema é a felicidade, a quietude, a ausência do desejo, e essa meta se *conquista*.[1]

Também aprendi nessa viagem sobre os escândalos que fizeram muitas pessoas suspeitarem de que as formas americanas de budismo, embora seguidas por 4 milhões de pessoas, eram menos que perfeitas. O budista americano que criara o centro de retiro e meditação e a padaria em São Francisco rodava em carros luxuosos e tivera um caso com uma mulher casada. O chefe americano de uma seita budista tibetana vivera uma vida promíscua embora contaminado pela Aids.

{334}

DHARMAS OCIDENTAIS

Diante da crítica e da rejeição públicas, seitas e grupos budistas tiveram de se democratizar e revestir a liderança de um caráter coletivo e não individual. Tiveram de acomodar mulheres no pequeno movimento monástico e aceitar gays, lésbicas e bissexuais como budistas. Já que as renúncias requeridas dos monges eram tidas como muito rigorosas, os mestres budistas nos Estados Unidos tiveram de se reorientar com relação aos leigos e se contentar com a ausência de comunidades monásticas como aquelas que existiam tradicionalmente na Ásia. Era como se o budismo americano tivesse que se ajustar a um conjunto de premissas culturais fundamentalmente hostis a ele.

As incongruências certamente pareciam mais profundas que aquelas que haviam obscurecido o budismo em outros lugares. Como Alexis de Tocqueville observara no começo dos anos 1830, o interesse próprio individual era a própria base da nova sociedade comercial e industrial que os europeus haviam criado nos espaços aparentemente sem limites do Novo Mundo. As ideias relacionadas do indivíduo autônomo, do homem como agente da história, o portador do progresso e da civilização, haviam criado raízes primeiro nos Estados Unidos. A Revolução Americana havia precedido a Revolução Francesa ao defender os direitos e liberdades dos indivíduos e ao postular o ideal de uma humanidade comum, mantida unida por direitos inalienáveis, como o direito à vida, à liberdade e à busca da felicidade. Os Estados Unidos, pensou Tocqueville, foram o primeiro lugar onde "a atividade moral e intelectual do homem" havia sido direcionada para a "produção de conforto e a promoção do bem-estar geral". Tocqueville, que estava nos Estados Unidos antes de mais nada para aprender as lições da Revolução Francesa, que haviam degenerado em violência e terror, seguidas de um governo semiditatorial e altamente centralizado, previu, acuradamente, que com o tempo os europeus abraçariam as mudanças na autopercepção humana provocadas pelos seus parentes conquistadores na América.

{335}

UM FIM PARA O SOFRIMENTO

A admiração de Tocqueville pelas realizações da Revolução Americana era profunda. Era também presciente, como acontecimentos dos 150 anos seguintes demonstrariam. Os Estados Unidos, que acomodariam multidões de pessoas perseguidas de todo o mundo e liderariam batalhas decisivas contra os sistemas políticos totalitários do fascismo e do comunismo na Europa, podiam de modo persuasivo afirmar ter um alto propósito moral como nação no final do século XX. Depois de duas guerras mundiais e de uma guerra fria que haviam minado as potências imperiais da Europa do século anterior — Alemanha, Grã-Bretanha e Rússia —, os Estados Unidos pareciam não só os defensores mais capazes mas ainda os maiores representantes da civilização ocidental.

Em nenhum outro lugar o intelecto humano foi mais aproveitado para o uso prático na indústria, no comércio e na política. Em nenhum outro lugar o progresso era mais visível que nos Estados Unidos, onde cientistas dividiram o átomo pela primeira vez, mandaram o homem à lua, venceram importantes lutas contra as doenças e começaram a deslindar, pela descoberta do DNA, o segredo da própria vida. E felicidade e liberdade — as promessas especiais feitas pelo Ocidente nos dois séculos anteriores — pareciam mais fáceis de conquistar que em qualquer outro lugar com as intermináveis autoestradas, gasolina barata, grandes carros e casas, a música e os filmes agradáveis da América.

O budismo nos Estados Unidos teria surpreendido o Buda apenas porque ele não teria esperado que o *dharma* sobrevivesse por tanto tempo. Considerava-o impermanente, como todos os eventos mentais e estados físicos, sem uma essência imutável e, na verdade, previra seu desaparecimento. Mas teria concordado que suas ideias também eram sujeitas a causas e condições específicas e podiam, portanto, assumir uma forma diferente nos Estados Unidos daquela que haviam assumido na China e no Japão. Afinal de contas, haviam ganho

{336}

DHARMAS OCIDENTAIS

ressonância em parte por surgirem numa fase madura da civilização no norte da Índia. Elas viajaram de modos diversos e encontraram formas diferentes nos lugares para onde foram.

O próprio Buda, enquanto viajava pelas diferentes sociedades e culturas do norte da Índia, esteve inclinado a modular seus ensinamentos por causa de seu público. Fez um dos seus mais famosos discursos para os Kalamans, um povo que aparentemente vivia às margens da civilização indo-gangética. Eles eram parte de uma república independente, similar àquela na qual o Buda nascera. Como todas as outras repúblicas, eles estavam sendo tragados pelo mundo maior dos reinos por meio da conquista, do comércio e do sistema de comunicação melhores. Sua sociedade simples e coesa, com seu código de moralidade claramente definido, estava lentamente se desintegrando. Isso explica sua vulnerabilidade às novas formas de sabedoria pregadas pelos *sramanas* que passavam por seu território, bem como explica por que um grupo de Kalamans abordou o Buda enquanto ele descansava num vilarejo durante uma de suas viagens regulares.

Contaram-lhe dos vários ascetas errantes e brâmanes que os haviam visitado recentemente, apresentando seus pontos de vista e atacando os dos outros. Havia muitos desses professores itinerantes, cada um com suas próprias formas de conhecimento. Mas os Kalamans não sabiam em quem acreditar.

O Buda, que descrevera o clima intelectual hiperaquecido de sua época como uma "selva de opiniões", disse aos Kalamans que eles não deviam confiar

> em boatos, em tradição, em lendas, em aprendizado, nem em mera inferência ou extrapolação ou cogitação, nem em consideração e aprovação de uma teoria ou outra, nem por parecer adequado, nem por respeito a alguns ascetas.

{337}

UM FIM PARA O SOFRIMENTO

O Buda recomendou então aos Kalamans o julgamento individual. Mas ele não defendia apenas a razão pura como o melhor meio de conhecimento. A razão só podia surgir a partir de um regime moral. O indivíduo tinha de refletir atentamente sobre as consequências tanto para si mesmo quanto para os outros de seus feitos e das intenções por trás deles. Nesse ponto era crucial a noção budista de *kusala*, ou habilidade: aplicava-se tanto à habilidade na meditação quanto à disciplina moral. Ser moralmente habilidoso era saber que o que era bom ou ruim era bom ou ruim tanto para a própria pessoa quanto para os outros. Apenas então as escolhas com que se defrontava poderiam ser reduzidas:

> Quando souberem por si mesmos que isso é correto e que aquilo não é, que isso é culpável e aquilo não, que isto é desaprovado pelo sábio porque conduz ao sofrimento e à doença, e aquilo é elogiado por conduzir ao bem-estar e à felicidade... quando souberem disso por si mesmos, Kalamans, vocês rejeitarão um e tornarão o outro uma prática.

Não havia nada surpreendemente original nas conclusões às quais o Buda desejava que os Kalamans chegassem pelo raciocínio moral: eram semelhantes às prescrições que ele dava aos leigos — não mate, não tome o que não lhe for dado, não incite os outros a fazer o mal. Mas o Buda percebeu que já que as regras morais não podiam mais derivar suas sanções morais da tradição e do costume, elas tinham de ser inferidas da experiência individual real. No mundo mais amplo, que cada vez mais absorvia grupos como os Kalamans e onde a tradição e o costume haviam perdido força, o indivíduo tinha de depender de sua recém-descoberta faculdade racional. Normalmente utilizada na busca do interesse próprio, também podia ser usada para cultivar as habilidades mentais e as atitudes necessárias à vida moral na sociedade.[2]

{338}

DHARMAS OCIDENTAIS

O que impressionou Tocqueville em sua viagem por cidades da Nova Inglaterra foi o indivíduo autônomo com autodisciplina moral, e era o que esperava ver surgir na França, onde achava que a fé religiosa fora solapada muito apressadamente. "Como é possível", perguntou ele, "que a sociedade possa escapar da destruição, se o laço moral não for fortalecido na proporção em que o laço político for relaxado?". Tocqueville afirmava que, embora fossem seguidores inconscientes de Descartes, que havia exortado os indivíduos a confiar em seu próprio julgamento, os primeiros americanos conseguiam combinar os espíritos da religião e da liberdade. Ele via a religião como uma necessária influência ética e espiritual necessária sobre os indivíduos em uma sociedade de massa devotada ao individualismo e ao materialismo. O budismo nos Estados Unidos modernos muitas vezes pareceu ter, ainda que de forma extremamente limitada, o mesmo papel que Tocqueville pensou que a religião exercera no início da sociedade civil americana.

A visão peculiarmente moderna do Buda, que pressupunha o indivíduo, e sua capacidade de razão e reflexão, provara-se extremamente portátil desde o início. Livre do dogma, podia viajar através de fronteiras políticas e culturais, como o próprio Buda fizera, e se adaptar às necessidades locais. Quando negociantes e mercadores levaram os ensinamentos budistas à Ásia Central e à China nos primeiros séculos depois de Cristo, misturaram-no com a poderosa religião preexistente e ao taoísmo.

Monges e estudiosos começaram a tornar o Buda acessível para uma elite chinesa nos séculos IV e V d.C. O budismo Mahayana tornou-se a religião preeminente da China sob a dinastia T'ang nos séculos VII e VIII, quando chineses ricos construíram templos e retiros budistas em estilos extravagantes numa tentativa de conseguirem um bom *karma*. Da China, uma versão da linhagem Ch'an foi para o Japão, onde passou a se chamar Zen. Um mestre japonês chamado Dogen voltou da China no século XIII e reviveu o Zen no Japão. E

{339}

UM FIM PARA O SOFRIMENTO

agora, mais de mil anos após sua primeira eflorescência importante, as ideias do Buda haviam atravessado suas velhas fronteiras asiáticas e penetrado as vastas áreas do Novo Mundo, onde membros de uma outra elite, de longe a mais poderosa e rica da história, pareceu usá-las para reencantar o mundo moderno.

Já nos anos 1830, Tocqueville diagnosticara — quase no sentido budista de *trishna* — a inquietação peculiar das pessoas que viviam em uma sociedade democrática e materialmente abundante:

> O habitante dos Estados Unidos se apega aos bens deste mundo como se estivesse seguro de não morrer — e corre tão precipitadamente para agarrar aqueles ao seu alcance que se poderia dizer que teme a cada instante deixar de existir antes de desfrutá-los. E os agarra sem arrebatá-los, logo permitindo que escapem de suas mãos para correrem atrás de novos prazeres.[3]

Tocqueville falou, também, de como a busca da igualdade levava as pessoas à inveja e ao ressentimento. Isso para ele explicava "o desgosto com a vida que por vezes se apossa deles em meio a uma existência fácil e tranquila". Ele afirmava que nas sociedades democráticas as pessoas desfrutavam a vida mais ardentemente e em maior quantidade. Justamente por isso, "esperanças e desejos são frustrados com maior frequência, as almas são mais excitáveis e desassossegadas, e as preocupações, mais prementes".

Tal inquietação levou muitas pessoas de classe média nos anos 1960 a experimentar drogas, sexualidade e as religiões e filosofias orientais descobertas em livros tão inesperadamente populares como *I Ching, Tao Te Ching*, a *Bhagavad Gita* e *O livro tibetano dos mortos*. Artistas e intelectuais foram instintivamente atraídos pelo budismo, particularmente o zen, que era ligado à psicoterapia pelos livros de D. T. Suzuki, um estudioso japonês, assim como os de Alan Watts, inglês que escreveu sobre religiões orientais. O budismo, que havia

DHARMAS OCIDENTAIS

primeiro chegado aos Estados Unidos com os ornamentos do racionalismo protestante, era agora visto como ênfase à espontaneidade e à autoexpressão criativa, bem como algo que rejeitava a autoridade e as convenções.

Como Jack Kerouac escreveu em 1954:

> Que o eu seja a sua lanterna/seja o seu guia —
> Assim falou Tathagata
> Alertando sobre os rádios
> Que chegariam
> Um dia
> E fariam as pessoas
> Ouvirem as palavras
> Automáticas de outros.[4]

Ginsberg e Kerouac haviam se encontrado com Suzuki em Nova York, onde ele lecionou por seis anos na década de 1950 na Universidade de Colúmbia, para públicos que incluíram o compositor John Cage e o psicanalista Erich Fromm. Em 1956, a Anchor Books publicou o livro *Zen-budismo*, de Suzuki, com uma introdução de William Barrett, autor de livros sobre existencialismo, que sugeria o zen como a saída da armadilha da sociedade moderna para a qual nem a ciência nem a metafísica ocidental forneciam segurança ou significado.

Em 1958, Kerouac publicou seu romance *Os vagabundos iluminados,* que falava de "uma grande revolução das mochilas, com milhares ou mesmo milhões de jovens americanos... todos lunáticos zen escrevendo poemas que aparecem em suas cabeças sem razão". Seu romance apresentava aos jovens americanos ideias semibudistas de liberação espiritual. No mesmo ano, a revista *Time* anunciou em um artigo sobre Alan Watts que "o zen-budismo está ficando mais chique a cada minuto".

{341}

UM FIM PARA O SOFRIMENTO

Muito do interesse inicial dos americanos pelo budismo veio por meio de uma forma do zen altamente idiossincrática, na qual o budismo podia ser personalizado, adotado sem responsabilidades, misturado com drogas e psicoterapia e seguido sem autodisciplina ou instituições. Alguns desses acréscimos sobreviveram, mas pelo final dos anos 1960 os americanos vieram a conhecer muitos mais tipos de budismo — trazidos aos Estados Unidos por uma nova onda de imigrantes da Tailândia, da Coreia, do Japão e do Vietnã depois de mudanças na lei de imigração em 1965.

A ideia do "budismo engajado" lançou raízes mais profundas quando os budistas tibetanos, fugindo da ocupação do Tibete pelos comunistas chineses, começaram a chegar ao Ocidente em grandes quantidades nas décadas de 1960 e 1970. Entre esses refugiados estavam jovens mestres, como o controvertido mentor de Allen Ginsberg, Chogyam Trungpa, que veio a ter um grande número de seguidores ocidentais como mestres budistas. Mas foi o Dalai Lama, como chefe da diáspora tibetana, que ajudou a conferir ao budismo um contorno político no Ocidente.

O budismo assumiu outra forma nos Estados Unidos com a expansão da presença tibetana. No geral, os budismos nos anos 1960, particularmente o zen, se dirigiam ao indivíduo, respondendo à sua necessidade de libertação puramente pessoal e particular da opressão de um mundo hiper-racional. O budismo que entrou na corrente principal da cultura por meio de uma profusão de seitas e dos meios de comunicação de massa nos anos 1980 e 1990 ainda era orientado para os leigos. Mas o renascimento e o *karma* deixavam de ter o papel central que tinham na Ásia. Para muitos convertidos americanos, o budismo chegara, como disse um livro influente, "sem crenças" — era um "agnosticismo existencial, terapêutico e libertador".

Em seu discurso aos Kalamans, o Buda imaginou o indivíduo que, embora forçado a viver em um mundo confuso cujos caprichos mal

{342}

DHARMAS OCIDENTAIS

compreendia, ainda era capaz de monitorar seus próprios hábitos e motivações. Os americanos que tentaram criar um budismo adequado a si mesmos acharam isso particularmente útil. Como Gary Snyder disse em um ensaio publicado em 1969, "meditação é entrar na mente para ver isso (a sabedoria budista) por si mesmo — repetidas vezes, até se tornar a mente na qual você habita. Moralidade é trazer isso de volta ao modo como você vive, por meio do exemplo pessoal e da ação responsável e, em última instância, para a comunidade verdadeira (*sangha*) de todos os seres".

A meditação, particularmente a Vipasyana, tornou-se a prática central do budismo nos Estados Unidos. A ênfase do Buda na meditação pode não ter sido a única razão para isso. A meditação era uma das poucas formas viáveis de prática ainda disponíveis ao homem moderno. Como forma antiga de experiência mística, oferecia-lhe uma libertação da consciência nervosa, irritável, disciplinada e carregada de informações que se exigia que possuísse no seu cotidiano de trabalho e responsabilidades. Ao mesmo tempo, não o separava de suas fontes de sustento — uma lição aprendida pelos gurus da Nova Era, que a ofereciam como um substituto para a psicoterapia, e pelos gerentes corporativos, que apresentaram a meditação para seus funcionários.

Superando o niilismo

PODER-SE-IA DIZER QUE o budismo nos Estados Unidos preenche cada necessidade local. Começou como uma religião que encontrou poucos adeptos nos Estados Unidos antes de ser transformada de novo nos dias impetuosos dos anos 1960, por meio do misticismo zen, em um substituto popular, ou acessório, às drogas e à psicoterapia.

No final do século XX, ele começara a aparecer, de modo hesitante, na corrente dominante da vida americana. Atraía não apenas americanos brancos ou asiáticos, mas, cada vez mais, afro-americanos e hispânicos. Havia sido inspirado pelo protesto político e a responsabilidade ética. Ao mesmo tempo, fora comercializado e transformado em produto de consumo.

Apareceu muitas vezes como uma forma refinada de autoajuda, com a meditação como sua técnica prática mais amplamente disponível. Poucas pessoas exploravam sua metafísica ou epistemologia, em parte porque as ideias centrais budistas de *karma* e reencarnação eram temas difíceis para pessoas educadas com a crença de que todos os seres humanos nascem como iguais em todos os aspectos, ou pelo menos assim deviam ser considerados.

O budismo nos Estados Unidos deparava-se não apenas com ideologias políticas profundamente internalizadas, mas também com muitos hábitos psicológicos e emocionais profundamente internalizados. Em uma de suas primeiras visitas à América, o Dalai Lama ficou confuso ao ouvir alguns estudantes em Harvard confessarem que eles sofriam de "autodepreciação". O Dalai Lama, educado em uma tradição muito menos voltada para o individualismo, não sabia o que a palavra significava e teve de consultar homens mais ocidentalizados de seu séquito.

Não estava claro qual forma de budismo se estabeleceria nos Estados Unidos, num país onde grande parte do descontentamento com a modernidade secular era canalizada para a política conservadora e o fundamentalismo cristão. Mas sua presença silenciosamente paradoxal e crescente em uma cultura que exaltava a energia individual, o otimismo e a ação parecia já ser um dos mais interessantes acontecimentos nos dois milênios e meio de sua longa história.

Foi Nietzsche quem, pelo final do século XIX, viu com mais clareza como o budismo atrairia os povos do Ocidente, precisamente na esteira de seus grandes êxitos, depois de a ciência e o progresso terem abolido suas crenças em um mundo transcendente, em Deus e nos valores por ele ditados.

Nietzsche também tinha a mais clara presciência do custo desse êxito: a destruição das velhas certezas morais e religiosas, a ascensão de sociedades de massa junto com novas formas de controle e dominação por meio do Estado e da tecnologia, e o começo de uma "era de guerras, sublevações e explosões monstruosas".

Ele chamou o fim da religião de "a mais terrível notícia" e previu que "em vez de lidar com a solidão insuportável de sua condição, os homens buscarão seu Deus despedaçado, e em seu nome adorarão a própria serpente que habita entre suas ruínas...".

O filósofo afirmava ter identificado essas serpentes que davam aos europeus o alívio da crença: progresso, história, razão, ciência. Denunciou o progresso como "uma ideia falsa"; rejeitou a visão hegeliana da história como charlatanismo. Duvidava que o crescente conhecimento teórico do mundo curasse a "ferida da existência". Via a ciência moderna — um artigo de fé para os europeus secularizados — como um aspecto do niilismo que receava que estivesse arruinando o mundo — uma visão que se tornou lugar-comum depois da Primeira Guerra Mundial, que provou que a ciência era irrefreável pela ética e podia ser aplicada dos modos mais destrutivos.

Nietzsche também achava que a obsessão pelo crescimento econômico, que havia inflado muito durante sua vida, era um meio de esconder a futilidade da vida e a degradação dos seres humanos. Para ele, o utilitarismo era um dos substitutos vazios da religião no século XIX:

> O que eu ataco é o otimismo econômico que se comporta como se, com os *gastos* crescentes de todos, também fosse necessariamente aumentar o *bem-estar* de todos. Para mim, o oposto parece ser o caso: a soma total dos gastos de todos significa uma perda total: *o homem é diminuído* — na verdade, nem se sabe mais a que propósito esse processo imenso serviu em primeiro lugar.·

Para Nietzsche, a vida e o mundo não tinham valor em si mesmos; os seres humanos os adornavam com significado usando conceitos tais como deus, história, progresso. Nada nos era dado como real, exceto nosso "mundo de desejos e paixões" e podíamos "ascender ou naufragar em uma única realidade: a de nossos impulsos". Ele achava que os homens precisavam destruir os valores que haviam inventado antes de começar a árdua tarefa de abraçar sua fé em um mundo que não tem significado evidente, mas que, na ausência das crenças em deus, na história etc. "pode ser muito mais valioso do que nos acostumamos a acreditar".

Desdenhoso de todas as fés modernas, Nietzsche se preocupava em descobrir como os europeus poderiam recuperar este mundo valioso que achava que dois mil anos de cristianismo e seus substitutos seculares — os ideais de ciência e progresso — haviam obscurecido. Mas ele suspeitava de que o desespero e o esgotamento deles tornariam os europeus vulneráveis a religiões e filosofias que pregavam o "niilismo passivo" e ajudavam as pessoas a alcançar uma conciliação pessoal com o mal-estar geral.

Acreditava que o Buda oferecia uma tentação aos europeus esgotados. Considerava o budismo um "perigo" em parte porque ele mesmo o admirava. Descreveu o Buda como um "fisiólogo", que cuidava de um povo deprimido, seres humanos *tardios*... — "raças que cresceram amáveis e gentis, superintelectuais que sentem a dor muito facilmente". Ele fez um relato sucinto de como achava que o Buda lidava com o cansaço espiritual causado pelo colapso das velhas crenças e pela ascensão do niilismo em seu tempo:

> com a vida ao ar livre, a vida errante; com moderação e delicadeza em relação à alimentação; com cautela em relação a todas as emoções que produzem rancor, que esquentam o sangue; *sem* ansiedade, para consigo mesmo e para com os outros. Ele exige ideias que produzam repouso ou boa disposição — e engendra meios de desacostumar as pessoas de outras. Entende a benevolência, o ser amável, como estímulo à saúde... Seus ensinamentos resistem a nada *mais* que o sentimento de vingança, de antipatia, de *ressentimento* ("a inimizade não acaba com a inimizade": mote de todo o budismo...).[2]

A solução do próprio Nietzsche para o niilismo era a autocriação de um super-homem em um mundo sem significado, que não apenas viva nele, mas aprenda a amar um mundo sem valor, direção e propósito. Ele falou muitas vezes de dificuldade, solidão e luta. De seu conhecimento íntimo da dor física e emocional, concluiu que a vida adquiria sentido apenas por meio das adversidades que superava.

Isso era salutar, dada a ingênua suposição contra a qual Nietzsche lutava em seu tempo: a de que o homem era essencialmente bom, ainda que um pouco medíocre, e que sua felicidade podia ser garantida por um Estado aperfeiçoado ou de inovação tecnológica. Mas, orgulhosamente solitário ele mesmo, o filósofo não conseguia ver como o super-homem viveria em uma comunidade humana. Se Marx enfatizou excessivamente o social a expensas do individual, Nietzsche fez o oposto, ao propor o super-homem como uma libertação da ausência de alma e da mediocridade da vida moderna. E ele não fugiu das presunções de seu próprio tempo.

Em um nível, o super-homem apenas encarna a percepção do eu e da individualidade intensificada que veio a ser especialmente prezada depois do declínio da religião na Europa. Ao procurar ir além de si mesmo, encarna também a insolência do homem moderno: a recusa em aceitar limites, a tentativa de se tornar o Deus que um grande abismo havia anteriormente afastado do homem. Como era de se esperar, ao mesmo tempo que explicava o que pretendia dizer com autossuperação, Nietzsche expressava uma ideia banal da grandeza humana. Os exemplos que deu de super-homens foram Júlio César, Bórgia e Napoleão.

Embora espantosamente presciente, ele não conseguiu prever como sua própria ética do super-homem — superador, vigoroso, com espírito de sacrifício e desprezo pela moralidade tradicional — num tempo em que Deus está morto e tudo é permitido, seria listada junto com ideologias autenticamente niilistas: como Hitler e Stalin surgiriam como os verdadeiros super-homens, mobilizando tudo — homens, trabalho, ambientes naturais, vastas burocracias de morte e destruição — para poder impor a vontade deles sobre a terra. Não conseguiu também ver como a tecnologia e sua capacidade destrutiva, mais que os indivíduos, encarnariam a vontade de poder que ele considerava subjacente a toda vida e, num processo interminável sem valores, direção e propósito claros, tornar o niilismo um fenômeno universal — e não ocidental ou europeu.

*

UM FIM PARA O SOFRIMENTO

Pouco antes de seu colapso, Nietzsche tentava obsessivamente desacreditar o que chamava de "os errôneos artigos de fé" do homem, sendo o principal deles a noção de uma identidade individual estável e duradoura — o ego que se separava do mundo, o analisava e experimentava e o reduzia a fórmulas num frustrado esforço de alterá-lo.

Na visão budista de Nietzsche, "morte, mudança, idade... crescimento, todos estão por vir", ou seja, em processo.[3] Já que o homem queria poder e controle sobre o caos que são ele próprio e o mundo, teceu uma rede de "múmias conceituais". Usou a razão para postular unidade, substância e duração onde há apenas fluxo constante e mudança. Esses erros o ajudaram a tornar o mundo inteligível e suportável.

Ele elogiou Heráclito por ter descoberto

> o processo eterno e exclusivo do vir-a-ser, o esvaecimento incondicional de todo o real, que se mantém agindo e evoluindo mas nunca *é*, como Heráclito nos ensina, é uma noção terrível e chocante. Seu impacto é mais intimamente relacionado à sensação de um terremoto, que faz as pessoas renunciarem a sua fé de que a terra está firmemente assentada. É necessária uma força impressionante para transpor essa reação em seu oposto, em um assombro sublime e feliz.[4]

Nietzsche nunca deixou de pensar no Buda como um niilista passivo, de modo que não pôde ver que o Buda, longe de chafurdar em um nada oriental, havia oferecido uma maneira prática de se chegar a tal sublimação: como os seres humanos, começando com habilidades mentais e meditação, podiam chegar à percepção de *trishna*, o estado de desejo, insegurança e frustação infindáveis, e controlar e transmutar seus esforços básicos em um reconhecimento da impermanência. Em sua liberdade do *ressentimento*, cobiça e ódio, o Buda era como o super-homem que havia se libertado da "moralidade do costume" e adquirira "um poder sobre si mesmo e sobre o destino" que "penetrou as maiores profundidades e se tornou instinto".

{350}

SUPERANDO O NIILISMO

Como Nietzsche, o Buda também tentara reafirmar a dignidade natural dos seres humanos sem recorrer aos ambiciosos esquemas da metafísica, da teologia, da razão ou do idealismo político. Nietzsche mesmo reconheceu isso ao escrever:

> O cansaço espiritual que ele (o Buda) descobriu e que se expressava como uma "objetividade" excessiva (ou seja, o enfraquecimento do interesse individual, a perda do centro de gravidade, do "egoísmo"), ele combateu direcionando até mesmo seus interesses espirituais de volta para a *pessoa* individual. No ensinamento do Buda, o egoísmo torna-se um dever: a única coisa "necessária", o "como *você* pode se livrar do sofrimento" regula e circunscreve toda a dieta expiritual.[5]

Esse era o projeto do Buda de autossuperação. Era baseado em sua percepção, sem ilusões, do que os seres humanos, embora ligados à sociedade por forças impessoais que mal entendiam, ainda podiam fazer: percebeu dentro de seus próprios seres e partilhar com os outros a natureza condicionada e a interdependência das coisas — todos os aspectos do ensinamento do Buda que foram não apenas redescobertos por budistas no Ocidente, mas também ecoaram por algumas das grandes figuras espirituais e intelectuais que viveram no século extraordinariamente violento profetizado por Nietszche.[6]

A última jornada

O BUDA VIVEU POR muito tempo — cerca de 80 anos, numa época em que a maioria das pessoas morria antes dos 30. Viveu cuidadosamente — com *siestas* no meio do dia, sem refeições noturnas. Banhava-se frequentemente em fontes termais. Mas perto do fim de sua vida havia desenvolvido diversas doenças. Tinha dores nas costas e problemas de estômago. Exortava os *bhikshus* a meditarem sobre o corpo, sobre sua condição frágil e repugnante. Sentiu agudamente sua própria decadência, falando certa vez de como o corpo continuava em movimento apenas se envolto em bandagem. Seus contemporâneos, inclusive seus discípulos mais próximos, morreram antes dele. Bimbisara, o rei de Magadha, foi assassinado por seu próprio filho. O sucessor de Prasenajit, rei de Kosala, massacrou o clã do Buda, os Shakyas, e Kapilavastu foi totalmente destruída.

As despedidas do Buda têm um ar de cansaço: parecem ser aquelas de um homem essencialmente solitário, que fez, disse e viu o bastante desde aquela noite em Bodh Gaya quarenta e cinco anos antes, quando se sentou sob a figueira e se sentiu imbuído de uma percepção libertadora. Ainda assim, há algo nobremente real e comovente em sua última jornada através do norte da Índia.

Durante mais de vinte anos o Buda passara os meses das monções perto de Shravasti, num mosteiro em um parque doado a ele por um

{353}

rico seguidor leigo, o mercador Anathapindika. Estava lá em seu último ano quando o novo rei de Kosala, sucessor de Prasenajit, saqueou Kapilavastu. Foi um evento brutal. De acordo com uma fonte, os Shakyas foram amontoados em buracos cavados no chão e pisoteados por elefantes. Afirma-se que o Buda recebeu a notícia em silêncio.

Ele soube então que seu mais próximo discípulo, Sariputra, havia morrido. Seu irmão mais novo levou ao Buda a tigela de esmolas do falecido, seu manto e algumas cinzas embrulhadas no tecido fino que os monges usavam como filtro de água.

O Buda tinha um pequeno relicário feito para esses remanescentes. Quando as chuvas cessaram, ele deixou Shravasti e se dirigiu para o sul. Não tinha ido muito longe quando soube que seu outro grande discípulo, Maudgalyayana, morrera perto de Rajagriha, provavelmente assassinado por mercenários contratados por *sramanas* rivais.

Em Rajagriha, ficou na colina com o rochedo dos abutres que visitara quando saíra de casa, com a visão das colinas verdes e das pequenas cavernas, onde conhecera Bimbisara, meditara e pregara, e onde seu invejoso primo Devadutta arremessara a pedra que o feriu.

Ali o ministro brâmane do rei de Magadha, Ajatashatru, visitou o Buda. O brâmane disse-lhe que o rei planejava atacar a confederação de tribos Vrijji que vivia ao norte de Rajagriha. O Buda revelou-lhe o que dissera aos Vrijjis sobre as sete condições do bem-estar: enquanto as seguissem, era improvável que fossem conquistados por Ajatashatru.

O ministro partiu convencido de que Ajatashatru não teria êxito até que descobrisse um modo de criar dissensão entre as tribos. Depois que ele se foi, o Buda fez o mesmo discurso aos monges e acrescentou algumas condições que achou que seriam vitais para a integridade e a longevidade do *sangha*.

Foi então para um lugarejo nas margens do Ganges, onde os ministros de Magadha estavam construindo uma fortaleza, como preparação para a guerra contra os Vrijjis. Comeu com o ministro brâmane que o visitara em Rajagriha e fez uma profecia sobre a grande cidade, Pataliputra (hoje Patna), que achou que surgiria ali.

Cruzou o Ganges e foi até um lugarejo chamado Kotigama, onde falou aos monges das quatro nobres verdades do sofrimento. Perto de Vaishali, parou no manguezal de Ambapali, uma famosa cortesã. Ambapali, cujo filho tornara-se um *bhikshu*, soube de sua chegada e viajou para encontrá-lo e convidá-lo para uma refeição em sua casa no dia seguinte.

Ao voltar de seu encontro bem-sucedido com o Buda, ela deu com um grupo de eminentes cidadãos de Vaishali que estavam planejando convidar o Buda para uma refeição no dia seguinte. Pediram-lhe que retirasse seu convite, mas ela se recusou a fazê-lo. O Buda disse aos cidadãos que já tinha sido convidado. Em sua casa, Ambapali preparou uma bela refeição e doou seu bosque para o *sangha*.

O Buda permaneceu por um tempo no bosque. Quando as chuvas começaram naquele ano, pediu aos monges que o acompanhavam que encontrassem seus próprios retiros. Queria estar sozinho com seu assistente, Ananda, e se dedicar à meditação. Mas logo após chegar a um vilarejo chamado Beluva, na periferia de Vashali, foi acometido de uma doença grave.

Quando melhorou um pouco, disse a Ananda que "não seria apropriado alcançar o *nirvana* sem ter me dirigido a meus assistentes e sem ter me despedido do *sangha*". Quando Ananda respondeu que se sentia aliviado por que o Buda só chegaria ao nirvana depois de ter determinado algo sobre o *sangha*, o Buda respondeu:

> Por que a ordem dos monges espera isso de mim? Ensinei o *dharma* sem fazer distinções de "interior" e "exterior"... (e não tenho) punhos de professor (nos quais certas verdades são retidas). Se há alguém que pensa: "Devo tomar conta da ordem" ou "a ordem está sob minha liderança", essa pessoa teria que fazer arranjos na

UM FIM PARA O SOFRIMENTO

ordem. Mas o *tathagata* não pensa "eu vou liderar a ordem" ou "a ordem me respeita". Então, quando o *tathagata* determinaria algo sobre a ordem?

E acrescentou:

Ananda, estou velho agora, cansado, vulnerável, alguém que cruzou o caminho da vida, cheguei ao termo da vida, que é 80 anos. Assim como uma velha carroça prossegue remendada por cordas, o corpo do *tathagata* segue amarrado por cordas. Apenas quando o *tathagata* retirar sua atenção dos movimentos exteriores, e com a cessação de certos sentimentos penetrar na concentração imóvel da mente, seu corpo conhecerá o conforto.[1]

Ele queria que seus ensinamentos dirigissem o *sangha*. Tinha clareza sobre o que esperava que Ananda e os monges fizessem após sua morte:

Vocês devem viver como ilhas em vocês mesmos, sendo seus próprios refúgios, e não buscar outros refúgios; com o *dharma* como uma ilha, o *dharma* como seus refúgios, e não buscar outros refúgios...

Ele se recuperou de sua doença o suficiente para ir a Vaishali pedir donativos. Passara muito tempo na cidade e em seus templos, e certa tarde, sentado sob uma mangueira, que descreveu como deliciosa para Ananda, disse que o mundo era tão delicioso que se poderia querer viver nele por um século ou mais.

Pediu a Ananda que levasse para Beluva os monges que viviam em Vaishali. Quando se reuniram, o Buda pediu que permanecessem fiéis a seus ensinamentos para que a vida religiosa pudesse durar mais e anunciou que morreria em três meses.

{356}

A ÚLTIMA JORNADA

No dia seguinte foi a Vashali colher donativos. Sabia que era sua última visita à cidade, e enquanto retornava se voltou e a olhou nostalgicamente por um tempo.

Em lugarejos no caminho, fez discursos aos monges. Provavelmente desejava morrer em Shravasti. Em um vilarejo chamado Pava, passou no manguezal que pertencia a um ferreiro chamado Cunda. Como de costume, o artesão insistiu em lhe servir uma refeição. Com suspeitas, por alguma razão, o Buda pediu-lhe que não servisse uma porção de comida para ninguém a não ser ele mesmo e que jogasse os restos em um buraco depois que ele tivesse comido. Achou que ninguém além dele conseguiria digeri-la. Mas comeu-a de qualquer maneira, esperando não ofender seu generoso anfitrião.

Logo depois da refeição, o Buda sofreu um ataque de disenteria hemorrágica. Embora exausto, insistiu em caminhar até a cidade de Kushinagara. Parou para descansar sob uma árvore e pediu água. Ananda disse que o riacho perto havia sido contaminado pela passagem de carros de boi. Mas o Buda pediu-lhe que fosse verificar e Ananda encontrou a água miraculosamenre limpa e pura.

Um homem chamado Pukkusa chegou enquanto o Buda descansava sob uma árvore. Era um discípulo de Alara Kalama, o primeiro professor que o Buda encontrara depois de deixar Kapilavastu. Pukkusa viu os mantos sujos que o Buda e Ananda vestiam e mandou seu criado apanhar um par de mantos dourados, que imediatamente ofertou aos dois.

Eles continuaram andando, e no rio chamado Hiranyavati o Buda tomou seu último banho. Receando que Cunda pudesse ser culpado por envená-lo, disse a Ananda para convencer Cunda de que suas boas intenções haviam lhe carreado muito bom *karma* e o livrado da culpa e do remorso. O Buda atravessou a vau outro rio e chegou ao bosque de figueiras de Kushinagara. Lá disse a Ananda que estava sofrendo e que ele preparasse uma cama com a cabeceira voltada

{357}

UM FIM PARA O SOFRIMENTO

para o norte. Quando se deitou sobre seu lado direito, com os pés um sobre o outro, flores caíram das figueiras.

O Buda sabia que não se levantaria novamente. Deu a Ananda suas instruções finais. Os monges deveriam visitar os quatro lugares: onde ele nascera, se iluminara, pregara seu primeiro sermão e atingira o *nirvana*. Quando perguntado sobre os arranjos para seu funeral, o Buda disse a Ananda que não se preocupasse com eles e se devotasse à sua libertação: disse acreditar que leigos e outros tomariam conta de seu funeral.

Ananda foi subitamente tomado de pesar e começou a falar sobre o quanto ainda tinha que aprender com o Buda — o homem que tinha tido tanta compaixão por ele e que estava prestes a morrer:

> Chega, Ananda, não chore nem se lastime! Eu já não lhe disse que todas as coisas que são prazerosas e agradáveis são mutáveis, estão sujeitas à separação e a se tornarem outras coisas? Então como poderia ser, Ananda — já que tudo que nasce é sujeito à decadência —, como poderia ser que não se fossem?[2]

Ananda pediu-lhe que não falecesse em Kushinagara, que descreveu como "uma cidadezinha miserável no meio do nada". Esperara, disse, que o Buda atingisse o *nirvana* em uma das grandes cidades, onde poderia ser feito um funeral no estilo apropriado.

O Buda respondeu que Kushinagara fora uma grande cidade no passado e então disse a Ananda para informar seus habitantes sobre sua morte iminente. A notícia, que se espalhou depressa, trouxe muitas pessoas pesarosas para o bosque onde o Buda se encontrava acamado. Tomando cuidado para não perturbá-lo, Ananda os anunciou por seus nomes de família enquanto eles passavam.

Chegou também um *sramana* chamado Subhadra e pediu a Ananda uma audiência privada com o Buda. Ananda recusou, mas o Buda

{358}

ouviu e pediu que deixasse Subhadra se aproximar. Ele perguntou quais dos famosos contemporâneos de Buda, os seis professores *sramana*, haviam alcançado a iluminação. O Buda disse-lhe que não se preocupasse com aquela questão e lhe ensinou o *dharma*. Subhadra tornou-se assim o último homem a ser aceito no *sangha* por Buda.

O Buda mais uma vez enfatizou que seu ensinamento — e não um monge individual — conduziria o *sangha*. Por fim, perguntou aos monges que haviam se reunido ao seu redor se eles tinham "dúvidas ou incerteza com relação a ele, ao *dharma*, ao *sangha* ou sobre o caminho ou a prática". Disse que não deveriam ter remorsos depois, pensando que estiveram diante do mestre e não conseguiram fazer perguntas face a face.

Os monges ficaram em silêncio. O Buda repetiu suas palavras uma segunda e uma terceira vez.

Ele então disse que se os monges o respeitavam demais para falar diretamente com ele, que fizessem suas perguntas por meio de um monge companheiro.

Mas os monges permaneceram em silêncio. Era tarde da noite quando o Buda falou com os monges mais uma vez. "Todas as coisas condicionadas", disse ele, "são sujeitas à decadência. Lutem incansavelmente." Estas foram suas últimas palavras.

Ao ler o *Mahaparinirvana sutra*, o relato da última viagem do Buda, pensei em Gandhi. Aqueles dois indianos tinham muito em comum: homens de casta média de regiões periféricas àquelas onde fizeram seus nomes, figuras públicas carismáticas que renunciaram ao chamado de seus ancestrais e enfatizaram a consciência individual e o autocontrole em um tempo de violência crescente.

Seus melancólicos últimos dias também tiveram muito em comum. Em 1947, poucos meses antes da independência da Índia, e de seu próprio assassinato, Gandhi, com uma sensação crescente de inutilidade e desamparo, havia viajado para partes da mesma região

UM FIM PARA O SOFRIMENTO

pela qual o Buda viajara. A animosidade entre hindus e muçulmanos contra a qual Gandhi lutara toda a sua vida explodira em selvageria enquanto se aproximava a partição da Índia. Muçulmanos e hindus matavam e estupravam uns aos outros, não poupando nem crianças pequenas, que frequentemente faziam em pedaços. Em Bengala e depois em Bihar, Gandhi, então um homem frágil de 77 anos, andou de vilarejo em vilarejo, onde os corpos se amontoavam sobre casas queimadas, ou em poços ou em bambuzais, esperando os abutres.

Procurou tanto perpetradores quanto vítimas, pedindo que admitissem suas culpas e renunciassem à vingança. De modo geral, foi recebido com hostilidade. Nas estradas estreitas por onde andou, os aldeões muitas vezes espalharam excremento humano. Certa vez um muçulmano cuspiu em seu rosto. Gandhi se limpou e prosseguiu. Pessoas falavam do risco de vida que corria. Seus pés sangravam, e ele sofria de pressão alta. Estava atormentado por seu fracasso e meio que ansiava pela morte — falou mais de uma vez em ser assassinado. Mas ainda assim perseverou. Levantava-se a cada manhã e caminhava durante todo o dia, muitas vezes cantando com seus poucos companheiros os versos assombrosos que Tagore escrevera:

> Anda só.
> Se não responderem a teu chamar, anda só.
> Se tiverem medo e se esconderem mudos olhando para a parede,
> Oh, tu de má sorte,
> Abre tua mente e prega sozinho.

Comprometido com o vir-a-ser

O mundo, cuja natureza é se tornar outro, está comprometido com o vir-a-ser, se expôs ao vir-a-ser; aprecia apenas o vir-a-ser e, no entanto, o que aprecia causa temor, e o que teme é a dor.

ANOS ATRÁS, VOLTANDO da primeira de minhas visitas aos Himalaias budistas, pensara em escrever um romance histórico sobre o Buda, algo que pensei que me ajudaria a aprender sobre o passado da Índia e também a adquirir um pouco da sabedoria antiga, tão necessária. Acumulei livros e notas e viajei para locais da história budista.

Outras coisas, porém, me seguraram com mais força quando saí de minha vida reclusa em Mashobra e o Buda começou a parecer cada vez mais um tema sem promessa. Parecia haver nele algo imóvel e estéril, como os espécimes nos museus aos quais a Europa confinara seu passado.

A ideia retornou certa tarde quente em Londres, na primavera de 2001, enquanto eu me encontrava deitado no parque, sentindo-me desorientado e com saudade de casa.

Havia acabado de voltar do Afeganistão e do Paquistão. Viajara para lá em parte para procurar vestígios do budismo e também para aprender mais sobre a situação política do Afeganistão. Não era uma boa época para fazer isso. Meses antes, o Talibã havia destruído as estátuas do Buda no vale do Bamiyan e as estátuas indo-gregas do Buda que permaneciam no museu de Kabul. Nas ruas de Peshawar, onde magros refugiados afegãos vendiam drogas e armas, e oradores nas mesquitas bradavam contra os vários infiéis, não havia reminiscências de Asanga e Vasubhandhu, os filósofos budistas do século IV que viveram naquela antiga cidade. E apenas fugazmente, entre as ruínas solitárias de Takht-e-Bhai e Taxila, consegui imaginar as colônias gregas, os monges budistas, as universidades, os viajantes da China e da Ásia Central — toda a vida cosmopolita do budismo que desaparecera irrevogavelmente até de seu maior centro no subcontinente indiano.

No mesmo lugar, nos últimos anos crescera uma nova espécie de religião e política multinacionais. Em esquálidas escolas, onde o Talibã dera a educação mais rudimentar sobre o Corão, e onde outras gerações de jovens preparavam-se para a *jihad*, homens falavam calmamente de como os muçulmanos oprimidos do mundo haviam se reunido no Afeganistão para destruir uma superpotência — a União Soviética — e como, com a graça de Deus, dariam conta também dos Estados Unidos e de Israel se eles não abrandassem sua perseguição aos muçulmanos.

Fui a uma conferência internacional de islamitas radicais na fronteira com o Afeganistão, onde 200 mil homens — muitos deles do norte da África, do Oriente Médio e da Ásia Central — escutaram discursos sobre temas semelhantes. A atmosfera era a de uma feira medieval no deserto: milhares de homens andando apressados na cidadezinha de tendas, que crescia desordenadamente, sob uma vasta nuvem de poeira, passando pelos carrinhos com caldo de cana fresco e pilhas de cana amassada, as tendas vendendo cópias belamente ilustradas do Corão em urdu e árabe, junto com cartazes de Osama bin Laden, que era, sem dúvida, a estrela do evento.

Muitos dos homens mais velhos presentes eram camponeses do Paquistão que, como vim a saber depois, haviam sido pagos, à maneira do subcontinente indiano, para encher a conferência. Mas a maior parte da multidão era composta de jovens no final da adolescência e de 20 e poucos anos. Eram estudantes da região sul de Peshawar, que faz fronteira com o Afeganistão. Haviam viajado em uma variedade de veículos, amontoados em carros, ônibus, caminhões, motos de três rodas e até mesmo em carroças puxadas a cavalo, empunhando a bandeira branca e preta dos organizadores, um ligeiro toque de cor e excitação nos vilarejos enlameados da paisagem plana e monótona em torno da Grand Trunk Road. Nos discursos, referiram-se a eles, mais de uma vez, como o exército de reserva do talibã, pronto a se martirizar na nobre empreitada da *jihad*.

No primeiro dia, uma violenta tempestade de areia derrubou algumas das barracas. As longas camisas brancas dos homens tremulavam ao vento enquanto eles corriam para escapar das barracas que oscilavam perigosamente. Os novos tapetes afegãos haviam perdido suas cores alegres e se misturavam ao solo branqueado de poeira. Mas os discursos prosseguiam firmes: orador após orador recontava uma longa história de humilhação e atrocidade, as Cruzadas, Granada, Irã, Palestina, Caxemira, e incitava os muçulmanos a se juntarem à *jihad* mundial contra os Estados Unidos e seus aliados.

Levou algum tempo para que eu encontrasse minhas próprias respostas para tudo aquilo. Eu sabia das corrupções da *jihad*, dos líderes engordando com as generosas doações de patrocinadores estrangeiros e locais, mandando homens para o malpago *shahadat* (martírio) na Caxemira e no Afeganistão. Mas não esperara me comover com uma visão casual em uma escola, de seis homens dormindo em lençóis amassados no chão. Não pensara que fosse me entristecer de pensar no lixo humano que eles representavam — os jovens cujos ancestrais haviam construído uma das grandes civilizações do mundo e que agora viviam em sociedades disfuncionais sob governos que deviam favores aos Estados Unidos — ou que os temiam — tinham pouco a esperar, exceto, possivelmente, a curta carreira de homem-bomba

O outro tipo de futuro antes traçado para eles fracassara. Esse era o futuro no qual todos no mundo vestiriam uma gravata, trabalhariam num escritório ou numa fábrica, praticariam o controle da natalidade, teriam uma família nuclear, dirigiriam um carro e pagariam impostos. Não havia escolas seculares em número suficiente para educar esses jovens à maneira moderna — e poucos empregos aguardavam aqueles educados.

A marcha da história rumo ao progresso incluiria poucos deles. Para o resto, ficaria apenas a elaborada ilusão de progresso, mantida por mil programas de "ajuda", empréstimos do FMI e do Banco Mundial, pelo discurso do subdesenvolvimento, da liberalização econômica e da democracia. Mas a fantasia da modernidade, sustentada pelo Estado e apoiada pelo sistema político e econômico internacional, fora poderosa o bastante para expulsá-los e desarraigá-los de seus vilarejos de origem.

Esse foi também o destino de meu pai e de incontáveis pessoas como ele. Mas a travessia do velho para o novo mundo se tornara mais difícil para a maioria das pessoas com o passar dos anos. Agora essa jornada parecia interminável — e parecia consumir mais e mais pessoas à medida que se prolongava: centenas de milhões de indivíduos estupefatos e impotentes, seduzidos pela promessa de igualdade e justiça em um mundo que não tinham meios de entender, aqueles cujos recursos já drenados e parcialmente disponíveis se esperava que explorassem para se alçarem ao nível de riqueza desfrutado por uma pequena minoria de pessoas de classe média em todo o mundo.

Para os mais frustrados dentre eles, a modernidade já parecia uma montanha alta com muito pouca gente ocupando o topo, observando os outros subindo passo a passo as ladeiras íngremes, jogando de vez em quando uma corda esgarçada, mas, mais frequentemente, pedras gigantescas. Sabiam que não haviam sobrado terra e povos para conquistar, controlar e explorar. Podiam apenas cortar suas próprias florestas, poluir seus próprios rios e lagos e procurar controlar e oprimir seus próprios povos, suas mulheres e minorias.

Tendo perdido a proteção de sua velha ordem moral, seus laços e formas de autoridade específicos, esperavam escapar ao caos e à degeneração juntando-se a movimentos autoritários como o nacionalismo hindu e o islã radical, entregando seus sonhos a demagogos como Bin Laden.

Ficou óbvio no congresso fundamentalista que nem seus raivosos oradores, nem sua audiência fervorosa sabiam ou poderiam saber muito sobre os Estados Unidos. Por medo e confusão, eles haviam formado uma noção arbitrária, à qual imputaram seu próprio sofrimento e todos os males do mundo.

E, armados com a ideia do inimigo, começaram a sonhar o velho sonho ocidental de revolução: a transformação rápida e completa da sociedade em todos os seus aspectos, econômicos, legais, políticos, religiosos e culturais, fazendo do nada um Estado e uma sociedade puros que por si só poderiam garantir a felicidade humana e a virtude, a utopia que só poderia ser realizada quando seu adversário corrupto fosse derrubado. O sonho de revolução vinha com um romantismo religioso adicional: de um islã que supostamente oferecera segurança e justiça no passado e que agora tinha um projeto para o futuro ideal.

Homens desarraigados de sociedades que um dia foram pequenas e coesas tentando se organizar em grandes coletividades; um povo falsificando seu passado e transformando uma fé seguida de maneira diversa e privada em ideologia política, concentrando sua raiva contra entidades imaginárias como "Estados Unidos" e "Ocidente"; trabalhando para instigar pessoas em todo o mundo para a causa da revolução — era difícil não ver esses homens como pessoas tentando encontrar seu ser dentro da história mas apenas chafurdando em vastos espaços desertos.

{365}

UM FIM PARA O SOFRIMENTO

Mas certa tarde em Londres, poucas semanas depois de meu retorno do Paquistão, quando pensei de novo no Buda, me dei conta também das futilidades da minha própria vida. Nos últimos meses eu vivera perto de East End, escrevendo uma série de longos artigos sobre a situação política no Afeganistão e no Paquistão. Durante os dias longos, quando a luz forte e as ruas e parques cheios de gente roubavam de Londres seu ar sombrio, descia sobre mim uma saudade de casa que não chegava abertamente à nostalgia, mas era quase uma forma de pesar.

Eu tinha 30 e poucos anos. Escrevera algumas coisas. Havia viajado um pouco. Dado meu começo modesto, era difícil não ver tudo isso como uma realização. Por grande parte de minha vida eu fora oprimido pela vergonha de ser pobre e ignorante e de pertencer a uma comunidade atrasada, de não possuir inteiramente uma língua e de não ter nenhum dote ou talento claramente definido.

Com o tempo sobrepujei esses medos, em parte aprendendo os modos do mundo moderno, usando seu principal idioma, o inglês, e me educando pela imensa literatura disponível nela. Tornei-me um dos poucos privilegiados que tinham superado suas desvantagens e encontrado um lar provisório no Ocidente. Com o tempo, tudo que me impressionara de início na Inglaterra como inescrutável — faces, gestos, roupas, casas, sotaques — perdera seu poder de alienar. Passava grande parte do ano em Londres. Eu nunca deixara de considerar minha presença ali um pequeno milagre — algo que não poderia ter imaginado vivendo em Mashobra. Ainda me lembro daquele primeiro dia quando saí de Heathrow para um claro dia de outono e descobri uma terra verde e calma, revestida em lugares por vastas faixas de concreto nas quais os carros deslizavam com a precisão de brinquedos.

Mas essa estranha jornada também havia feito de mim um homem estranho a mim mesmo. Quando olhava para trás, via muitos eus diferentes: o estudante imaturo em Allahabad esperando a revolução, e também querendo comprar um boné de beisebol no Nepal; o jovem

{366}

COMPROMETIDO COM O VIR-A-SER

dos Himalaias, lendo o *Milindapanha* e pensando ambiciosamente em um livro sobre o Buda; o jornalista íntegro e amedrontado se afastando de Helen; a pessoa enfastiada aprendendo com ela sobre o budismo nos Estados Unidos. Em poucos desses eus irrequietos e sôfregos, aqueles nexos de desejos e impulsos que haviam se espalhado pelo mundo, eu podia encontrar pelo menos um traço de humildade ou compaixão.

Longe de serem únicos ou individuais, como eu antes imaginara, meus desejos não continham nada de importância ou consequência vital. E eu nem sempre podia suprimir o quieto pânico com o pensamento de que a vida errante intelectual e espiritual que viera a conhecer era tudo o que tinha para aguardar, não importava o quanto eu soubesse ou viajasse.

Pensei então, como em muitas ocasiões, em voltar para Mashobra. Durante os anos que passei lá, não conhecera ninguém intimamente. Minhas lembranças do local eram pessoais, despertadas ocasionalmente em muitas paisagens diferentes, longas noites de verão, o som de chuva no telhado, um cheiro de resina. Mas em minhas fantasias começara a servir como um lar, um lugar para o qual retornar, onde poderia confiavelmente encontrar rostos familiares, amizade e generosidade, e a ilusão, talvez necessária às pessoas desenraizadas, de imutabilidade, de um passado estável e coerente.

Durante anos eu chegara a Mashobra à noite, depois de um dia de viagem de Délhi, e parara incerto na estrada com minhas malas, onde eu vira pela primeira vez o amplo panorama das montanhas e o vale e percebera um caminho que dava em uma casa com um telhado vermelho.

Portanto, andar até a casa e ver a mãe do senhor Sharma sentada às janelas abertas, observar o senhor Sharma descer lentamente as escadas com as chaves chacoalhando em suas mãos, andar pelas macieiras com suas primeiras flores, entrar na casa e caminhar pela

{367}

UM FIM PARA O SOFRIMENTO

escuridão mofada e os cheiros do inverno anterior, abrir a porta do terraço e ver as montanhas e o vale com suas sombras modulantes, a pálida massa de neve derretendo na sombra dos pinheiros e as vacas parecendo bem alimentadas e saudáveis era retornar a um sentimento de alívio e de calma alegria.

Dessa vez, chovia quando cheguei a Mashobra. Nuvens e neblina revestiam o vale, encobrindo as altas montanhas. Quando se dissi-param, saí de novo para caminhar e descobri novas casas e hotéis na cidade. Especuladores do mercado imobiliário com alegadas conexões com o Oriente Médio haviam construído condomínios, ofereceram-nos a preços altos e venderam-nos a oficiais do exército suspeitamente ricos. No lugar do Wildflower Hall havia um hotel cinco estrelas. O senhor Sharma construíra uma casa pouco acima da minha. Tam-bém tinha instalado um telefone no chalé. O cabo havia chegado a Mashobra, com fios brancos superesticados em postes elétricos que penetravam até a mais frágil cabana do vilarejo.

Morrera abruptamente um jovem empreendedor em Daojidhar, que partilhara comigo seus planos de transformar Mashobra em um destino turístico. A grama alta das monções estava no lugar das barracas coloridas que ele colocara em sua propriedade. Não havia mais vozes excitadas vindo do leste.

A grande casa do senhor Sharma parecia vazia. A janela do se-gundo andar, onde sua mãe se sentava nas tardes de sol, permanecia aberta como sempre, mas o vazio agora me trazia uma pontada toda vez que eu passava por ela. Reparei no pesar, que começava a marcar o rosto do senhor Sharma, aprofundar a melancolia em seus olhos, afinar seus lábios.

Ele me visitou uma vez, para perguntar sobre o meu livro. Disse-lhe que estava trabalhando arduamente nele. Não disse que ainda tinha de resolver em minha mente uma questão importante sobre Buda.

Durante muitos anos eu lera e pensara sobre a vida de Buda e seus ensinamentos. Estava longe de me chamar ou de pensar em mim

{368}

COMPROMETIDO COM O VIR-A-SER

como um budista — nem tentara o árduo e contínuo autoescrutínio exigido dos budistas sérios. Mas tinha suplantado muitas de minhas dificuldades iniciais com os aspectos mais metafísicos dos ensinamentos budistas. Chegara a entender que o Buda oferecera um conjunto de ideias internamente coerentes, nas quais as teorias que soavam obscuras nunca estavam muito longe da prática, e eu abandonara muito de meu ceticismo com relação a elas.

Provavelmente era verdade que cobiça, ódio e ilusão, a fonte de todo o sofrimento, também eram a fonte da vida e de seus prazeres, ainda que temporários, e que dominá-los pode significar ter de encarar um nada que é mais aterrador que liberador. Mesmo assim, me parecia valer a pena o esforço de controlá-los. Eu via como, com êxito ou não, isso podia significar uma vocação completa em si mesma, tão perto quanto possível de uma vida ética em um mundo movido por cobiça, ódio e ilusão.

Mas eu ainda não estava certo sobre onde os ensinamentos do Buda se situavam em relação aos grandes conflitos políticos e econômicos inadministráveis que cada vez mais definiam os destinos da maioria dos seres humanos. Eles podem ter ajudado Ashoka e outros governantes absolutistas. Mas eu não conseguia ver como eles poderiam ser aplicados à administração de nações e impérios modernos, na quebra de ideologias que haviam moldado muito do mundo contemporâneo e na globalização que refletia um estado efetivo de interdependência econômica e política.

O que o Buda, que vivera em uma época mais simples, tinha a oferecer às pessoas que estavam lutando contra a opressão política, a injustiça econômica e social e a destruição do meio ambiente? Era mais fácil dizer o que ele não tinha prometido. Ele jamais concebera a engenharia social radical e de grande escala que quase todas as ideologias modernas da direita ou da esquerda advogavam — socialismo, democracia de livre mercado, islamismo radical, nacionalismo hindu e imperialismo liberal. Sua indiferença a projetos políticos ambicio-

UM FIM PARA O SOFRIMENTO

sos era parte de sua crença na redenção alcançada individualmente e não coletivamente organizada. O jovem Dalai Lama dissera que o meditador, perante um mundo intratável, começa por consertar seus próprios sapatos, em vez de exigir que todo o planeta seja imediatamente coberto de couro. Mas como isso diminuiria a impotência política que muitas pessoas no mundo de hoje sentiam?

Eu estava em Mashobra havia um mês, aprisionado pela chuva e pela neblina, lendo sobre o Buda e tomando notas, quando certa noite o telefone tocou. Era um amigo de Kolkata. Falou-me das imagens extraordinárias de Nova York passando na tela de sua TV.

Eu sabia que o senhor Sharma raramente ligava seu aparelho. Mesmo assim, atravessei o pomar enquanto a luz começava a cair e bati à porta. Ao abrir a janela do primeiro andar, ele ficou surpreso ao me ver. Tentei transmitir a ele a estranha urgência do momento. Disse-lhe que supostos terroristas haviam jogado aviões sobre dois dos maiores edifícios do mundo. Ele pareceu não entender. Depois disse que era a hora de suas orações.

Ouvi o rádio, falei ao telefone com amigos em Nova York. Imagens terríveis me afloraram à mente, imagens que pareciam ter se acumulado nos últimos vinte anos, durante as muitas insurreições de militantes na Índia, cenas resultantes de dezenas de milhares de assassinatos e centenas de ataques suicidas contra indivíduos e instituições. Elas obscureciam o que eu tentava articular para mim mesmo: que a brutalidade do mundo no qual eu crescera chegara aos Estados Unidos.

Alguns dias mais tarde vi as imagens das torres queimando e desabando numa tela granulada em branco e preto no pequeno barraco do camponês corcunda que trabalhava no pomar abaixo de meu chalé.

A maquinaria da guerra havia então começado a rodar. Líderes com discursos emocionais e dossiês meticulosos — a prova científica do mal — estavam preparando suas massas assustadas para uma

{370}

nova subjugação ao Estado. Os especialistas em *realpolitik*, acadêmicos e jornalistas tomavam a CNN, advogando o fim de Estados e a mudança de regimes, tentando arduamente com suas palavras momentosas — fundamentalismo islâmico, terrorismo, fascismo, totalitarismo, democracia, liberdade, humanidade — apreender a realidade, capturar e cristalizar de alguma forma o fluxo incessante de eventos.

Senti o trabalhador parado atrás de mim. Eu nunca falara com ele. Eu nem sabia seu nome, e quando fui ao pomar e perguntei se podia ver TV em sua casa, ele ficou muito tímido, aquiescendo com a cabeça pendida e depois rapidamente se afastando.

Sua grande família se ocupava em cozinhar uma rala refeição num fogão a querosene a um canto, entre uma desordem de pratos e tigelas de alumínio amassados e um cheiro de óleo de amendoim. Ficaram nervosos comigo, como se não soubessem por que o homem que vivia no grande chalé e parecia bem de vida estava presente em sua habitação esquálida e bagunçada, olhando com atenção algo que eles já haviam visto e rapidamente esquecido.

Durante um dos *replays* das torres desabando, o trabalhador disse, com a voz baixa quase submersa pelos homens excitados da CNN, mas arrepiante em sua sincera convicção: "Isto é tudo vontade de Deus." E por um instante perturbador de perfeita lucidez vi o que ele queria dizer na tela, onde o trabalho virogoso do homem caía por terra pelas mãos de um poder tornado devastador pela tecnologia moderna e que subitamente parecia, com o que realizara, ter sido instigado por uma divindade malevolente.

Na véspera eu ouvira no rádio um discurso que o secretário de Defesa dos Estados Unidos fizera em uma homenagem às vítimas dos ataques. Ele falara dos agressores como crentes na "teologia do eu" e das sussurradas palavras de tentação: "Vocês serão como deuses." Pensei então nos jovens *jihadis* no Paquistão e no Afeganistão: como deviam ter passado rapidamente de sua sensação de cerco e impotência à exultação com a visão da superpotência rica e orgulhosa sendo levada ao pesar e ao ódio.

Os filhos de camponeses em países remotos e atrasados também tinham chegado a possuir os segredos técnicos que haviam feito outros homens terem a presunção de um status divino. E finalmente eles haviam registrado sua chegada ao mundo moderno, na história que os especialistas diziam ter terminado, com uma atrocidade.

Parecia não haver refúgio dos pesadelos de uma história que era agora verdadeiramente universal. Os construtores dessa história e seus vigorosos cronistas não se intimidavam pelas perplexidades de um mundo que se tornara grande demais para que o intelecto humano conseguisse abarcá-lo. Também estavam apaixonados demais por seus próprios conceitos — totalitarismo, liberalismo, fundamentalismo, imperialismo, terrorismo etc. — para examinar as suposições mal elaboradas que justificavam seu pensamento; por exemplo, a crença de que os seres humanos têm uma identidade única.

A ideologia — democracia, liberdade, virtude islâmica — dava-lhes a certeza moral com a qual eles falavam da necessidade de violência para reconstruir o mundo. Fazia-os presumir, quase como coisa certa — retrocedendo em uma escala terrível aos rituais sangrentos das sociedades tribais —, que alguns devem morrer para que outros possam viver felizes e livres.

Dado seu poder imenso de manipular e coagir, era fácil ver em todo lugar indivíduos reduzidos a peças de reposição de uma humanidade imaginária. Mas faltava algo nessa visão desoladora e tocante de indivíduos entregues a vastas forças cegas.

Era isso que eu começara a ver com mais clareza naquele outono em Mashobra: o que o Buda enfatizara às pessoas impotentes apanhadas no caos de seu próprio tempo: como a mente, onde desejo, ódio e ilusão correm soltos, criando as glórias e derrotas do passado bem como as esperanças do futuro e a possibilidade de um sofrimento interminável, é também o lugar — o único lugar —, onde os seres humanos podem ter pleno controle de suas próprias vidas.

É na mente que surge o arrebatamento da história, a confusão de conceitos e de ações com consequências imprevisíveis. É ainda onde esses conceitos são revelados como construções frágeis e arbitrárias, como essencialmente vazios. O que se parece com a necessidade se enfraquece no autoconhecimento da mente, e a liberdade real se torna tangível.

Essa liberdade não está em nenhum outro lugar que não seja o momento presente — o presente concreto, o aqui e agora que o Buda afirmou sobre as reivindicações de um passado abstrato e um futuro ilusório.

Viver no presente, com um alto grau de autoconsciência e compaixão manifestado mesmo nos mínimos atos e pensamentos — isso parece um remédio pessoal para um mal pessoal. Mas tornar o cotidiano profundo e ético era parte da resposta corajosa e original do Buda para a crise intelectual e espiritual de seu tempo — a crise criada pela fragmentação de sociedades menores e pela perda de moralidades mais antigas. Em muito do que havia falado e feito, ele tocara no sofrimento dos seres humanos destituídos dos velhos consolos da fé e desorientados em um mundo muito grande e cheio de novas tentações e perigos estranhos.

Essa foi a condição humana também descrita por Baudelaire, Kierkegaard, Nietzsche e Dostoievski, com grande paixão intelectual, angústia e ironia. Mas o Buda não se contentara com a descrição vívida ou o lamento eloquente. Ele não apenas diagnosticara o novo impasse intelectual e espiritual enfrentado por seres humanos num tempo de mudanças tumultuadas: tentara também superá-lo. No processo, minara muitas das premissas que estão por trás dos arranjos políticos e econômicos da era moderna.

Em um mundo cada vez mais definido pelo conflito de indivíduos e sociedades que buscam agressivamente seus interesses particulares,

UM FIM PARA O SOFRIMENTO

ele mostrou tanto indivíduos quanto sociedades como necessariamente interdependentes. Desafiou o próprio fundamento da autopercepção humana convencional — uma identidade estável e essencial — ao demonstrar que o eu humano é plural e instável — aquele que sofria, mas também tinha o potencial de terminar com seu sofrimento. Psicólogo arguto, o Buda pregou uma suspeita radical em relação ao desejo, assim como em relação a suas sublimações — os conceitos sedutores de ideologia e história. Ofereceu um regime moral e espiritual que levou a nada menos que uma maneira completamente nova de olhar e experimentar o mundo.

Eu não entenderia isso nos dias esperançosos em que cheguei pela primeira vez a Mashobra e pensei em escrever sobre o Buda. Ele era então parte de uma antiguidade semimítica, na qual eu me imaginara perambulando com prazer por alguns anos.

Eu iria alterar minha percepção, mas em minha opinião o Buda, como um terapeuta rigoroso e sutil, ainda pertencia ao meu passado. Levou muito mais tempo, e foi necessário muito mais conhecimento e experiência, para que eu percebesse como um verdadeiro contemporâneo.

Agora o vejo em meu próprio mundo, em meio à sua grande violência e confusão, mantendo a possibilidade do conhecimento e da redenção — a consciência, subitamente libertadora, com a qual eu finalmente comecei a escrever sobre o Buda.

Agradecimentos

Este livro foi escrito durante mais de uma década de viagens e leituras, e acumulei muitas dívidas. Posso reconhecer apenas algumas delas aqui e nas notas que se seguem. O encorajamento e apoio de Barbara Epstein foram inestimáveis. Jason Epstein trouxe seu habitual rigor intelectual ao original, que também se beneficiou muito da leitura atenta de Jonathan Galassi, Andrew Kidd, Sam Humphreys, John H. Bowles, Craig Murphy, Margery Sabin, John Gray, Mary Mount, Paul Elie, Jeremy Russell e Robyn Davidson. Sou grato também a Norma Bowles, J. F. Christie, meus pais e irmãs, e aos Sharma em Mashobra por suas várias gentilezas para comigo.

Notas

As notas são voltadas ao leitor não especializado que deseja explorar mais a fundo os temas que discuti neste livro. Alterei muitas vezes as traduções de livros budistas citados para facilitar a leitura.

Abreviações

NA *Numerical Discourses of the Buddha: An Anthology of Suttas from the Anguttara Nikaya*, trad. Nyanaponika Thera e Bhikkhu Bodhi, Délhi, Vistaar, 2000.

DN *Digha Nikaya*, trad. como *The Dialogues of the Buddha*, 3 vols., T. W. Rhys Davids, rep. Londres, P.T.S., 1973.

MN *Majjhima Nikaya*, trad. como *The Middle Length Discourses of the Buddha*, Bhikkhu Nanamoli, Boston, Wisdom Publications, 2ª edição, 2001.

SN *Samyutta Nikaya*, trad. como *The Connected Discourses of the Buddha*, Bhikkhu Bodhi, Boston, Wisdom Publications, 2000.

A invenção do "budismo"

1. Diálogo entre Nagasena e Menandro, adaptado de *The Questions of King Milinda*, trad. T. W. Rhys Davids, 1890, rep. Délhi, Motilal Banarasidass, 2 vols., 1965, p. 43-4.

2. Tradução da inscrição do pilar em Lumbini de Thapar Romila, *Ashoka and the Decline of the Mauryas*, Délhi, Oxford University Press, 2ª edição, 1997, p. 261.

UM FIM PARA O SOFRIMENTO

3. Para mais informações sobre Hiuen Tsang, ver René Grousset, *In the Footsteps of the Buddha*, trad. Mariette Leion, Londres, Routledge and Kegan Paul, rep. 1972. *Si-yu-ki, Buddhist Records of the Western World*, trad. do mandarim de Hiuen Tsang por Samuel Beal, 1884, Délhi, Oriental Books Reprint Corp., 2 vols., 1969. *Hui Li: The Life of Hiuen-Tsiang*, Samuel Beal, trad. 1911, rep. Delhi, Munshiram Manoharlal, 1973.

4. Para uma apresentação mais vivaz do Buda como crítico da ideologia brâmane, ver Kancha Ilaiah, *God as a Political Philosopher: Buddha's Challenge to Brahminism*, Kolkata, Samya, 2001. Alguns dos escritos de Ambedkar sobre o Buda estão coletados em Valerie Rodrigues (ed.), *The Essential Writings of B. R. Ambedkar*, Délhi, Oxford University Press, 2002. Ver também Sangharakshita, *Ambedkar and Buddhism*, Londres, Windhorse Publications, 1986.

5. Asvaghosa, *Buddhacarita*, caps. 1-17, E. B. Cowell (trad. e ed.) em *Buddhist Mahayana Texts*, Nova York, Dover Publications, 1969.

6. Claude Lévi-Strauss, *Tristes Tropiques*, trad. John e Doreen Weightman, Londres, Jonathan Cape, 1973, p. 503.

7. Osip Mandelstam, *The Collected Critical Prose and Letters*, Londres, Collins Harvill, 1991.

8. Jorge Luis Borges, *The Total Library: Non-Fiction*, 1922-1986, Londres, Penguin, 1999, p. 3-9.

9. Visitando a Índia no século VII, Hiuen Tsang viu mosteiros budistas abandonados e destruídos na Caxemira e em outros lugares. Para uma interessante perspectiva tibetana sobre o declínio do budismo na Índia, ver Debiprasad Chattopadhyaya (ed.), *Taranatha's History of Buddhism in India*, trad. do tibetano por Lama Chimpa e Alaka Chattopadhyaya, Délhi, Motilal Banarasidass, 1990. Para uma visão marxista do encontro entre o bramanismo e o budismo, ver D. D. Kosambi, "The Decline of Buddhism in India", em *Exasperating Essays: Exercises in the Dialectical Method*, Pune, R. P. Nene, 1986.

10. Para informações sobre as primeiras ligações entre a Índia e o Ocidente, ver W. W. Tarn, *Greeks in Bactria and India*, Munshiram Manoharlal, Délhi, 1951; George Woodcock, *The Greeks in India*, Londres, Faber, 1966; E. M. McCrindle, *Ancient India as Described by Megesthenes and Arrian*, Londres, 1877, rep. Délhi, Oriental Books Reprint Corporation, 1979; Demetrios Vassiliades, *The Greeks in India: A Survey in Philosophical Understanding*, Delhi, Munshiram Manoharlal, 2000; Donald F. Lach, *Asia in the Making of Europe*, vol. 1, livro 1, Chicago, University of Chicago Press, 1965.

11. Victor Jacquemont, *Letters from India*, 2 vols., 1834, rep. Délhi, AES, 1993, vol. 2, p. 200.

{378}

NOTAS

12. Jacquemont, vol. 1, p. 199.

13. *Ibid.*, p. 228.

14. Para um relato das origens de Kennedy e Simla, ver Pamela Kanwar, *Imperial Simla: The Political Culture of the Raj*, Délhi, Oxford University Press, 1990.

15. Jacquemont, vol. 1, p. 252.

16. Para uma visão geral do engajamento erudito britânico com a Índia, ver P. J. Marshall (ed.), *The British Discovery of Hinduism in the Eighteenth Century*, Cambridge, Cambridge University Press, 1970; John Keay, *India Discovered: The Achievement of the British Raj*, Leicester, Windward, 1981; Philip Almond, *The British Discovery of Buddhism*, Cambridge, Cambridge University Press, 1988; Charles Allen, *The Buddha and the Sahibs: The Men Who Discovered India's Lost Religion*, Londres, John Murray, 2002. Para uma análise crítica das hipóteses indianas e ocidentais sobre as religiões indianas, ver Richard King, *Orientalism and Religion*, Délhi, Oxford University Press, 1999.

17. Sobre budismo na China, ver Stanley Weinstein, *Buddhism Under the T'ang*, Cambridge. Cambridge University Press, 1987; Arthur Wright, *Buddhism in Chinese History*, 1959, rep. Stanford, Stanford Univcrsit; Press, 1971; K. Ch'en, *Buddhism in China: A Historical Survey*, Princeton, Princeton University Press, 1973. Sobre os contatos entre a Índia e a China, ver P. C. Bagchi, *India and China: A Thousand Years of Cultural Relations*, 1950, rep. Westport, Greenwood Press, 1971; Lin Xinru, *Ancient India and China: Trade and Religious Exchanges*, Délhi, Oxford University Press, 1988.

18. O tom de Macaulay, assim como o de muitos britânicos no século XIX, foi estabelecido pela influente *History of British India*, de James Mill, 1817. Mill nunca visitou a Índia, mas a falta de experiência direta não o impediu de atacar "o absurdo e a loucura" da religião indiana. Seu filho, John Stuart Mill, rejeitou todas as reivindicações europeias de superioridade racial, mas ainda acreditava que o "Oriente" era um lugar atrasado. Para uma discussão estimulante do ponto de vista de Mill sobre o imperialismo, ver J. S. Mehta, *Liberalism and the Empire: India in British Liberal Thought*, Délhi, Oxford University Press, 1999.

19. Jacquemont, vol. 1, p. 235.

20. Sobre os românticos alemães e a Índia, ver W. Halbfass, *India and Europe: An Essay in Understanding*, Albany, State Universty of New York Press, 1988; Raymond Schwab, *The Oriental Renaissance: Europe's Rediscovery of India and the East, 1680-1880*, Nova York, Columbia University Press, 1984.

21. Jacquemont, vol. 2, p. 306.

22. *Ibid*, p. 307

UM FIM PARA O SOFRIMENTO

23. *Ibid*, p. 283.

24. Para mais informações sobre William Moorcroft e Alexander Csoma De Körös, ver John Keay, *Explorers of the Western Himalayas, 1820-1895*, Londres, John Murray, 1996; Edward Fox, *The Hungarian who Walked to Heaven: Alexander Csoma De Körös, 1784-1842*, Londres, Short Books, 2001.

O mundo do Buda

1. Para a Índia antes do budismo, ver F. R. and B. Allchin, *The Birth of Indian Civilisation*, Délhi, Penguin, 1997; A. L. Basham, *The Origins and Development of Classical Hinduism*, Boston, Beacon Press, 1989; Romila Thapar, *Early India: From the Origins to AD 1300*, Londres, Allen Lane, 2003; Romila Thapar, *Interpreting Early India*, Délhi, Oxford, Oxford University Press, 1992; D. D. Kosambi, *An Introduction to the Study of Indian History*, 2ª edição, Mumbai, Popular Prakashan, 1975. Sobre cidades indianas antigas, ver R. S. Sharma, *Material Culture and Social Formation in Ancient India*, Délhi, Macmillan, 1985; D. K. Chakrabarti, *The Archaelogy of Ancient Indian Cities*, Délhi, Oxford University Press, 1992.

2. Sobre a antiga teoria do sacrifício, ver Georges Bataille, especialmente o capítulo sobre budismo tibetano, em *The Accursed Share: An Essay on General Economy*, trad. Robert Hurley, vol. 1, Londres, Zone, 1989. Ver também Roberto Calasso, *The Ruin of Kasch*, trad. William Weaver e Stephen Sartarelli, Cambridge, Harvard University Press, 1994.

3. Para uma discussão controvertida mas estimulante sobre as origens do sistema indiano de castas, ver Louis Dumont, *Homo Hierarchicus*, 1970, rep. Délhi, Oxford, 1998. Ver também B. K. Smith, *Classifying the Universe: The Ancient Indian Varna System and the Origins of Caste*, Nova York, Oxford University Press, 1989.

4. Para informações sobre as condições sociais e políticas no norte da Índia durante o tempo do Buda, ver H. C. Raychaudhuri, *The Political History of Ancient India*, 1965, rep. Délhi, Oxford University Press, 1996; N. N. Wagle, *Society at the Time of the Buddha*, Mumbai, ed. revista, Popular Prakashan, 1995; B. C, Law, *The Geography of Early Buddhism*, Délhi, Oriental Books Reprint Corporation, 1979.

5. AN, p. 55.

6. A história do Buda é encontrada em *Buddhist Birth Stories: Jataka Tales: The Commentarial Introduction entitled Nidana-Khata*, trad. T. W. Rhys Davids, Londres, George Routledge and Sons, 1925, p. 151-4.

{380}

NOTAS

7. Citado em A. L. Basham, *The Wonder That Was India*, 3ª ed. revisada, Nova Délhi, Rupa & Co., 1967. Ver outra versão do Hino da Criação no esfuziante comentário em Wendy Doniger O'Flaherty, *The Rig Veda: An Anthology of One Hundred and Eight Hymns*, Harmondsworth, Penguin, 1981. Ver também A. B. Keith, *The Religion and Philosophy of the Veda and Upanishads*, 2 vols., 1925, rep. Délhi, Motilal Banarasidass, 1989; *The Origins and Development of Classical Hinduism*, Boston, Beacon Press, 1989.

8. Em A. L. Basham, *The Wonder That Was India*, p. 250.

9. Sobre Pitágoras e transmigração, ver Jonatan Barnes, *Early Greek Philosophy*, Londres, Penguin, 2001, p. 33.

10. Para um relato erudito mas acessível de ioga, ver Mircea Eliade, *Patanjali & Yoga*, trad. Charles Lam Markmann, Nova York, Funk and Wagnalls, 1969.

11. Sobre *karma*, ver Wendy Doniger O'Flaherty (ed.), *Karma and Rebirth in Classical Indian Traditions*, Délhi, Motilal Banarasidass, 1983.

12. Patrick Olivelle, *Upanisads*, Nova York, Oxford University Press, 1996, p. 65.

13. *Ibid.*, p. 142.

14. Hesíodo e Teógonis, *Theogony & Works and Days; Elegies*, trad. Dorothea Wender, Harmondsworth, Penguin, 1973, p. 54-5.

15. Sobre o início do ascetismo indiano, ver A. L. Basham, *History and Doctrine of the Ajivikas*, Londres, 1952, rep. Motilal Banarasidass, Delhi, 1982; G. C. Pande, *Studies in the Origin of Buddhism*, 1957, ed. revisada, Delhi, Motilal Banarasidass, 1995; Deviprasad Chattopadhyaya, *Lokayata: A Study in Ancient Indian Materialism*, Délhi, People's Publishing House, 1981.

16. Os dizeres dos contemporâneos radicais do Buda são encontrados em DN, vol. 1, p. 69-70. Ver também SN, p. 991-1003. Para uma discussão ampla da Índia no tempo de Buda, ver Uma Chakravarti, *The Social Dimensions of Early Buddhism*, Délhi, Munshiram Manoharlal, 1987.

A morte de Deus

1. Friederich Nietzsche, *Daybreak, Thoughts on the Prejudices of Morality*, trad. R. J. Hollingdale, Cambridge, Cambridge University Press, 1997, p. 54. Paul Deussen, um dos amigos mais próximos de Nietzsche, foi um dos mais prominentes indólogos de seu tempo. Mas Nietzsche parece ter conseguido grande parte das informações sobre budismo em livros como o de Carl Friedrich Köppen, *The Religion of the Buddha*, que também foi lido por Schopenhauer, Wagner e pelo historiador francês Hippolyte Taine, a quem Nietzsche muito admirava.

{381}

UM FIM PARA O SOFRIMENTO

2. Friedrich Nietzsche, *Twilight of the Idols/The Anti-Christ*, trad. R. J. Hollingdale, Harmondsworth, 1968, p. 141.
3. *Ibid.*, p. 137.
4. Friedrich Nietzsche, *The Gay Science*, trad. R. J. Hollingdale, Cambridge, Cambridge University Press, 2001, p. 219.
5. Citado em Erich Heller, *The Importance of Nietzsche*, Chicago, University of Chicago Press, 1988, p. 5.
6. Nietzsche, *The Gay Science*, p. 181.
7. Karl Marx, "The Communist Manifesto", Marx/Engels *Selected Works*, vol. 1, Moscow, Progress Publishers, 1969, p. 98-137.
8. Para uma discussão bem-informada e criteriosa sobre os modernistas islâmicos, ver Fazlur Rahman, *Islam and Modernity*, Chicago, University of Chicago Press, 1982. Ver também Albert Hourani, *Arabic Thought at the Liberal Age: 1798-1939*, Oxford, Oxford University Press, 1962.
9. Sobre Vivekananda, ver Tapan Raychaudhuri, *Perceptions, Emotions, Sensibilities*, Délhi, Oxford University Press, 1999, e do mesmo escritor, *Europe Reconsidered*, Délhi, Oxford University Press, ed. revisada, 2002; Amiya P. Sen, *Swami Vivekananda*, Délhi, Oxford University Press, 2000.
10. Citado em William Radice (ed.), *Swami Vivekananda: The Modernization of Indian Tradition*, Délhi, Oxford University Press, 1998, p. 28.
11. Karl Marx, *The German Ideology, Collected Works*, Moscou, Progress Publishers, vol. 5, p. 27.

O longo caminho para o Caminho do Meio

1. *Buddhist Birth Stories: Jakata Tales*, trad. T. W. Rhys Davids, Londres, George Routledge and Sons, 1925, p. 163-4.
2. AN, p. 54.
3. MN, p. 340.
4. MN, p. 187.
5. *Buddhist Birth Stories*, p. 173.
6. MN, p. 335.
7. MN, p. 256.
8. Allen Ginsberg, *Indian Journals*, São Francisco, Haselwood Books/City Lights Books, 1970, p. 202-3. Para outro ponto de vista sobre Ginsberg na Índia, ver Gary Snyder, *Passage Through India*, São Francisco, Grey Fox Press, 1983.
9. *Buddhist Birth Stories*, p. 180. Ver também *Sutta Nipata*, trad. como *Woven Cadences of Early Buddhists*, por E. M. Hare, Pali Text Society, Londres, 1945, p. 405-24.

NOTAS

10. Sobre os primeiros mestres do Buda, ver MN, p. 257-9.
11. Sobre meditação, ver E. Conze, *Buddhist Meditation*, Délhi, Munshiram Manoharlal Publishers, 1997. Ver também Nyanaponika Thera, *The Heart of Buddhist Meditation*, Londres, Rider, 1969.
12. MN, p. 259.
13. MN, p. 174.
14. MN, p. 175 e 239.
15. MN, p. 340

Uma ciência da mente

1. *The Dhammapada*, trad. S. Radhakrishnan, Oxford, Oxford University Press, 1950, p. 110.
2. SN p. 158.
3. Citado por William Theodore de Bary (ed.), *The Buddhist Tradition in India, China and Japan*, Nova York, Vintage, 1972, p. 100.
4. Para uma crítica do ponto de vista reducionista da consciência, ver John Searle, *The Mystery of Consciousness*, Nova York, NYRB Books, 1997 e, do mesmo autor, *Mind, Language and Society*, Nova York, Basic Books, 1998.
5. SN, p. 595.
6. Fiodor Dostoievski, *Notes From the Underground*, trad. Constance Garnett, Nova Yor, Dover, 1992, p. 12.
7. *Ibid.*
8. Para mais sobre a escola Yogachara, ver A. K. Warder, *Indian Buddhism*, 1970, ed. revisada, Délhi, Motilal Banarasidass, 2000; Lal Mani Joshi, *Studies in the Buddhistic Culture of India*, Délhi, Munshiram Manoharlal, 1977; Jay L. Garfield, *Empty Words: Buddhist Philosophy and Cross-Cultural Interpretation*, Nova York, Oxford University Press, 2002.
9. Werner Heisenberg, *Physics and Philosophy: The Revolution in Modern Science*, Londres, Penguin, 1990. A literatura sobre as ligações entre o budismo e a ciência moderna está crescendo rápido. Para uma visão geral, ver B. Alan Wallace (ed.), *Buddhism and Science: Breaking New Ground*, Nova York, Columbia University Press, 2003.

Girando a roda

1. MN, p. 261-2.
2. Ver MN, p. 263-4.

{383}

UM FIM PARA O SOFRIMENTO

3. SN, p. 1.843.

4. David Hume, *Dialogues Concerning Natural Religion*, 1779, Harmondsworth, Penguin, 1990, p. 106-7.

5. Michel de Montaigne, *The Complete Works: Essays, Travel Journal, Letters*, trad., Donald M. Frame, Stanford, Stanford University Press, 1958, p. 964.

6. *Ibid.*, p. 565.

7. *Ibid.*, p. 611.

8. MN., p. 203-4.

9. SN, p. 1.843.

10. Citado em Nanamoli, *The Life of Buddha: According to the Pali Canon*, Kandy, BPS, 3ª ed., 1992, p. 32.

11. SN, p.1.843.

12. Citado em Michael Carrithers, *The Buddha*, Oxford, 1983, p. 61.

13. Erasmo, citado em Tzvetan Todorov, *Imperfect Garden: The Legacy of Humanism*, Princeton, Princeton University Press, 2002, p. 237.

14. Friedrich Nietzsche, *The Gay Science*, trad. R. J. Hollingdale, Cambridge, Cambridge University Press, 2001, p. 162-3.

15. Sobre ciência e meditação, ver "The Colour of Hapiness", *New Scientist*, 24 de maio de 2003.

16. A. A. Long e D. N. Sedley (eds.), *The Hellenistic Philosophers: Vol. 1, Translations of the Principal Sources, with Philosophical Commentary*, Cambridge, Cambridge University Press, 1987, p. 155. Martha C. Nussbaum descreve os filósofos helenistas de maneira que os fazem parecer muito próximos do Buda. Ver seu *The Therapy of Desire: Theory and Practice in Hellenistic Ethics*, Princeton, Princeton University Press, 1996. Ver também A. A. Long, *Hellenistic Philosophy: Stoics, Epicureans, and Sceptics*, 2ª ed., Berkeley, University of California Press, 1986.

17. MN, p. 1.092-3.

18. A lenda de Yasa é contada no *Vinaya*. Ver Hajime Nakamura, *Gotama Buddha*, Tóquio, Kosei, 2000, p. 276-85.

19. Sócrates citado em Pierre Hadot, *What is Ancient Philosophy?*, trad. Michael Chase, Cambridge, Harvard University Press, 2002, p. 29. No final do livro, Hadot menciona o budismo e espera ter sugerido que "os antigos estavam mais próximos do Oriente do que nós". Para a elegante tentativa de Hadot de resgatar a filosofia ocidental de seu claustro acadêmico, ver sua *Philosophy as a Way of Life: Spiritual Exercises from Socrates to Foucault*, trad. Michael Chase, Oxford, Blackwell Publishers, 1995.

20. MN, p. 534.

21. *Ibid.* p. 535.

NOTAS

22. Citado em Nakamura, *Gotama Buddha*, p. 286.

23. *Ibid.*, p. 289.

24. Citado em Stephen Batchelor, *The Awakening of the West: The Encounter of Buddhism and Western Culture*, Berkeley, Parallax Press, 1994, p. 38.

Procurando o eu

1. Para o diálogo entre Buda e Vacchagotta, ver SN, p. 1393.

2. René Descartes, "Meditations on First Philosophy", em J. Cottingham, R. Stoothoff. e D. Murdoch (trad.), *The Philosophical Writings of Descartes*, vol. 2, Cambridge, Cambridge University Press, 1984, p. 19.

3. Para uma exposição detalhada das teorias do Buda sobre o eu, ver S. Hamilton, *Identity and Experience: The Constitution of the Human Being According to Early Buddhism*, Londres, Luzac Oriental, 1996; S. Collins, *Selfless Person: Imagery and Thought in Theravada Buddhism*, Cambridge, Cambridge University Press, 1982.

4. Para um relato claro dos cinco *skandhas*, ver Walpole Rahula, *What the Buddha Taught*, Oxford, Oneworld, rep. 1997.

5. David Hume, *A Treatise of Human Nature*, Harmondsworth, Penguin, 1969, p. 300.

6. *Ibid.*, p. 301.

7. Marcel Proust, *Remembrance of Things Past*, trad. C. K. Scott Moncrieff, vol. 1, Londres, Chatto and Windus, 1964, p. 58.

8. *Ibid.*, p. 60.

9. *Ibid.*, p. 61.

10. MN, p. 927.

11. *The Voice of the Buddha: Lalitavistara Sutra*, trad. Gwendoline Bays, 2 vols., Berkeley, Dharma Publishing, 1983, p. 175-7.

12. DN, vol. 2, p. 53-4.

13. Citado em William S. Waldron, *The Buddha Unconscious*, Londres, Routledge, 2002, p. 68.

14. Friedrich Nietzsche, *The Gay Science*, trad. R. J. Hollingdale, Cambridge, Cambridge University Press, 2001, p. 112.

15. DN, vol. 2, p. 60.

16. Para uma interpretação moderna da filosofia de Nagarjuna, ver Stephen Batchelor, *Verses from the Centre: A Buddhist Vision of the Sublime*, Nova York, Riverhead, 2000. Ver também J. L. Garfield, *Empty Words: Buddhist Philosophy and Cross-Cultural Interpretation*, Nova York, Oxford University Press, 2002.

{385}

UM FIM PARA O SOFRIMENTO

17. Claude Lévi-Strauss, *Tristes Tropiques*, trad. John e Doreen Weightman, Londres, Jonathan Cape, 1973, p. 503. Afirma-se que Heidegger, entre outros pensadores modernos, encontrara afinidades entre suas ideias e o zen-budismo. Michel Foucault era profundamente interessado na filosofia budista e sentiu que uma filosofia do futuro apenas poderia surgir do mundo não ocidental, ou "nascer em decorrência do encontro entre países europeus e não europeus e dos impactos de tais encontros". Veja seu diálogo com um monge japonês em Jeremy R. Carrette (ed.), *Religion and Culture*, Nova York, Routledge, 1999. Para uma visão feminista do budismo, ver Luce Irigaray, *Between East and West: From Singularity to Community*, trad. Stephen Pluhacek, Nova York, Columbia University Press, 2002.

O sermão do fogo

1. SN, p. 1.143.
2. Para uma discussão da lenda de Angulimala, ver Richard F. Gombrich, *How Buddhism Began: The Conditioned Genesis of the Early Teachings*, Londres, Athlone Press, 1996.
3. Sobre o papel das mulheres no patriarcado bramânico, ver Uma Chakravarti, "Beyond the Altekarian Paradigm: Towards a New Understanding of Gender Relations in Early Indian history", em Kumkum Roy (ed.), *Women in Early Indian Societies: Readings in Early Indian History*, Délhi, Manohar, 2001.
4. SN, p. 222. Para uma análise meticulosa das atitudes budistas com relação às mulheres, ver Rita M. Gross, *Buddhism after Patriarchy: A Feminist History, Analysis, and Reconstruction of Buddhism*, Albany, SUNY Press, 1993.
5. MN, p. 267.

Uma política espiritual

1. SN, p. 176.
2. DN, vol. 2, p. 80.
3. Ver DN, vol. 3, p. 173.
4. Citado em Pierre Hadot, *Philosophy as a Way of Life: Spiritual Exercises from Socrates to Foucault*, trad. Michael Chase, Oxford, Oxford University Press, 1995, p. 84.
5. Sobre o budismo na Tailândia e no Sri Lanka, ver S. J. Tambiah, *World Conqueror and World Renouncer: A Study of Buddhism and Polity in Thailand Against a Historical Background*, Cambridge, Cambridge University Press,

NOTAS

1984; Michael Carrithers, *The Forest Monks of Sri Lanka, An Anthropological and Historical Study*, Délhi, Oxford University Press, 1983; Richard, F. Gombrich, *Theravada Buddhism: A Social History from Ancient Benares to Modern Colombo*, Londres, Routledge, 1988; H. L. Seneviratne, *The Work of Kings: The New Buddhism in Sri Lanka*, Chicago, University of Chicago Press, 2000.

6. Sobre o infortúnio de Platão em Siracusa, ver M. I. Finley, *Aspects of Antiquity*, Londres, Chatto and Windus, 1968.

7. Sobre o conselho de Nagarjuna ao rei, ver *Nagarjuna's Letter*, trad. Geshe Lobsang Tharchin e Artemus B. Engle, Dharamshala, Library of Tibetan Works and Archives, 1979.

8. Sobre a história a respeito do rei e do brâmane, ver DN, vol. 1, p. 173.

9. SN, p. 177.

10. *Ibid.*, p. 278. Para um estudo amplo da ética budista, ver D. Keown, *The Nature of Buddhist Ethics*, Londres, Macmillan, 1992.

Impérios e nações

1. Xenofonte, *Cyropaedia*, trad. W. Miller, Loeb Classical Library, Cambridge, Mass., 1989.

2. Sobre Alexandre e os ascetas, ver *Plutarch's Lives*, vol. 2, trad. Dryden, revisado por Arthur Hugh Clough, Nova York, Modern Library, 1992, p. 190.

3. A. B. Bosworth apresenta um relato deprimente da brutalidade de Alexandre em *Alexander and the East*, Oxford, Clarendon Press,1996. Ver também seu *Conquest and Empire: The Reign of Alexander the Great*, Cambridge, Cambridge University Press, 1988; Robin Lane Fox, *Alexander the Great*, Londres, Penguin, 1973, e Mary Renault, *The Nature of Alexander*, Londres, Penguin, 1983. Nietzsche denunciou Alexandre como "a cópia grosseira e a abreviação da história grega".

4. Arrian, citado em Bosworth, *Alexander*, p. 149.

5. Romila Thapar, *Ashoka and the Decline of the Mauryas*, Délhi, Oxford University Press, 2ª edição, 1997, p. 255.

6. *Ibid.*, p. 252-3.

7. *Ibid.*, p. 339.

8. Shaku Soyen, *Sermons of a Buddhist Abbot: Adresses on Religious Subjects*, trad. D. T. Suzuki, Nova York, Weiser, 1971, p. 211. Ver também Brian Victoria, *Zen at War*, Nova York, Weatherhill, 1998.

9. Friedrich Nietzsche, *The Gay Science*, trad. R. J. Hollingdale, Cambridge, Cambridge University Press, 2001, p. 242.

{387}

UM FIM PARA O SOFRIMENTO

10. Ernst Jünger, citado em Robert Calasso, *The Forty-Nine Steps*, trad. John Shepley, Londres, Pimlico, 2002. Ver também Ernst Jünger, *Storm of Steel*, trad. Michael Hoffmann, Londres, Allen Lane, 2003.

11. Rabindranath Tagore, *Nationalism*, Londres, Papermac, 1991, p. 21-2.

12. Simone Weil, *The Need for Roots*, trad. A. F. Wills, Londres, Routledge, Keagan and Paul, 1952, p. 122.

13. Friedrich Nietzsche, *Writings from the Late Notebooks*, trad. Kate Sturge, Cambridge, Cambridge University Press, 2003, p. 238. Para uma crítica radical cristã dos arranjos políticos modernos, ver Reinhold Niehbuhr, *Moral Man and Immoral Society: A Study in Ethics and Politics*, 1932, rep. Louisville, Westminster John Knox Press, 2001. Para os antecedentes filosóficos da ideia do Estado, ver Ernst Cassirer, *The Myth of the State*, New Haven, Conn., Yale University Press, 1946.

14. A descrição clássica da ascensão do individualismo na Europa é a de Jacob Burckhardt, *The Civilization of the Renaissance in Italy*, trad. S. G. C. Middlemore, Harmondsworth, Penguin, 1990. Burckhardt tinha uma visão pessimista das perspectivas do indivíduo moderno, embora nunca tenha ido tão longe quanto seu aluno, Nietzsche. Ver Jacob Burckhardt, *Force and Freedom: Reflections on History*, Nova York, Pantheon, 1943. Ver também "*Burckhardt and Nietzsche*" em Erich Heller, *The Desinherited Mind: Essays in Modern German Literature and Thought*, Nova York, Farrar, Straus and Giroux, 1957.

15. Adam Smith, *The Theory of Moral Sentiments*, Oxford, Oxford University Press, 1976. Para uma análise estimulante de filósofos conceituando um novo ser humano, ver C. B. Macpherson, *The Political Theory of Possessive Individualism, Hobbes to Locke*, Oxford, Clarendon Press, 1962. Ver também sua introdução a *Leviathan*, Harmondsworth, Pelican, 1968.

16. Jean-Jacques Rousseau, *The Social Contract and Discourses*, trad. G. D. H. Cole, Nova York, Everyman's Library, p. 32.

17. *Ibid.*, p. 297.

18. Franz Rosenzweig, *The Star of Redemption*, trad. William W. Hallo, Nova York, Holt, Rinehart and Wonston, 1970, p. 3.

19. Paul Valéry, "The Crisis of the Mind", em *The Outlook for Intelligence*, trad. Denise Folliot e Jackson Mathews, Princeton, Bollingen, 1989, p. 24. Valéry foi apenas um dentre muitos intelectuais europeus forçados a reconsiderar as lealdades do século XIX à história e ao progresso. Ver também José Ortega y Gasset, *History as System*, Nova York, Norton, 1962; Albert Camus, *The Rebel*, trad. Anthony Bower, Harmondsworth, Penguin, 1968; Gottfried Benn, *Primal Vision*, E. B. Ashton (ed.), Nova York, New Directions, 1971; E. M.

{388}

NOTAS

Cioran, *History and Utopia*, trad. Richard Howard, Chicago, Univesity of Chicago Press, 1998; Robert Musil, *Precision and Soul*, Burton Pike e David Luft (eds.), Chicago, University of Chicago Press, 1990; Simone Weil, *Oppression and Liberty*, trad. Arthur Wills e John Petrie, Londres, Routledge, 2001.

20. *Sutta Nipata*, trad. como *Woven Cadences of Early Buddhists*, por E. M. Hare, Pali Text Society, Londres, p. 118.

21. Sobre o destino do budismo na China, no Tibete e no sudeste da Ásia, ver Holmes Welch, *Buddhism Under Mao*, Cambridge, Harvard University Press, 1972; Tsering Shakya, *Dragon in the Land of Snows: A History of Modern Tibet Since 1947*, Nova York, Penguin, 2000; Palden Gyatso, *Fire Under the Snow: Testimony of a Tibetan Prisoner*, Londres, Harvill, 1997; François Bizot, *The Gate*, Nova York, Knopf, 2003.

22. Nikolai Berdiaev, *The Fate of Man in the Modern World*, trad. D. Lowrie, Londres, Student Christian Movement Press, 1935.

23. Václav Havel, *Living in the Truth*, Londres, Faber, 1987. p. 70.

24. *Ibid.*, p. 154-5.

25. Nathuram Godse, *May It Please Your Honour*, Délhi, Surya Bharati Prakashan, 2000.

Dharmas ocidentais

1. Friedrich Nietzsche, *Twilight of the Idols/The Anti-Christ*, trad. R. J. Hollingdale, Harmondsworth, Penguin, 1968, p. 142.

2. AN, p. 65.

3. Alexis de Tocqueville, *Democracy in America*, trad. Harvey C. Mansfield e Delba Winthrop, Chicago, University of Chicago Press, 2000, p. 512.

4. Kerouac citado em Carole Tonkinson (ed.), *Big Sky Mind: Buddhism and the Beat Generation*, Nova York, Riverhead, 1995, p. 31.

5. Stephen Batchelor, *Buddhism Without Beliefs: A Contemporary Guide to Awakening*, Nova York, Riverhead, 1997. Ver também M. Epstein, *Thoughts Without a Thinker: Psychotherapy from a Buddhist Perspective*, Nova York, Basic Books, 1995.

Superando o niilismo

1. Friedrich Nietzsche, *The Will to Power*, trad. Walter Kauffmann e R. J. Hollingdale, Nova York, Viking, 1968, p. 866.

2. Nietzsche, *Anti-Christ*, p. 142.

UM FIM PARA O SOFRIMENTO

3. Para comentários de Nietzsche sobre Heráclito, ver seu pouco conhecido ensaio *Philosophy in the Tragic Age of the Greeks*, trad. Marianne Cowan, Illinois, Regnery, 1962. Também disponível em http://www.geocities.com/thenietzschechannel/ptra.htm.
4. Nietzsche, Anti-Christ, p. 142.
5. Para uma visão impressionantemente matizada da interdependência no mundo contemporâneo, ver Robert Wright, Nonzero: The Logic of Human Destiny, Nova York, Vintage, 2001. Ver também o artigo de Wright no New York Times, 11 de setembro de 2003.

A última jornada

1. DN, vol. 2, p. 107-8.
2. *Ibid.*, p. 158.

Este livro foi composto na tipologia
Sabon LT Std, em corpo 11/16, e impresso em
papel off-white 80g/m² no Sistema Cameron
da Divisão Gráfica da Distribuidora Record.